庫

大東亜戦争肯定論

林　房雄

中央公論新社

目次

大東亜戦争肯定論

一、『大東亜戦争肯定論』の初版上巻は昭和三十九年に、下巻は四十年に番町書房から出た。四十三年に翼書院から訂正版が出たが部数は少なかった。

一、この新訂版をつくるために、初版の論旨重複の部分と今は強調の必要なしと思われる部分を削除した。附加されたのは「征韓論」一節だけである。

一、附加しなかった理由の一つは、その後の著書『緑の日本列島』『日本への直言』『随筆池田勇人敗戦と復興の現代史』等において、本書の論旨が補足され発展させられているからであり、第二の理由は本書の内容に、著者として改めるべき点を発見し得なかったからである。

一、敢えて自賛すれば、この十年前の著作は今なお新鮮である。この本はもっと読まれなければならぬ。特に戦後の世代——早くも三十代に近づき、占領教育と左翼史観からの脱却を求めつつある青年諸君は、日本再建のための指針を読みとってくれることと信じている。

昭和四十八年九月　箱根仙石原にて

林房雄

第一章　東亜百年戦争——約一世紀つづいた「一つの長い戦争」

一つの小さな動機

たしかに人騒がせな題名にちがいない。「聖戦」、「八紘一宇」、「大東亜共栄圏」などという御用ずみの戦争標語を復活し、再肯定して、もう一度あの「無謀な戦争」をやりなおせというのかと、まず疑われるおそれが十分にある。

いかに調子はずれの私でも、そんなことは言わぬ。読者もそんな議論なら聞きたくないだろう。ありのままを言えば、松本清張氏の小説『象徴の設計』をめぐる『朝日新聞』紙上の小論争の中で、「私の『大東亜戦争肯定』は、私自身の歴史研究の成果であって、現在でも変らない。この『無謀な戦争』が世界史の転換に与えた大衝撃は、ウェルズやトインビーの証言を待つまでもなく、戦後の世界史が実証している」

という気負い立った一言を吐いた。それが中央公論編集者の目にとまり、「大東亜戦争のどこを、どんなふうに肯定するのか」とたずねられ、発言の責任をとらせられた形になった。私はその問いに答えることにした。題名は私自身が選んだ。決してその場の思いつきではなかった。長いあいだの持論をそのまま文字にあらわしただけである。

日本人自身の目による再照明

「大東亜戦争」の本質に関する研究と議論は、いろいろな場所ですでに始まっているようだ。『中央公論』だけをとってみても、ここ一年あまり、この問題をめぐる諸家の発言が目立って多くなっている。しかも、それは諸家の自発的な研究と反省から発したもので、左右の政治的党派の要請と無関係のように見える。

例えば、評論家村上兵衛氏は言う。

「私は『あの戦争はわれわれにとって何であったか』という思いから、なお離れられない人間である。そして、その徹底的な探究自体が、私たちの今日の生き方を導き、今日の問題に示唆を与えるものと考えている」

これは今日の「考える日本人」に共通する心情ではなかろうか。あの「不可解で不条理な戦争」を自分自身の歴史としてとらえ、自身の目で再照明したいという願いは、村上氏ひとりのものではなかろう。

また、歴史家上山春平氏は言う。——朝鮮戦争、アメリカとの講和成立の後に、「戦犯釈放、追放解除、再軍備、等々があって、一時凍結していた『大東亜戦争』史観が、政界および財界における旧指導者たちの返り咲きともなって、息を吹きかえす」。この再版「大東亜戦争史観」は「はじめは結果から（戦後アジア・アフリカの植民地が続々解放され独立したことから）逆算して、あの戦争を植民地解放戦争として弁護するところから出発したが、やがて、東南アジア開発計画をテコとして『大東亜共栄圏』の再建をくわだてたり、赤色中国の『膺《よう》懲《ちょう》』戦争を主張するところまで発展した。これでは全くモトノモクアミという他はない」

これは多数の知識人の危惧を代表する意見であろう。私もそのような動きが今日の日本のどこかに発生していることは知っている。それが大きな逆流になり得るとは考えないが、きわめて少数ながら、一部の人々のあいだに発生していることは事実だ。

そのような逆流の有無にかかわらず、「大東亜戦争」の再考察、日本人自身の目による再照明は、日本人の一人一人がこれを行わねばならぬ時が来ていると、私は考える。結論は人によって異なるであろうが、考えはじめることが肝要なのだ。

私もまた諸家とともに考えたい。幸いに現在の私は左右の政治的党派から遠くはなれた場所に「閑居」している。気取って言えば、「孤独で自由な思索」を楽しめる立場にいる。私の「肯定論」には、私よりも右または左の立場の人々のお気に召さぬ点もあるだろうが、そういうことは気にしないことにする。

「あきれるばかりにふんだんな戦争」

『人間の条件』の作家五味川純平氏が「侏儒の歎きと怒りと」という感想を発表している。「宣戦布告を伴わない軍事行動は戦争ではない、と強弁するような人と、私は戦争の定義について争ったりする気はない。私は政治が軍事行動という表現をとる場合を、すべて戦争と解釈する立場に立っている。……もしそういう立場や考え方が正当だとしたら、私が属する世代は、呆れるばかりにふんだんな戦争によって、生きている時間を埋めつくされていることになる」

あきれるばかりにふんだんな戦争！——たしかにそのとおりだ。氏と同じ世代に生まれて、そのおどろきを共にしないものはなかろう。

五味川氏は一九一六年、第一次大戦中に生まれている。それから四十数年間、シベリア出兵からはじまって、山東出兵、満州事変、日支事変を経て大東亜戦争・太平洋戦争に突入し、敗戦からさらに朝鮮戦争に至る日本内部の動乱と戦争状態を体験的に克明に回顧しながら、「戦争とは何か、平和とは何か」と自分自身にたずねている。

私は日露戦争の直前に生まれた。生まれてこのかた、戦争の連続であったことは、五味川氏の四十年も私の六十年も全く同じである。「だれか平和を知っているであろうか？」だれも知らない。私たちが体験として知っているのは戦争だけだ。

徳川時代の少なくとも二百年間は平和であった。国内の小動乱はあったが、外国との戦争はなかった。が、五味川氏の四十年にも、私の六十年にも、十年とつづく平和はなかった。戦争だけがあった。

これはいったい、どういうことか。二世紀以上も平和に生きた時代があり、一世紀近くを戦争で明け暮れした時代がある。

私は自分にたずねる。明治大正生まれの私たちは「長い一つの戦争」の途中で生まれ、その戦争の中を生きてきたのではなかったのか。

私たちが「平和」と思ったのは、次の戦闘のための「小休止」ではなかったか。徳川二百年の平和が破られた時に、「長い一つの戦争」が始まり、それは昭和二十年八月十五日にやっと終止符を打たれた――のではなかったか。

この終止符の打ちかたは、五味川氏も他の諸家も不賛成であろう。現に、日本敗戦の後にも地球の各地で「局地戦争」はつづき、次第に拡大し、第三次世界大戦の可能性は強い現実性を帯びて、「人間の絶望」または「人間への絶望」をかもし出している。

だが、私は、いつのころからか始まって、後に「大東亜戦争」または「太平洋戦争」という名で呼ばれる大激戦によって終った「長い一つの戦争」の終止符は「八月十五日」におきたいと考える。それ以後の朝鮮戦争をはじめ、世界の各地に起っている戦争は、少なくとも日本にとっては新しい異質の戦争なのだ。それを論証することが、この試論の主題であるが、性急に読者の同感を求めることなく、すこし廻り道をさせていただくことにしよう。

「明治以来五十年の軍国主義教育」

作家石川達三氏は「心の中の戦争」という感想文の中で、次のようにのべている。

「日本が日支事変をおこし、太平洋戦争をおこしたのも、教育のせいだった。明治以来の軍国主義教育が、五十年の歳月を経てみのってきて、遂に昭和十二年以後の大戦争に入るための心の準備が完成していたのだ。つまり日本人の（心の中の戦争）がつちかわれていたのだ。

私たちの子供のころ、大人たちは何か言うと（大きくなって何になる？）ときいた。私たちは言下に（陸軍大将！）と答えた。それがすべての子供たちの理想像だった。そのようにして日本の子供の心の中に、戦争の種が植えられていた。……私も種を植えられた一人だった。恐らく今五十歳以上の日本人は全部その種を植えられていた。戦後、努力して努力して、ようやくその根を掘り起して棄てた人だけが、戦争からすこしばかり解放された日本人になっている。だから、太平洋戦争が起るまでには五十年の準備期間があったと私は思っている。あれだけの戦争が突然起きるものではないし、起きたからと言って国民全部が協力し得るものではない」

　石川氏は私より一年あと、日露戦争の始まった年に生まれている。二人とも赤ん坊だったから、日露戦争を直接体験したとは言えないが、氏の六十年が「あきれかえるほどの戦争の連続」であった点は五味川氏や私と同じであろう。少なくとも、そういう感じ方には同感だと思う。が、石川氏は自分が「長い一つの戦争」の途中で生まれたとは感じていないようだ。感じないことの方が常識である。したがって、石川氏が「太平洋戦争をおこしたのも明治以来五十年の軍国主義教育のせいだった」と言うのも、思いつきやでたらめではない。石川氏とは長いつきあいであるから、氏の権力者ぎらい、官僚ぎらい、軍人ぎらい、戦争ぎらいが本物であることは、よく知っているつもりだ。

　氏の権力と戦争への嫌悪は第二の天性と言ってもいいほどの堅固な感情になっている。右の権力にも左の権力にも反発して、次の戦争を用意する気配の見える一切のものを許さない。

このままでは、「第三次大戦は必ず起る」と石川氏は断言する。「私たちの時代ではないにしても、私たちの子供の時代になって、必ず第三次大戦が勃発し、その時になって、何十年間かまえの政治や教育の在り方について反省させられる機会があるにちがいないと思う。人間の悲劇は、その時が来なくては気がつかないという事だ」

この感じ方と考え方は現代知識人の心情の一つの典型であって、それ自体としては貴重なものだ。ただ、「明治以来五十年の軍国主義教育が太平洋戦争を起した」というのは、どんなものだろう。もちろん、戦争教育なしには戦争は行なえない。が、教育以前に戦争があるのではないのか。少なくとも戦争の予感またはその萌芽がなければ、戦争教育は行なわれない。古代からの歴史に現われている戦争好きの征服者や暴君の背後に、民族または部族の「戦争の必要」があったことを見落としてはいけない。最近の実例でも、蔣介石から毛沢東にうけつがれた「抗日戦争教育」は、日本の「侵略」の事実が発生した後に始められている。それで十分、まにあった。

タマゴが先かニワトリが先かの議論をするつもりはない。事実について考えたいのだ。「明治以来五十年の軍国主義教育」は、その以前に、「戦争教育を必要とする戦争事実」が発生していたことを示すのではないのか。たしかに、発生していた。明治維新をはるかにさかのぼるある時期に「東漸する西力」に対する日本の反撃戦争が開始されていた、と私は考える。

戦争教育のみについてみても、日本の軍国主義教育は明治以降のものではなく、維新のはるかな以前から始まっていた。「富国強兵」という標語も明治以降のものではない。弘化、嘉永、安政のころから、多くの思想家によって発言されている。そのころの「富国強兵論」は同時に「攘夷論」であった。

「攘夷論」が「未開愚昧の論」であって、だから、簡単に「開国論」と「文明開化論」に席をゆずったのだという考え方は捨てていただきたい。「攘夷論」は幕末の日本の苦悩の表現であった。当時のすべての知識人が考えなやみ考えぬいた一つの結論である。これを「未開野蛮の愚論」と笑うのは、後世の思い上がりにすぎない。英米仏蘭の艦隊が西方よりせまり、さらにプチャーチンの露国艦隊が北方に現われた時、だれか「攘夷」を思わないであろうか。日本の「攘夷論」が後年のシナの「抗日戦争理論」即ち「反植民地戦争理論」と似ていることは当然である。孫文も蔣介石も周恩来も中国革命は日本の明治維新に学んだと言っている。日本の「攘夷論」はシナの「反植民地戦争理論」の直系の先輩なのだ。明治維新前の「攘夷論」を「反植民地戦争理論」と解釈することは、決して中共理論の逆輸入ではない。

だが、例えばフランスの歴史に「フランス革命」という大きな壁がそびえていて、その前後の時代を中断しているわけではない。それは歴史の研究方法としての時代区分にすぎない。日本の「明治維新」もそれと同じだ。「維新後、維新前」の区別を強調しすぎると、歴史の流れがわからなくなる。明治は慶応のお隣であり、弘化元年は昭和十二年よりも、明治元年に近い。

「女性化時代を排す」

　さて、ここらで一息入れて、他の方向から考えてみることにしよう。

『文藝春秋』八月号に、文芸評論家村松剛氏の「女性的時代を排す」というたいへん男性的な随想がのっている。

「アメリカの青年は、強烈な国家意識と、それに加えるに自由世界の担い手としての使命感を、もちすぎるほどもっている。（ぼくはヴェトナムで、一週間ほど米軍の兵士と一緒に生活し、その十字軍意識の強烈さに改めて驚嘆した）。ソ連もこれと対極的な意味で、たぶん同様であり、そのほかアジア、アフリカの諸国のどこをとっても、いたるところ『民族の偉大』が角をつきあわせている。

　その中で日本は、——日本だけが、敗戦とともに国家意識を喪失した。大日本帝国の崩壊とともに、大日本帝国のもっていたすべてがわるいことになった。一億総懺悔で、一時は明治いらいの歴史がすべてわるいことにさえ、されそうな形勢だった。

　日本では、開戦の事情が、ナチス・ドイツほど単純ではなかったことも手つだって、戦争責任の問題は一億総懺悔から日本の歴史への反省になり、哲学的になり、形而上学的になり、明治以来の歴史が被告席に呼び出され、歴史をさばくということは神さま以外のだれにもできないから、はなしは結局うやむやになってしまった。……そしてたしかに糾弾され、追放になったのは、人間であるよりも、国家意識をはじめとするいくつかの観念なのである」

これは若い村松氏のややや、、、の爆発であろう。相当強烈な爆発である。全く変に女性化してしまって、男くささ、男らしさを失い、背骨その他をどこかにおきわすれたかのような現在の思想風俗は正気の沙汰ではない。追放された諸「観念」の中には日本人にとって貴重な観念が数多くあったにちがいない。

「理性的ナショナリズム」

この骨のないクラゲ状態を脱出して、失われたものを回復するのにはどうしたらいいのか。この問いに対しては、歴史家で教育者の大井魁氏が「日本国ナショナリズムの形成」という論文の中で、一つの答えを出している。

「日本国に、男性的なナショナリズムを形成することが、今日の急務である。……日本国ナショナリズムの形成根拠を何に求めるべきであろうか。それは、日本帝国時代の日本人と日本国（敗戦後の日本国家のこと）の今の日本人との、歴史的な一体感の回復をおいてはほかにない。現在の日本の自我に立脚しつつ、過去のみずからの姿を、誇りと恐れと恥をもって、ふりかえることである。大日本帝国のなしとげた業績は、今の日本人の業績であり、その犯した罪悪は今の日本人の罪悪である、と認めることである」

これはややや、、、の理性的処理法であろう。直接村松氏に答えているわけではないが、こんな文章が前後して出はじめたというのは興味深い。

「何よりも望まれるのは、日本の五十万の教師の自覚である。日本国の理性的ナショナリズムの形成は、まず日本の教師たちの先覚的任務の自覚からはじまらなければなるまい」

これは教育者としての大井氏の要望である。あまりに「先覚者」すぎる日教組の現指導者諸氏はそっぽを向くかもしれぬが、少なくとも半数の二十五万の教師諸氏の胸底には同じ憂いと自覚が芽生えはじめているのではなかろうか。憂いは哲学的となり、形而上学的となり、もやもやの雲となっているが、やがて雨となって日本の乾いた土をうるおしてくれるかもしれない。

三つの史観

上山春平氏によれば、敗戦後の日本人は、アメリカの立場からの「太平洋戦争史観」、ソ連の立場からの「帝国主義戦争史観」、中共の立場からの「抗日戦争史観」を次々に学習させられて来たそうである。たしかに、そうであった。あの戦争は、アメリカに従えば、デモクラシーのファッシズムに対する勝利であり、ソ連に従えば、米英帝国主義対日独帝国主義の衝突であり、中共に従えば、日本帝国主義の中国侵略のみじめな挫折である。が、いずれにせよ、「あの戦争をこれほど主体的に、これほど多元的角度から反省する機会を持った国民が他にあるだろうか。……こうした独自な国民的体験を、私はかけがえなく貴重なものと思う」と上山氏は述べている。

この「独自な国民的体験」の上に、日本人自身の「大東亜戦争史観」を築く時が来ているのではないか。アメリカによる、ソ連による、中共による「教育」はたいへん結構であった。

貴重なものにちがいない。が、先生の言葉をそのままうのみにして吐き出す生徒は、必ずしもいい生徒ではない。よくかみしめて、心の栄養にして、自分自身のものを創りだす。これが生徒の心構えだ。先生も喜ぶだろう。

日本人によって再構成される「大東亜戦争史観」は「八紘一宇」の「聖戦史観」の再版になりかねないという心配は一応もっともであるが、私はそれは杞憂だと思う。政治的な目的をもった議論なら別だが、自らの体験に忠実であり、その反省の上に立つ意見が過去の再版になるはずがない。謙虚は美徳であるが、卑屈はその逆のものだ。新しい何物をも生み出さない。

歴史を結果から逆算してはいけないというが、私は歴史はすべて結果からの逆算であると思っている。「歴史家は後向きの予言者だ」と言われている。過ぎ去ったことしかわからぬ。進行中のこともわからぬ。わかったような顔をすれば、「未来学」または「ヴィジョン」という形而上学になってしまう。形而上学には形而上学のおもしろさがあり、価値と効用があることを私も知っているつもりだが、歴史を考える時は、「前向きの予言者」になりたがることは、できるだけつつしんだ方がいい。

私は歴史家を名乗る資格はなく、その他あらゆる意味で学者ではないことを知っている。が、日本国民の一人として言いたいことを持っている。ただのもやもやにすぎないかもしれぬが、吐き出したいものが胸にたまっている。それで歴史家のまねをさせていただいているわけであるが、すでに「大東亜戦争」は歴史としてふりかえることのできる時が来ていると思う。「長い一つの戦争」は終った。まだつづいていると思っている人もいるかもしれぬが、たしかに終った。昭和二十年八月十五日以後に朝鮮、近東、東南アジア、中南米、アフリカ等に起った戦争は、日本以外の国々を主役とする戦争である。日本はいかなる意味でも、これらの戦争の主役を演じていない。第三次大戦がもし起るとしても、それは日本の起す戦争ではあり得ないのだ。

大東亜戦争は百年戦争であった

さて、やっと私の意見をのべる番がめぐってきたようだ。

私は「大東亜戦争は百年戦争の終曲であった」と考える。ジャンヌ・ダルクで有名な「英仏百年戦争」に似ているというのではない。また、戦争中、「この戦争は将来百年はつづく。そのつもりで戦い抜かねばならぬ」と叫んだ軍人がいたが、その意味とも全くちがう。それは今から百年前に始まり、百年間戦われて終結した戦争であった。今後の日本は同じ戦争を継続することも繰りかえすこともできない。「東亜百年戦争」は昭和二十年八月十五日に確実に終ったのだ。*ついでに神武建国までさかのぼって、「二千六百年戦争」と言ったらどうだとまぜっかえしたくなる人もあるだろうが、私の仮説はそんな「神話的飛躍」とは無縁である。歴史の流れの中では、百年は短い。百年つづいた「一つの戦争」はいくつか先例がある。あいだに五年か十年ずつの「平和」があっても、それは次の戦闘のための小休止にすぎなかった。五味川純平氏も石川達三氏も私も、この長い戦争の途中で生まれたのだ。

しかし、永久につづく戦争もない。百年戦争は八月十五日に終った。では、いつ始まったのか。さかのぼれば、当然「明治維新」に行きあたる。が、明治元年ではまだ足りない。それは維新の約二十年前に始まったと私は考える。私のいう「百年前」はどんな時代であったろうか？

これに対する答えも、すでに諸家によって出されはじめているようである。例えば上山春平氏は前掲の論文の中で、「薩英戦争と四国連合艦隊の下関攻撃」に言及して、松平慶永と橋本左内の「富国強兵策」「開国出撃論」を紹介している。もちろん上山氏はこの二つの小戦争を「大東亜戦争の開始」だなどとは言っていないが、私はこの二つの戦争も百年戦争の一部であり、私のいう「東亜百年戦争」はそれよりももっと以前に始まっていると考える。これはたいへんな「拡大解釈」であるから、新しい呼び名を考案しなければ話が混乱する。

真珠湾奇襲とマレイ沖海戦にはじまる戦争はやはり「太平洋戦争」と呼ぶのが便利であろう。それを日本人が「大東亜戦争」と呼ぶことには歴史的意味があるから、私はその方を使うが、そのほかに「東亜百年戦争」という呼び名を用いて混同をさけることにする。

黒船はペルリが最初ではなかった

米国海将ペルリの日本訪問は嘉永六年、一八五三年の六月。明治元年からさかのぼれば十五年前である。それが「東亜百年戦争」の始まりか。いや、もっと前だ。この黒船渡来で、日本は長い鎖国の夢を破られ、「たった四はいで夜も寝られぬ」大騒ぎになったということになっているが、これは狂歌的または講談的歴史の無邪気な嘘である。

オランダ、ポルトガル以外の外国艦船の日本近海出没の時期はペルリ来航からさらに七年以上さかのぼる。それが急激に数を増したのは弘化年間であった。そのころから幕府と諸侯は外夷対策と沿海防備に東奔西走させられて、夜も眠れるどころではなかった。「国史大年表」によって、弘化元年から嘉永六年に至る外国船と海防関係の記事をひろってみると、実に八十件以上にのぼる。その中でも、

「弘化二年五月廿七日、米国使節ビットル、軍艦二隻をひきい浦賀に入港して通商を求む」

「同五月廿九日、幕府、鹿児島城主島津斉興の嫡子斉彬に帰国を命じ、琉球に於て英仏両国互市（貿易）の事を処理せしむ」

などの記事は重要であろう。東京湾をはじめ日本沿岸各地の砲台もこのころから次々に築造されている。北海道樺太方面にはロシア艦船の出没がしきりになった。

五味川純平氏の言うような、宣戦布告が「戦争の条件」でないと見れば、事実上の戦争状態はペルリ来航のはるか以前に発生していた。その思想的表現として水戸斉昭・藤田東湖の「攘夷論」、平田篤胤とその門人たちの「日本神国論」が生まれたと見ることができる。即ち「抗戦イデオロギー」の発生であり、「戦争教育」の開始であった。

吉田松陰の『幽囚録』

当時の学者や志士の「攘夷論」を今日の目でふりかえってみると、いろいろと興味深い点

が発見される。

長州藩士吉田松陰がアメリカに密航しようとして捕えられたのは、安政元年、ペルリ二度目の来航の時であった。松陰は長州萩の藩獄に幽閉されたが、獄中で「幽囚録」を書き、師にして同志である佐久間象山に送った。これは当時として知り得るかぎりの世界大勢論であり、日本が西より波爾杜瓦爾《ポルトガル》、伊斯巴尼亜《イスパニヤ》、英吉利《イギリス》、仏蘭察《フランス》、東より亜米利加《アメリカ》、北より魯西亜《ロシヤ》に狙われていること、支那大陸と亜弗利加《アフリカ》大陸がすでに英夷の侵寇をうけていることを述べて、武備の増強を強調し、次のように主張している。

「艦ほぼ具《そな》わり、砲ほぼ足らば、則ち蝦夷を開墾し、諸侯を封建し、……間《かん》に乗じて加摸察《カムサッ》加《カ》、隩都加《オーツカ》を奪い、琉球を諭《さと》し、……朝鮮を責め、質《しち》を納れ貢を奉ること古の盛時の如くならしめ、北は満州の地を割き、南は台湾呂宋諸島を収め、漸く進取の勢を示すべし。然る後、民を愛し士を養い、慎《かた》く辺囲を守らば、則ち善く国を保つというべし」

同じく獄中から、門下生久坂玄瑞の攘夷即時断行論をいましめた手紙がある。大意をとって訳せば、

「足下は軽鋭で、深く考えることをしない。今日、蒙古来襲時における時宗の行き方を学ぼうとしても、それは無理だ。神功皇后や豊臣秀吉の行きかたも昔だからできたので、今はできない。できないことをやろうとして、大志を捨て雄略を忘れてはいけない。およそ英雄豪傑の事を天下に立つるや、謀を万世に貽《のこ》し、必ず先ずその志を大にし、その略を雄にし、時勢を察し、事の原因を審《つまびらか》にし、先後緩急、先ずこれを内に定め、操縮張弛《そうしゅくちょうち》、おもむろに

これを外に及ぼす。幕府はすでに外夷と和親条約を結んでいる。これを日本人が破ったら、信義にそむくことになる。だから、現在の策としては、条約を立派に守って、その限度で外夷をくいとめておき、その間《すき》に乗じて蝦夷をひらき、琉球を収め、朝鮮を取り、満州を拉《らつ》し、支那を圧え、印度に臨み、以って進取の勢を張り、以って退守の基を固めたら、神功皇后や豊臣秀吉が果せなかったことを果すことができる。そうなれば、外夷はこっちの思うままに駆使することができるのだから、前日の無礼の罪を責むるもよし、宥《ゆる》すもよし。何ぞ必ずしも時宗が蒙古の使者を斬って快としたような子供っぽい真似をする必要があろうか」

ここで興味のあるのは、「幽囚録」と「書簡」に現われている「東亜経略案」は吉田松陰ひとりのものではなかったということだ。もちろん松陰はこれを自分の思想として信じ発展させて、アメリカ密航も計画し、幕府打倒と国内改革を企てて「安政の大獄」に倒れたのであるが、彼と同じ意見は同時代の学者、政治家、志士の書簡や著書の中に見出すことができ、その数の多いのにむしろおどろきたいほどである。

佐藤信淵に「宇内混合秘策」があり、橋本左内に「日露同盟論」があることは有名すぎる。松陰の師である佐久間象山が同一系統の思想の持主であることは言うまでもない。藤田東湖、平野国臣、真木和泉守、高杉晋作、中岡慎太郎、坂本竜馬の遺文の中にもこれと符節を合する「東亜統一論」を発見することができる。

幕臣本多利明の「西域物語」には、「日本の天下第一の最良国となるべき所以を論ずれば、神武以来およそ二千五百歳の内漸く諸道も具備せしに乗じ、カムサスカの土地に本都をうつし（赤道以北五十一度なり、エゲレスの都ロンドンと同じ、故に気候も相等し）、西カラフト島に大城郭を建立し（赤道以北四十六、七度なり、フランスの都パリスと同じ、故に気候も同じ）、山丹満州《シベリヤ》と交易して有無を通じ」という一節がある。

「西力東漸」に対する思想的反撃は幕臣たると陪臣たるを問わず、すべての「考える日本人」の胸中に生まれていた。

橋本左内の「日露同盟論」

橋本左内の日露同盟論の大意を紹介すれば、

「日本は東海の一小島、現在のままでは四辺にせまる外来の圧力に抗して独立を維持することはむずかしい。すみやかに海外に押し出し、朝鮮、山丹、満州はもちろん、遠く南洋、印度、更にアメリカ大陸にまで属領を持って、はじめて独立国としての実力をそなえることができる。そのためにはロシアと同盟を結んで、イギリスを抑えるのが最善の道である。

近き将来に世界を舞台として覇を争うのは英と露であろう。この両国の気質国柄を察するに、英は慓悍《ひょうかん》貪欲、露は沈摯《ちんし》厳正、世界の人望は露に集まるのではないか。加うるに、露国は我が直接の隣邦、まさに唇歯《しんし》の国というべく、これと同盟して英国と戦えば、たとえ破れても滅亡だけはまぬがれる。しかも、対英のこの一戦たるや、かならず我が国を覚醒せしめ、我が弱を強に転じ、これより日本も真の強国になるであろう。

正面の敵は英国であるが、もちろん、今すぐに戦えというのではない。日本の現状では、それは不可能だ。英国と一戦を交える前に、国内の大改革を行い、露国と米国から人を雇い、産業をおこし、海軍と陸軍の大拡張を行なわねばならない」

松陰も左内も、この時代の苦悩のなかから生まれた若い天才であり革命家であった。どちらも三十そこそこで刑死したが、彼らの残したものは多かった。特に吉田松陰門下には松下村塾の俊秀たちがいて、これが長州の藩論を動かし、やがて薩摩と結んで維新革命の主流となったことは人も知るとおりである。

島津斉彬の「大陸出撃策」

「苦悩」は学者と志士だけのものではなかった。当時「名君賢公」とうたわれた藩主たちもまた、それぞれ共通の根から発した「国内改革案」と「東亜経略論」を持っていた。中でも水戸の徳川斉昭、越前の松平慶永、薩摩の島津斉彬などの意見が注目に値する。

斉昭には藤田東湖があり、慶永には橋本左内がいた。が、島津斉彬の場合は、藩主自身の思想と実行が、西郷隆盛、大久保利通をはじめとする藩士たちを導き、啓蒙し、訓練した。

斉彬は嘉永四年二月に封をつぎ、藩主としての在位わずかに七年、安政五年七月に五十歳で急逝した。この間にペルリの来航があり、ハリス（米）、エルジン（英）、プチャーチン（露）が江戸に乗りこんでいる。これにともなう政情の混乱と国内改革運動の急進展は維新史に詳しくのべられているから、ここではくりかえさない。

現在鹿児島市にある「集成館」には、数々の西洋機械類とならんで、斉彬のローマ字日記と愛用の世界地図が陳列されている。この賢侯中の賢侯は「西力東漸」に対して常人以上に心を労し、その対策に苦心していた。琉球は弘化以来、英仏艦隊の再三の訪問をうけて、開港を強要された。そのことの処理を幕府から命じられて、斉彬が弘化二年に江戸から藩地に帰ったことは、すでに述べた。

それよりも、斉彬にとって重大な事件は、インドの崩壊と、シナにおける阿片戦争と長髪賊（太平天国）の乱であった。阿片戦争は斉彬の壮年時代に起り、長髪賊の乱は彼の襲封の直前に勃発した。この乱は清朝打倒を目標としていたが、その極端な排外主義が支那分割の機会を狙っていた西洋列強に干渉の口実を与え、英仏連合軍の北京侵入となり、皇帝の逃亡となり、内乱の拡大となり、清朝は英人ゴルドン将軍の力を借りて、ようやく鎮定することができた。この内乱の中に、斉彬は当時の東亜最大の強国であった清帝国の解体を予感し、やがて、それが日本の運命になりかねないことを憂慮した（当時、阿片戦争と長髪賊の乱の研究は、ひろく学者のあいだに行われていて、志士有志の関心の的になっていた。斉彬が江戸の獄舎を脱出した蘭学者高野長英を庇護したのは、長英から大陸と世界の状勢を聞くことが目的の一つであったと伝えられている）。

斉彬が越前藩主松平慶永に与え、また西郷隆盛に教えたという意見書の写しがのこっている。その中の一節は興味深い。斉彬もまた雄大な「大陸出撃策」を胸中にひそめていた。彼の秘策によれば、まず日本の諸侯を三手にわけて、

「近畿と中国の大名は支那本土に向い、九州の諸藩は安南、咬留巴《カルパ》、爪哇《ジャワ》、印度に進出、東

北奥羽の諸藩は裏手よりまわって山丹、満州を攻略する。わが薩摩藩は台湾島とその対岸広東福建を占領し、南支那海を閉鎖して英仏の東漸をくいとめる」

　大陸出撃の目的は清国の内政改革だと斉彬は言っている。

「出兵すると申しても、これは清国の滅亡を望むのではない。一日も早く清国の政治を改革し、軍備を整えしめ、日本と連合するときは、英仏といえども恐るるにたりない。然るに清国は版図の広大なるを誇り、驕慢にして日本を視ること属国の如く、日本より連合を申し出ても耳を傾けるどころではない。故に、我より出撃して、清国を攻撃し、これと結んで欧米諸国の東洋侵略を防ぐを以て上策となす」

　もちろん、斉彬はこの策を嘉永安政のころに直ちに実行できると思うほど空想家でも「過激派」でもなかった。

「もしも余が現在公然とかかる説を唱えたら、世人は斉彬が発狂したと思うだろう。まさにそのとおりだ。今、海外出撃の大号令が下ったとしても、命令一下、南支那海の激浪を乗り切る軍船を結集し得る藩は一つもない。我が薩摩藩にしてすでに然り、他藩については申すまでもない。ただし、余に十五年の歳月を借せ。薩摩を日本一の富強の国にし、日本統一の基地にしてみせる。日本を西洋諸国なみの富強の国にするためには五十年かかるかもしれぬが、薩摩を日本一の強国にするのは十五年あれば十分だ。まず、そこから始める」

　と西郷隆盛に教えたと伝えられている。

松平慶永は斉彬の年少の同志であり、その心酔者でもあった。上山春平氏が引用している

慶永の意見書（老中堀田正睦宛）が斉彬の意見に甚だ似ているのは偶然ではない。再引用すれば、

「一、方今の形勢、鎖国いたすべからざる義は、具眼の者、瞭然にと存じ奉り候。

一、強兵のもとは富国にあるべくござ候えば、今後、商政をはじめ、貿易の学を開き、有無相通じ皇国自有の地利により、宇内第一の富饒を致したきことにござ候。

一、居ながら外国の来攻をまちおり候よりは、我より無数の軍艦を製し、近傍の小邦を兼存し、互市の道繁盛にあいなり候わば、かえって欧羅巴諸国を超越する功業も相立ち、帝国の尊号終に久遠に輝き、虎狼の徒自ら異心消沮《しょうそ》いたすべく、これただひたすら懇願の次第にござ候。」

開国即攘夷

開国派もまた攘夷派であったのだ。「つまり、開国は、攘夷のための実力をたくわえる手段に他ならなかった」という上山氏の意見に、私は同意する。その見地からすれば、攘夷派の志士たちが後に「簡単に」開国派に転向したことも理解できる。彼らは「攘夷論」を捨てたのではなく、それを「開国論」という迂回戦略に発展させたのだ。

慶永の意見書の中に「明治維新から大東亜戦争にいたる開国日本のコースが、ほぼ適確にえがきだされている」という上山解釈にも異議はない。ただし、私がこの試論の中で試みているのは、何度もくりかえしたように、大東亜戦争の拡大解釈である。私のいう「百年戦争

としての東亜戦争」は、おそくとも弘化年間に始まっていた。

最初は「異船出没」による「斥候戦」であったが、英艦サラマン号の沿海測量、再々度に及ぶ英仏艦隊の琉球入港と上陸、海軍代将ビットルのひきいる米艦二隻の浦賀入港は、明かな「威力偵察」と見なければならぬ。それより約五年後のアメリカ提督ペルリとロシア提督プチャーチンの「来航」は、ともに完全武装の軍艦四隻（ペルリの最初の予定では十二隻）をひきい、幕府を強要して和親通商条約を結ばせたのであるから、これを「発砲なき戦争」と解釈することは必ずしもこじつけではなかろう。日本側の出方によっては、いつでも発砲が行われたであろうことは、ペルリ来航に関する諸文献が証明している。

斉彬の「富国強兵策」

島津斉彬はその大抱負を実現するために、江戸と京都において内政改革運動を活発に展開すると同時に、藩地鹿児島において、「富国強兵策」の実行に着手した。

この努力は「集成館」の事業に象徴されている。ここでは、鉄砲、綿火薬、蒸汽船、反射炉、電信機、電気地雷、電気水雷の製法が研究され実験された。武器だけではない。アルコール、硫酸、写真器、ガス灯、紅色ガラス、クリスタル・ガラス、陶磁器、白砂糖、皮革、鉱山用具、農具類が西洋技術を取入れて製作されている。

「国を強くするためには、まず民を富ませなければならぬ」と斉彬は側近に語った。「武士も百姓も芋ばかり食っていて、忠義だ攘夷だとさえずっていても、何の役にも立たぬ。農業と工業と教育の三つがそろわねば、国の本は立たない。蔵方《くらかた》にいくら金銀を積んでも、士民の生計が豊かにならねば、富国も強兵もない」

斉彬は日本全国から優良種の稲、ソバ、粟の苗を集めただけでなく、ロシア産の大黄、アフリカ産の丁子《ちょうじ》、インド産のゴム、オリーブ、センナ、キナ、セイロン産の桂木まで輸入し、佐多岬の南端には南洋のヤシを移植した。

すべて実験室的な小規模な試みであったから、これを過大評価することは禁物だが、軍備について見れば、百五十斤の台場長砲を鋳造し、また日本最初の軍艦昇平丸を建造して幕府に献納している。軍艦船十五隻の建造計画もたてられた。後に日本の国旗となった日の丸の旗を考案して、「日本国総船印」としたのも彼である。後年の薩摩海軍、従って日本海軍の基石をおいたのも彼であり、陸軍の洋式化も彼の生前に実現された。斉彬はその閲兵式の直後に病に倒れたのである。

この「賢侯」の死後五年、文久三年七月、英国極東艦隊七隻、薩摩湾に侵入、鹿児島を砲撃し、「集成館」は壊滅した。西洋文明の実験室が西洋文明によって破壊されたわけだが、これは「歴史の皮肉」であろうか。いや、それが歴史なのだ。

この戦争は「薩英戦争」とよばれる。今の言葉で言えば「局地戦争」であろうが、西洋と日本の実物の砲弾が交換された実戦であった。

同じ「局地戦争」は瀬戸内海でもはじまっていた。吉田松陰の弟子たちが、米国船ペンブローク号を下関で、仏国船キャンチャン号を豊浦沖で、オランダ船メジュサ号を馬関海峡で砲撃した。これにこたえて、米国軍艦ワイオミング号が長州軍艦二隻を撃沈し、仏国艦隊は下関を攻撃して、砲台と町を焼いた。これらの前哨戦が、翌元治元年八月の英米仏蘭四国連合艦隊の長州攻撃に発展する。即ち、「馬関戦争」である。

「薩英戦争」も「馬関戦争」も、従来の維新史では、アームストロング砲の威力で頑迷な攘夷派の鼻柱をへし折り、開国の必要を実物教育した事件または事変として取扱われている。

私の解釈と意見はそれとはちがう。章を改めて、考えてみることにしよう。

＊　大熊信行教授は、これにマッカーサーによる軍事占領の七年間をつけ加えて、「太平洋戦争が終ったのは昭和二十七年四月二十九日であった」という新説を発表されている（朝日新聞昭和三十九年四月七日付「軍事占領と日本の民主主義」）。これは「日本の民主化問題」の解明のために傾聴すべき立論であるが、必ずしも私の八月十五日説と矛盾しないと思う。八月十五日は戦争終熄の日である。それにつづく七年間の軍事占領の持つ重要性については、大熊教授に教えられるところが多かった。また、大宅壮一氏は弘化年間から昭和二十年までは、百年にはすこし足りないとどこかで野次っているそうだが、五年や十年足りなくとも差支えない。私はこの戦争が約一世紀間継続して戦われた「長い一つの戦争であった」ことを論証したいだけである。

第二章　薩英戦争と馬関戦争——予想を越えた日本の抵抗力

生麦事件

「薩英戦争」の直接原因は、人も知るごとく、文久二年（一八六二年）八月二十一日、横浜に近い街道で突発した「生麦事件」である。島津久光の行列に行きあったイギリス商人が薩摩藩士によって殺傷された。計画された襲撃ではなく、全くの突発事故であったが、その背景には欧米列国の「和親通商条約」（実は不平等条約）の押しつけに反発して燃えさかる攘夷熱があった。熱した空気の中では、マッチの一すりも火災のもととなる。

当時のイギリス公使館通訳官、後の駐日大使、アーネスト・サトーの回想録によれば、「野蛮きわまる殺戮がリチャードソンという上海の商人に加えられた。彼は香港のボラデール夫人、横浜居住のウッドソープ・C・クラーク、ウィリアム・マーシャルとともに、神奈川と川崎のあいだの街道を乗馬で進んでいるとき、大名の家来の行列に出会い、わきへ寄れと言われた。そこで道路のわきを進んで行くと、やがて薩摩藩士の父、島津三郎（久光）の駕籠が見えて来た。こんどは引きかえせと命じられたので、馬首をめぐらそうとしていた時、突然行列の中の数名の者が襲いかかり、鋭い刃のついた重い刀で斬りつけた。リチャードソンは瀕死の重傷を負って、落馬した。他の二人も重傷を負ったが、……ボラデール夫人は無事に横浜へ帰って、急を伝えた。馬や拳銃を持っている居留地の人々は、ただちに武装して殺害の現場へ馬をとばした」

被害者の側から見れば、たしかに「野蛮きわまる殺戮」にちがいない。加害者の側には当然斬るべき理由があった。「少なくとも薩人の立場から云えば、大名の行列に対して、日本従来の慣習を無視し、無礼の振舞をなしたから、切り捨てたるもの。これ日本の作法としては、当然の措置だ」（『近世日本国民史』）という徳富蘇峰の意見は妥当であろう。

だが、すべては後の祭であった。殺傷事件は起ってしまった。しかも、被害者は大英帝国国民であり、横浜在留の外国商人たちにとっても、「仲間が殺された最初の事件だったので、その興奮は非常のものだった」（サトー『回想録』）「イギリス領事のヴァイス中佐は公使代理のニール大佐から、自分または司令官からの命令があるまでは兵を動かすなと命ぜられていたにもかかわらず、公使館付きの騎兵護衛兵をひきいて飛び出した。フランス公使ベルクール氏は、六名のフランス騎兵からなる護衛隊を現場へ急派した。第六十七連隊のプライス中尉は、数名のフランス歩兵と公使館付護衛兵の一部をひきいて繰り出した。……その夜、島津三郎は、横浜からわずか二マイルたらずの宿場、保土ケ谷に泊まるということがわかった。外国人たちの意見では、入港している外国船の兵力全部を集めれば、島津三郎を包囲して捕縛するのは造作もないことであり、またそうするのが当然と言うのであった」

一方、保土ケ谷の島津久光の宿では、

「小松帯刀、大久保一蔵（利通）等は、海江田武次、奈良原喜左衛門（この二人が直接の下手人）等と相議し、外人の来襲に備えんとしたが、海江田、奈良原等は、むしろ此際彼の来襲を待たんよりは、我より横浜に進撃し、以て居留地を焦土とせんには若《し》かず。もし我等に百人の従士を分ち借さば、直ちに彼らをやりつけ、やがて凱歌を奏して、後より追いつかんと提議したが、大久保等はもとより其の暴挙に与《くみ》せず、かくして互いに議論夜を徹して天明に至った」（『薩藩海軍史』）

　どちらかが一歩だけふみ出せば、横浜周辺の戦闘に発展する。が、それをさせなかったのは、主としてイギリス側の「自重」であった。

「領事ヴァイス中佐は興奮して、保土ケ谷急襲と島津久光の即時逮捕を主張したが、代理公使ニール大佐は冷静な態度で事態の悪化を防いだ。イギリス艦隊司令官キューパーもまたニールを支持した」（『維新史』）

　この「自重」と「冷静」の理由は明白である。ニール大佐が平和愛好者であったからではない。サトーによれば、彼は実戦に参加したこともあり、東洋の非キリスト教国に対しては「治外法権」の特権を極限まで利用することを知っている傲慢で、辛辣で、向こう見ずなところもある典型的な植民地官吏であったようだ。この五十五歳の老軍人が「自重」したのは、「兵力不足」という明白すぎる理由のほかにはあり得ない。

　当時の横浜港には英仏蘭の軍艦は合せて六隻しか在泊していなかった。そのうち英艦はわずかに二隻。事件の当夜、イギリス東洋艦隊司令官キューパー提督のひきいる戦艦ユーリアラス号とリンドーヴ号が到着したが、これを合せても四隻にすぎなかった。

「今になって回顧すると、私はニール大佐が最上の方策をとったものと思う」とサトーは書いている。「商人連中の計画は、向こう見ずで、威勢がよくて、ロマンチックと言ってよかった。それはおそらく、あの有名な薩摩サムライの勇敢さを圧して、一時は成功したかも知れない。しかし、……保土ケ谷を襲撃すれば、その報復として長崎の外国人が直ちに虐殺され、その結果は英・仏・蘭連合の遠征軍の派遣を見るようになり、幾多の血なまぐさい戦争が行われて、ミカドの国土は滅茶滅茶になっただろう。その間に、われわれの日本へやってきた目的たる通商は抹殺されてしまい、ヨーロッパ人と日本人の無数の生命が、島津三郎の生命と引きかえに犠牲に供せられたにちがいない」

ニール大佐は本国政府の訓令を求めた。イギリス政府は、賜暇帰国中のオールコック公使の意見を聞き、対日方針を決定して、次の訓令を発した。

「幕府に対して謝罪文及び賠償金（十一万ポンド）、更に薩州藩に対しても犯人の死刑と賠償金（二万五千ポンド）を要求し、もしこれが拒絶せらるれば、海軍側と協議の上、有効適切な返報をなすべし。……即ち英国は日本の特殊な政情に鑑みて、幕府・薩摩藩のそれぞれに別個の要求を提出せんとしたのである」（『維新史』）

幕府と薩摩藩の対立を利用した巧みな「各個撃破戦術」であろう。この方針に従って幕府と交渉をつづけているあいだに、兵力は着々と増強された。

「文久三年二月上旬、江戸湾に集合したる外国軍艦の多数なる、日本において未だかつて見ざりし所なりき。第一に到着したるを、新に日本及支那海司令官に任ぜられたるキューパー少将の旗艦ユーリアラスとし、これに次いで大小各形の軍艦七隻、砲艦二隻、運送船一隻至り、別に和蘭陀軍艦二隻、仏蘭西軍艦二隻あり。尚この外に、大形なる英国商船六隻あり」(『開国大勢史』)

この「ほとんど圧倒的な有力艦隊」(サトー)の前に、まず幕府が屈服した。償金十一万ポンドが銀貨で支払われ、ニール大佐とキューパー少将はこの最初の戦利品を旗艦ユーリアラス号とパール号に格納した。

次は薩摩藩だ。「生麦事件」以来、すでに一年近い時間がすぎているのに、薩摩は言を左右にして、犯人の処刑と償金の支払を延ばし、全く謝罪の意志がないかのように見えた。ニール大佐は「断乎膺懲」を決意した。兵力はすでに十分である。本国からの外相ラッセルの訓令の中には、「報復主義か封鎖主義か、またはこの二主義を同時に実行」してもかまわないという強い文句もある。一年前の「自重」と「冷静」はもはや不要であった。

文久三年六月二十二日、イギリス東洋艦隊七隻は横浜を出航した。ニール代理公使以下通訳官シーボルト、サトーに至る「公使館の全員」が乗りこんでいた。ニール大佐はオペラの歌を口笛で吹いていたかもしれぬ。「彼は機嫌のいい時には、頭の中にしまいこんであるオペラの数節を歌って同僚を興がらせたものである」とサトーは書いている。

予想以上の抵抗

「薩英戦争」は奇妙な戦争であった。ある意味では滑稽でさえあった。しかも、この「滑稽」という形容は薩摩に対してよりも、イギリス側に対してより多くあてはまる。ニール代理公使とキューパー提督の目算はことごとくはずれた。犯人の処刑も償金の取立てもできず、わずかに鹿児島市街の一部を焼いただけで、陸戦隊を上陸させることもできず、イギリス艦隊は予想しなかった大損害をうけて、横浜に逃げてかえった。世界海戦史上類例のない恥辱的な海戦であったとさえ評せられている。

薩摩は英艦隊の来襲をかねて覚悟していた。開戦二カ月前に、島津久光は藩士に訓辞した。「かの儀（生麦事件）は曲直分明の事に候ところ、ついに強暴申しつのり、（非はイギリスにあるのに、無理難題をもちかけて）兵端相開き候節は、天下国家のため、他藩士にぬきんで、一統粉骨砕身、夷賊誅伐これあり候よう頼み存じ候こと」

『維新史』によれば、「そもそも薩州藩においては、つとに武備の充実に留意し、藩主斉彬の時代以後は、沿岸の要所に砲台を築き、莫大な藩費を投じて鋭意諸般の防禦施設を整えた。殊に生麦事件勃発以後は、早晩英国艦隊の鹿児島来襲を予想し、外夷屠《ほうむ》らずんばやまずという意気を以て、いよいよ武備を厳重にした。或は砲台を増築し、備砲を強化し、或は遠見番所、狼火台を各地に設け、弾薬の製造を盛んにし、兵糧の貯蔵につとめた。英艦来襲を想定した模擬戦もまたしばしば行われ、藩主茂久はみずからこれを督し、一藩をあげ日夜英艦撃攘の訓練をおこたらなかった。されば、六月二十七日、英国の大艦隊が鹿児島に迫るや、かねてその事あるを期待していた事なれば、沿岸の狼火台は直ちに合図の狼火を打ち揚げ、警報は八方に伝えられて、各砲台守衛の士はもとより、城下の士卒はそれぞれ迅速に部署についた」

開戦までの交渉は省略する。戦況については、日本側にも詳しい記録があるが、イギリス人自身に語らせることにしよう。サトーの回想録は事件の二十五年後に書かれたものであるから、外交官的考慮をはなれて、率直であり、適度に皮肉でもあって、読物としてもおもしろい。

「正午になると、突如一発の砲声がきこえた。それと同時に、全砲台がわが艦隊に向って火ぶたを切った。雨が降り、風が台風のように吹いていたが、提督は直ちに交戦の命令を下し、また拿捕船を焼却せよとの信号をわが艦（アーガス号）と、レースホース号およびコケット号に向って発した。この信号をうけるや、私たちはみな拿捕船内に突進して、掠奪を開始した。私は日本の火縄銃と円錐形の軍帽（陣笠）をせしめたが、士官連の中には一分銀や鍍金《ときん》の二分金などの貨幣を見つけたものも数名いた。水兵たちは鏡、酒瓶、腰掛け、古莚の切端など、持てる物は何でも掠《かす》めた。およそ一時間もこうした乱暴が行われた後、汽船に穴をあけて火を放ち、それから命令をうけるために戦線に馳《は》せつけた。……

しばらくしてから、わが方も日本側の砲火に応じた。日本側の最初の砲撃に対して旗艦の応戦が（二時間）おくれたわけは、艦上にまだ賠償金が積んであったため、ドル箱の堆積が弾薬庫の戸をあける邪魔になったからだという。第九砲台の直下に碇泊していたパーシュース号は、錨を切って逃げ出さなければならなかった。この錨は数カ月後に薩摩の人々がさがし出して、わが方へ返してくれた。……

交戦を開始してから四十五分ばかりして、旗艦が艦首を転じたのが見えた。次いでパール号が戦線から離脱してしまった。これはユーリアラス号のジョスリング艦長とウィルモット中佐が、第七砲台から発射された球形弾にあたって戦死したためである。同艦は知らず知らずのうちに、砲台と日本の砲手が平素用いている練習目標の中間を進んでいたので、正《まさ》しく先方の射程距離内に入っていたわけだ。ほとんど同時に、十インチの破裂弾が艦の主甲板で炸裂したと見るまに、七人の水兵が戦死し、一名の士官が負傷した。こうして、十インチから十八ポンドの砲弾をもつ三十七の砲門の一斉射撃をあび、この堂々たる軍艦もすっかり窮地に陥ってしまったのである。また、レースホース号は第八砲台の向い側で坐礁していたので、コケット号とアーガス号が同艦の引き放しにもどり、一時間ほどかかって首尾よくそれに成功した。この間も、レースホース号は絶えず砲撃をあびていたが、先方の砲手は何らの損害をも同艦にあたえることができなかった。しかし、ある瞬間には、あきらめて艦に火をかけねばなるまいと思われたのだった。

……アーガス号（サトーの乗艦）には、三回命中しただけであった。初弾は右舷門を、第二弾はちょうど主檣のところを貫通したのだが、主檣は倒れなかった。三回目は、球形の弾が吃水線近くに深さ三インチの穴をあけたまま海中に落ちた。

……わが方は鹿児島の町を焼きはらうため火箭ロケットをも発射したが、これは実際うまく行きすぎたほどであった。烈風が吹きつづいていたので、火炎を消そうとする町民のあらゆる努力も無益であったにちがいない。尖った青白い炎のかたまりによって下から照らし出された煙の雲は、空一面に広がって、恐しくも、また壮観であった。……

八月十六日（旧暦七月三日）、日曜日の朝、この戦闘で生命を失ったジョスリング艦長、ウイルモット中佐及び九名の死体が海中に葬られた。その日の午後、艦隊は錨をあげて、砲台や鹿児島の町がはるか後方に遠ざかるまで、これらに遠距離から炸裂弾をあびせながら、ゆるい速度で湾を下って行った。同夜は町からすこし離れたところに碇泊し、十七日に横浜に向って帰航の途についたのである。……

われわれが去るとき、日本の大砲はまだわれわれを目がけて発砲をつづけていた。弾丸は一つも、わが艦隊のところまで届かなかったのであるが、しかし、このようにわれわれを追い撃ちしたのだから、わが方が数カ所の砲台を破壊し、また鹿児島の町を廃墟と化せしめたのにもかかわらず、薩摩側では自分の力でイギリス艦隊を退却のやむなきに至らしめたと主張するのも無理ではなかろう」

この戦争における死傷者はイギリス側は戦死十三、負傷五十または六十五、薩摩側は戦死五、負傷十四と記録されている。

私は「薩摩の勝利」を主張するのではない。戦後、薩摩藩は償金もはらい謝罪もした。これはみずから敗戦と認めたことである。ただ、薩摩の「抵抗」がイギリスの予想をはるかに越えて強力であったという事実に、読者の注意を向けたいのである。

長州藩の善戦

同じことが「馬関戦争」についても言える。この戦争もイギリスの主導によって行われたものだが、「薩英戦争」よりはるかに規模が大きい。馬関海峡に集まった英仏蘭米四カ国連合艦隊の総兵力は、

「英国軍艦九隻、砲百六十四門。陸戦隊五百名。総員二千八百五十名。

仏国軍艦三隻、砲六十四門。兵員一千百五十五名。

蘭国軍艦四隻、砲五十六門。兵員九百五十一名。

米国仮装艦一隻、砲四門。兵員五十八名。

総計軍艦十七隻、砲二百八十八門、兵員五千十四名より編成せられた。又別に通信及び運送任務のため、英国軍艦三隻がこの遠征に参加したのであった。このほか横浜には英国軍艦四隻、米国軍艦一隻が碇泊しており、また香港より徴せられた英国陸軍第二十聯隊第二大隊及び第六十七聯隊分遣隊約千三百五十一名、仏国陸軍七十名が駐屯し、長崎には英国軍艦一隻が在泊した」（『維新史』）

当時としては、一王国を征服するに足る兵力であろう。長州は日本という東のはての小王国の中の一藩にすぎない。しかも、禁門戦争（蛤御門の戦）に破れて兵力の大半を失っていた。対等の戦いどころか、一撃のもとに粉砕されるのが常識であろうが、ここでもまた「常

識』が通用しなかった。A（米）B（英）D（蘭）F（仏）ラインの砲火を集中されて、長州は破れたが、詳細にしらべると、ただの「惨敗」ではかたづけられぬ諸点が発見される。

戦況については、サトーの回想録が「薩英戦争」よりもさらに詳しい従軍記を書きのこしている。（私事を申せば、今から約三十年前、小説『青年』を書いた時、サトーの著書を読み、特に海峡戦争場面には、彼の記述から多くのものを借用した。が、その時には、この戦争が「東亜百年戦争」の一部であることには気がつかなかった。三十歳になったばかりの私は、みずからマルクス主義をもって任じていて、明治維新の分析にも「マルクスの方法」を用いると初版の中に書きこんだくらいだから、ロンドン帰りの志道聞多、伊藤俊輔に代表される「開国派」が本質において「攘夷派」であったことを見落した。つまり、私もまた〝青年〟すぎたのだ。）

サトーによれば、イギリス公使オールコックは元治元年正月、ロンドンから横浜に帰任して、ニール大佐に代って、列国外交団の主導的地位についたが、「帰任するに際し、実に大きな権限をあたえられていた。彼は長州藩の敵対的態度に対し膺懲《ようちょう》を加えようと決心していた」

そのころ、日本におけるイギリスとフランスの利害はするどく対立していた。フランスは幕府援助を決意して幕府と単独に条約を結ぶ工作にほとんど成功していたのであるが、オールコック公使は強引に列国公使会議をひきずって、連合艦隊を出動させた。

十分に準備された戦争であったから、連合艦隊も「薩英戦争」の不手際はくりかえさなかった。第一日の攻撃で長州の砲台はほとんど完全に破壊された。第二日目の戦況を『維新史』から引用しよう。

「明くれば敵艦数隻は朝霧の中より現われ、昨日の位置に投錨した。軍監山県少輔（有朋）は壇ノ浦守備の奇兵隊に令して、先ず最も近距離にあるターター、ヂュプレーの両艦を砲撃せしめた。敵艦はこの不意の砲撃に遭って、大いに狼狽し、あまつさえ潮流の逆転によつて両艦は衝突し、錨鎖を錯綜して艦尾を砲台に向ける等の混乱を惹起した。よって敵の指揮官は一挙に勝敗を決せんとし、旗艦ユーリアルス艦長アレキサンダー大佐指揮の下に陸戦隊を揚陸した。アレキサンダー部隊は直ちに前田村砲台の東側の断崖をよじ登り、同地の三砲台を占拠し、さらに隊を二分し、一部を角石陣地に通ずる道の両側に出し、長州勢の逆襲に備え、他の一部をもって角石陣営に在った奇兵、膺懲の二隊を攻撃し、互に勝敗があった。午后三時、砲台の破壊が終ったので、アレキサンダー大佐は諸兵を集めて短艇に移乗しようとしたが、長州藩兵の急追を恐れ、先ず一支隊を角石右方の森林中に派遣し、その妨害を防がしめ、さらに自ら兵力をひきいて低地の道路を前進して角石陣営に進出した。この時壇ノ浦の守兵はこれを迎撃し、一支隊は前田に通ずる途上に出で、その主力は塁によりて防戦につとめた。隊長山県少輔は機を見て突撃し、肉弾戦を決行しようとし、槍隊を促して敵中に乱入せしめた。隊長林半七はすでに重創をこうむり、爾余の兵もまた負傷して用いる能わず、ついに総督赤根武人は命じて火を陣営に放たしめ、戦の未だたけなわなる時、兵をひきいて清水越に退いた。一方陸戦隊の一支隊は長駆下関に向ったが、市中に入らずして引返した。また英国軍艦パーシューースは、前田海岸の約五十メートル沖合の浅海に坐礁したが、翌日満潮を待ってわずかに浮び去ることが出来た。さらに蘭艦所属の短艇が兵二名を乗せたまま潮流に流されて行方不明になった」

「日本人が頑強に戦ったことは認めてやらねばならない」とサトーは書いている。彼の記述によれば二日間の作戦でイギリス側の損害は死者八名、負傷者三十名である。アレキサンダー大佐もまた右の足首に貫通銃創をうけた。これにフランス軍とオランダ軍の死傷者を加えれば、その数は長州側の死傷者より多い。

「オールコック公使たちの間で、適当な額の賠償金を長州に支払わせるための物的保証として下関付近の充分な土地を占領し、しかるべき機会に幕府に引渡すまで占領をつづけるという計画があったことを、私は承知していた」

というサトーの記述は重要であろう。だが、この占領は実行されなかった。

「オールコック公使は、長州藩を完全に屈服させようと、ただそれだけを念頭においていたので、長州の大名の本拠と見られる萩を攻撃する必要をキューパー提督に説いた。しかし、提督は用心深い司令官で、また自分の責任以外のことで女王陛下の文官使臣から命令をうける気持は少しもなかったので、自分の権限内の手段では長州のいかなる土地をも永久に占拠することは不可能であると考えていた。そして、砲台を破壊して、海峡の交通を打開すれば、もう自分の任務は達成されたものと考えていたのである」

日本占領は不可能であった

これは出先にありがちな文官と武官の対立だと簡単に見すごすわけにはいかない。「薩英戦争」の際にも、ニール代理公使はキューパー提督に対し、陸戦隊をあげ、大砲数門を分取ってくることを主張したが、提督は一兵をも上陸させることを拒絶した。

文官のニールがあまりに作戦行動に口を出すのがキューパー提督の気に入らなかったのだとサトーは書いているが、それだけの理由ではなかろう。キューパーが下関でも同じ消極的な態度をとったのには、彼の軍人としての判断——軍事的理由があったはずだ。提督の「慎重癖」や「イギリス人の実利主義」だけでは解決できない。

キューパーは戦争の後に、本国政府に報告書を送ったが、その中に「長州を占領し、これを確保することは、イギリス東洋艦隊の全兵力を動員しても不可能である」という一節があった。サトーは「キューパー提督は自分の権限内の手段では長州のいかなる土地をも永久に占領することは不可能であると考えていた」と婉曲に表現している。

このイギリス側の「軍事力の不足」はキューパー報告が到着する前に、イギリス本国ではすでに理解されていたようだ。

馬関戦争の直前に、ラッセル外相によって「日本内地においては断じて軍事行動を取ることを許さず、日本政府または大名を相手に海軍が軍事行動を起すことは、イギリス臣民の生命財産を保護するための防衛手段たる場合にかぎる」という急信が発せられていたそうであるが、当時はセイロン以東の電信が通じていなかったので、この訓令はおくれ、「馬関海峡の冒険」が決行され、そのために、オールコックは譴責され、駐日公使を罷免された、とサトーは書いている。

以上の理由によって、薩摩と長州の予想外の抵抗は、イギリス政府をして失費と犠牲の多い軍事行動をあきらめさせ「平和な強力外交」に転換させたほど、十分に強力であったと結論することは、必ずしも冒険ではなかろう。たしかに二つの「雄藩」は敗北したが、その敗北は他の「東亜諸国」で起った敗北とは異質のものであった。

幕末におけるABDFラインが日本に加えた圧力はたしかに強力なものであった。が、日本は「敗北」したが「屈服」しなかった。不平等条約はおしつけられたが、いかなる土地の占領もゆるさなかった。東漸する「西力」はその意志に反して極東のはてに日本という「非占領地帯」をのこさざるを得なかった。もしこの時のABDFラインが日本をおしつぶしていたら、日清戦争も日露戦争もなく、「西洋列強」はそれから約一世紀後の「太平洋戦争」の直前に、再びABCDラインなるものを結成して日本を包囲し、脅迫し挑発する必要はなかったであろう。

トインビー『文明の実験』

これは暴論であろうか。私も六十歳になった。この年になって暴論は吐きたくない。吐くつもりもない。特に、自分の意見を右や左の党派の政治的目的に利用されることを望まない。

私は「歴史家の役割」を演ずることで満足したいと願っている。専門の歴史家は他にいるだろう。私が演じているのは、歴史家の真似だけである。

歴史家は過去についてしか語らない。現在と未来に対して発言することはあっても、それは権限からの逸脱であることを私は知っている。現在の可能性を発見し、これを闘争を通じて未来に生かすのは政治家である。私はいかなる意味でも政治家ではない。政治は政治家にまかせる。

さて、私の意見が「暴論」ではなく、私なりの「正論」であることを理解していただくために、「敵国」の学者たちに援軍を願うことにしよう。学問には国境はなかったはずだ。まずイギリス人トインビー教授の御登場を願うことにしよう。といっても、教授の大著『歴史の研究』を引用したり、有名すぎる「挑戦と応戦」の理論を持ち出して読者に「挑戦」しようとは思わない。教授の近著『文明の実験』から次の一節だけを拝借する。

「十九世紀の西欧においては、白人民族同士の戦乱状態が常習的に行なわれており、……東方をのぞめば、瓦解した諸帝国が、トルコから中国にいたるまでアジアの全大陸にその残骸をならべていて、……いたるところの原住民らは、羊のごとく従順にその毛を刈りとらせ、ただ黙々たるのみ。あえて彼らの毛を刈りとる者に立ち向って反抗しようとはしなかったのである。

日本人だったら、全くちがった反応を示したであろう。しかし、日本はきわめて珍しい除外例であり、かえって、原住民は反抗しないという一般方則を証明しているにすぎないのだ」

力点は私がつけた。『文明の実験』は日本の歴史を扱ったものではない。人類が原爆戦争という集団自殺の愚挙を回避するためには、

「ただちに世界政府を結成せよ。これに失敗するか、あるいはその実現が遅れるならば、人類は自滅するであろう」

という警告の書である。即ち、世界国家の建設がすでに人間の歴史の日程表にのぼっていること、それのみが「救済の道」であることを、トインビー教授一流の史観と方法によって論証しようとする講演であるが、私がここに右の一節だけをぬき出したのは、そこに十九世紀（明治維新前後）の西洋と東洋の関係が見事な鳥瞰図として描き出されているからである。

日本だけがきわめて珍しい例外であった。トルコ帝国から大清帝国に至る東方の諸帝国は東漸する西洋文明の前に紙の城の如く崩壊し、残骸となって横たわったが、日本という極小の島国だけは「毛を刈られる羊」の仲間に入らなかったのだ。

ライシャワー博士の意見

この「珍しい除外例」は何によって生じたのか？「金甌無欠の国体」のせいだとも言えるが、もっと具体的な、手にふれることのできる原因があるはずだ。この疑問に答えるために、もう一人の「敵国人」の御登場を願う。ごめいわくかもしれぬが、アメリカ大使ライシャワー博士。もちろん外交官としてではなく、歴史学者の資格において。

ライシャワー博士は、赴任以来、東洋学者の資格で、いろいろと示唆に富む文章を発表しておられる。『中央公論』昭和三十八年三月号の「日本と中国の近代化」もその一つだ。十九世紀初期に封建制度下にあった日本の近代化が、すでに中央集権国家であったシナにくらべて、急速であったのは何故か。普通の考えでは、シナの方が早いはずなのに、日本の方が数倍も早かったのは何故か？　ライシャワー博士は、この設問に答えて、

「私はその一つの理由として、徳川時代のように安定した封建的社会の習慣法が、中国のように全国を完全統一した中央集権的な君主国よりも、もっと経済成長を促進する役割を果したこともあげられると思う」と言っている。「日本の近代化は十九世紀半ばに（封建制度の下で）、すでに始まっていたと言えるので、同世紀後半に入ってからさらに速度を加えたのは驚くにあたらない」

これは日本の封建制度の再評価であり、「近代化のファクターとしての封建制度」がヨーロッパと日本だけに存在していて、その他の東洋諸国には存在していなかったという新説である。博士の所論は慎重な学術論文であるから直接の引用だけではわかりにくい。日本側の解説者の助力を願うことにしよう。

『自由』昭和三十八年六月号に「明治維新あれこれ」という座談会がのっている。その中で、林健太郎教授が次のようにライシャワーを解説してくれている。

「それはこういうことですね。封建的というと、戦後は悪いものの代名詞みたいになっているけれども、制度としての封建制は歴史の上で非常に進歩的な役割を果したということです。

日本では封建制というものがマルクス主義の社会経済的概念だけでとらえられていることが多いので、要するに農民を搾取していたということだけしか言っていない。……ところが学問的に厳密な意味では、封建制はあくまで一つの軍事体制及び政治体制のことなので、これは割拠制度、つまり権力の分散ということが前提です。強力な中央集権君主がいて、それが官僚によって大きな国土を治めるというのじゃなくて、たくさんの封建諸侯がいてそれぞれ自分の国を治める。そういう支配者自身が元来下から出て来た土着的なもので、個人の力での上って来たものだ。それにお互いの競争がはげしいから、ますます個人の力を発揮しなければならなくなる。有能な部下が必要になるから、武芸者や学者をスカウトする。封建的な主従関係というものも元来非常に個人主義的なものですね。こういう制度が発達したのは西ヨーロッパと日本だけです。それ以外のアジアでは封建制は成立しなかったので、中央集権的な東洋的専制主義というものが長くつづいた。

この東洋的専制主義の下では、民衆の中から新しい力が出てきても、非常に強力なメカニズムによって全部押えられてしまうから、新しい勢力の台頭する余地がない。ところが、封建制の場合は、押える力も統一的でないし、勢力の交代が起りやすい。従ってその中から新しい社会層が出てきて、次の時代をつくることになるわけです。いわゆる資本主義の発達というものも、そういった封建制の地盤のあったところで初めて起ったので、そうでないところ（の国々）は、古い絶対的な支配君主が西洋から入って来た資本主義に対抗できないで、その植民地になるか、あるいはそれと結託して前と同じ形で民衆を搾取するということしかできない。

日本も西洋によって近代化したんだけれど、西洋に征服されてはいけないというので、革命をやって近代国家をつくり、自力で西洋文明をとり入れた」

民族的激情としての攘夷熱

封建制度が存在し発達していたのは西ヨーロッパと日本だけだったというライシャワー博士の発言は重要である。イギリスを先頭とする西欧諸国は東洋の果ての島国まで来て、はじめて自分と同次元の社会組織を持った国家にぶつかった。当時の日本は西欧諸国にくらべれば、たしかに二歩も三歩もおくれた「未開の国」であり、「鎖国」という異常な壁の中に安眠しているように見えたが、その壁は、西洋の強制に反発し抵抗する「国力」と、同時に西洋文明を直ちに受け入れる能力を持った「人材」を内蔵している不思議国であった。

トインビー教授が鳥瞰しているとおり、トルコからシナに至る諸帝国は西洋に抵抗できなかった。インドも安南もジャワも清国も「帝国の残骸」となって横たわり、その「原住民」たちは羊の如く従順に、ただ黙々として、毛を刈りとる者に反抗しようとしなかった時、日本だけが英仏蘭米の連合艦隊に屈服しなかった。少なくとも彼らの「完全勝利」を許さなかった。「薩英戦争」におけるイギリスは鹿児島の町は焼いたが、陸戦隊を上げることはできず、「馬関戦争」における連合軍は陸戦隊は上げたが、占領はあきらめざるを得なかった。

だが、薩摩も長州もみずから敗北を認めて、償金をはらい、「和親通商条約」という不平等条約を受入れ、「攘夷」を「開国」に切りかえた。

他の東洋諸国では、「開国」は即ち「降伏」であり、「攘夷」の反対物であったが、日本の場合はそうでなかったところに特色がある。「馬関戦争」の直後、長州の若い家老清水清太郎がイギリスがえりの志道聞多（井上馨）と伊藤俊輔（伊藤博文）に涙をながしながら言った言葉が残っている。「おれは今後五十年間、攘夷を腹の中におさめて、お前らの開国論に従う」。これは攘夷論を捨てた当時の志士に共通する気持であったにちがいない。長州人は第一回長州征伐の際に幕府に降伏した時、「武備恭順」という言葉をつかった。その「武備恭順」を西洋諸国に対しても用いたわけだ。上山春平氏の表現にしたがえば、「つまり開国は攘夷のための実力をたくわえる手段に他ならなかった」

前章に引用した橋本左内、吉田松陰、島津斉彬等の「富国強兵論」「東亜経略論」「大陸出撃論」を思い出していただきたい。上山氏の言うとおり、ここに「明治維新から大東亜戦争にいたる開国日本のコースが、ほぼ適確に描き出されている」

ただ、「薩英戦争」と「馬関戦争」以前には、「開国即攘夷論」は一部の先覚者だけの思想にすぎなかったが、この実戦の教訓によって、それは指導者団の思想になり、政治の主流となった。攘夷は「百年の計」として彼らの腹中におさめられた。もちろん、これは摩擦なしに実現された過程ではない。その後も「民族的激情としての攘夷熱」はしばしば噴出し爆発して、困難な国際関係をかもし出したが、大勢はここにきまったのだ。しかし、歴史の方向は歴史をつくる人々によって常に正しく自覚されているとはかぎらない。「攘夷派」の行きすぎがあったと同様に「開国派」の行きすぎもあった。「腹中の計画書」もまたしばしば忘却された。

指導者たちが忘れたのだから、われら「国民大衆」はもちろん忘れる。この「忘却」の故に、前章に引用した五味川純平氏の「私が属する世代は、呆れるばかりにふんだんな戦争によって、生きている時間を埋めつくされている」という嘆きも生まれるであろう。五味川氏の世代も石川達三氏や私の世代も、「東亜百年戦争」の途中で生まれて育ったのだ。短い「平和」はあったが、それは徳川三百年の平和と同質のものではない。たしかに、この百年間の日本には平和はなかった。あったものは「あきれるばかりにふんだんな戦争」ではなく、「あきれるばかりに長い一つの戦争」だったのだ。

しかし、それを「東亜百年戦争」として理解できるのは、それが終った後に生きながらえている私たちだけである。

第三章　明治維新と英仏謀略戦——坂本竜馬スパイ説

維新に加えられた「国際的圧力」

明治維新の背景に、英仏両国の強力な圧力があったことは、尾佐竹猛博士から石井孝教授に至る諸家の研究によって明らかにされている。学者だけでなく、劇作家真山青果氏は『江戸城総攻』三部作において、作家子母沢寛氏は『勝海舟』第七巻において、英公使パークスと仏公使ロッシュの活躍が西郷隆盛と勝海舟の行動を大きく制約していたことを正確に描き出している。

アーネスト・サトーの『回想録』も、そのつもりで読めば、日本支配を目ざす謀略戦におけるイギリスの勝利の記録である。石井教授の『明治維新の舞台裏』を読めば、薩長を支持し操縦したパークスの力が幕府側の演出者であったロッシュに打勝ったことが幕府の倒壊と維新政府の成立を早めた事情がよくわかる。

「維新史上の美談といわれてきた勝・西郷両雄の会見も、裏をみると、パークスの江戸攻撃にたいする反対という国際的圧力の中で行われたのであった」（石井教授）

私は勝・西郷の会見を、日本歴史を飾る壁画の中の美談の一つだと信じている。ただ、それが、「国際的圧力の中で行われた」ことだけはまちがいない。

たしかに「欧米列強」の圧力は強かった。それを考慮の外においては、明治維新という「複雑な変革」は理解できない。いや、維新だけではない。それにつづく征韓論、台湾征討、西南戦争、条約改正運動、自由民権運動の大アジア主義への急転回、日清戦争と三国干渉、日英同盟と日露戦争、韓国併合、満州国建国、日支事変と太平洋戦争——即ち、私の言う「東亜百年戦争」の全過程の理解は不可能である。これらはすべて強力な「国際的圧力」の中で起った一連の事件であった。「列強」が日本に加えた強圧は明治維新によって解消したのではなかった。日本人の必死の反撃にもかかわらず、この強圧は年とともに増大し、組織化されて、太平洋戦争の直前にその頂点に達したのだ。

政治についてだけではない。明治以後の文学史という歴史の一側面だけをとってみても、その底には「西洋との対決」という大きな潮流がながれている。『舞姫』のエキゾティシズムから出発した森鷗外は、その晩年において、なぜ『興津弥五右衛門の遺書』と『堺事件』を書き、元老山県有朋と接近したか。『浮雲』の二葉亭四迷はなぜ文学を放棄し、ロシアに赴き、インド洋上で死んだか。夏目漱石の「ロンドンの憂鬱」（イギリス留学時代のはげしいイギリス嫌い）の正体は何であったか。『吾輩は猫』で彼が戦った対象は何であったか。乃木大将の殉死がなぜ漱石を衝撃して『こころ』という異常な作品を書かしめたのか。恋愛詩人与謝野鉄幹を「虎と剣の詩人」にしたものは何であったか。石川啄木の「無政府主義」はなぜ「国家主義」に飛躍せざるを得なかったのか。トルストイから出発した武者小路実篤はなぜ戦後の確信的な「日本主義者」であり得るのか。——これらの文学史上の「疑問」にもいずれ触れることになると思うが、この章では、問題を明治維新だけにかぎることにする。

マルクス派史学の不毛性

私はこの試論を書くために、『服部之総著作集』を始め左翼史家の明治維新史をでき得るかぎり読んでみた。その量は尨大で、全部に目を通したとは言えないが、現在までのところ、私の受けた印象は、左翼学者の著作を読めば読むほど、明治維新の姿が私から遠ざかって行くということだ。なぜだろう。一つは、「維新史」はまだ論争問題であって、その「本質」についても、「期間」についても、一致した定説は生まれず、全く各人各説の段階にあることが原因であろう。が、それだけではなさそうだ。

戦争前にすでに「講座派」と「労農派」の論争があった。「明治維新はブルジョア革命であったか否か」が論争点であるが、この両派は共にマルクス主義者を以って自任していたので、方法も術語も同一で、第三者の目には、マルクスの出店同士の本家争いとしか見えなかった。

革命とは、マルクス学説にしたがえば、「一階級から他階級への政治権力の移動」である。この公式は明治維新には適用できない。しらべればしらべるほど、「奇妙な政変」である。徳川封建制はすでに自壊作用の兆候を示しはじめていたが、体内に「近代的ブルジョアジー」という革命勢力が成長していたわけではない。百姓一揆はしばしば起ったが、それは封建制度の根底をゆすぶる農民戦争ではなかった。武士階級の腐敗と無能は多くの史家によって誇張されているが、全体としての領主と家臣団が支配力と指導力を失っていたとは考えられない。事実はその逆であって、弘化以来の「外患」に最も敏感に反応したのは、「賢公」と呼ばれる領主たちとその家臣団であった。農民と商人の上層部からも、「攘夷家」や「有志」や「志士」は輩出しているが、これらはまず武士たらんことを熱望した人物であって、必ずしも封建制の対立物ではなかった。武士を上級と下級にわけて、維新を下士階級の「革命」と見る見方もナンセンスであることが判明した。

ここから、「マニュファクチュアー」論争という極めて手工業的な論争も生まれ、明治維新は復古的変革（Restoration）ではあって「革命」（Revolution）ではなかったという学説も生まれる。武士から武士へ、幕府から藩閥政府へ政権が移っただけであるから、フランス大革命のようなブルジョア革命ではない、と「講座派」が言えば、「いや、明治維新は変態ではあるがブルジョア革命だ。徳川封建制の内部で赤ん坊の資本主義がすでに生まれていて、それが藩閥政府のもとで一人前か半人前の資本主義に成長したのだ」と「労農派」が答える。

要するに出店同士の喧嘩である。学者という名の孫悟空がマルクスという名のお釈迦様の掌《てのひら》の上をかけまわっているだけのことだ。彼らはすべてマルクスの『ルイ・ボナパルトのブリュメール十八日』から出発して『ルイ・ボナパルトのブリュメール十八日』にかえる。明治維新史と世界史の中をかけまわったつもりでいるが、マルクスの書いた小さなパンフレットの中から一歩も出ていない。

「民族主義的見地」の登場

明治維新は明治維新でいいのではないか。それがフランス革命やロシア革命に似ていないからと言って、マルクス・レーニン先生に相済まないと思う義理はないはずだ。「明治維新はどこの国の革命にも似ていない」という自明な前提から出発して研究をすすめて行っても、決して「歴史の法則性」を否定することにはならないのではないか。

左翼学者によって、「外国の圧力」が維新の原動力の一つとして公然と取上げられはじめたのは、戦後の現象である。戦前の左翼史家も、これを全く無視したわけではないが、力点のおきかたが、維新の原動力を「封建制度の自壊作用」と「人民の闘争」に求めることに専心して、「外国の圧力に対する民族闘争」の面を強調することは避けていた。この問題に深入りすれば、「日本の民族主義」につきあたる。戦前のマルクス主義者にとっては、一切の「民族的なもの」は手にふれるのもけがらわしい汚物であり、無視するか避けて通るのが常識であった。私もまた当時の「マルクス主義学生」であったから、この空気をよく知っている。左翼はただひたすらな「インターナショナリスト」で、「日本的なるもの」を毛虫以上にきらった。「愛国者」たることを自ら拒否して、「日本的なるもの」の考察は右翼学者にまかせてかえりみなかったと言っても過言ではない。

この空気は敗戦によって一変したかのように見える。アメリカ軍による日本占領、「民族共産主義者」毛沢東政権の出現、それにつづく米ソの公然たる対立が空気を一変させた。日本共産党が突如として「愛国者」と自称しはじめた時に、唖然《あぜん》としたのは、お株をとられた形の右翼学者だけではなかろう。戦前派のマルクス学者諸氏もその「インターナショナリズム」のかたづけ場所に迷ったにちがいない。

「ところで、日本の明治維新を、ただちにヨーロッパの絶対主義やブルジョア革命のものさしではかる前に、アジアのなかの日本としてもう一度見なおすということは、重要な一つの見方といえよう。この点、戦後の研究で、明治維新を外国の圧迫に対抗して、民族として統一と独立を達成するという側面でつかもうとする方向が生れてきたのはとうぜんといえる」

これは、その共同執筆者の中に多くの戦後派左翼学者をふくんでいる『日本の歴史』第十巻（読売新聞社版）の中の一節だ。

「明治維新をなしとげた力が国内に準備されていたことはいうまでもないが、ヨーロッパやアメリカで、とっくにブルジョア革命や産業革命が終った時期に、やっと国家統一と資本主義の創設をはじめなければならなかったという日本のおかれた国際的条件が影響していることを見のがすことはできない」（同書）

マルクス主義史学の一方の権威、故服部之総教授によれば、「歴史学は過去に対する政治である」そうだ。このおそるべき反歴史的見地からすれば、歴史は政治の必要に応じて何度でも書きかえることができる。「ロシア共産党史」はすでに何度か書きかえられた。日本の明治維新史も政治に忠実な左翼学者たちによって盛んな書きかえが開始されているかのように見える。

戦前は捨ててかえりみられなかった、それにふれることは左翼学者のタブーの一種であった「民族主義」が脚光を浴びている。政治の面では、「反安保闘争」や「原水禁運動」のような「新攘夷主義」が現われている。これはアメリカという「帝国主義夷狄《いてき》」のみに向けられた一方通行の攘夷運動であるが、中ソが決裂し対立した現在では、やがて「ソ連帝国主義」に対する攘夷運動も出現しかねない。日本の左翼ほど外国に忠実な左翼は世界には類がなかろう。

坂本竜馬スパイ説

さて、ここまで書いてきた時、『朝日新聞』（三十八年九月一日付）に作家榊山潤氏がおもしろい歴史随筆を発表しているのが目にとまった。

「明治維新の変革は、英国の対日謀略だという説がある。もちろん戦後の新説だが、それによると、その中心人物は長崎にいた大砲商人グラバーであった。英国公使パークスがその後ろだてであったのはいうまでもない。グラバーは薩摩の有力者小松帯刀《たてわき》を抱きこみ、その手を通じて土佐の坂本竜馬を抱きこんだ。以来、竜馬は日本側の工作要員として、目ざましい活躍をした。……彼の奔走によってまとまった薩長の盟約も、背後にあるグラバーの力であった。グラバーはさらに、岩倉具視を抱き込み、宮廷工作をした。……鳥羽伏見の戦いによって、グラバーの役目は終った。この戦《いく》さに、負けるはずのなかった幕府軍が敗れたのは、薩長方に英国の巧妙な協力があったからである」

かの坂本竜馬が英国謀略機関の工作要員、スパイであったというのだから、まさにおどろくに足る「新説」である。

「こういう説を、頭から信用するわけにもゆくまいが、といって、採るに足りない珍説として笑い捨てることもできない。明治維新は複雑怪奇である。仏公使ロッシュが、土台のくさりかけた幕府の補強策にやっきとなったのは、衆知の事実である。これと張合った英国が、薩長支援にけんめいであったのも、かくれもない事実である。英国は古い銘柄を捨て、薩長の成長株を買った感じだが、右の新説によると、強引に薩長を成長株に育てあげたということになる。……英の謀略では、岩倉はもちろん、西郷も大久保も木戸もグラバーのヒモつきだったといっている。そうして、小松帯刀が江戸開城を機に晴れの舞台から退き、その数カ月前に坂本竜馬が暗殺されたことに、不審の目を向けている」

榊山氏は「グラバー機関の対日工作文書」のコピーが実在していて、それが割と安い値段で手に入るかもしれぬと言っている。

誰かが「新説」を安く売りあるいているのだ。私はそんな売り手を信用しないが、推理歴史小説の材料としてなら、材料払底の作家諸氏には興味があるかもしれない。とんだ「昭和研究会事件」である。尾崎秀実ならぬ坂本竜馬が優秀な国際スパイであり、犬養健ならぬ御曹子小松帯刀が抱きこまれ、近衛公ならぬ岩倉具視をあやつった。西郷、大久保、木戸の「維新の功臣」にも「グラバー機関」のヒモがついていたというのだから、まさに「大珍説」

である。こんな貴重な材料を安く売ったり買ったりしたのでは、歴史の神様に相済まない。グラバーという武器商人が維新の「舞台裏」で活躍していたことは衆知の事実だ。彼は大量の武器を、初めは幕府に、後には佐賀や土佐、特に薩摩と長州に売りこんだ。薩長両藩に対しては汽船の秘密購入やイギリスへの留学生密航の世話もしている。

グラバーは日本に関するかぎり、パークス公使の先輩であった。楫西光速氏『政商』の中のグラバー伝によれば、オールコック公使に代って着任したパークスはキング提督とともに長崎のグラバーを訪問し、酒宴の後、二人きりで夜を徹して密談した。その時、パークスはまだ幕府援助論者であったが、グラバーは日本の政治的実権は薩長両藩に移っていることを主張してゆずらなかった。パークスもまたゆずらず、議論の途中で夜があけてしまった。その後パークスは自ら薩摩におもむき、島津久光や西郷隆盛に会い、帰途再び長崎に立寄って、グラバーの肩をたたいて、「おれは愚かであった。今まではおまえの言葉を信じなかったが、初めて目がさめた」と言ったという。

「ハリー・パークスと薩長のあいだに立って、壁をこわしたのが自分のした一番の手柄であった」とグラバーは述懐している。「私は世間から金儲け主義だと思われていたかもしれぬけれども、私の気性はお前も知っている。それは金儲けという事もあったけれども単純にそれのみじゃなかった。一番最初日本の主権は天皇にあって、それが徳川に移った。それからまた廻って天皇に移るということが自分には分った。それが所謂薩長に力を添える考えを起した多少の動機になっている。……徳川政府の叛逆人の中では、自分が最も大きな叛逆人だと思った」（『政商』）

グラバーとはそんな商人であったようだ。ちょっとしたアラビアのローレンス型だが、果して「グラバー機関」なるものが存在したか。私はイギリス・ブラック・チェムバーの歴史には、そこまで詳しくない。「グラバー機関存在説」の究明は榊山潤氏にまかせ、スパイ扱いにされた坂本竜馬の名誉回復は『竜馬がゆく』の著者司馬遼太郎氏にお願いして、先に進むことにしよう。ただ、私がここでこの「珍説」を取上げた理由は二つある。それだけを申上げておく。

一つは、この「珍説」は明らかに左翼の維新研究の畸形の落とし子だということだ。戦前派たると戦後派たるとを問わず、左翼学者たちが書いた維新史を読んでいると、私は歴史の壁画館の中で赤いクレヨンをふりまわしている悪童の群れを思い出す。彼らは競争して壁画の上に赤絵具をぬりたくる。最も醜怪な抽象画をぬり上げた者が勝だ。悪童どもは維新の人物と事件をできるだけ醜悪に描き出すことが「真実の探究」だと心得ているかのように見える。彼らは日本にはまだソ連流または中共流の「人民革命」が必要であり、必然であると信じている。日本に革命をおこすためには、日本の歴史を、できるだけ野蛮に、できるだけ醜怪に、不正と愚行と暴行にみちた無価値無意義なものとして描き出す必要がある。彼らは「共産革命」という政治目的のために、日本人の歴史に泥をぬることが「学問の使命」だと思いこんでいるのだ。坂本竜馬スパイ説、岩倉、西郷、大久保、木戸ヒモツキ説もここから生まれた。

しかし、日本の革命は日本人の歴史の醜化からは生まれない。明治維新を「理想化」することがいやなら、せめて「あるがままに見る」がよい。維新の志士・革命家の肖像さえ正しく描き得ない孫悟空学者諸氏の学説が日本人の精神を再建し、来るべき「日本革命」の原動力になり得るはずはない。

その二は「グラバー機関」の存在如何にかかわらず、この「珍説」を生み出すほど十分に深く、パークスは薩長の内部に、ロッシュは幕府の内部に食い入っていたということだ。「パークス路線」に乗っても「ロッシュ路線」に乗っても、日本は植民地化される。「薩長人」も「幕人」もこの日本の危機を本能的に、したがって正確に見抜いていた。西郷も勝もそれを見抜き、徳川慶喜も山内容堂も見抜いていた。彼らはそれぞれの立場から、英仏の謀略に抵抗したのだ。岩倉具視と坂本竜馬を、西郷隆盛と勝海舟を、「謀略家」であったというのはすこしも彼らの不名誉にはならない。彼らは英仏の謀略に抵抗するためには、時に自ら謀略家にならざるを得なかったのだ。

明治維新は英仏の謀略と圧力によって成立したのではない。この謀略と圧力に必死に抵抗したところに成立した。

西郷隆盛の抵抗

パークス公使が長崎でグラバーと会った後に西郷隆盛と会談したのは、慶応二年六月十七日、鹿児島沖における英艦の艦上であった。その時の模様を西郷自身、京都在勤の若い家老岩下方平に報告した手紙がのこっているが、その中でパークスを評して、「よほど幕臭《ばくしゅう》これ有り」と言っているのは、前節のグラバーの回顧談に照応して、たいへんおもしろい。『大西郷全集』の解説者によれば、「薩藩は何故に英国公使をわざわざ遠方まで招待したか。この書面の趣きでは、外交条約等のことは将来真の日本の主権者たる朝廷において取扱うようにしたい。幕府の手から外交関係のことを打放《うちはな》してやりたいということを主要な話題として、パークスの了解を得るように努めたようである。尤も、このころ仏国公使（ロッシュ）がややもすれば幕府を助けて強藩を制御させようとしているのを見て、西郷らは英国と親交をはかり、英を以って仏を制せしめんとする、いわゆる夷を以って夷を制せしむる筆法に出たものであることは推測に難くない。鹿児島の士風や兵器弾薬の製造その他やや大仕掛けの機械工業の施設も見せ、薩藩の実力を示すのもその目的の一つであったろうと思う。

なお、パークスは英本国の外務大臣から、薩藩を助けるような訓令をうけていたらしい。このことは当時英国留学から帰ってきた寺島宗則（会談の通訳者）の日記に見える。それによると、寺島は英国出発前、下院議員オリファントを通じて、外務大臣カラレントンに日本の国体、国情、勤王諸藩の運動をくわしく説明し、幕府の威令は既に行われず、早晩政権は朝廷に属することを話した。外務大臣はパークスに勤王雄藩（帝権確立を擁護する有力な諸藩）を援助するように訓令を発した。この訓令はパークスの鹿児島訪問前に到着していたのであるが、パークスは鹿児島では、そのことを色にも見せなかった」

西郷は幕府の失政を詳しく数えあげ、条約のことを責めるなら、朝廷ではなく幕府を責めよと論じ立てたが、パークスは一々これに反駁して、一歩もゆずらなかった。即ち、英ミニストルには「よほど幕臭これあり、破談の勢になったのを、とくと日本の実情を説明し、その上利害得失をくわしく申し聞かせたところ、はじめて納得して、それより彼の心底を残らず打ちあけてくれた」と西郷の手紙には書いてある。

薩摩はイギリスに脅迫され、パークス公使にあやつられたという見方は表皮的すぎる。脅迫されても脅えず、あやつられるよりもあやつってやろうと歯をくいしばっていたのが、当時の日本の指導者たちの真の姿であった。見おろされるよりも見おろすこと、少なくとも、対等の立場に立とうと彼らは必死に努力していたのだ。

福沢諭吉と徳川慶喜

再びくりかえす。明治維新は日本人が外国の謀略におどらされたところに成立したのではない。朝廷側はもちろん、幕府の首脳部もまた、これを阻止し拒絶したところに成立したのだ。

福沢諭吉は慶応二年に幕府に建白している。福沢は、大君（徳川将軍）のモナルキー（絶対王制）のほかには現状打開の道なしという見地から、「外国の兵御頼みに相成り、防長二州を御取消し相成り候よう仕り度し」と新将軍徳川慶喜に上書した。

福沢諭吉を民主主義の開祖に祭りあげるのは戦後の流行だが、明治維新の前後には民主主義者などというハイカラなものは一人もいなかった。啓蒙家福沢諭吉もまたモナーキスト

（絶対王制論者）であったのだ。といっても、彼の不名誉にはならない。彼は「外国軍隊を借りても長州藩を取消してしまえ」と言っているが、日本をつぶせとは言わなかった。彼は幕府を中心とする日本統一を構想していた。従って薩長中心の「藩閥政府」成立にそっぽをむいて、在野の立場を守りとおしたのであるから、その節操をうたがうわけにはいかない。彼もまた偉大な明治人の一人である。が、それは後の話であって、ここで注目しなければならないのは、福沢の「外国軍隊借用論」を徳川慶喜が取上げなかったという一点である。

これを幕閣の「無能」や慶喜の「優柔不断」によって説明するのは説明にならない。「時の勢」というものがある。人間の知恵ではどうにもならないものの存在を、学者はときどき見落すものだ。「時の勢」にさからえば、賢者も愚者となる。「時の勢」と対決する時の人間は常に必死である。命をかけなければならぬ。命をかけた人だけが歴史をつくる。幕府方にも賢者は決して少なくなかったが、小笠原長行も小栗上野介も愚者として死んだ。俊才榎本武揚も大鳥圭介も五稜郭に籠城した時までは「愚者」であった。また、「時の勢」のおもむくところを見抜き、これに従った者も、「奸物」と呼ばれ、「腰抜け」と呼ばれることがある。勝海舟は前者であり、徳川慶喜は後者であった。しかし、私はこの二人を幕府側の「賢者」と呼ぶ。海舟は賢者として行動すべく割と容易な立場にあったが、慶喜は最も不利で苦しい立場にあった。明治維新史における慶喜の「苦衷」を見落してはならぬ。「大政奉還、江戸城明け渡し」の発案者がだれであったにしても、これを採用し実行するのは、真の賢者にして始めてなし得るところである。

慶喜が大阪城から江戸城に帰ってくると、ロッシュ公使は登城して謁見を乞い、しきりに再挙をすすめ、軍艦・武器・資金はすべてフランスから供給すると言った。慶喜はこれを拒絶し、「我邦の風として、朝廷の命と称して兵を指揮する時は、百令ことごとく行わる。たとい今日公卿大名の輩より申出たる事なりとも、勅命といわんには違反しがたき国風なり。されば、今兵を交えて此方勝利を得たりとも、万万一天朝をあやまたば、末代まで朝敵の悪名まぬかれがたし。さすれば昨日まで当家に志をつくしたる大名も、皆勅命に随わんは明らかなり。よし従来の情義によりて当家に荷担する者ありとも、かくては国内各地に戦争起りて、三百年前の如き兵乱の世となり、万民その害を受けん、これ最も余が忍びざるところなり」と、逆にロッシュをさとしている。

ロッシュの謀略の路線は江戸城の奥深く食い入っていたが、慶喜は最後に自らの判断でこれを拒絶したという点が重要である。小栗上野介を先頭とする主戦論者はフランスの援助を当てにしていた。だが、彼らといえども、軍事的主導権を外国に渡すつもりはなかった。彼らも「幕人」である前に日本人であった。薩長人におとらぬ愛国者であった。「錦旗と幼冲の天子をさしはさむ公卿と薩長の陰謀」とは戦っても、日本を分裂させて、トルコ、エジプト、インド、清国の二の舞を演ずることは心からおそれていた。

ロッシュが幕府援助をつらぬきとおすことができなかったのには、フランス本国の事情もある。普仏戦争の危機がせまり、ナポレオン三世の政権は下り坂に向い、外務大臣も交迭されてロッシュの対日政策は宙に浮いた形になってしまった。だが、慶喜はそのような事情を知って、ロッシュの最後的提案を拒絶したわけではあるまい。慶喜はフランスの運命ではなく、日本の運命を考えていたのだ。

岩倉具視の「全国合同策」

薩長側の「奸物公卿」と呼ばれた岩倉具視に「全国合同策」という手記がある。

「目今天下の禍患切迫の時に当り、国内に干戈を動かし骨肉相食むは、皆醜夷の術に陥るものなり、鷸蚌《いっぽう》の争は遂に漁夫の利なり、兄弟相鬩《あいせめ》ぐの隙に乗じ、醜夷の艨艟《もうどう》海を蔽うて来らば、何を以てこれを防禦せんや。……君子小人、国内に紛争する時、多力の者は其党を樹て、寡力の者は外権を仮《か》るは、古今の通患なり。外権を仮るとは外夷の力を仮ることにして、恐るべく憂うべきなり」。具視はここで、唐宋元明の歴史を引用し、支那の各王朝が突厥《トルコ》、契《キ》丹《タイ》の兵を借りたために亡国への道を開いた先例をあげ、「これ他邦の談として看過すべからず。もし今日我が皇国にして之に類することありとせんか、たとえば西国は墨夷（アメリカ）を引き、中国四国は英夷（イギリス）を引き、北国は魯夷（ロシア）を引き、東国は仏夷（フランス）を引き、遂にこれら諸夷の権力を仮り、相互に勢を争いて攻伐せば……金甌無欠宇内に冠絶する皇国は、犬羊に均しき外夷の管轄に属するに至らんこと明鏡の如し」

慶喜の憂いもまた具視の先憂と同質のものであり、故にロッシュの提案を拒絶したのだという『徳川慶喜公伝』の解釈は正しい。歴史は素直に読むべきである。「舞台裏」ばかりのぞいていると、とんだ溝泥《どぶどろ》に落ちこむ。

フランスが幕府をあやつり、イギリスが薩摩をあやつったのではない。「あやつる」という人形芝居用語をしいて使うなら、あやつったのはむしろ日本側である。もちろん、余裕をもってあやつったのではない。幕府も薩長も土肥も、ひたすらに日本の分裂と植民地化を恐れ、苦労し、苦心し、精魂をつくして、外国の「援助計画」から危く身をかわした。ロッシユは武器と借款の提供による幕府の直接援助を計画し、パークスはイギリス東洋艦隊の武力を楽屋裏にひかえて、舞台の上では薩長土肥を踊らせる「内面指導」を計画したが、幕府側も朝廷側もその手に乗ったように見えて実は乗らなかった。最後の土壇場に来ると、「日本」の名において、彼らの謀略を拒絶した。少なくとも身をかわした。

「薩英戦争」と「馬関戦争」の苦い経験によって、武力による直接侵略をあきらめざるを得なかった英と仏は、「内面指導」による謀略戦にもまた失敗した、と言うことができる。彼らは不平等条約だけはおしつけることができたが、日本を分割支配して、これを植民地化することはできなかった。

東洋の植民地化は十八世紀から二十世紀初頭にかけての「欧米列強の歴史的使命」であった。東洋の一小国日本はその「使命」の実現をあやうい土俵ぎわでくいとめた。「列強」は日本に関するかぎり、数十歩後退して漸攻戦法に出るよりほかはなかった。「大東亜百年戦争」はここにはじまっている。列強にとっても日本にとっても、それは百年戦争たらざるを得なかったのだ。

中岡慎太郎の「時勢論」

「薩長連合」と「大政奉還」の事実上の計画者中岡慎太郎は、慶応三年の終り、盟友坂本竜馬とともに暗殺される直前に、三篇の時勢論を書きのこしている。いずれも、「窃《ひそか》に知己に示す論」である。「予は草莽《そうもう》不頼の者なり。言を王公貴人に献ぜんと欲して、その道なし。故に虚心黙坐、一点の私念を交えず、既往の過を悔い、将来の事業を企て、思うところをところとして、天下の同志に示す」

当路者ではない草莽の意見を代表するものとして、ここに引用しよう。彼は「わが説は尊王攘夷である」と言っているが、もちろん、ただの攘夷論ではない。三書を綜合して、その大意を要約すれば、

「今より後、一年以上もうかうかとすごしたら、外夷の処置はついに出来なくなるだろうと実に心配でならぬ。

自分はかねて西洋の兵制を学び、商業もまた西洋の会社組織に習えと主張しているから、ただ西洋好きの開国論者だと思う者もあるかもしれぬが、さにあらず、自分は攘夷の実行方法として開国論を唱えているのだ。

そもそも攘夷は日本だけの専売ではない。やむを得ない時には、世界の各国はみなこれを行う。アメリカはもとイギリスの属国であった。イギリス国王はこの属国をしぼりあげることに専念したので、アメリカ国民の生活は日々に困窮した。ここにおいて、ワシントンとい

う人物が現われ、民の疾苦を訴え、十三州の民をひきいて立ち、イギリス人を拒絶し、鎖国攘夷を行った。英米、戦うこと七年、イギリスは和を乞い、アメリカは独立して合衆国と号し、一大強国となった。今を去る八十年のことである。ドイツ国もまたスペインの属国であったが、よく国論を統一し、拒絶攘夷を行い、戦うこと八年、戦うごとに破れたが、最後に至って、一戦大いにスペイン軍を破り、ついに独立した。

吉田松陰がアメリカに渡ろうとしたのは、攘夷の志によって、彼の長をとり我が短をおぎなおうとしたのだ。その門弟久坂玄瑞は曰く、『すでに通商条約が定まった上は、ひろく有志の者を海外に派遣し、西洋の諸学諸芸及び工商の術を学ばしめ、大いに海陸の軍備を張るべし、それをやらなければ、国体を立つることはできない』また高杉晋作は曰く、『今日、西洋事情を説き、西洋を知っていると自認している連中は、わずかに西洋の一端だけを見て、その盛衰の歴史を知らぬ。彼らが強盛になったのは、過去にその理由がある。今日、日本が彼の強盛を学ぼうと欲するなら、英仏がまだ強盛にならないとき、国内改革の内戦が度度あったこと、またロシアが百戦危難の中から国を興したことを手本として学ばなければならない。もし日本が現在内政改革をおこたり、現状のままで、西洋強盛の文明のすでに出来あがったものを、居ながらにして学ぼうとするのは大間違いである。よろしく奇変、英達、実行をもって、天下を一新すべし』と。

自分の攘夷の策は、今日深く外夷と結ぶにあり。涙をのんで、外夷と手をにぎるのだ。ひろく海外諸国に留学生を送り、外国人を雇い、国産を開き、断然と大いに国を開くべし。かくして、すみやかに軍備を設け、兵を練《ね》り、名分条理をふみにじって攻めてくる強悪の外賊を討つべし。近い将来に必ずその時が来る。ロシアも恐るべきだが、アメリカもまた油断はならぬ。

敗戦を恐れることはない。文久二年、薩州の壮士、英夷を生麦に斬る。その後、英軍鹿児島に入り、罪を問う。世論は、いかに薩州が強大でも、英国の力で攻められては支えることはできまいと言った。然るに、この一戦によって、志気は大いに振い、俗論は閉塞し、因《いん》循《じゅん》とその日暮しの旧弊は破れ、いわゆる攘夷家なる者も進んで航海練兵の実用を主張するに至り、薩州の国是は定まった。また、長州においては、しばしば夷船を暴撃し、京都では蛤御門の一戦に敗軍し、つづいて馬関戦争の大敗があり、また幕府追討軍によって四境を包囲された。世人はみな、長州の滅亡疑いなしと思ったが、豈《あに》計らんや、長州が国内の政治を改革し、兵制を一新し、士気大いに奮い立ったのは、この危難によってである。また、幕府が昨年、征長の役に破れた時、世人はみな、もう幕府は恐るるに足りぬと思った。何ぞ計らん、幕府の海陸兵制の奮い立ったのは、この敗戦の機によってであった。

わが神州、危急存亡、今日に至って極まれり。いやしくもわが国民たる者、傍観することができようか。まことに古人の言う如く、領地あるものは領地を投出し、勇ある者は勇を振い、智謀ある者は智謀をつくし、一技一芸ある者はその持芸をつくし、愚なる者は愚をつくし、公明正大、各々、一死以てその誠を尽し、然る後、政府立つべく、武備充実、国威張るべく、信義外夷に及ぶべきなり。かくの如くすれば、豈皇運挽回の機なからんや。豈また外夷を制するの術なからんや」

これだけでも維新の「開国即攘夷論者」の英智と誠実を疑うことはできない。中岡慎太郎の盟友坂本竜馬がイギリスのスパイだなどと言うことは万が一にもあり得ない。

西郷隆盛とパークス

西郷隆盛もまた、中岡慎太郎が最も敬愛した「外夷に屈せざる日本人」の一人であった。さきに述べたとおり、パークスを鹿児島に迎えた時にも、賓客に対する礼はつくしたが、議論においてはこの傲岸なイギリス人に一歩もゆずらず、彼の意見を「幕臭あり」と評するだけの余裕をもっていた。

その一年後、慶応三年七月に、西郷は大阪高津のパークスの宿を訪ねた。兵庫開港問題を中心に英仏と幕府との関係をパークスに聞きただし、場合によっては喧嘩を吹きかける心構えであった。パークスがまだ寝ていたので、若いサトーが代って応対した。この時の模様を、西郷は大久保利通と桂久武に手紙で報告している。大久保への手紙はサトーの『回想録』に訳載されているが、桂への手紙の方がさらにくわしい。西郷はまずサトーに言った。

「兵庫開港は、英人が骨を折り、仏人が利益を得る結果になる。英人はまるで仏人の使われ者のように見える」

サトーを怒らせて本音を吐かせるつもりだった、と西郷は書いている。果して、若いサトーは腹を立てた。

「英国は決してフランスの下風には立たぬ。何の理由で英国を侮辱するのだ」

「まあ、お聞きなさい。兵庫開港の道開きをしたのは英国で、商売の利を占めるのはフランスだ。というわけは、幕府は大阪で、豪商たちを語らい、身分を上げ、扶持を給し、兵庫交易掛りを命じ、商社を創設して、大阪の金をかきあつめ、諸侯の手を縮め、利益は幕府で独占するように手配している。幕府がフランスと共謀して奸策をほどこし、商権をかすめとろうとしているのだ。英国には苦いところを食わせ、フランスは甘いところを食うわけだから、英国は全くフランスの使用人にすぎない」

サトーはますます怒って、ついに本心をはき出したので、こっちにとっては大幸であった、と西郷は書いている。

サトー曰く、「先日横浜で仏人が日本の情勢について相談したいといってきたので、その意見を聞いてみたら、このままにしておいては、幕府は日々に衰え、諸侯の勢はますます強くなる。英仏本国の制度に似た強力な中央政府をつくって、幕府に権力を集中し、諸侯を無きものにする制度に改めなければ、とても政局は治まらない。諸侯の中でも、長州と薩摩は特に強大であるから早く打ち亡す必要がある。即ち、英仏は連合して、薩長を打とうではないかという相談であった。自分（サトー）はそれに答えて、今回の長州征討の実状を見ても、幕府はまことに柔弱であった。長州一国をさえ破り得ない幕府が日本を制御できる道理はない。これほど弱い幕府をフランスはどうして助けるつもりなのかと言ったら、仏人は一言の返答もできなかった。しかし、このようなことを、仏人が英人の前で公然としゃべるくらいだから、幕府はよほど深くフランスと結びつき、フランスの援助を得て諸侯を打ちくじく方策であることは、万が一にもまちがいない。このままにしておいたら、あと十年を出ずして諸侯が災害をうけることは目に見えている。今からその対策を講じておかねば、実に危いことになる。このような幕府の奸策を打ちくじくためには、フランスと対抗できる強国と手を結んでおく必要がある。現在、フランスを牽制できるのは、英国の他にはない。もしフランスの援兵が幕府を助けたら、英国は警備のためと称して同数の軍隊を出す。フランスは手を引かざるを得なくなるだろう」とサトーは言い、「もしこの点（援軍出兵）について御相談があるなら、うけたまわりましょう」と膝を乗出した。

そこで、私（西郷）は考えた。「それはたいへんありがたい、その時が来たら、ぜひお願いします」などとうっかり返事したり、英国に使役されることになるのみならず、全く受太刀となって議論も鈍り、下鳥《したどり》（負け鳥）になるのは自然の勢であるから、はっきりと返事をしておかねばならぬと考えて、

「日本の国体を立貫《たてつらぬ》いてまいる事について外国の人に相談するような面《つら》の皮は持ちあわせていない。ここのところは、われわれ日本人の力で十分に相尽すつもりですから、よろしくお察しください」と答えておいた。

「私（西郷）が最初から英人に腹を立てさせ憤激させようとしたのは、ただ英国を仏国から引きはなし、仏国の幕府応援を押えることのほかには目的はなかった。故に右のような先方から援兵の相談に乗ろうと申出たのに同調してしまっては、そのままではすまぬ一大事であ

るから、道を以って辞退したのである」

当時の書簡の文体はたいへん読みにくいが、大意をとれば右のようになる。詳しくは原文について見ていただきたい。「日本の国体を立貫いて参る上に、外国の人に相談いたし候面皮は無之、ここの処は十分相尽す賦《つもり》に候」という一節には目を見はらされる。西郷ならではという意味ではない。これこそ薩長人たると、幕人たると、草莽人たるとを問わず、維新の指導者に共通する心情であったにちがいないからだ。

同じ手紙の中には、「プロシャとフランスとの戦争はどうなったか、どうやら近ごろは沙汰止みになったという噂だが」とたずねたところ、サトーは「先日の本国からの情報には沙汰止みになったと書いてあったが、最近の情報でまた戦争になりそうだ。今度はおそらく本物になるだろう」と答えた。

「この両国のあいだに戦争がおこれば、日本のためには大幸である。と考えるのは、天の心を以ってしては、はなはだ罪深いことであるが、ただ我が国の難儀を思うあまり、却って彼ら同士の戦争を願う気持になる。あさましき心に御座候」という一節もある。

また、同じ手紙の中で、土佐藩士の英国水兵殺害事件（後に犯人は他にあるとわかったが）についてパークス公使の態度が強硬で、交渉が難航していることに触れ、「もし我が薩摩藩において同様の事件がおこったら、私は御相伴《おしょうばん》に割腹して謝罪しなければ、これまでの親睦は水泡に帰する。……ただし異人を圧倒する方法はただ一つあると、かねてから考えている。異人は自刃することは出来ない習慣だと聞いているから、彼らの目前にて見事に割腹してみせたら、すこしは胆《きも》を寒《ひや》し申すべきかと相考え申し候」と書いている。

これを「野蛮」と見るのは、後世の「文化人」の考え方だ。歴史の危機においては、人間は生命を賭ける。賭けなければ歴史は動かない。私も今は「文化人」の一人であるから、命を賭けるような事件は、なるべく避けて通りたい。だが、歴史の神は残酷である。しばしばその祭壇に人間の生命を捧げることを要求する。

森鷗外の「堺事件」

偉大な明治人の一人である森鷗外をして小説『堺事件』（フランス公使の目前で十一人の土佐藩兵士が割腹し、公使が胆を冷して残りの九兵士の割腹を中止させた凄惨な事件）を書かしめたのは、彼の内部にひそむ「維新の精神」の発露であったかもしれぬ。「文明人」鷗外もまた西郷のこの「野蛮性」と相通じるものを内にひそめていたのではないか。西郷にかぎらず、すべての「維新人」の胸底には、「歴史の祭壇への献身」が結晶し光輝していた。

「維新人」たちが外国の援助を拒否したことに関連して、前回に引用したライシャワー博士の『日本と中国の近代化』の中に、次のような興味深い一節がある。

「当時の日本と現在近代化を目ざしている低開発諸国との大きな違いは、後者が現在アメリカその他の諸国や国連などからの外部的援助を享受しているのに反し、日本にはそれが皆無であったことである。日本は既存の外国資本はもちろん、他の返済義務を伴わないどのような援助もうけることなく、その近代化に発足したのである。……当時の日本は返済を怠った場合に海外の帝国主義によってその国家主権を犯されることを恐れて、列強から多額の借款をうけようとはしなかったのである」

この名誉は「薩長人」だけのものではない。「幕人」もまた気骨と先見をもって、外国に対した。少なくとも、「国家主権を犯される」ような危険な一線をふみ越えることはしなかった。

「ライシャワー路線」

しかし、ライシャワー博士をたびたび引用することは、現在の日本では、たいへん危険なことらしい。私はうっかりしていて気がつかなかったのだが、九月二日の『東京新聞』の片隅にのった短い外電が、その危険を教えてくれた。「日本・中共・北朝鮮、学術交流で共同声明」という見出しで、

「三十一日夜の北京放送によると、日本、中国、北朝鮮三カ国の学術文化界の著名人は同日、北京で学術文化交流促進にかんする共同声明に調印した。これには中国科学院哲学社会科学部委員の陳翰笙、北朝鮮科学アカデミーの李升基、日本朝鮮研究所理事長、日中友好協会顧問古屋貞雄らの諸氏が署名した。

同声明要旨次のとおり。米帝国主義は日本学術文化界にたいして、新植民地主義の立ち場からアジアの研究を行わせようとたくらんでいる。ライシャワー路線といわれる駐日大使ライシャワーを通ずる一連の策動は、このような文化侵略政策の現われである。米帝国主義は

日本と南朝鮮および蔣介石一味の学者を相互に結びつけ、資金を交付し、この研究結果を自らの極東支配に役立てようとしている」

東洋学者ライシャワー博士には関係のない記事だ。が、ライシャワー米国大使には大いに関係がある。私は鎌倉の谷の奥にひきこもって暮しているので、この「路線」は私のところまではのびて来ない。だが、おそらくそのような「路線」またはそれに近いものは存在しているだろう。もし全く存在していなかったら、この世界情勢の中では、かえって不思議だ。アメリカがなまけているということになる。

しかし、北京に集まって「ライシャワー路線」を攻撃している「学術文化界の著名人」なるものは、いったい何者か。対日謀略のための「毛沢東路線」そのものではないのか。目糞が鼻糞を笑っているのだ。もし「ライシャワー路線」側が「毛沢東路線」に対して同じ声明を発したら、どうだろう。鼻糞が目糞を笑っていると、私は思うだけだ。

下手糞な宣伝である。私が北京政府の宣伝謀略部長だったら、こんな会議と声明を発案した部員には辞表を出させる。なぜなら、それは「ライシャワー路線」にも「毛沢東路線」にも所属せず、日本の進路をこれらの路線の外に求めることを真剣に考えている日本人を怒らせてしまうからだ。「自ら考える日本人」の数は案外多い。ただ、現在発言しないだけだ。いずれ次第に発言しはじめるであろう。日本の知性の中核を形成する日本人を怒らせたのでは、宣伝にも謀略にもならないではないか。

私はライシャワー博士の所説をしばしば引用するが、「ライシャワー路線」とは関係ない。

それが存在していることも、具体的には知らぬ。従ってアメリカのために働く「職業的反共屋」でもあり得ない。私が理論としてのマルクス主義に反対するのは、それが今日の情勢はもちろん、明治維新さえ解釈できない「不毛の理論」に化し去っているからだ。政治としての共産主義に反対するのは、それが日本には不必要であると考えるからだ。ソ連には必要であり、中共には必要であり、キューバにも必要であろう。これらの国々の共産主義政権は生まるべくして生まれたものだ。外国人が干渉することはない。干渉によっては決してつぶれない。革命は国の内部から起る。だから、私は日本に対する共産主義や民主主義の輸入や押売りに類するすべての行為に反対する。反対するというよりも、そういう気配を感じただけで、腹が立ってくる。余計なお世話だと言いたくなる。これは「考える日本人」に共通の感情ではないか。

江戸城明け渡しの意味

幕末の日本には「ロッシュ路線」があり、「パークス路線」があった。これによって日本は強力にかきまわされたが、当時の「考える日本人」たちは、日本を狙っているという点では、フランスもイギリスも同じ「夷狄」であることを知っていた。彼らの謀略に乗らぬためには、内乱を最小限度に食いとめて、彼らに乗ずる隙を与えないことが肝要だと考えた。しばしばくりかえしたとおり、この自覚とこの方向の上に、明治維新は成立したのだ。「江戸城明け渡し」における西郷と勝の会談もまた、この自覚と方向の上に立っている。

「両雄会談」に関する文献として、私は真山青果氏『江戸城総攻』三部作と子母沢寛氏『勝海舟』第七巻をあげたい。戯曲や小説は史料にならないのが常識であるが、真山氏も子母沢氏も維新史に関しては歴史家以上の歴史家である。その考証の正確さは戦後派の歴史家諸君の遠く及ぶところではない。真山氏も子母沢氏も、会談の背後にパークスとロッシュがいたこと、会談の前に、西郷がパークスに使者を送り、勝は自ら横浜に行ってパークスに会ったことを書きおとしてはいない。

真山氏は戯曲の中の勝海舟に言わせている。

「小栗上野一派の説にならって、フランスの金など借りて軍《いくさ》したら、或は、戦争に勝つかもしれぬ。然し、その時かならず薩摩は英国と結ぶ。日本国は二つに別れるぞ。……おれはそう思うても慄然《りつぜん》として膚に粟を生じる。印度の滅びたのもそれだ。支那の領土を盗まれたのもそれだ。万一日本がその覆轍を踏むようなことがあっては、国の滅亡は眼前にあると思う」

西郷が江戸攻撃を中止するだろうとは、勝は思っていなかった。

「彼は慶喜公を殺さなければ更生一新の大革新はならないと固く信じている。……江戸を屠《ほふ》り、徳川家を倒し、上様の御首を木に梟《か》けて、そこで初めて日本国が新設されると確信している。……恐しい奴だ」

だから、おれはお浜御殿の浜にボートを一隻つないでおいたのだ、と勝は言う。

「官軍の砲撃がはじまったら、上様（慶喜）をそれに乗せて、横浜の外国汽船にお遁《の》がしするつもりだった。万国公法を読むと、国事犯の元首者が外国に遁《のが》れると、その国は必ず保護して本国の逮捕に応じないことになっている。……おれは、艱難に際会する時、必ず最も苦手の敵の懐に食い下がることにしている。で、おれは一昨日単身横浜に乗りこんで、薩摩の後援者たる英国公使館に飛びこんで、幕府嫌いのパークス公使に説いて、頼んだ。初めは公使も応じなかったが、公法の明文はあり、おれの熱弁に動かされて、遂に上様の保護を引受けてくれた」

第二部では、横浜のパークスに会いに行った官軍の使者が本営に帰ってくる。使者は西郷の旨をうけて、官軍の負傷兵を英国公使館の病院に収容してくれるように頼みに行ったのだが、パークスは激怒してそれを拒絶し、もし慶喜が公使館に逃げこんだら、国際公法によって保護すると言い、官軍の江戸攻撃も不法だときめつけたと報告する。

西郷は答える。

「イギリス病院を借りようとしたのは、一生の失策でごわした！　悪かこと考えました！　日本勤王のためには、万国の公法というものを破っても、それは恐れません。ただ外国に病院を借りようとしたこと……まことに、まことに悪かことしました。勝先生に面目ごわせん」

やがて、勝海舟が登場して、両雄の対談となる。二人は四年前に大阪で会っている。その時は、兵庫開港問題に関して、西郷が教えを乞いに行ったのだ。西郷は勝から、幕府とフランスとの密約、イギリスの対日政策、それに対抗する対策としての雄藩連合の構想を聞き、大きく啓発されている。勝の弟子であった坂本竜馬の暗殺を嘆く会話も出る。

そのあとで、西郷が告白する。鳥羽伏見の戦争には勝ったが、

「慶喜さんが大阪城にふみとどまり、幕府の海軍軍艦が摂津湾に浮んでいるかぎり、どう考えてもこれは官軍の負け軍《いくさ》でごわす。……で、わし共はな、苦しい時の神頼み、英国公使パークスに泣きつきまして、内々将軍家に説かせました。……慶喜さんは直ぐに理解されましてな、家臣らの不同意も聞き入れず、その日大阪城を立ち退かれました。

静岡を出てからは、横浜の外国公使が恐しゅうございました。仏蘭西はもとより幕府贔屓《びいき》でごわすが、こちらが頼みに思う英公使パークスまでが、そろそろ官軍の行動を非難し初め申した。政権を返上して謹慎恭順している慶喜公を討つのは、たとえ官軍なりと雖も、世界通義の人道上の問題である。万国公法は降伏者を殺すを罪悪とすると、公然われわれの耳に抗議の声が聞えてくる。……無理に押し通せば、外国人は一致して幕府を助ける形勢でごわす。面目ないで秘《かく》していますがなァ、勝先生。実は、吉之助は、江戸も将軍も皆殺しの意気で、本月十二日、一度箱根の山を越したのでごわす。ところが外国人の非難じゃ、ほうほうの体でまた静岡へ逃げもどり申した」

第三幕には上野大慈院での慶喜と高橋伊勢守の対話がある。

高橋「仏蘭西公使レオン・ロッシュは有司何某を通じて、もしこの際戦争など始まらば、ナポレオン三世皇帝は何日《いつ》にても日本大君（将軍）のために軍艦、武器、資用の類を供給いたすべしと――またしても幕府の再挙御謀反をおすすめ致していると聞きますが、それらは

もはや、お耳に達して居りましょうか」

慶喜「伊勢守、慶喜はそれ程の愚者《おろかもの》ではないつもりでいる。外国の資を借りてまで、彼らに勝とうとは考えていない。外国人干渉の国辱を残そうとは思わぬ」

子母沢寛氏の『勝海舟』は小説だから、舞台上演のための脚色はない。もっとリアルに両雄の肖像と精神、その心理までくわしく描き出しているが、引用はこの程度でやめることにしよう。

私の言いたいことは、もう読者にわかっていただけたことと思う。歴史家たちの「学術的」著書よりも、これらの小説や戯曲の方が「維新人」の姿と魂を的確に描き出していると言っては、学者諸氏に相済まぬような話だが、目下の左翼史学の現状が全く人間像の出て来ない「擬似歴史科学」なのだから致し方がない。諸家はあまりに「政治的」すぎる。学問の名において、「過去に対する政治」を行いすぎる。

「維新」の西洋語訳が Revolution であるか、Restoration であるかを気にするのは故服部之総教授にまかせておけばよい。マルクス主義者には大問題かもしれぬが、日本の歴史とは関係がない。「明治維新はどこの国の革命にも似ていない、それはまぎれもなく日本の維新であった」と言ってくれた方がありがたい。ありがたいというのは、思考の浪費を回避できるという意味である。

さて、明治維新に関する私の考察はこれで終る。

次章では、明治新政府最初の難問題であり、政府そのものの分裂を結果した「征韓論」について考えてみたい。

第四章　征韓論――抑えられた出撃論

「明治史の分水嶺」

「征韓論の破裂は、実に明治史上の一大分水嶺である。この破裂によりて、明治政府は慶応三年十二月九日以来、始めての大分解作用を遂げた」と徳富蘇峰は書いている。

「分解作用を遂げて、明治政府を去りたる要素は、もとよりそのまま泣寝入りですますべきはずはなかった。すなわち自然に実行派と言論派に分れた。しかも最も実行派らしく思われたる板垣退助が、言論派の主魁となり、最も言論派と思われたる江藤新平が、実行派の急先鋒となりたるは、意外と云えば意外であった。後藤象二郎はしばらく政治的野心を休息せしめて、身を商業にゆだねたが、それは全然不成功に終った。副島種臣は学問と遊歴に逃避して……これより殆んど政治的野望とは絶縁した。

　西郷に至りては、虎の嵎《ぐう》を負うが如く、薩南に帰臥し、天下の人心は皆な彼の一挙一動に注意し、早晩その土を捲いて重ねて来る日を待望した。しかも西郷は明治七年佐賀の乱にも微動だも作《な》さなかった。而して明治十年三月に至りて、ついに所謂《いわゆ》る西郷を擁したる薩南の健児は、蹶起した。而して天下風《ふう》を臨《のぞ》んでこれに応じ、もしくはこれに応ぜんとしたる、殆んど相い接した。政府は陸海の全力を挙げて尚足らず、旧士族その他を召集し、警察兵としてこれに加え、以って九月に至りて、ようやく蕩平《とうへい》の功を奏した」

蘇峰は征韓論の解明のために『近世日本国民史』三巻を費している。征韓論に関する最も詳細な文献は、私の知るかぎりでは黒竜会編『西南記伝』であるが、蘇峰の労作はそれに次ぐ。

左翼史家たちに従えば、蘇峰の『近世日本国民史』は帝国主義的偏見と独断にみちた「曲学の書」であり、これを引用し、これに準拠することは禁断《タブー》の一種になっているらしい。いや、左翼史家だけではない。すでに戦前から、在野または反政府の立場をとる史家と政論家の中には蘇峰ぎらいが多かった。中年以後の蘇峰の立場があまりに歴代の政権に密着しすぎ、彼の主催する『国民新聞』があたかも伊藤、山県、桂の拡声器の観を呈した一時期があり、対支問題に関しても、孫文の国民革命を支持せず、その後は軍部の代弁者または進軍喇叭手の役割をつとめたかの如き印象をあたえたからである。

だが、蘇峰には蘇峰の信念があったはずだ。功績もあった。伊藤、山県、桂ぎらいの政治家が多かったように、蘇峰ぎらいの史家が少なくないことは、日本人の在野精神と批判力を示すもので、むしろ慶賀すべきだと私は思う。しかし、そのことと、蘇峰畢生の労作『近世日本国民史』全百巻の評価は別にしなければならぬ。この百巻に関するかぎり、蘇峰は他の何者であるよりも前に歴史家であった。

蘇峰の大修史事業は敗戦によって中断されたかのように見えたが、不屈の老翁は死に到るまで筆を捨てず、ついに『国民史』を完成した。蘇峰は敗戦の底の四面楚歌の中で死んだが、『国民史』百巻は生きている。

戦後史家の「曲学」

例えば、戦後編纂の『日本の歴史』（読売新聞社版）第十一巻は、

「征韓論そのものの論拠は、あまりにも単純であっけない。しかし、当時の政治家の考え方や行動のしかたは、こんにちとはずいぶんへだたりがあって、わたくしたちの常識でははかることのできない面もあった。国と国との関係を考えるときも、まずかれらの頭を支配していたのは、形式的な体面のことで、（朝鮮政府によって日本の）国書がつきかえされたとなれば、国威がきずつけられる問題であって、このために出兵するのは、とうぜんのこととされた。万国とならび立つためには『海外経略の壮図』をおこす必要があると、景気のよい侵略の計画が口にされるが、……けっきょく、ばくぜんと領土・資源を手に入れて、国威をかがやかすといった程度であったろう。それでも戦争をする十分の理由があると考えていたのだ」

と、大いに「当時の政治家」の頭の単純さを笑っているが、いったいこれが歴史家の言葉かと疑いたい。直言すれば、史学の仮面をかむって青年読者を迷わせる悪質のデマゴギイである。征韓論がそんな単純であっけない論拠に立ったものでないことは、いやしくも歴史家

なら知っているはずだ。知らなければ調べるがよい。

もっと滑稽なのは、圭室諦成氏『西郷隆盛』（岩波新書）の中の見解である。「西郷は韓国との交渉を決裂させ、日韓戦争において、鹿児島士族の軍人としての優秀さを立証し、そうすることによって徴兵令を撤回させ、さらに政治的権利を、よりおおくの鹿児島士族に均霑《きんてん》させようとしたのである」そうだ。

圭室氏は左翼ではなく、ただの西郷嫌いにすぎないが、これでは左翼史家にも笑われる。氏の『西郷隆盛』はこの種の反西郷解釈に充満していて、しかもこの本の結語は、内村鑑三の「武士の最大なるもの、また最後のものが世を去ったのである」という一句である。圭室氏はこの一句を自ら「武士の子」であることを誇りとした鑑三とは全く逆の意味に用いている。明治の思想家内村鑑三は西郷隆盛を『代表的日本人』（岩波文庫）の随一に選び、「彼を殺した者らが、ことごとく喪に服した。涙ながら彼らは彼を葬った。そして涙と共に彼の墓は今日に至るまで凡ゆる人々によって訪《と》われている」という一節の結びとして「武士の最大なるもの、また最後のものが世を去ったのである」という痛切な哀悼詞をつけ加えたのだ。それを西郷を「反動武士」の巨頭あつかいにする西郷中傷論の結語に用いる圭室氏の神経はどんな神経なのであろうか。

もっとも、西郷隆盛が「反動家」で「武断派」で、「旧士族階級の代表者」であり、彼を立役者とする征韓論の破裂と西南戦争の敗北によって旧士族は息の根をとめられ、日本は近代化への第一歩をふみ出したという見解は、すでに戦前から一般化されていた。そして、この型の「西郷反動家論」は西郷の反乱と戦死の直後から始まっている。これに対して最初に激しい怒りを吐露したのは明治の興隆期を代表する思想家福沢諭吉であった。彼はこの「全く無根出たらめの西郷個人攻撃」は「政府へのおべっか使いの学者達や、政府の飼犬化した新聞記者達」が流布したものだと言い、西郷の反乱とその精神をことごとく弁護してあますところがない。福沢の『丁丑公論』（「明治十年戦役についての公平なる論」という意味）には、次のような言葉がある。

「西郷は武人の巨魁なり、もし彼をして志を課《はた》せしめなば、必ず士族に左袒《さたん》してますます人民を奴隷視するに至らん、かくの如きは即ち自由の精神を害して人智の発達を妨ぐるものにして、これを文明の賊と称すべし」などと論ずる者があるが、「この論は西郷を皮相して、その心事を誤解したるものなり。西郷が士族を重んずるは事実に疑いなしといえども、ただその気風を愛重するのみにして、封建世禄の旧套に恋々たる者にあらず。……西郷は決して自由改進を嫌うにあらず。真実に文明の精神を慕う者というべし」

「西郷が志を得たらば、政府は必ず兵力専制（ミリタリ・デスポチズム）の風に移らんとて、これを心配するは、屠者《としや》は必ず不信心ならん、猟師は必ず人を殺すならんと、ただその形を見て疑念を抱く者のみ」

「西郷は実に官員の敵なり」

「これを死地に陥れたるものは政府なりと言わざるを得ず」

福沢諭吉の烈々たる抵抗精神は『公論』緒言の次の一節にはっきりと現われている。

「近来日本の景況を察するに、文明の虚説にあざむかれて抵抗の精神は次第に衰頽するが如し。いやしくも憂国の士はこれを救うの術を求めざるべからず」

これに反して、敗戦日本の抵抗精神を代表しているはずの左翼人諸氏の西郷観が「政府へのおべっか使いの学者達や、政府の飼犬化した新聞記者達」の意見と全く一致しているのは、ただ奇妙というよりほかはない。彼らもまた何者かの飼犬なのか?

例えば、『日本の軍国主義』の著者井上清氏は征韓論を「士族軍国主義」と定義し、推理作家松本清張氏は『象徴の設計』の中で、「不平右翼士族西郷隆盛以下、前原一誠、江藤新平」と一括して斬り捨てている。だが、果して「征韓論の論拠は、あまりにも単純であっけない」ものであったか、西郷・江藤らの征韓論者は「士族軍国主義者」であり、「不平右翼士族」であったかどうか。私は蘇峰の『国民史』と井上清氏『日本の軍国主義』を参照しつつ、読者と共に考えてみたい。

井上氏は羽仁五郎氏門下の俊秀で現在はマルクス派史家の最左翼らしいが、私がここで同氏の『軍国主義』を参照するのは、徳富説によって井上説を批判するためではない。ただ、征韓論の考察として井上氏の著書が蘇峰『国民史』に次いで詳細であるという、それだけの理由である。

「征韓論」の前史

両者とも、上古と中世の日韓関係の記述から始めているが、ここでは省略しよう。重要なのは幕末の征韓論である。征韓論は明治六年に政府部内で「破裂」したことになっているが、論議はすでに幕末から始まっていた。「樺太千島交換問題」とともに、明治政府が徳川幕府からうけついだ「厄介な遺産」であった。蘇峰は言う。

「幕府中期以来、鎖国の反動と言わんよりは、むしろ膨張思想の潮し来るに際し、わが識者の眼光は、先ず大陸に向うた。既に大陸と言わば、朝鮮はその第一線であるべきは、今更ら注脚を下すべき必要はない」

工藤平助、本多利明、林子平、佐藤信淵、会沢伯民などの意見がそれを代表する。

「降りて幕府の末期に至りては、朝鮮経略の意見は、吉田松陰、橋本景岳（左内）などの諸氏の胸中に来往し、その所論の中にも、しばしば機微を発露している。しかも、いずれも日本膨張論の一部としての意見にして、……みな抽象的の理想論にとどまりて、ついに実行的の経綸には及ばなかった」

諸侯の中では水戸斉昭、島津斉彬の意見がそれである。斉昭には藤田東湖がおり、斉彬には西郷隆盛がいた。そして、西郷は東湖の門人である。西郷の朝鮮に関する意見は、このような「淵源」から発している。

「明治六年の征韓論は、決して一朝の好事的発案ではなかった。これを歴史的に研究すれば、遠く神代史にさかのぼり、近くは徳川幕府末期史に及ばねばならぬ。……この書をもって、一時の発作的冒険事業視するものあらば、それは日本民族の生々《せいせい》不息《ふそく》の運動を無視するものと言わねばならぬ」

次に、まず注目しなければならないのは、文久年間における勝海舟の「対韓政策」である。
「文久の初、攘夷の論、甚だ盛んにして、摂海（大阪湾）守備の説、また囂々《ごうごう》たり、予（海舟）建議して曰く、よろしくその規模を大にし、海軍を皇張《こうちょう》し、営所を兵庫、対馬に設け、その一を朝鮮におき、ついに支那に及ぼし、三国合縦連衡して、西洋諸国に抗すべし」

力点は私がつけた。この点が重要である。征韓論はもちろん武力出撃論であるから、その形だけを見て、これに「軍国主義」または「侵略主義」のレッテルをはることは容易であるが、このレッテルは必ずしも中身と一致しない。征韓論は内政問題とからみ、さまざまな変曲《ヴァリエーション》を生んでいるが、その根本には「日鮮支三国合縦連衡して、西洋諸国に抗すべし」という思想が横たわっていることを見落してはならぬ。「征韓論」の通俗解釈は、この思想を意識的または無意識的に見落すことから発生している。明治史はもっと根本的に研究しなおす必要がある。新進の史家葦津珍彦氏は、勝海舟の思想は後に「自由民権家」中江兆民に影響し、したがって兆民の「年少の友」玄洋社の頭山満に影響していることを論証している。

幕府は勝海舟の建議を採用し、まず対馬藩主宗義達に長州藩主毛利敬親と協力して朝鮮経営にあたることを命じ、海舟には軍艦をひきいて朝鮮近海を巡航して、事情を探索させようとした。勝は長州まで出かけたが、政状の激変によって江戸によびかえされ、この計画は中断した。

しかし、勝の意見は長州の桂小五郎（木戸孝允）と対馬の大島友之允に直接の影響をあたえている。『海舟日記』（文久三年四月二十七日）には、

「今朝、桂小五郎、大島友之允同道にて来る。朝鮮の議を論ず。わが策は、当今アジア洲中、ヨーロッパ人に抵抗する者なし。これみな規模狭小、彼が遠大の策に及ばざるが故なり。今わが邦《くに》より船艦を出し、ひろくアジア各国の主に説き、縦横連衡、共に海軍を盛大にし、有無を通じ、学術を研究せずんば、彼が蹂躙《じゅうりん》をのがるべからず。まず最初朝鮮国よりこれを説き、後支那に及ばんとす」

西郷隆盛が大阪の宿に勝海舟を訪ね、その卓見に敬服したのは、それから約一年後である。おそらく、同じ趣旨の対韓対支政策も会談の中に出てきたことであろう。勝の所説は島津斉彬の東亜経略論によく似ている。まず朝鮮を説き、次に支那を説き、三国同盟して欧米の力に対抗せよという意見はほとんど無条件に西郷に受入れられたにちがいない。

李王朝の下で鎖国主義を堅持していた朝鮮がフランス艦隊と交戦し、つづいてアメリカ船を焼いたのは慶応元年（一八六五年）である。幕府がこの事件の通告を朝鮮政府から受取ったのは、その翌年で、徳川慶喜が新将軍となった直後であった。「慶喜はこれを利用して、朝鮮と仏米両国との間を調停し、もって天下の耳目を一新しようと計画した」。これには、仏国公使ロッシュの「フランスと朝鮮の戦争が始まるから、この機会に乗じて国威を万国に輝かせるがよい」という勧説も力があった（『日本の軍国主義』）。

慶喜は外国奉行平山謙次郎に軍艦と二個大隊の兵をつけて渡鮮させ、国王に面会させ、調停をはかろうと計画したが、このことが上海の新聞に誇大に伝えられ、清国政府が朝鮮政府に「日本の幕府は朝鮮征伐のために八十余隻の船を用意し、まさに襲撃しようとしているから、辺海の防備を厳重にせよ」と警告したので、朝鮮は日本使節の来訪を拒絶した。慶喜は書簡を送って弁明したが、朝鮮側の疑いは解けず、そのうちに国内の政情が激変したので、沙汰やみになってしまった。

「征韓論」が明治維新政府に引継がれるまでには、以上のような前史があった。読売新聞社版『日本の歴史』の執筆者が言うような「あまりにも単純であっけない」論拠や、ただの面目論から発した議論ではなかった。

木戸孝允の征韓論

明治政府の中で、最初に征韓論を主張したのは木戸孝允であった。木戸は吉田松陰直系の剣士革命家桂小五郎として、維新の動乱の中を危く生きのびて、新政府の参議となったが、幕末以来の対韓政策を忘れなかった。彼は明治元年の暮、まだ新政府の基礎も固まらぬ先に、右大臣岩倉具視に献言している。

「すみやかに天下の方向を一定し、使節を朝鮮につかわし、彼の無礼を問い、彼もし服せざるときは、罪を鳴らしてその土を攻撃し、大いに神州の威を伸張せんことを願う。然るときは、天下の陋習たちまち一変して、遠く海外へ目的を定め、したがって百芸器械等、真に実事に相進み、……国内において人の短をそしり、人の非を責め合う悪弊は一洗され、国の大益は言葉につくせないものがあろう」

これは内政改革の手段として外征を主張した意見である。木戸は維新政府の弱体を憂えていた。維新の実状は大幕府を倒して多数の小幕府をつくったようなものであるから、第二の維新が必要であると考えていた。分裂した国内意見を統一し、政府部内の対立を一掃するために外征を起すのは、昔も今も、各国の革命政権の指導者がしばしば考え、また実行して来たことだ。日本だけにかぎらない。どこの国の歴史にもその先例を発見できる。

木戸はこの見地から、大村益次郎を説き、大久保利通を説き、太政大臣三条実美と右大臣岩倉具視を動かした。明治三年の正月、「征韓の大策」を実行するために、自ら全権大使として支那朝鮮に赴く勅命を得ることに成功して、出発の準備を整えたが、政局の複雑化は彼の出発を許さなかった。

木戸の征韓論が「内治の手段としての外征」であるとすれば、その三年後に彼が「内治派」として征韓の武断派と対立したのは当然の結果だと言わなければならない。岩倉、大久保についても同様である。大久保は当初から内治優先論者であったようだが、明治二、三年の頃には、木戸の外征論に必ずしも反対はしなかった。反対できなかったのだ。木戸は「手段としての外征」を説いた。「維新の志士」は「廟堂の政治家」になっていた。政治は当面の現実を無視できない。口では「百年の大計」を説いても、現実の政策としては常に「十年の小計」を実行しなければ、政治家は失脚する。木戸の「征韓論」は明治二年にはすでに「十年の小計」に変化していたのだ。

だが、政治家もまた「理想家」であり得る。特に革命的政治家の場合はそうである。理想が彼をひきずる。「廟堂」に立って、なお理想に忠実であろうとする革命家の運命は、失脚か追放か反逆者としての絞首刑だ。

それを避けようとすれば、隠遁して政治に思いを絶ち、他の現実的政治家たちに権力の座をゆずるか、または、彼自身の心の中の「現実的政治家」に屈服しなければならない。木戸は「志士・理想家」の一面を多分に持っていた。勝海舟に同感して、征韓論に熱中し、強力にこれを主張したのは、彼の中の「理想の呼び声」であったにちがいない。彼の師吉田松陰を動かして死に追いやった「皇国護持」と「西力へ反撃」という、「やむにやまれぬ精神」である。彼の最初の征韓論は必ずしも「手段」ではなかったはずだ。しかし、これを三条、岩倉、大久保に説く場合には、「内政改革の手段」として説かなければならなかった。そこに彼自身のための落し穴があった。説いているうちに彼自身の中の現実政治家への妥協が始まったのかもしれない。当然、後三年を待たず、この「最初の征韓論者」は、内治論者となり、「より純粋な理想家」である西郷隆盛の対韓政策と対立し、激突した。そして政争では勝者の側にまわったが、木戸自身は「幻滅と失意の功臣」として病苦と憂悶の中に死んだ。

佐田白茅、森山茂、柳原前光

さて、話をもとにもどせば、木戸の渡韓は中止されたが、対韓問題は当時の外務省にひきつがれて、燃えつづけた。

当時の政府は、その混乱と弱体にもかかわらず、本質において維新政権であり、革命政権であったことだけは疑えない。外務省もまたただの外交省ではなかった。初代の外務卿は沢宣嘉である。彼は禁門戦争の直前、長州に亡命した「七卿」の一人であり、やがて長州からも脱走して平野国臣とともに但馬で討幕の兵を挙げた「激派の公卿」である。彼は病気のため明治四年に辞任し、岩倉具視が一時それに代ったが、やがて硬骨の副島種臣が外務卿として登場した。この肥前藩出身の勤王志士は就任早々「マリヤ・ルーズ号事件」（ペルー船よりの清国人苦力奴隷救出）をひきおこした。この事件は「国権回復の第一声」として後に高く評価されることになったが、ここでは詳しくふれる余裕はない。彼の外務卿時代におこった琉球、小笠原島帰属問題、樺太千島問題に関する対露交渉、台湾問題に関する対清交渉もまた省略しよう。ただ、副島が「征韓論破裂」においては西郷の同志であり、西郷とともに下野した後は、政治に志を絶って風月と学問を友としたことだけを書きとめておこう。

　外務卿沢宣嘉は、その在任中に、外務権大録佐田白茅、同権少録森山茂等を朝鮮事件探索のために派遣している。両者とも肩書はただの外務属官にすぎないが、出身は共に幕末の尊攘志士である。佐田白茅は久留米藩士で、禁門戦争で割腹した真木和泉守直系の門人であり、森山茂は大和の郷士で「天誅組」の残党であった。朝鮮探索を終えて帰国するや、明治三年三月、佐田は上書した。

「余皇国一大城となさば、則ち蝦夷《えぞ》、呂宋《ルソン》、琉球、満清、朝鮮みな皇国の藩屏なり。蝦夷すでに開拓を創《はじ》む。満清は交わるべし。朝鮮は伐《う》つべし。呂宋、琉球は手に唾《つば》して取るべし。……四年前、仏国は朝鮮を攻め、……また魯《ろ》国（ロシア）ひそかにその動静をうかがい、墨国（アメリカ）もまた攻伐の志あり。……皇国もしこの好機会を失うて、これを匪《ひ》人（欧米人〉に与うれば、即ち実にわが唇を失うて、わが歯かならず寒し」。故に、三十大隊を出兵して、国王を虜にすべしという激越論である。

森山茂もまた建白した。

「荏苒《じんぜん》その期を失うに至らば、かえって西洋各国の俎肉となり、あまつさえその交隣の公明ならざるをそしらるるに至らば、朝威いずれの日か、海外に及ばんや」。即時出兵論であった。

公卿出身の外務権大丞柳原前光もまた岩倉具視に意見書を出している。

「目下、フランスとプロシャは交戦中であるから、そのすきを狙って、ロシアは必ずわが樺太と朝鮮に手を出すであろう。樺太を守ることはすでに不可能である。しいて守ろうとすれば、ロシアは数万の兵を出すであろうから、とても現在の日本の兵力では対抗できない。問題は朝鮮である。

ロシアが北は樺太を略し、西は朝鮮を占領したら、維新の大業も破れ、将来の大難となる。政府においては、経略の遠図をもって、十分に御勘考ありたい」

これらの出撃論を「現代の目」で笑うことは容易であるが、当時の日本人にとっては、笑うどころではなかった。それは「歴史の呼び声」であった。この呼び声に答えることは生死の問題である。政府部内では、「武力出撃論」と「内治優先論」が発生し対立し、さらに交錯して、昨日の「出撃派」は今日の「内治派」となり、「内治派」はまた「出撃派」となり、これに各藩閥の利害、「功臣」たちの権力闘争が加重されて、ついに明治六年の「大破裂」

を結果した。

この混乱について、次のような解釈も出現している。

「征韓論には二つの目的があるとされる。すなわち一は帝政ロシアの朝鮮侵略に先んずるという口実で、日本がこれを占領し、さらに中国を侵略する橋頭堡にしようというのと、二は、当時国内における内乱の危機を外征にそらそうとの目的があるとされる」

これは井上清氏のマルクス主義的分析であって、「征韓論」を日本の東亜侵略の第一歩と見なす解釈である。同じ見解が左翼史家たちによって一般化されているが、果してそうであろうか。私にはただの公式論、マルクス主義の不手際な応用としか見えない。私は「征韓論」をもまた「東亜百年戦争」の一環と見る。それは維新革命によって一応の国内統一を達成した日本の「西欧列強」に対する、最初の、そして性急な反撃計画であったと考える。性急すぎ、早すぎたために、それは挫折した。「内治派」が勝ち「出撃派」が破れた。明治六年の西郷派の征韓論は「東亜百年戦争における挫折した反撃」として理解する時に、初めてその真相にふれることができるのではなかろうか。相手は朝鮮ではなかった。清国でもなかった。「東漸する西力」であり、「欧米列強」であった。そして、最初の反撃計画は挫折した。挫折したが故に、「西南戦役」という内乱も生まれ、その犠牲もまた絶大であった。

西郷隆盛の「征韓論」

さて、木戸孝允が最初に「征韓論」をとなえ、副島種臣が欧米列強を相手に悪戦苦闘していたころ、西郷隆盛は何をしていたか。彼は鹿児島にひっこんでいて、東京にはいなかった。西郷には重大な時期に、ひっこんでしまうくせがある。人には重大に見えることを、彼は重大だと感じない性癖がある。そして、人が重大でないと思っていることを重大と感じる。政治家としては不幸な癖だ。

西郷は明治元年の末に、中央のことは大久保にまかせて鹿児島に帰り、加治木領の日当山温泉に閑居し、狩猟や作詩で消閑していた。朝廷のことも藩政のことも忘れ去ったかのような毎日であったが、維新戦争から凱旋した兵士たちがあばれまわって勝手な要求を出し、薩摩藩の政情は複雑困難になってきた。藩主は西郷を呼び出すが、腰をあげない。東京政府も西郷を必要として、大久保が勅使といっしょにやって来たが、久光は上京したのに、西郷は動こうとしない。健康上の理由もあったのかもしれぬが、やはり彼の「高踏勇退癖」の現われであろう。

ついに藩主自身が日当山温泉まで迎えに来たので、さすがにことわりきれず、鹿児島にかえって、藩の参政に就任した。これより彼の藩政改革がはじまる。二年間鹿児島にいたが、そのあいだに藩外に出たのは三度だけである。一度は兵をひきいて、「五稜郭戦争」の応援に出かけた。幕府最後の抵抗である榎本武揚、大鳥圭介らの抗戦が心配でじっとしておられなかったのだ。函館に着いてみると乱はすでに平定していたので、西郷はすぐに鹿児島にひきかえした。

明治三年六月、中央政府は「功臣」たちの大叙勲を行い、西郷には正三位と賞典禄二千石が授与された。元勲中の最高位であり、藩主島津忠義の従三位よりも上であった。西郷は極力辞退した。大久保への手紙には、「堂上方などは位階と申すものは、よほど尊き事と思召さるべく候えども、この田舎者には何のやくにも相立たざるものを、強いて（辞退）御許容なきも片腹痛き次第に御座候」という一節がある。中央政府も抵抗できず、位階の返上だけは認めた。押しつけられた賞典禄二千石を、西郷は「賞典学校」にそっくり寄贈してしまった。

そのころの西郷の征韓意見をうかがう文献はのこっていない。井上清教授は明治三年七月に「時弊十条」を集議院の門扉に帖《は》って割腹自殺した薩藩士横山安武（森有礼の実兄）の遺書を引用して、「当時の西郷は必ずしも征韓論に賛成でなかったらしい」と推論する。横山が西郷の「愛弟子《まなでし》」であり、西郷が彼のために墓碑銘を書いたというのが推論の理由である。横山の遺書に曰く、

「征韓論ヲ主張スル者ハ、畢竟皇国ノ萎微《いび》振ハザルヲ慨嘆セシヨリ致ス所ナレドモ、兵ヲ起スニ名アリ義アリ、豈慎マザルベケンヤ。今朝鮮ノ事ハシバラク之ヲオキ、我邦ノ形勢ヲ察シ、維新ノ徳化ヲ張ラザルベカラズ。徳化張ル、朝鮮豈能ク非礼ヲ我ニ加ヘンヤ、今却ツテ彼ヲ小国ト侮リ、ミダリニ無名ノ師ヲオコシ、万一蹉跌《さてつ》スル事アラバ、天下ノ億兆何ト云ハン」

くわしく読むまでもなく、これは内治優先論である。明治六年の征韓派の意見よりも大久保派の意見に近い。しかし、明治三年に西郷が内治優先派であったとしても、別に「征韓論

本質論」に影響はない。さきにも述べたとおり、「内治論」と「出現論」は相交錯している。木戸が「出撃論」から「内治論」に豹変したように、西郷がその逆の豹変を行ったということもあり得るが、事実は必ずしもそうではない。

要するに戦略論の相違であるとも言える。ロシアという撃つべき敵は明白であり、出撃の必要も互いに認めているのだが、ただその時期と方法に関して意見がわかれた。ちょうど幕末における「攘夷派」と「開国派」の対立と同じである。その末端においては両派の壮士たちは斬り合い殺し合いをやった。だが、指導者たちの胸中には、「開国即攘夷」の統一があった。「征韓論」においても同様である。西郷も大久保も幕末以来の「攘夷論者」であり「出撃論者」であった点では変りはない。木戸と江藤についても、岩倉と副島についても、伊藤と板垣についても、同じことが言える。前者が「文明政治家」であり、後者が「武断的反動家」であったなどとは決して言えない。ただ、革命政権にはつきものの激烈な権力闘争はあった。それをさらに激化させ混乱させる複雑な国内事情もあった。このことが後世の歴史家たちの各人各説を生み、「征韓論議」を維新史上の最大の謎の一つにしてしまっている。

しかも、私の見るところでは、征韓論はすでに始まっている「東亜百年戦争」の陣中において論議されなければならなかった。平和時の議会討論ではなかった。欧米列強の虚に乗じて、まず朝鮮まで出撃して反撃の橋頭堡を築くか、それとも退却して国内を固め次の有効な反撃を準備するかという単純な討議であるべきはずであったのが、戦陣の中の論争であったために、議論は白熱し、両派の裏面工作は激烈をきわめ、陰惨苛烈と形容するよりほかはない権力闘争となり、ついに「破裂」して、内乱の基を開いた。

両派とも日本の運命のために、私情を絶ち、敢て権謀と術策を用い、それぞれおのれの生命を賭して戦った。永年の同志にして親友の西郷と大久保は袂をわかち、結局、両者とも非業の死を遂げている。西郷は逆臣として城山に死し、大久保は帝都にあって刺客の手に斃れた。三条と木戸は心労のため殆んど廃人となり、副島は隠者となり、江藤は梟首《きゅうしゅ》され、岩倉もまた赤坂喰違坂で危く首を失いかけた。西郷が決して「武断派」ではなく、軍人たちの出撃論と韓国征服論を押えるために、一兵もひきつけぬ交渉使節として単身韓国におもむこうとした事情は、この章の終りに説く。

戴天仇の「日本論」

「支那革命の父」孫文の秘書戴天仇に『日本論』という著書がある。昭和初年に書かれ、昭和九年に日本語訳されている。日本に関する明察と洞見をふくむ一種の奇書であるが、その中の西郷と征韓論に関係ある一節を引用しよう。

「吾人試みに日本最近幾十年の歴史をとって通観すれば、西郷隆盛は失敗したが、しかもその人格は化して日本民族最近五十年間の絶対的支配者となり、各種事業の進行も皆彼の人格によって進められた。当時彼に従って失敗した土肥両藩の労力は化して後の民権運動の中心となり、今日に至るも猶《なお》その余沢は日本全部の既成政党を支配している。

これに反して事蹟上成功した長藩は一面西郷の人格下に拝伏せざる能わざると共に他方民

論の推移にしたがってその政策を定めざるを得なかった。

事業の点より言えば西郷の征韓論は死後十八年(日清戦争)にして事実となり死後三十年(日韓合邦)にして公然その目的を達した」

西郷にささげられた最良の弔詞の一つであろう。しかも、これは日本の「侵略」の対象であったシナ人の発言なのだ。日本百年の歴史を、すべて侵略主義・軍国主義・帝国主義の一色にぬりつぶし、「アジアの罪人」として日本を糾弾することのほかに芸のない左翼史家たちの意見とは対蹠的である。もちろん孫文も戴天仇も彼ら自身のきびしい日本批判を持っていた。だが、隣国日本の歴史を考える時にも、砂金と泥と共に流し去るような真似はしなかった。

日本人自身の意見

同じ問題について、日本人自身の意見を聞くことにしよう。

福沢諭吉の意見はすでに紹介した。内村鑑三は自ら「武士の子」であることを誇りとするキリスト教徒であり、同時代人岡倉天心とともに、最も日本人的であるが故に、最も世界的であり得た人物であった。彼は日清戦争の最中に、「日本を世界に向って紹介し、日本人を西洋人に対して弁護するために」、『代表的日本人』を書いた。これは初め英文で書かれ、日露戦争の後にドイツ語訳された。最後に日本語訳されて岩波文庫に入り、日本人の目にふれるようになったのは、昭和十六年(一九四一年)、大東亜戦争勃発の年である。一九〇八年版

の序文には、

「我が国に対する余の青年時代の愛の全く冷却したるに関らず、余は我が国民の有する多くの美しき性質に盲目たり能わざるのみならず、彼女こそは今なお『我が祈り、我が望み、我が勤めを、無償に』与うべきの国土、然り、唯一の国土である」

と言う。

内村鑑三は西郷の思想の根源に陽明学を発見し、王陽明の哲学は「良知」と「天理」を信ずる点において、最もキリスト教に近く、「進歩的前望的《プロスペクチブ》にして希望に満てるもの」であると言う。

また西郷は我意と私情を殺すために仏教のストイック的形態ともいうべき禅学も多少研究した。最も強い影響を受けた人物は島津斉彬と藤田東湖であった、と述べる。

これらの思想と人物の感化と影響によって、西郷の生涯の「二つの支配的な思想」が形成された。即ち〈一〉統一的帝国（王政復古）と〈二〉東亜の征服（東邦経略）である。これこそ彼が「天」の声によって与えられた啓示であった。斉彬と東湖を失った西郷は孤独の中に住み、自己の心の中に「自己と全宇宙より更に偉大なる『者』を見出し、彼と秘密の会話を交わしつつあった」のだと鑑三は書いている。この「天との会話」の中から、西郷の次のような言葉も生まれた。

「道を行う者は、天下こぞって毀《そし》るも足らざるとせず、天下こぞって誉むるも足れりとせず」

「人を相手とせず、天を相手とせよ。天を相手にして、己を尽して人を咎《とが》めず、我が誠の足らざるを尋ぬべし」

「道は天地自然の物にして、人は之を行うものなれば、天を敬するを目的とす。……天は人も我も同一に愛し給うゆえ、我を愛する心を以て人を愛するなり」

即ち「敬天愛人」の思想である。明治維新における「出発合図者《スターター》」、「方向指示者《ディレクター》」としての西郷の常人に絶した活動力はこの信念から発している。

維新の一応の成功、統一的帝国（王政復古）の一応の達成は、西郷の同僚たちを満足させた。維新の志士たちは「功臣」となり「大官」となった。彼らにとっては「戦争はすでに終った」のだ。だが、西郷にとっては終らなかった。この統一国家の内部で行わねばならぬ「大なる社会的な諸改革」と外に向う「東邦経略」という大目的が残っていた。「維新の功臣」たちはこの目的を忘れ去ったかのように見えたが、西郷隆盛は忘れなかった。「功臣たちが止まろうと欲したところから、西郷は始めようと欲した。そして、破裂はついに来たのである」

「西郷は、ただ征服のためにのみ戦争を始むるのは、あまりに多く道徳家であった。彼の東亜征服の目的は、当時の世界状勢に対する彼の見解から必然的に生じたものである。日本は、欧州列強と比肩し得る者とならんがためには、領土の大拡張と、国民精神を振起持続せしむるに足るの大使命があるという観念が、彼には幾分ともあったものと、余輩は信ずる」

『アジア主義』（筑摩書房）の編者竹内好氏は、その解説「アジア主義の展望」の中で、鑑三の右の一節を引用し、さらに次の一節をつけ加えている。

「『征韓論』の抑圧とともに、政府の積極政策はすべて終焉《しゅうえん》し、諸般の政策は、その時以来、この支持者等のいわゆる『内治改良』の方向にむかった。そして岩倉とその『内治派』の心中秘かに願いし所に適い、この国は彼らのいわゆる文明開化を沢山もつことができた。しかし、それとともに、はなはだしい懦弱、断乎たる行動に対する恐怖、明白なる正義を犠牲にした平等の愛好など、真個の武士の慨嘆に堪えない他の多くのものが、それに随伴したのである。『文明とは道の普《あまね》く行なわるるを賛称せる言にして、宮室の荘厳、衣服の美麗、外観の浮華を言うに非ず』これが西郷の文明の定義であった。余輩は、彼の言うがごとき意味の文明は彼の時代以来多くの進歩をしなかったのではないかを惧《おそ》れるものである」

また竹内氏は大川周明氏の北一輝追想の中の、

「北君は、大西郷の西南の変をもって一個の反動なりとする一般史学者とは全く反対に、これをもって維新革命の逆転または不徹底に対する第二革命とした。そして、この第二革命の失敗によって、日本は黄金大名の聯邦制度と、これを支持する徳川そのままの官僚政治の実現を招いた。

維新の精神はかくして封建時代に逆行し、これにフランス革命に対する反動なりし西欧、ことにドイツの制度を輸入したので、朽木を接いで東西混淆の中世的日本が生まれた。かくのごとき日本が民族更生のために第三革命を必要とすることは、北君にとって自明の結論である」

という一節を引用して、次のようにつけ加えている。

「西郷が反革命なのではなくて、逆に西郷を追放した明治政府が反革命に転化していた。この考え方は、昭和の右翼が考え出したのではなくて、明治のナショナリズムの中から芽生えたものである。それを左翼が継承しなかったために、右翼に継承されただけである」

北一輝の理論は第三革命を要望し実現しようとする革命家の理論であるから、「一般史学者」の承認を得ることはむずかしかろう。だが、私は西郷精神を日本における維新革命精神の淵源と見ることに躊躇しない。同時にそれは私の言う「東亜百年戦争」のイデオロギイであった。イデオロギイと名づけるほど明確で体系的な思想でないとしても、戦う者の心情の基であった。

『近代日本政治史』の著者岡義武教授は言う。

「参議西郷隆盛は征韓の実行が対露戦争を誘発することを予想しつつ、しかも、そうなることはわが国として望ましいと考えた。彼は、ロシアはわが国侵略の意図を抱いており、そうであるとすれば、『只今北海道を保護し、それにて露国に対峙相成るべきや。さすれば、いよいよ以って朝鮮の事御取り運びに相成り、ホッセット(Possit Bay)よりニコライ(Nikolayevsk)までも張出し、此方よりきっと一歩彼地に踏込んで此の地を護衛』すべきであるとなしたのである。……参議江藤新平も又、ロシアとの戦争を予想しつつ征韓の断行を唱えたのであった。さらに外務卿副島種臣の場合には、その主張は当時の外務省顧問ル・ジャンドル(李仙得、フランス系米人)の意見に負うところ大であったが、ル・ジャンドルは、日本としては朝鮮台湾を併呑して強い発言権をもちうる地位に立ち、それによってロシアのアジア侵略を阻止すべきであるとなしたのであった。以上によって明らかなように、征韓派は往々その大陸への膨張構想の一環として征韓を唱えたのであった」

「征韓論議」の真相

以上の諸家の見解は、それぞれ当っている点があると思うが、私としては西郷自身にその真相を語らせたい。幸いに史料が残っている。元庄内藩士によって筆録され、出版された『南洲翁遺訓』の中の西郷自身の言葉がある。

明治六年十月、いわゆる「征韓論破裂」によって、西郷は元帥、陸軍大将、参議の栄職をなげうって、従僕一人をつれ、ひそかに東京を脱出して、鹿児島に帰ってしまった。その理由は誰にもわからず、西郷を尊敬する庄内藩士たちにも謎であった。

明治七年一月、藩士酒井了恒他三名は鹿児島まで赴き、下野と隠退の事情を詳しく西郷から聞き、酒井がそれを手記した。

「西郷先生の仰せられるには、そもそもこのたびの征韓論議なるものは、自分が病気で引きこもり中（弟従道の別荘で静養中）に起ったことで、韓国にいろいろと騒ぎがあり、和館（日本代理領事館）護衛のため一個大隊を派遣してくれと申出て来たので、これは極めてよろしくない事と考えて、病気を押して大政官に出勤し、そもそも御一新以来これまでつくして来たことは日韓友好のためではなかったか。にも拘らず、只今当方より出兵して戦争を始めるとは以《もっ》てのほかのことである。それよりもまず自分を和平の交渉使節として単身派遣してくれと言葉をつくして力説したが、ついに力及ばなかった」（原文は候文）というのが手記の大要である。

庄内藩元家老菅実秀（『遺訓』の編纂者）は、この報告だけでは満足せず、明治八年五月、門弟石川静正以下七名の青年をつれて鹿児島を訪ね、西郷に会った。

菅は挨拶《あいさつ》が終ると、すぐに切出した。

「私学校もますますお盛んなようですな」

西郷は答えた。

「生徒の数だけはふえたが、それだけ頭痛の種もふえました。なにしろ兵隊も士族ばかりの学校で、元気すぎて粗暴に走る者も少なくない。幹部たちは学則を定めてきびしく取締っているが、生徒どもの中にはまるで幕末にかえったような気分で、中央突出と政府顚覆が目的であるかのように思いこんでいる。ここで一騒動おこせば、千石万石取りの大名暮しができると公言する者も皆無ではない。こういう連中に大義と正義を教えるのは荒れ馬に念仏を聞かせるようなもので……」と苦笑した。

若い石川静正がたずねた。

「先生は華族も無用だと申されたとか」

「それは今でも思っている。封建の弊風《へいふう》を除去し、郡県の制にかえった上は当然のことだ。真の人材を求めるためには、四民の差別は不用です。一君万民こそ国体の本義であることを忘れてはなりません」

「先生はロシアは恐るるに足らぬというお説だと聞きましたが……」

「いや、恐しい国だ。樺太、千島のみならず、北海道まで奪いとろうとしている」

「それで、トルコとイギリスに西方からロシアを攻めさせ、わが日本はシベリアのポセット湾、ニコライエフスクあたりまで占領して……」

「たしかに、そのように考えたこともある。だが、トルコもイギリスも日本のために動いてくれるとは思えぬ。いずれロシアは満州朝鮮半島を経て日本に迫って来る。これこそ第二の元寇《げんこう》であり、日本にとっては生死の問題になる。その国難にそなえるための私学校です。国内にごたごたを起して国力を弱めるのは、もってのほかの暴挙だと思っております」

　菅実秀がたずねた。

「先生の御退京の事情は誰に聞いてもわかりませぬ」

　西郷は首に手をあてて苦笑しながら、

「わたしは逃げ出したのです。征韓論破裂と聞いて、事情を知らぬ兵隊どもが三条公を斬ると騒ぎ出した。一切の責任は太政大臣の弱腰と裏切りにあるから三条実美公を斬るという。そんな単純な話ではないと説明しても承服せぬ。わたしは、おれが生きているあいだは、そのような暴挙は絶対に許さぬ、もし三条公を斬るなら、まずおれの首を斬れと言って、この首を投げ出しました。……黒田清隆や伊地知正治が奔走説得してくれて、兵隊どもは、とにかく進退をこのわたしにまかせるということになった。しかし、こんな腐った政府のためにつくす心はないと、たいへんな鼻息でした。つまり総辞職して国に帰るというのだ。行きが

け の駄賃に、わたしをかついで一騒動おこしかねない勢いだった。陛下のお膝元で騒動をおこされたら、ただ申しわけないと言っただけではすまぬ。どうしても帰国するというのなら、おれが先に帰ろうと言って、東京から逃げ出したのです。ほかに仔細《しさい》はありませぬ」

真相はこのあたりにあるのかもしれぬ。西郷は島津斉彬の忠実な弟子であった。斉彬の「大陸経営」の大策を継《つ》いで、欧米の植民主義とロシアの侵略から日本と東亜を守るために日韓清三国同盟を望み、その第一着手として、国内の性急な出兵論を抑え、単身渡韓して大院君と話し合おうとしたのであるが、この深慮と遠謀は時の高官将軍たちはもちろん彼の弟子たちにも理解されなかった。「第二の元寇」にそなえるために創立した私学校も、西郷の志に反して暴発した。西南戦役以後の西郷は「逆賊」、「武断派の頭目」の汚名を着せられ、この俗論と誤解は今日まで尾をひいている。

西郷の「対韓政策」は、板垣退助、江藤新平、副島種臣などのそれとは微妙な差異がある。韓国出兵がくいとめられたことを、心中ひそかに喜んだのは、誰よりも西郷自身であったかもしれぬ。西郷を「武断派」、「朝鮮征服の頭目」と見ることはできない。ただし、政治の歴史は権力闘争の歴史であり、各派の勢力が対立抗争して、一人の意見では動かぬ。明治六年の西郷の奇妙な行動については、さまざまな解釈が流れ渦巻いているが、「歴史の真相」がわかるのは、百年二百年後であることが多い。西郷の死後百年、大東亜戦争の敗戦を経て、今ようやく西郷の真意が明らかにされはじめたと言ってもよかろう。

第五章　武装せる天皇制——未解決の宿題

日本人の宿題としての天皇制

さて、私の試論は明治天皇制の成立と、その本質を考察しなければならぬ地点まで来た。日本の歴史を考えようとする者は天皇制をさけて通ることはできない。

私にはまだ問題を解決し得たと誇る自信はない。ただ、この問題の底に、私の「東亜百年戦争説」というまだ証明されない仮説を証明する重要な鍵の一つが沈んでいるのではないかという予感をもつ。

天皇制という難解な宿題に対する答案は、敗戦以後、すでに数多く提出されているようだ。私はまだその全部を読みきっていないが、私流の「論理」の暴走をさけるために、読み得たかぎりの諸家の意見を参照しながら、意見をのべさせていただくことにする。

「天皇の名において戦争が行われ、多くの若い人々が命をおとし、全国民がみじめな悲惨を忍ばねばならなかった。このために、一ころは天皇制が一切の悪の因として怨嗟の的となった。しかし、近頃はそういうことはあまり言われなくなった。天皇制という問題は、憲法論としては論議されているが、しかしわれわれの心の問題としては、未解決のまま、事実の積上げの中に埋没してゆきつつあるようだ」

これは、竹山道雄氏が昭和三十八年の『新潮』四月号に発表した「天皇制について」の冒頭である。たしかに竹山氏の言うとおり、天皇制の問題は私たちの心の中では、まだ解決されていない。どんな確信的な「国粋主義者」でも敗戦と占領が天皇制に加えた打撃と改変を目撃して、衝撃をうけなかったものはない。また、どんな激烈な天皇制打倒論者でも、占領と「民主化」の後になお天皇制が生き残っている事実を見ては、これはいったいどういうわけだと心の中で首をかしげざるを得ないのではなかろうか？

マッカーサーの軍人的意見

もし、天皇制問題はすでに解決ずみだと本気で考えているものがあったら、それは心で考えぬ公式主義者か、さもなければ、日本の運命を自分の運命として考えることを必要としない外国人だけである。その種の外国人の最も顕著な一例として、目下、朝日新聞紙上に、誇らかな「日本占領回想記」を連載中のマッカーサー元帥の名を、私はここにあげたい。元帥曰く、

「国民の中のほんの一部にしか過ぎない封建的な指導者たちが支配の座にすわり、他の何千万という国民は進んだ意識を持つ者のわずかな例外をのぞいて、伝統と伝説と神話の完全な奴隷となっていた。第二次大戦中、この何千万の国民は勝っている話しか聞かされなかった。

そこへ突然襲って来たのが、全面的な敗北という痛烈なショックだった。彼らの世界は根こそぎくずれてしまった。それは単に軍事力がつぶされたことだけではない。それで一つの信仰が崩壊し、日本人がそれを信じて、それによって生き、そのために戦った一切のものが消滅したのである。

あとへ残ったのは完全な道義的、精神的、肉体的真空状態だった。その真空の中へ、こんどは民主的な生き方というものが流れこんできた。彼らが以前に教えられたことがいかに誤ったものであり、かつての指導者たちがどれほど失敗をおかし、過去の信念がいかに悲劇的なものであったかは、現実に疑いの余地なく実証されたのである。

続いて起った日本人の精神の革命は、二千年の歴史と伝統と伝説の上に築かれた生活の論理と慣習を、ほとんど一夜のうちにぶち砕いた。封建的な支配者と軍人階級へ向けていた偶像的な崇拝の情は憎しみとさげすみに変り、自分の敵に対して抱いていた憎しみとさげすみはやがて敬意の念へ変って行った」

たしかに一つの意見だ。きわめて明快、きわめて単純な軍人的意見である。私は元帥の日本認識を全くのあやまりだとは言わない。少なくとも占領中の数年間の状勢論としては通用する。「完全な道義的、精神的、肉体的真空状態」が日本を支配し、日本人自身が「一切の封建的なもの」「伝統と伝説と神話」を憎悪し、その破壊を望んだかのように見えた一時期はたしかにあった。日本人が占領者に対して「明らかな敬意と信頼」を示した時期があったことも、元帥の言うとおりである。

日本に残した元帥の「征服者としての功績」を認めることにおいては、私もまた人後におちないつもりだ。だが、私たちは元帥を最高司令官とする連合軍が採用し強行した日本弱化政策の数々を知っている。彼らが「日本を明治維新前に押しかえすこと」を目標とし、ほとんどそれに成功したことも知っている。「世紀の残酷喜劇」東京裁判の演出ぶりも詳細に目撃した。元帥の「日本人十二歳説」もつつしんでうけたまわった。

マッカーサー元帥去って十年、私たちは今、朝日新聞において、彼の誇らかな「勝利の記録」を読まされている。これを「他山の石」として読むだけの理性は私も持っているつもりだ。だが、それにしても、何という軍人的征服者的回想録であることか！

どこの国でも、軍人は単純明快である。単純明快でなければ、戦争と征服は実行できない。元帥マッカーサーもその例外ではなかった。アメリカ市民としての、タイプライター会社社長としての彼が単純な男であるか複雑な男であるかは、私は知らぬ。だが、軍人としての彼は自己の意見と行動を単純化することによってのみ、よく戦い、よく征服することができた。ついでに勲章もほしかったようだ。「日本人十二歳説」の発明者である元帥は日本人を軽蔑していたから、日本の勲章はほしがらなかったが、お手製の最高自誇勲章を胸に飾って凱旋して行った。それを回想録の形で世界に誇示することも忘れない。よき軍人である。

天皇制の「変形」

右に引用した元帥の意見を、もう一度ゆっくり読んでいただきたい。読者は、それが歴史観としても日本認識としてもまことにお粗末なものであり、せいぜい占領の七年間とその余波のうねっていた期間にしか適用できない表皮的な状勢論にすぎないことに、お気づきにならないだろうか。

問題を天皇制だけにかぎって見よう。

マッカーサー元帥とその幕僚諸君は「天皇を無害な象徴に変更して日本に残してやったのは自分たちだ」とひそかに誇っているようである。果してそうだろうか？　これもまた単純な征服者の軍人的錯覚または思いあがりでなかったかどうか。

元帥が書いているとおり、昭和二十一年元旦、天皇は「自分の神格を、みずから公けに否定した」。これは「二千年の歴史と伝統と伝説の上に築かれた」現人神の信仰が天皇自身によって否定されるという大事件である。元帥にとっては占領目的遂行のための便利な小事件にすぎなかったが、日本人にとっては大事件であった。もちろん、日本人の中にも天皇制即時廃止論者はいた。彼らの目には元帥の「人間天皇温存政策」は帝国主義者の恥知らずの妥協に見え、その逆に、天皇護持論者には、「人間宣言」そのものが天皇制の無残な終末に見えた。

だが、問題はその後に残る。元帥の天皇制処理に対する左翼と右翼の不満はあったが、それは潜在的不満に終った。左翼に指導される天皇制廃止の小暴動めいたものもあり、右翼の天皇制護持の小政治運動もあったが、占領軍の武力のもとでは、共にガード下のビラとして消えてしまった。

やがて、マッカーサーも老兵として消え去り、彼によって変形された天皇制がのこった。この象徴天皇に対して、目下のところ、左翼も右翼も何も言わない。少なくとも公然たる政治的動きは見せていない。日本共産党は選挙スローガンから「天皇制打倒」の一項をいつのまにか巧みに消し去り、国粋諸党派の中には「天皇制護持と明治憲法復活」を叫ぶものはあるが、これを大衆行動に転化することはあきらめている。全体としての日本国民は「象徴天皇」に満足しているかのように見える。

天皇制は占領軍によって変形されたが、天皇制は残った。そのことに、日本国民の大多数は満足している。なぜ残ったか、その理由はまだ理解できない。ただ、天皇以上の絶対権力者であった連合軍最高司令官も天皇制の「根本」には手をふれることができず、これを残して去ったという事実に、まず驚き、しばらく茫然とし、やがてそれを喜んでいるというのが、日本国民の現在の心情ではなかろうか。

この点が重大である。日本人は天皇制の変形を気にしない。少なくとも二千年の長い歴史の各時代に天皇制は様々に変形し、しかも変ることなく存続したという事実を、日本人は知っている。マッカーサーは回想の中で、「二千年の歴史と伝統と伝説の上に築かれた生活の論理と慣習を、ほとんど一夜のうちにぶち砕いた」と自誇しているが、軍人ならでは口にできない単純言であり、大法螺である。元帥は東京をはじめ日本の都市の大半をほとんど一夜のうちにぶち砕くことができた。それが一つの民族の「二千年の歴史と伝統と伝説」と何の関係があるのか。彼がぶち砕き得たのは都市だけだ。しかも、その都市さえも二十年をまたずに復興したではないか。大きなことは言わないがよろしい。

日本人の「二千年の論理と慣習」の中の改めなければならぬ部分はわれわれ自身が改める。天皇制の問題もまた日本人自身が解決しなければならぬ宿題である。それは戦争と征服の技師としての軍人者流や、ただ利用のみ志す野心的政治家の理解の彼方にある歴史的存在なのだ。

天皇の「神格否定」の意味

日本の天皇制は、マッカーサー元帥の鉄腕をまつまでもなく、すでに歴史の上で、日本人自身の手によって、幾度となく変形されている。それは中大兄皇子と藤原鎌足によって、聖徳太子によって、源頼朝と足利尊氏によって、徳川家康によって、西郷隆盛と大久保利通によって、最後に伊藤博文と山県有朋によって変形された。それらの変形にもかかわらず、天皇制は存続し、敗戦による大変形の後にも、現に存続している。この存続の秘密は、もちろん外国元帥には理解できなかった。彼は回想の中に自ら引用している「時局克服の詔勅」をまで、誤読または略読しているようだ。この詔勅に明言されているのは、天皇の「神格否定」だけではない。私たち自身の目で、もう一度ゆっくりと読んでみよう。

「朕ハ爾等国民ト共ニ在リ、常ニ利害ヲ同ジウシテ休戚ヲ分タント欲ス。朕ト爾等国民トノ間ノ紐帯ハ、終始相互ノ信頼ト敬愛トニ依リテ結バレ、単ナル神話ト伝説トニ依リテ生ゼルモノニ非ズ。

天皇ヲ以テ現御神（あきつみかみ）トシ且ツ日本国民ヲ以テ他ノ民族ニ優越セル民族ニシテ、延テ世界ヲ支配スベキ運命ヲ有ストノ架空ナル観念ニ基クモノニ非ズ」

元帥を喜ばせたのは、この後段であろう。たしかに「現御神」と「優越民族」という「架空な観念」は否定されている。私もまた、天皇御自身とともに有害な「架空観念」の消滅を喜びたい。

だが、日本人にとって重大なのは前段である。「天皇と国民の紐帯は終始相互の信頼と敬愛によって結ばれたものであり、単なる神話と伝説によって結ばれたものではない」という言葉は単なる思想ではなく、歴史的事実である。水戸学と平田学派の皇国思想は破棄されても、事実は残る。天皇は自ら「架空ナル観念」を破棄されたが、「天皇ト国民トノ間ノ紐帯」は残り、天皇制も残った。

――いや、しかし、果して残ったと言えるかどうか。残ったのは完全に変形された天皇制だ。これはすでに変形ではなく変質ではないか。外形だけが変って本質が残ったのではなく、本質は失われて形骸だけが残っているのではないか。現在の「象徴天皇制」は明治維新から敗戦に至る八十年間の天皇制とは全く異質のものではないのか。これが残ったと言えるであろうか。

当然の疑問だ、と私は思う。この疑問に答えるための大胆な試みの一つが、さきにあげた竹山道雄氏の「天皇制について」である。竹山氏は「この重大だが、あまりふれられない問題について解明することが、私にできるわけではないが、ただ一市民として感じることを記して、教えを乞いたい」とおだやかに書きはじめているが、実は強力な天皇制弁護論であり、激しい反共的立場を堅持しているので、左翼文化人諸氏はこの発言を無視したふりをした。たとえば『文学と天皇制』の著者で天皇制打倒論者の清水昭三氏は、「竹山道雄の大論文は、これが日本の一流知識人の書いたものかと疑わざるを得ない手垢のついたものであるために、反論するに価しないと考えてかどうか、一九六三年五月末日の現在に至るまで、全くこの論文に触れたものが言論界のどこにも見出すことができないのである」と書いている。

竹山道雄論文の重要性

私の天皇制観は必ずしも竹山氏のそれとは一致しない。氏の「天皇制について」は弁護しすぎるほどの天皇制弁護論であり、「天皇に戦争の責任なし」ということを立証することに熱心のあまり、天皇の平和な側面だけを強調し、ただの祭司または神官に祭り上げてしまった。これをつきつめれば、天皇は国民の中の一部の権力者や野心家に利用されたのであり、故に戦争責任なしということになってしまう。

東京裁判の判事の小数意見の中には、そのような考え方もあったようだ。これでは結局、天皇傀儡論、天皇制利用論となって、天皇と国民の結び目がわからなくなってしまう。もちろん、竹山氏にはそんなつもりはなかろう。氏の愛国の心情と、そこから発した反共主義は決してまがいものではない。氏の属している「日本文化フォーラム」グループは左翼人に言わせれば、アメリカの紐がついていて、いわゆる「ライシャワー路線」の思想的戦闘部隊だということになっているようだが、私はそういう見方を軽蔑する。このグループもまた現在の日本がおかれている国際的思想環境の中で、当然発生すべくして発生したものであり、彼らが「アメリカの利益」のために思想していると攻撃するのは、例のコジツケ弁証法にすぎない。

例えば、その逆の立場にいるかのように見える竹内好氏のような思想家をもまた、「中共の利益」のために思想しているとは、私は考えない。明らかな紐つきは思想家ではなく、ただの政治的スパイだ。意見がちがうものを直ちにスパイ呼ばわりすることは、おたがいにつつしまねばならぬ。

竹山道雄氏も竹内好氏も日本人として、日本のために考えていることは疑うべくもない。その思考の結果が人それぞれによって右または左に傾きがちなのは、現在日本のおかれている国際的環境のやむを得ない、または悲しむべき作用であるが、もしそれらの人々が真の思想家であり、職業的反共産屋または賛共産屋でないかぎり、討論を通じて、「一つの日本人の思想」を生み出すことができると私は信じている。現実には、これははかない望みであり、そこに到達しない前に日本は二つまたは三つにひき裂かれてしまうかもしれぬが、私は統一の可能性を信じたい。それが私の「大東亜戦争肯定論」の希望なのだ。幸いに現在の私は「ライシャワー路線」にも「フルシチョフ・ライン」にも「中共ロビイ」にも無縁である。この一つの希望のみにたよって書きつづける。

まず竹山道雄氏の「反共的天皇制論」を聞いてみよう。

「〝天皇制は独占的ブルジョワと封建的地主の上に立って、労働者農民をくるしめ、人民を搾取して戦争に駆りたてるものである〟〝アジア的専制である〟〝元老・重臣・政党・財閥・官僚・軍閥は天皇制の支柱である〟——このような断定はじつに多く叫ばれ、これがほとんど一切を解決する常套的思考となっていたこともある。……しかし私は、あの歴史をある程度まで知覚し判断する者として生きていたから、その過程を顧みるとき、この断定が当っているとは思えない。

呪われた天皇制が好んであの戦争をおこしたのだという主張は、歴史の過程を無視して、その代りにありとあらゆる詭弁を用いる。そしてこれはコミンテルンのテーゼによっているのだが、コミンテルンのテーゼは一九二八年と三二年、すなわち昭和三年と八年である。前者はあの大波瀾のはじまる前であり、後者は五・一五事件の年である。……他国で作られたテーゼによって、その後に起った歴史を自分の経験をのけて考える。これこそまさに先験的方法であり、……だから、世界がさか立ちしている」

相当激烈である。反共は竹山氏の一貫した態度であり、しかも戦後発表された天皇制論の九〇パーセントが共産党系の「打倒」論であったことを思えば、この大合唱の中で「天皇制肯定論」をとなえる竹山氏の声もおのずから高くならざるを得なかったのであろう。

だが、竹山氏の所論の重大さはその反共性にあるのではない。私は次の一節に注目する。「国民的性格で変る部分もたしかにある。これは意識の表面に近いものほど歴史の動きと共に変ってゆくが、深層にあって集合的無意識的であるものほど変りにくい。そして天皇制は日本国民のよほど深い底の層に根をおろしているもののように思われる」

これは天皇制の問題を単なる制度論や政治社会学の棚からおろして、民俗学と深層意識の領域に移そうとする試みである。

「国民の心の中にある天皇のもともとの性格をもっとも簡単に言ってみれば、それは土俗的なものだと言えるのではないかと思う。

この島国に住んでいる、一人種・一国語・一歴史・一習慣……という世界にめずらしい国民の中に、久しい年月の間におのずから中心となるものができた。すべての人々が信頼して、そのいうことをむりなくきく精神的な権威ができた。教団の祭主がまつりごとを行って、全国民の上にいる世襲のカミとなった。……しかし、神道には最後の絶対者はいないのだから、このカミは西洋のゴッドとは全く別のものである。……天皇は絶対権力をふるった古代のインペラトールとかツエザールとかいうものともまったくちがったものである。神権説によって権威づけられた王者でもない。……天皇は政治的な権力でもなく、人格神の権威でもない」

「平安朝のはじめころまではいざ知らず、それ以後、天皇は政治的権力もキリスト教におけるような宗教的権威ももったことはなかった。むしろ、土俗的（エトノグラーフィシュ）な、いわば神主の本家のようなものだった。京都の御所を見ると、幕府の二条城が爪の先まで武装しているのに反して、武備らしいものは何もない」

「明治になって国家体制を近代化しようとしたときに、その頃の近代国家がおおむね君主国だったから、このミカドを君主にして、これがはじめて軍服を着て、はじめて武装して千代田城に入った」

そして、竹山氏は次のように結論する。

「われわれ日本人は同質の国民で、ここにせっかく長い歴史によって成立した統一と結合の中心（天皇）があり、人々がむりなく自然の信頼をよせているのだから、これをよく生かすようにしたいものである。それが悪用されたこともあったが、しかし力のある者が悪用しようと思えばどのような体制でもできるのであり、天皇制を美しいものにするか、醜いものにするかは、やっぱり国民の心構えによる」

「東京裁判」を否定する

竹山氏の天皇制弁護の熱意はよくわかる。その善意と誠意は疑うべくもない。しかし、これは忠臣または賢臣の論理だと私は思う。忠臣も賢臣も必要である。特に在野の志士としての忠臣が天皇制にかける期待と夢は美しいものだ。平野国臣や真木和泉守をはじめ、維新戦乱の途中で倒れた志士たちの天皇論は純粋で透明な一篇の理想詩であった。

生き残った志士たちが明治新政府の賢臣となった。彼らは志士の理想を生かしてよく天皇を助け、いろいろと立派な仕事をした。そして、さらに生き残った何人かが権臣となった。権臣は天皇制を必要以上に強化し、自己の権勢慾のためにしばしばこれを利用した。

竹山道雄氏は権臣ではない。全くの無位無官であり、天皇制を利用しようなどとは夢にも思っていない。ただ、学者として、市民としての賢臣の立場に立ち、「利用された天皇」のために弁護し、「東京裁判」における天皇の無罪を主張する。その他の権臣被告は有罪であってもいいが、天皇だけには戦争責任なしと強調する。

私の立場はすこしちがう。私は「東京裁判」そのものを認めない。いかなる意味でも認めない。あれは戦勝者の戦敗者に対する復讐であり、すなわち戦争そのものの継続であって、「正義」にも「人道」にも「文明」にも関係ない。明らかに、これらの輝かしい理念の公然たる蹂躙であって、戦争史にも前例のない捕虜虐殺であった。

かかる恥知らずの「裁判」に対しては、私は全被告とともに、全日本国民とともに叫びたい。「われわれは有罪である。天皇とともに有罪である！」と。

自分は絶対に戦わなかった。ただの戦争被害者だと自信する人々は、もちろんこの抗議に加わらなくてもいい。あの戦争の後に生まれた若い世代にも責任はない。だが、私は私なりに戦った。天皇もまた天皇として戦った。日本国民は天皇とともに戦い、天皇は国民とともに戦ったのだ。「太平洋戦争」だけではない。日清・日露・日支戦争をふくむ「東亜百年戦争」を、明治・大正・昭和の三天皇は宣戦の詔勅に署名し、自ら大元帥の軍装と資格において戦った。男系の皇族もすべて軍人として戦った。「東京裁判」用語とは全く別の意味で「戦争責任」は天皇にも皇族にもある。これは弁護の余地も弁護の必要もない事実だ。

「天皇土俗説」

この明瞭すぎる事実にもかかわらず、「東京裁判」はなぜ天皇を罰しなかったか。なぜ天皇と皇族を避けて通ったか。

ここで、さきに引用した竹山氏の「天皇土俗説」が強く生きてくる。もっとも、この「土俗説」は竹山氏以前にも提出だけはされている。右翼学者だけでなく、左翼学者もまたふれるだけはふれた。最近の興味ある一例としては、吉本隆明氏の『丸山真男論』がある。もちろん吉本氏は左翼中の左翼であり、天皇制絶対否定論者であるから、竹山氏とは全く逆の結論を導き出しているが、天皇制の基盤を日本人の土俗（民俗）の中に発見している点は同じである。

「天皇制が壊滅し、そのイデオロギーはすでに博物館にしか行きようがないにもかかわらず、日本型知識人たちが、現在でもなお恐怖のイメージをそこに結びつけるのは、このこと――（戦争期に天皇制イデオロギーが吸着した大衆の存在様式の民族的な部分は、いまも当時とは変化した形で、大衆自体がもっていること）――を視ようとしないからである。戦時下天皇制イデオロギーのもっとも根幹的な部分は、現実の支配体系としての天皇制や、そのイデオロギーが消滅すると否とにかかわらず、大衆の存在様式のなかに変化しながら残存して流れるものであった。時代によって実効性を失ったり、復元したりする部分に戦時下天皇制の対決すべき問題があったのではなかった。ここでは、大衆の存在様式が、支配の様式を決定するという面が決定的に重要である。……しかし、丸山は（天皇制の土俗性を一応指摘したが）、それを土着的な様式と見ずに、近代国家形成の過程においておこった天皇制の問題として見たのである」

難解な文章だが、吉本氏が言おうとしていることは明瞭正確である。よろしく御精読の上、御判読を乞う。

天皇制は「国民大衆」の民俗的存在様式の中に、その「根幹」をもっているものであり、天皇側近の重臣や「右翼」によって作りあげられ保持されてきたものではないという発見である。この発見は当然発見者自身にはねかえってくる。簡単に否定し打倒できると思っていた天皇制が否定できなくなり、したがって、彼が天皇制以外の諸現象に適用していたマルクス主義解釈が動揺せざるを得ない。最近の吉本隆明氏が自分では最左翼マルキストと自信しながら、「正統派」マルキストからは裏切者あつかいにされている奇妙な位置と姿勢は、この発見の当然の結果なのかもしれない。

なお「天皇土俗説」については、文化人類学者石田英一郎教授の「私の日本発見」（『東西抄』所収）が、側面的ではあるが、たいへん参考になる。次の一節だけを引用させていただく。

「現在の私の問題意識の一つは、日本の後進性や先近代性に由来する部分はすべて考慮に入れた上でなおかつそれで説明のつかない〝日本的なもの〟と〝西洋的なもの〟との対置をどう解釈し理解して、これに処したらいいかという点にある。……私のいまつかみかけている手懸りは、一つの民族や文明の変り難い個性は、これまでの歴史家がとりあげない、時代的にはむしろ考古学者の領域に入る先史の時代に形成された、文化的な基層に根ざしたもので、それが案外二十世紀の今日まで根づよい力をもって民族の心や行動を方向づけているのではないかという仮説である」

直接に天皇制にはふれていないが、この仮説は当然「天皇制の再発見」にもつらなる。発見してこれを肯定するか否定するかは、発見者の自由であるが。

マッカーサーは天皇制を避けて通った

マッカーサー元帥は「東京裁判」において、天皇を被告として逮捕し処刑しようと思えば、いつでもできた。「裁判」の判検事の一部にも竹山説に似た天皇無罪論があったことは事実だが、それは絶対少数意見にすぎず、天皇有罪論が圧倒的であった。にもかかわらず、元帥は天皇を戦犯から除外した。なぜか。元帥が天皇の無罪を信じたからか。それともほかに理由があったのか。

この点については、清水昭三氏『文学と天皇制』の中に次のような興味がある一節がある。

「形式的な天皇制が保持される理由は次の三点にかかっているのである。

その第一は、日本国民が天皇に対していまだに宗教的信仰を抱いているために、天皇の地位を危くするような連合国の政策は、日本国民の憎悪を招き、ひいては敗北した軍国主義者たちの『天皇復興』の機縁を導くおそれがあるからである。

第二に天皇制機構は、日本占領中に軍政にとって極めて有用な道具になるからである。第三は立憲君主制への漸進的転換が、国民大衆のあいだにひろがる急進的革命的な運動を防止するのに天皇制を利用すればよい、というのがそれである。

これはジョセフ・クラークの主張であり、占領軍にとって彼の考えの正しかったことは、戦後十五年にして一層はっきりしたのである。現に日本共産党の政策の一つである天皇制打倒は、選挙演説のなかに消えている」

この記述が正しいとすれば、元帥は天皇制の根幹の強さと深さを知り、これを根絶することは中止して、占領目的のために利用し活用したということになる。

だが、もちろん清水昭三氏はマルキストであるから、クラーク意見の第三項（急進的革命的な運動の防止）を強調する。同じくマルキスト歴史学者井上清氏の著書『天皇制』では、この強調はさらに激しくなり、占領軍幹部の「天皇は機械化部隊二〇個師団にまさる戦力である」という有名な言葉を引用して、その「戦力」を日本の再軍備とむすびつけ、「対日戦争が終るや否や、アメリカは、日本を、政治的にも経済的にも、アメリカの対ソ、対アジア戦争基地につくりかえることを、唯一最高の方針としていた」と断定する。そういうことも言えるだろう。当時のアメリカ国務省の中には、その方向に動いていた一派があったことは事実だ。

しかし、私にとって興味があるのは、第一項と第二項だ。日本国民の天皇信仰の根深さを認め、その破壊をあきらめ、占領目的のために利用したという点である。

軍人は勝つためには手段をえらばない。利用できるものは何でも利用する。敵国の武器、食糧、交通機関、建物、労働組合、革命家まで利用する。マッカーサーは、まず共産党を解放してこれを利用し、天皇制を変形し温存してこれを利用した。外人好きの日本共産党は解放軍万歳を唱えたが、やがて米国の敵、ソ連の忠犬になってしまったので、弾圧せざるを得なかった。利用された天皇制は、「機械化部隊二〇個師団以上の戦力」として大いに役に立った。

もっと正確に言えば、元帥は天皇制を利用したが、その根幹に手をふれることは巧みに避けて通った。この厄介な「アジア的伝統」の武装を解除し、「神格」を剝奪するだけにとどめて、その他の部分はそのままにしておいた。彼は天皇制の批判者でもなく、もちろん尊重者でもなかった。軍事占領が永くつづくとは最初から考えていなかったので、この「厄介な制度」がどうなろうとかまわなかった。手をつけない方が無難であった。「二千年の歴史と伝統と伝説の上に築かれた生活の論理と慣習をほとんど一夜のうちにぶち砕いた」と『回想録』の中では自誇しているが、それが不可能な芸当であることは、誰よりも彼自身が知っていた。

天皇制はそれほどにまで強く深く日本人の心の中に根をおろしているということになる。天皇制を敗戦後の日本に残したのは、マッカーサーとその聡明な幕僚諸君ではなく、日本国民の「民俗的存在様式」であった。そして、その日本国民自身も、天皇制がなぜ残ったのか、なぜ残されたのか、その理由を明確に意識しているとは言えない。竹山道雄氏の言葉を借りれば、それは「国民の深層意識現象」なのだ。国民の一人一人が天皇制護持を意識し信条としていたわけではない。だが、これを打倒せよと命令する者に対しては、大多数の日本国民は「否！」と答える。マッカーサーはそこを避けて通った。

日本共産党もまた！

同じく天皇制を避けて通っている今ひとつの顕著な実例は、現在の日本共産党である。打倒論者清水昭三氏も嘆いているとおり、ここ数年来、「打倒天皇制」は日共の選挙スローガンから消えている。清水解釈によれば、それはアメリカ帝国主義の重圧のせいらしいが、どんなものだろう。吉本隆明氏流に「天皇制イデオロギーは壊滅しすでに博物館に入ってしまったから問題にする必要がない」と日共幹部が考えたからであろうか。そのどっちでもない、もっと複雑な政治的考慮から、避けて通っているのではないか。

昨年の総選挙では、日本共産党は「正義と愛国の党」というスローガンをかかげた。私はそのポスターを鎌倉で見て、月光仮面氏を党首とする新右翼政党が出現したのかと怪しみ、候補者名の下に推薦者松本清張氏とならんで日本共産党の名を発見して、思わず失笑してしまった。

これも深層意識現象である。おそらく日共はその表層意識では「象徴天皇制」のごときはいつでも打倒できると意識しているかもしれない。だから、政策的に「打倒天皇制」のスローガンをひきこめ、「正義と愛国の党」という月光仮面をかむって投票かき集めに専心しているつもりかもしれないが、これは吉本流にいえば「天皇制の根幹的部分」に対する屈服または媚態ではないのか。少なくとも天皇制を避けて通ろうとすることから生じた擬態ではないのか。

「左派マルキスト」諸君にはこの屈服または擬態が気に入らないようだ。目下のところ、代々木本部派とはあまり仲好しではないらしい。代々木派の打倒天皇制スローガンの撤去問題もからんでいるようだ。作家椎名麟三氏が清水氏の著書に推薦文を書いている。「天皇制は、あらゆる面で今日の日本人にとって避けてとおることのできない絶対命題である。この命題に自己を対決させた著者の真剣な熱情はこの著作を価値高いものにしている」

文字の表だけをとれば、そのまま竹山道雄氏の「天皇制について」の推薦文にしても通用するが、裏の意味は、日本共産党が天皇制批判を中止していることに対する抗議かもしれぬ。もしそうだとしたら、これは代々木の幹部諸氏にとっては、無理な註文だ。マック元帥でさえ避けて通った難問題を、今の微力な日本共産党が避けて通るのは当然であろう。

天皇制武装と軍人勅諭

竹山道雄氏の意見は、戦後一時盛んであった「天皇制ファッシズム論」や、明治の天皇制を西洋史学の「絶対王制」と規定して簡単に打倒できるものと信じた性急な打倒論に対する反論としては有力である。「天皇土俗説」を弁護論の基礎においたことも大きな功績であるが、すでに述べたように、民族の祭司または神官としての「平和的な一面」だけを強調して、

「武装せる天皇制」の実在を見おとした点に弱さがある、と私は考える。

土俗的なものが常に平和的なものであるとはかぎらない。闘争と戦争の胚芽は却って民族の深層意識の中に深くひそんで生きつづけている。高度の宗教は平和の理念と希望につらぬかれているが、原始的宗教または宗教以前の原始信仰に近づくにつれて、血と犠牲の臭いが強くなる。日本の天皇制の起原が土俗史と宗教史のどの段階に属するものであるかは、私はまだ研究していない。神道についても勉強不足であるから、詳論することはできないが、天皇制が日本人の土俗の深層から発生して、その中に深く根をおろしつつ発展し存続しているものであるかぎり、その本質を常に平和的なものだと規定することはできない。

祭司も神官も、民族の危機においては武装する。戦争が発生すれば、その総指揮官となり、終れば再び平和な祭司神官にかえる。

明治維新から昭和敗戦に至る三代の天皇制は明らかに武装していた。もちろん、竹山氏もその点は認めていて、「明治になって国家体制を近代化しようとした時に、……この（神主の本家のようなもので、武備なき京都御所の平和な住人であった）ミカドを（ヨーロッパ風の）君主にして、これがはじめて軍服を着て、はじめて武装して千代田城に入った」と書いている。

しかし、天皇の武装は決してそれがはじめてではなかった。なるほど、西洋風の武装をしたのは、明治維新後がはじめてだが、唐風の武装も埴輪人形の武装も、ちゃんとした武装である。神話の神武天皇も神功皇后も武装していた。彼らが実在の人物ではないとしても、日本民族の歴史のはるかな初期に、天皇が武装していたことは、考古学的に証明できる。大化改新の天皇制も武装していた。建武中興の天皇制もわずか二年間であったが武装した。日本の天皇が古代ローマのエムペラーやカイザーとはちがい、絶対権力を存在条件としなかったという竹山氏の指摘は正しいが、明治維新以前の武装を見おとしているのはうなずけない。

武装天皇制と非武装天皇制の交替の歴史は、明治十五年の「軍人勅諭」の中に簡明に要約されている。この勅諭の成立の事情は松本清張氏の歴史小説『象徴の設計』の中に細叙されてあるとおり、山県有朋の命をうけて西周が起草した。森鷗外の『西周伝』を見てもわかるように、西は立派な学者であり、学識と良心をつくして、当時しられていたかぎりの日本軍事史を「勅諭」前文の中に要約した。今の読者には読みづらい文章であるから、これをさらに要約して解説しよう。

「我国の軍隊は世々天皇の統率するところである（これは原則論としてまちがっていない）。神武天皇は自ら兵をひきい、全国を平定した（これは神話の承認であるが、必ずしも反歴史的態度ではない）。

中世に至って、唐風の兵制を採用し、六衛府、左右馬寮、防人などをおき兵制はととのったが、平和になれて朝廷は文弱に流れ、兵農おのずから二つにわかれ、武士が発生し、兵馬の権と政治の大権は武士の棟梁の手に帰し、約七百年の武家政治となった（これは神話でなく歴史である。戦後派の歴史家諸氏も否定しないであろう）。

弘化嘉永の頃から、徳川幕府の政治がおとろえ、加うるに外国の事どもが起って、その侮りをうける勢いになったので、将軍の大政返上となり、諸大名の版籍奉還となって、古えの制度に復した。朕は汝等軍人の大元帥なるぞ。されば、汝等を股肱と頼む。汝等みなその職を守り、朕と一心になって、力を国家の保護につくせば、我国の国民は永く平和の福を受け、我国の威烈は大いに世界の光華ともなるであろう（ここでは、天皇の再武装による日本民族の統一と独立、西方世界への反撃を通じて世界文明への参加が希求されている）」

くりかえせば、天皇制は明治に入って始めて武装したのではない。しかし、武家政治の約七百年間、武装なくして存在し存続したこともまた事実である。この七百年間の非武装を見て、天皇の本質が平和な祭司であり族長であると規定するのは、性急すぎる。ただし、君主制が武装することなく、七百年間存在し得るなどということは、エムペラーやカイザーの場合には絶対になかったことだ。武力の衰弱は王朝の衰弱であり、軍備の消滅は王朝の消滅であった。なぜ日本の天皇制はその例外であったのか。

この「神秘な性格」の秘密は、民俗学と文化人類学が民族の深層意識現象として解明してくれるであろうことは、すでにくりかえし述べた。先に進もう。

七百年の空白

武装の点では、天皇制には約七百年の空白があった。だから、ある人々の目には、天皇の武装は明治維新によって突如として行われたかのように見える。武技にも武装にも全く無縁な、生花や琵琶の宗家にすぎなかった公卿たちが、「征討総督」や「鎮撫使」となって、あわたただしく東西に出撃した。これを守ったのは、「勤王諸藩」の兵力であったから、「幼冲の天子を擁した雄藩の陰謀」という俗解釈も生まれている。

だが、即位した明治天皇が少年ではなく老年であっても、天皇制の急速な武装が必要であった。「東亜百年戦争」はすでに始まっていたのだ。ただ、幸いにジェット戦闘機と原子爆弾の時代ではなかった。イギリスもフランスもロシアも東洋艦隊は持っていたが、当時の東洋は空間的にも時間的にも広かったので、兵力を日本に集中することはできない。各国の利害も激突し、ヨーロッパと近東では「列強」間の戦争も起っている。このすきを利用して、日本は急速に天皇制を武装し、そのもとに近代的戦闘単位としての統一国家を急造しなければならなかった。それができなければ、侵略され、占領されて、植民地化されてしまう。

私の仮説によれば、「百年戦争」開始の時期は弘化嘉永年間であるが、その前後から「天皇再武装論」が盛んになっている。平田学派の国学者と水戸学派の漢学者たちが戦争イデオロギーの形成に活躍しはじめた。政治的には、攘夷→尊王→天皇親征→祭政一致→討幕→王制復古というふうにイデオロギーは発展して行った。学者と志士たちは日本歴史を回顧して「武装せる天皇制」の原型を、あるものは建武中興に、あるものは大化改新に求め、ついにさかのぼって神武建国に到達した。神武天皇は神話の中で最も輝かしく武装していた天皇である。

だが、近代政治の現実の制度に神話を採用することはできない。明治新政府はまず平安朝の兵制を採用したが、これもアームストロング砲と鋼鉄艦の時代には通用しない。不平等条約の改正交渉を主要目的とする明治四年の「遣欧使節団」は衣冠束帯の岩倉具視を首班として出かけて行ったが、彼らがワシントンに入った途端に思い知らされたのは、「列強の強盛と強猛」であり、不平等条約の改正などは武力なき日本には遠い未来の夢だという一事であった。使節団はあきらめ、目的を欧米列強の「文明開化」ぶりの視察に切りかえ、ヨーロッパの産業、政治、軍備を視察して帰国した。

武装天皇制の前進

これより明治初年の大混乱がはじまる。戦争体制の整備と確立のための混乱であった。「征韓論」は早急すぎる出撃として阻止され、そのために政府は分裂し、暗殺と内乱が相次いでおこる。西南戦役に勝利した「藩閥専制政府」はよろめきながらも「文明開化」に向って疾走する。上からの「近代化」であり、富国強兵政策である。工場も銀行も、鉄道もガス灯も、造船所も牧場も兵器廠もすべて政府によって急造された。ブルジョア階級の成熟もプロレタリア階級の発達も待ってはおれない。従業員は旧士族で間にあわせた。製糸工場と紡績工場の女工たちも「教育のある旧士族の娘」でなければ機械の操作ができない。寺子屋まがいの学校が開校される。教師が足りない。留学生が送り出される。

天皇制の強化と武装もこの大混乱と「戦時状態」の中で行われた。「小学教員心得」による尊皇愛国と皇室中心教育の開始、皇室財産の創設、「官吏服務規定」による「天皇の官吏」の設定、軍備拡張のための増税。――道路もできぬ先のしゃにむにな前進。当然、無理がおこる。この無理に反発する自由民権運動の猛然たる勃興。相次ぐ弾圧条令の発布。一揆と反乱。警視庁と警察の強化。民権運動と政党の徹底的な撲滅政策。

西洋に追いつくための前進ではなかった。追いついて戦うための——いや、現に戦いながらの前進であった。敵は今のところ海の彼方にいて、戦闘は小休止しているが、いつ攻めてくるかわからぬ。すきを見せたら、進攻してくる。できれば、敵が進攻して来ない先に出撃したい。だが、間にあうかどうか。

国内にのこるものは練兵の軍靴にふみ荒された田と畑。農民の疲弊と貧困。一部の政商の暴富。ちぐはぐで矛盾だらけの「文化」。ただ武装した天皇制だけが前進した。しかも、奇妙なことに国民もまた天皇とともに前進したのだ。

大混乱の中で、国権運動と民権運動を同時にひきずりながら、次第に重武装しつつ、しゃにむに前進する明治大正昭和天皇制の姿は、継続している「一つの戦争」を仮定せずには説明も理解もできない。

非武装天皇制

同じ見地から、全く逆のことが敗戦後の「象徴天皇制」について言える。「東亜百年戦争」は昭和二十年八月十五日に終った。敗戦と降伏という形で終ったために、敵軍によって武装解除されたが、いずれにせよ、戦争状態の終結は「武装せる天皇制」を終結させた。にもかかわらず、天皇制そのものは存続した。戦争が終れば、天皇は平和な祭司または族長にかえる。現代ではおそらく日本天皇制のみの持つ土俗学的法則がここに現われた。天皇は大元帥の軍服だけでなく、戦争イデオロギーとしての「神格化」と「優越民族観念」をぬぎ捨てた。ともに戦争が終れば不用なものであったからだ。しかも、天皇制は残った。

天皇制は明治維新前七百年の非武装時代に還元したのであろうか？　歴史においては、試験管の中に現われる純粋な還元はあり得ない。しかし、類推はできる。たしかに占領軍とマッカーサー元帥の努力によって、日本は明治維新前のごとき国に再変形された。天皇制もまた維新前の天皇制のごときものに再変形された。あの天皇制は非武装のまま七百年存続した。この非武装天皇制もまた国民に敬愛され親愛されつつ、少なくとも何百年間はつづくかもしれない。

天皇制がもし解消され消滅する時があるとすれば、それは日本国民が天皇とともに地球国家の中に完全に解消する時であろう。

その時期がいつであるか、どれほど長い、または短い時間の後であるかは、神のみぞ知る。そこに到る前に日本国民が再び天皇制を武装しなければならぬ不幸な事態がおこらないことを、私は心から望んでいる。

仮説「百年戦争論」の意義

私の試論に対する反論がだいぶ方々に現われて来た。私はまじめにそれらを読んでいる。教えられた部分は虚心にうけ入れるつもりである。ただ、それらは現在のところ、「日支事変」と「太平洋戦争」に関するものが多い。私の試論はまだそこまで進んでいない。その時が来たらお答えするであろうが、ここで一言だけふれておきたいのは、明治以後に日本が行なった諸戦争の前半は民族独立戦争であり解放戦争であっても、後半は帝国主義的侵略戦争であったという折衷意見である。この分析は右派にも左派にもある。そんなに簡明に分析できたら話は簡単であるが、それでは最近の百年間の歴史は説明できず、何の実りをもたらし得ないことがわかったので、私は「東亜百年戦争」という仮説を立てたのだ。

右のような折衷意見は解剖学者が解剖に専心して生きた人間を見失ったのとよく似ている。歴史は生きた人間がつくったものだ。あらゆる人間的なもの――大矛盾と小矛盾、過失と行きすぎ、善意に発した悪業、誤算と愚行《ぐこう》、目的と手段との逆倒、予想できなかった障害による挫折と脇道、その他、ありとあらゆる人間的弱点を含みつつ進行する。歴史家はまず人間学者でなければならないのだ。分析と解剖に終始して綜合をわすれることも禁物である。

分析しただけで綜合できない者は死体を切りきざむ解剖屋にはなれても、歴史家にはなれない。わずか百年間の日本歴史を綜合的に解釈できなくて、何が歴史家であるか！

何度もくりかえしたように、私の「東亜百年戦争説」は一つの仮説である。これは卑下した意味ではない。仮説とは決して思いつきやデタラメのことではなく、学問のための、真理発見のための設定だ。英語では Theory、日本語では「理論」とも訳されていることは御存じのとおりである。

私は専門の歴史家ではないが、若いころから日本の歴史に非常な興味と関心を持った。持たざるを得なかった。というのは、私はちょうど日本のナショナリズムの最盛期であり、同時に最初の崩壊の徴候を示しはじめた明治四十年代に少年として育ち、社会主義思想の最初の開花期である大正末年に高等学校と大学の学生であった。私の思想経歴は例えば河上肇博士がたどったような激しい国家主義から「無我の愛」を経て社会主義に至るという自然なコースとは逆に、いきなり河上博士の『貧乏物語』と『社会問題研究』を読むことから始まった。つづいて、発生したばかりの日本共産党の学生部隊となり、『資本論』も完読せず、レーニンとトロツキーとスターリンのパンフレットを読むことだけで「実際運動」の中を右往左往した。日本の歴史についてては何も知らなかった。しかも、確信的な天皇制打倒論者であり、インターナショナリストのつもりでいた。

この確信がゆらぎはじめたのは、入獄によって日本歴史と日本人の伝記を読む機会を与えられた時からである。これはおかしいぞと思いはじめ、母と妻にたのみ、手に入るかぎりの歴史書を集めて差入れてもらった。私の「転向」が始まった。「転向」の原因を弾圧のみに帰するのはまちがっている。刑務所というものは――私の知っているのは日本のそれだけだが――外の人が想像しているほど恐ろしいものでも陰惨な場所でもない。刑務所だけでは思想犯は転向しない。

出獄して、私は『青年』を書き、再入獄して、また歴史書を読み、『壮年』を書いた。共に三十代の作品である。三十代の半ばから戦後にかけて『西郷隆盛』二十二巻を書いた。これも日本歴史の勉強になった。

私の思想遍歴または思想成熟の経過は別にくわしく書く時があろう。ここで言っておきたいことは、「東亜百年戦争説」という仮説は、これらの私なりの勉強の中から生まれたもので、例えば当代野次馬精神の親玉、大宅壮一氏が茶化したような「ひろげ得るかぎりひろげた大風呂敷」などというものではない。

マルクスの唯物史観も一つの有力な仮説である。それは在来の史観では発見できなかった多くの歴史的真実を発見させてくれた。しかし、マルクスの天才をもたぬ日本の「マルクス主義者」諸氏は日本歴史に対するその適用をあやまったようだ。彼らの適用方法は唯物史観をただの「内在史観」（一つの民族と国家の発展と崩壊の原因をその内部にのみ求めようとする史観）に終らせてしまった。例えば井上清教授の『天皇制』を読むと、日本の太古には、輝かしく人民的な原始共産制があったというマルクス・エンゲルスの「楽園神話」が何の論証もなしに書きこまれている。その他の「マルクス主義者」の著書もまた、古代の天皇制は奴隷制であり、明治天皇制は封建主義からブルジョア共和制の過渡期に出現する「絶対主義」だと規定しているのが多い。彼らの「学説」によると、日本歴史もまた階級分裂と階級闘争によって「内在的」に発展しなければならぬ。そのために、封建制の内部における資本主義の萌芽としてのマニュファクチュアに関する実りのない大論争がおこったり、大ナショナリストで君主制論者の福沢諭吉がアメリカ風の民主主義者にされてしまったり、自由民権運動がソ連式の人民的反天皇制闘争だとこじつけられたり、全くテンヤワンヤである。特に日支事変と「太平洋戦争」は、ただひたすらに略奪的侵略的非人道的反文明的戦争にされている。

すべての戦争がそうだというのならまだわかるが、日本人だけが史上空前の戦争犯罪者扱いにされているので、そんな赤っ面の大悪党が私たちのあいだに住んでいたのかと、思わずまわりを見まわしたくなるほどだ。

私の「百年戦争説」は日本の歴史と日本人の歩みの真実の姿に近づくための仮説である。「内在史観」に対してはむしろ「外在史観」(民族、国家の発展の動機をそれ自身の内部だけではなく、外部からの圧力に対する抵抗に求める。例えばトインビーの「挑戦と応戦の理論」)だが、必ずしも民族のみを重んじて階級を無視しているわけではない。左翼も右翼もない。真実だけが真実なのだ。まだ先は長い。道草が多すぎると思われる読者もあることだろうが、私としては精いっぱい慎重に歩いているつもりである。結論よりも批判と論証に力を入れねばならぬ。

第六章　日清戦争と三国干渉――「日本の悲壮な運命」

日清戦争の前奏曲

「日清談判破裂して
品川乗出す東艦《あずまかん》」

遠い明治の演歌である。私は日露戦争後の少年であるから、この歌の流行期を直接には知らない。だが、そのかすかな余韻は大正昭和期にものこっていて、私の耳にも聞えた。そして、たいへんうかつな話だが、私はこの「欣舞節」は日清開戦後に作られたものとばかり思っていた。実は、この二行につづく歌詞も知らなかった。

つい最近、添田知道氏の『演歌の明治大正史』によって、この歌は明治二十一、二年の頃につくられたものだということを教えられておどろいた。その歌詞の全文は、

「日清談判破裂して
品川乗出す東艦

西郷死するも彼がため
大久保殺すも彼奴《きゃっ》がため
　遺恨重なるチャンチャン坊主

日本男児の村田銃
剣のキッ先味わえと
なんなく支那人打ち倒し
万里の長城乗っ取って
　一里半行きゃ北京城
　欣慕々々々　愉快々々」

現在の感覚で読めば、荒っぽすぎる「野蛮な歌」だが、これが日清戦争の四、五年前につくられて、流行歌として歌われていたという点に歴史的意味がある。

東艦というのは幕府がアメリカから買い、明治政府にひきわたした日本最初で唯一の甲鉄軍艦である。明治二十一年二月には、すでに廃艦されたというから、この歌はその前に作られたのかもしれない。少なくとも作者若宮万次郎の胸中では、この歌のテーマは明治十年代の末から鳴りはじめていたにちがいない。

『観樹将軍回顧録』の中の「征清主義打破事情」によれば、明治十八年のころ、政府部内の薩摩派は対清即時開戦論を唱え、伊藤博文、井上馨、山県有朋などの長州派の非戦論（尚早論）とはげしく対立した。薩摩の軍人と官吏は「十三等出仕にいたるまで刀を風呂敷に包んで」尚早派を暗殺しかねない勢だったという。そんな事情があったとすれば、右の歌詞の中の「西郷死するも彼がため、大久保殺すも彼奴がため、遺恨重なるチャンチャン坊主」という奇妙な三行が生きてくる。

もちろん、明治二十年代の始めには、日本も老朽東艦以外に数隻の甲鉄軍艦を持っていた。しかし、この歌の作者はおそらくそれ以前にただ一隻の東艦と村田銃に望みを托して「なんなく支那人打ち倒し、万里の長城乗っ取って」と歌っている。意気盛んなりと言わねばなるまい。

村田銃とは陸軍中佐村田経男（後に少将）がヨーロッパに留学して研究考案し、西南役で実地試験して改良を加え、明治十三年に陸軍が正式に採用した単発小銃だが、二十二年に連発式に改造されて、スナイドル、エムピールなどの輸入洋銃よりも性能のいいものになった。日清戦争では、日本人の体格に合うように、口径を小さくし、着弾距離を長くするように工夫した村田銃が大いに威力を発揮した。

初期議会の「混乱」

鉄砲と火薬はどうやら役に立つものができていたが、軍艦がまにあわない。外国から買うよりほかないのであるが、憲法が発布され、議会はすでに開設されていて、議会で絶対多数をしめている民党連合が海軍拡張予算に賛成しない。「民党は軍備の充実そのものに反対していたのではなかった。政府が藩閥政府であることに反対し、藩閥の拠点が軍部にあることから、殊更に軍部に対して非協力的な態度に出たのである」（『日本の歴史』読売新聞社）

この対立から、明治二十三年十一月の第一議会から二十六年の第四議会に至る大混乱が生じた。

自由党議員中江兆民が「笑うべし、この議場。悲しむべし、この議長。恐るべし、将来の会」という無効投票を投じて退席し、土佐派の議員、林有造、竹内綱、植木枝盛らが政府提出の予算に賛成すべく買収されて脱党し、ついに板垣退助までが脱党したのを見て、彼らを「無血虫」とののしり議員を辞職したのは第一議会での事件である（桑原武夫『中江兆民の研究』）。

その中江兆民が明治三十三年に至ると、「大陸侵略をめざす近衛篤麿の主催する『国民同盟会』に加盟し、募金運動にも献身的に協力した」と桑原武夫教授は書いているが、「国民同盟会」が果してただの大陸侵略団体であったか、土佐派議員の「買収」が単なる議会腐敗現象としての買収であったかどうかは、桑原教授の再考をうながしたい問題である。

第一議会から第四議会に至る自由党議員の動揺と混乱、政府の兇暴な選挙干渉、それにも屈せぬ民党の反撃の原因は軍艦建造、砲台築造、製鋼所設置費を削るか承認するかの問題、即ち軍事予算であった。

坂田吉雄教授が『明治前半期に於ける政府の国家主義』で指摘しているように、当時の自由党が軍備の充実そのものに反対していたのではなく、ただ藩閥政府と軍部に対して非協力的であったのだとすれば、日清戦争の接近を実感し、政府当局者から清国と日本の軍備の実状を教えられれば、中江兆民のような潔癖家は別として、「現実家」でなければならぬ政党人たちはある時点で政府と妥協しなければならぬ。その時点に起った「買収」や「分裂」をただの腐敗現象と見るのは性急すぎる。「潔癖家」の中江兆民もまた後に「国民同盟」に加盟した。募金運動に献身的に協力したばかりか、玄洋社の平岡浩太郎、『大東合邦論』の著者樽井藤吉らとともに上海に渡航し「東洋学館」の創設に協力したという事実は、日清戦争に直ちにつづく日露戦争の予感をぬきにしては説明できない。

海軍大臣の「蛮勇演説」

明治二十四年七月「清国水師提督丁汝昌が北洋艦隊の精鋭、定遠、鎮遠等十数隻をひきいて、堂々と舳艫相銜んで横浜に入港した。……その訪問の真意は、精鋭なる艦隊の威力を示して我が国を慴伏《しゅうふく》させ、朝鮮に対して日本をして一指をもつけさせまいとする傲慢極まれる用意に出たのは明らかであった」（『東亜先覚志士記伝』）

この年の十一月、第二議会は開かれたが、民党は再び政府の軍事予算に猛然と反対したので、議会は解散された。海軍大臣樺山資紀の有名な「蛮勇演説」が行なわれたのはこの時であった。「海相樺山、衆議院で海軍拡張の急務を論じ維新以来の功業は一に薩長政府の功績と放言、議場大混乱」と『日本百年の歩み』（朝日新聞社）は記し、演説速記の一部をのせている。もともと雄弁家でもない男がひどく興奮し、涙を流しながらしゃべったのであるから、言葉はめちゃめちゃでほとんど演説の態をなしていないが、

「我が海軍は明治維新以来すでに大小数回の戦争を経て来たが、未だかつて国権を損し、海軍の名誉を汚したることはない。かえって国権を拡張し、海軍の名誉を加えて来たのである。然るに政府を信ずることができぬが故にこの重大な事業を托すべからずと言われては、吾輩死して泉下の先輩に見《まみ》ゆる面目がない」と拳骨をふりまわしつつ熱涙をふるって絶叫した。在野党は彼の演説をもって藩閥の功徳をのべたてるものと見なし、議場は非常な喧騒をきわめた――と『東亜先覚志士記伝』が書いているのが真相に近いようだ。

日清会戦の切迫の予感が海軍大臣を興奮させ、悲憤させて狂態を演じさせたのだ。

「現政府はかくの如く内外国家の艱難を切りぬけて今日まで来た政府である。薩長政府とか何政府とか言っても今日、国のこの安寧を保ったことは誰の功であるか。（笑声大いにおこる）お笑いなるような事ではございますまい」と速記録にある。

これに対して民党の代表雄弁家島田三郎は「天皇の御聖徳」をもち出し、「聖明上に在ることによって日本は開国におもむいたのである。海相の言は天皇陛下に対して礼を失するものだ」と反論した。

ただのあげ足とりだとは見すごせないものがある。民党もまた天皇の名において政府を攻撃している。明治のナショナリズムとはそのようなものであった。天皇は民権とも国権とも

対立していなかった。その双方の希望の象徴であった。いや民権も国権も実は一つの腹から生まれた双生児なのだ。藩閥政府と民党とは激突しながら、絶えず妥協し、「以心伝心」し、「情意投合」した。板垣、大隈、後藤象二郎、星亨、河野広中などの民党の領袖たちは進退はなはだ不明瞭であり、大事なときに党員をおきざりにして「入閣」してしまう。改進党もついにジャコバン党にもジロンド党にもなりえなかった。なりえなかったところに、自由党も日本の「歴史」があり、「宿命」があったのだ。

「双生児」の握手

この時の軍備拡張問題においても、政府はついに天皇に頼らざるを得なかった。明治二十七年の第四議会では、首相伊藤博文は、民党の内閣弾劾上奏文が可決されたとき、総辞職と解散を回避するために、詔勅の力をかりた。『志士記伝』の表現を借りれば、「第三議会も引きつづいて海軍充実案を葬り、第四議会の時、明治天皇が東洋の大勢を御軫《ごしん》念《ねん》あらせられ、かしこくも軍艦製造費として、御内帑《ごないど》より金三十万円を下賜せられ、軍艦増製に関する詔勅を賜わるに及び、議会においても始めて海軍充実案が通過するに至ったのである。この詔勅をかしこみて文武官はいずれも俸給の十分の一を製艦費として差出すことにより、貴族富豪からも製艦費の献納を願出る者が続出し、財力において軍備においてははるかに優越した大国支那を敵として戦う準備はかくしてようやく整えられたのである」

詔勅に曰く、

「国家軍防ノ事ニ至ツテハ、イヤシクモ一日ヲ緩《ユル》クスルトキハ、或ハ百年ノ悔ヲノコサム。朕ココニ内廷ノ費ヲ省キ、六年ノ間、毎歳三十万円ヲ下付シ、マタ文武ノ官僚ニ命ジ、特別ノ情状アル者ヲ除ク外、同年月間、ソノ俸給十分ノ一ヲ納《イ》レ、此ヲ製艦費ノ補足ニ充《ア》テシム」

議会は従った。自由党員河野広中は特別委員長となって伊藤首相と交渉し妥協して、「海軍の内部を大いに改革して、且つ急速に軍艦の製造に着手する」ことを決定した。「かくて三月一日、帝国議会閉会式は平和の裡《うち》に挙行された」(『公爵山県有朋伝』)

これは「喜劇的で無節操な妥協」であろうか。私はその逆だと考える。「東亜百年戦争」という現実に強制された国権と民権という双生児の握手であった。

内村鑑三の主戦論と非戦論

『日本の軍国主義』の著者井上清教授は言う。

「日清戦争のような徹頭徹尾不義の侵略戦争が、たとえば内村鑑三のような国民のなかの最も平和主義的な人からも、中江兆民らのような当時もっとも徹底した民主主義者からも支持され、あたかも正義の国民戦争であるかのようにいわれ、日露戦争当時のような反戦厭戦の闘争がなかったのは、彼らもまた国民主義を国権主義にすりかえられたことを知らなかったからである」

井上教授の立場は、人も知るごとくマルクス主義であり、コミンテルン・テーゼである。

日本の歩みは、すべて「反人民的」であるが故に「徹頭徹尾不義」であり、特に明治天皇制成立以後の歴史は、内に対しては暴圧と搾取、外に対しては侵略と略奪の連続であることを全力をあげて証明しようとする。ここでは「国民主義」と「国権主義」を区別することによって学生たちを迷わせるスリカエ手品を行なっている。国民主義と国権主義のどこがちがうのか。同じナショナリズムではないか。ナショナリズムにも階級性があることを主張しているつもりかもしれぬが、ばかばかしい。少なくとも教壇の上では、手品はやめましょう。

だが、右の引用の中で重要なのは井上教授の意見ではない。「徹頭徹尾不義な侵略戦争」であったはずの日清戦争が内村鑑三のような「平和主義者」や中江兆民のような「民主主義者」によって支持されたという事実の方である（兆民を「民主主義者」だと規定するのも、井上流「マルクス主義」の通俗講談性の露出であるが、それもここでは問題にしないことにする）。

戦争行為そのものの中には正義も道徳もあり得ない。あるものは人間同士の殺し合いだけだ。にもかかわらず、闘争者自身は「正義の呼び声」を自聴して、進んで戦争に突入することがしばしばある。一つは自己防衛のための戦争であり、一つは宗教的狂信または使命感による「聖戦」の場合である。どちらも「勝敗を度外におき、犠牲をかえりみることなく」戦われる。どんな戦争でも、勝てば勝者の獲物としての戦利品がつきものであるが、自衛戦争と「聖戦」では、戦勝利得は「度外におかれる」のが普通だ。そのことが理想家たちに戦争を肯定させる。

「戦争もまた商業であり産業である」というのは海賊と山賊の論理であり、この論理は古代からの略奪戦争の底に横たわっている。この型の戦争には理想家たちは背中を向ける。

日本キリスト教徒中の最大の理想主義者内村鑑三が「吾人は信ず、日清戦争は実に義戦なり」と叫んだことの理由を、鑑三自身はつぎのように説明している。

「今回の衝突たるや、吾人のみずから好みて来せしものならざるは、わが邦《くに》近来の状況を知る者の充分に承認するところなるべし。……もし利欲にして吾人の最大目的たらんか。戦争は吾人の最も避くべきもの、非戦争こそ、吾人の最終最始の政略たるべきなり。しかるに、過ぐる二十余年間、シナの吾人に対するや、その妄状無礼、ほとんど吾人の忍ぶべからざるあり。大西郷すでにここに見るところあり。即時にその罪を問わんと欲する彼の熱血的希望は実に彼の生命を捨てしむるに至り、わが邦もこれがために悲惨な内乱の害に会えり。吾人は実に吾人の血肉を殺して隣邦との衝突を避けんとせり」

これは「西郷死するも彼がため、大久保殺すも彼奴がため」という欣舞節の発想と同じものだ。

「しかるに明治十五年以後、シナのわが邦に対する行為はいかなりしや。朝鮮において常にその内治に干渉し、われのこれに対する平和的政略を妨害し、対面的に吾人に凌辱《りょうじょく》を加えてやまざりき。……

吾人、外交歴史を閲《えつ》するに、いまだかつてかくのごとき卑劣政略に接せしことなし。これ残虐なる娼家の主人が、その詭計の中にある、扶助なき可憐の少女に対して常に執行する政略なり……これ自由を愛し人権を尊重する者の一旦も忍び得べきところにあらず。吾人は怪しめり、この積悪に対して非難の声をあげるものは吾人日本人にとどまりしことを」
欣舞節の「遺恨重なるチャンチャン坊主」という「野蛮」な歌詞はこのような歴史的情勢の中から発生した。

「吾人は朝鮮戦争をもって善戦なりと論定せり。その、しかるは、戦争局を結びて後に最も明白となるべし。吾人は貧困せまりし吾人の隣邦の味方となりたり。その物質的に吾人を利するところなきはもちろんなり。またシナといえども、壊滅は吾人の目的にあらず。彼らをして吾人流血の価値をあがなわしむれば足れり。吾人の目的はシナを警醒するにあり。その天職を知らしむるにあり。彼をして吾人と協力して東洋の改革に従事せしむるにあり。吾人は、永久の平和を目的として戦うものなり。天よ、この義戦に倒るるわが同胞の士をあわれめよ」

内村鑑三に「日清戦争肯定論」があることは知っていたが、それを詳しく読んだのは、実は今度がはじめてである。ナショナリストとしての鑑三の思想が、前には佐藤信淵、島津斉彬の大陸経略論、西郷隆盛、勝海舟の「日韓同盟論」につながり、後には、岡倉天心の「アジア主義」、ひいては日中戦争、太平洋戦争における「東亜聯盟論」「大東亜共栄圏説」「聖戦論」に直結していることを知って、当然のこととは言いながら、すこしおどろいた。

「吾人はアジアの救主として、この戦線に臨む者なり。吾人はすでに半ば朝鮮を救えり。これより満州、シナを救い、南の方、安南、シャムに及び、ついにインドの聖地をして欧人の羈絆《きはん》より脱せしめ、もって初めて吾人の目的は達せしなり。東洋の啓導をもって自ら任ずる日本国の希望は、葱嶺《そう》以東の独立振起より小なるあたわず。軟弱支那のごときを困窘《こんきゅう》せしめ、その衰頽より吾人の名誉と富強とをいたさんと欲す、余輩は（この種の）論者の聖望に乏しきを惜しまざるを得ず」（「日清戦争の目的如何」）

もちろん、この同じ内村鑑三が日露戦争に対しては激しい非戦論者になったことは、私も知っている。『万朝報』記者として、黒岩涙香、幸徳秋水らとともに「理想団」を組織して非戦論を唱え、やがて黒岩涙香が開戦論者となるに及んで万朝報を去った内村鑑三は「余は日露非戦論者であるばかりでない、戦争絶対廃止論者である」と叫び、日清戦争を「義戦」と呼んだことを「深く心に恥ずる者である」と告白した。

このことは、日清戦争の本質を変えるものではない。ただキリスト教徒内村鑑三が「戦争の使徒」であったことを自ら恥じて「神の使徒」にかえったこと――「戦争のイデオローグ」たることをやめて、「愛と平和の伝道者」になったことを意味する。思想家は生涯戦争イデオローグである義務はない。自己に忠実な思想家はしばしば「転向」する。主戦論者鑑三は反戦論者として再生し、彼自身の道を歩いただけのことである。

「世には戦争の利益を説く者がある。しかり余も一時はかかる愚を唱えた者である。しかしながら今に至ってその愚の極まりを表白する。戦争の利益は強盗である」

「近くはその実例を、二十七、八年の日清戦争において見ることができる。二億の富と一万の生命を消費して、日本国がこの戦争より得しものは何であるか。僅少の名誉と、○○○伯が侯となりて彼の妻妾の数を増したることのほかに、日本国はこの戦争により何の利益を得たか。その目的たりし朝鮮の独立は、これがために強められずかえって弱められ、シナ分割の端緒は開かれ、日本国民の分担は非常に増加され、その道徳は非常に堕落し、東洋全体を危殆《きたい》の地位まで持ち来ったではないか。この大害毒、大損耗を目前に見ながら、なおも開戦論を主張するごときは、正気の沙汰とはとても思われない」

戦争は常に正気の沙汰ではない。戦争とは狂気の産物なのだ。日清戦争の狂気よりさめた内村鑑三は「戦争の使徒」の役割を自ら放棄したが、彼の非戦論も日露開戦を阻止することはできなかった。のみならず、彼にかわる戦争イデオローグとして、陸羯南《くがかつなん》、岡倉天心をはじめとする多くの「日本主義者」が登場して、十年前の鑑三と全く同じことを叫びはじめたことに歴史家は注目すべきである。

内村鑑三は壇をくだったが、戦争は終っていなかった。「東亜百年戦争」はつづいていた。日清戦争もまた未完の「百年戦争」の一環にすぎなかったことを羯南も天心も予感したのであるが、その予感の何よりの実証は「三国干渉」であった。

三国干渉への屈服

三国干渉もまた今では忘れられた事件の一つかもしれぬ。戦後の史書には全くこれにふれていないものもある。日清講和条約が下関で調印され、その結果、日本は台湾と遼東半島を領有することになったが、条約批准が終ったわずか三日後の四月二十三日に、ロシア、フランス、ドイツの三国による遼東放棄の勧告が日本政府につきつけられた。

もちろん、ただの勧告ではない。ロシアはオデッサ軍港に運送船を集め、その「世界最強の陸軍」を極東に急送する準備をはじめていた。明らかな軍事的干渉である。イギリスとアメリカは不介入の態度をとった。「不介入」とは、三国の軍事干渉がおこった場合、日本の味方をしないという意味である。

日本は屈服した。政府としては屈服以外の対策はなかった。清国軍との戦闘は「連戦連勝の大勝利」に見えたが、実は陸軍も海軍もその全力を使いはたしていた。三国どころか、ロシア一国に対しても抵抗できない実状であった。遼東半島を還付し、国民とともに「臥薪嘗胆」して次の機会を待つよりほかはなかった。

私は「征韓論」を「挫折せる出撃」と呼んだ。それは出撃することのできなかった出撃論であった。日清戦争ではたしかに朝鮮、満州まで出撃した。だが、そこで欧州三国強国の干渉をうけて後退せざるを得なかった。これを勝利とよぶことができようか。日清戦争もまた「挫折せる出撃」であったのだ。ここに「東亜百年戦争」の宿命がある。

その十年後の日露戦争もまた、後に述べるように、挫折した戦争であった。日清日露の両戦争によって、日本は所期の目的を何一つ達成しなかったと言ってもいい。先に引用した内村鑑三が絶叫しているとおり、日清戦争においては、「その目的たりし朝鮮の独立はかえって弱められ、シナ分割の端緒は開かれ、……東洋全体を危殆の地位まで持ち来った」だけであった。鑑三の意図は別として、私は、この言葉をそのまま承認する。日露戦争においても、カラフト島の半分のほかには償金さえも得ることができなかった。得たものはただ、幕末以来日本列島を包囲しつづけた「西洋列強」の鉄環がますます強力になり、ますます狭くしめつけられて行くという「教訓」だけであった。列強の中には、例えばイギリスのごとく、日本という「極東の小猛獣」を手なずけて「東洋の番犬」に使った国もあった。だが、それも番犬以上の何物でもなかった。走れば首輪でひきしめ、かみつけば鞭をふるう用意は常にとのえていた。

「無謀な戦争」

この包囲陣の中で、日本の挫折は最後の大東亜戦争の大挫折までつづく。八月十五日の敗戦において、幕末以来の日本の抵抗と挫折はついに完成されたと言っていい。敗戦二十年後の現在から「歴史家の目」でふりかえれば、「東亜百年戦争」はそもそもの初めから勝ち目のなかった抵抗である。しかも、戦わなければならなかった。そして、日本は戦った。何という「無謀な戦争」をわれわれは百年間戦って来たことか！

幕末の「薩英戦争」と「馬関戦争」を侵略戦争と呼ぶ歴史家はさすがにいない。しかも、「大東亜戦争」という「無謀きわまる戦争」の原型はこの二つの小戦争の中にある。この百年間、日本は戦闘に勝っても、戦争に勝ったことは一度もなかった。

帝国主義を唱えるものは日本にもいた。が、大日本帝国が戦争の結果として帝国主義国家の名に価いする資格を持ち得たことは残念ながら一度もない。この百年間に、台湾と朝鮮半島とカラフトの南半と南洋の粟粒島のおこぼれを領有したからといって、どこが帝国主義であるか。帝国主義とは皇帝をいただく国の政策という意味ではない。それが帝国主義なら、エチオピアも大帝国主義国家である。

歴史上の帝国主義とは、東洋では大唐帝国、ジンギスカンの大元帝国、大征服者乾隆皇帝の大清帝国、西洋ではシーザーとオーガスタス皇帝の大ローマ帝国、短命なナポレオンの帝国、ロマノフのロシア帝国、太陽の没することなき大英帝国、スターリン・フルシチョフの共産帝国などである。「日本帝国」をこれらの大帝国主義国家の仲間に入れてくれたのは、親切なレーニン氏とその弟子たちだけである。

「東亜百年戦争」の中のどの戦争においても、申しあわせたように、「勝敗を度外においた、やむにやまれぬ戦争」という言葉がつかわれていることに注意していただきたい。これはただの戦争修辞でも、偶然でもない。それを戦った日本人の実感であり、本音であったのだ。

政府は常に「非戦論」

どの戦争も、敵と味方の戦力を慎重に計算し、周到に「共同謀議」したら、とてもやれる戦争ではなかった。利益よりも犠牲の多い戦争であることは、当事者の政府と軍人には最初からわかっていた。にもかかわらず、始めなければならなかった。

内村鑑三はさきに引用した「日清戦争肯定論」の中で書いている。

「吾人を導くに、戦争を非常にきらう内閣あり、加うるに政治の改革まさにその緒につかんとし、隆盛の極に達せんとす。もし利欲にして吾人の最大目的たらんか、戦争は吾人の最も避くべきもの。非戦争こそ、吾人の最終最始の政略たるべきものなり」

これは日清戦争以外の戦争についてもあてはまる意見である。日露戦争でも開戦を最もきらったのは時の政府である。勝目のない戦争をさけ、文明開化政策によって「内治の改革」をはかり、欧米に伍する繁栄を求めることが最も賢明な道であったからだ。もし可能なら、日本人はその道を選んだであろう。だが、この道はふさがれていた。いかなる理性的判断と努力によっても他の道を選ぶことが不可能であった。

国民はそれを直感した。「対外硬」（主戦論）の叫び声は民間から起り、学者を動かし、政党人を動かし、文学者をまで動かした。それに動かされて、政府は自信のない戦争にふみきらざるを得なかった。

文学者長谷川二葉亭は日露戦争中に次のように書いている。

「我輩は断言する。今度の戦争は必ず勝つと高をくくって始めた戦争ではない。勝つ勝たぬは、第二の問題として、まずもって万止むを得ぬから始めた戦争だ。……即ち存亡を賭しているから、主観的には決して負けぬ気でも客観的には高をくくって安心しては居られなかった。手に汗を握って戦局の経過に注意していたのが事実である」（中村光夫『二葉亭四迷伝』）

「日本の悲壮な運命」

「勝つ勝たぬは第二の問題として、万止むを得ぬから始めた戦争」という二葉亭の文学者的直感は、大東亜戦争にそのままあてはまる。あてはまらないと思う人々には、もっとあの戦争の前史を読んでいただくよりほかはない。文献的論証は後にゆずるが、全く大東亜戦争も日露戦争と同様、相手の戦力を充分に計算し、その結果について慎重に「共同謀議」したら、突入できる戦争ではなかった。

戦争突入者たちは（私もその一人であるが）、「日本の悲壮な運命」という一種の宿命観ともいうべきものに支配されていた。右の二葉亭の感想もその一例であり、最近、大熊信行教授によって紹介された故和辻哲郎博士の言葉もそれを証明する。日華事変（日中戦争）勃発直後に発表された「文化的創造に携わる者の立場」という論文の中で、和辻博士は書いているそうだ。

「日本は近代の世界文明のなかにあって、きわめて特殊な地位に立った国であり、二十世紀の進行中には、おそかれ早かれ、この特殊な地位にもとづいた日本の悲壮な運命は展開せざるを得ない。あるいは、すでにその展開ははじまっているのかもしれず、日本人は自ら発展を断念しないかぎり、この悲壮な運命を覚悟しなければならず、軍事的な運動を起すと否とにかかわらず、この運命は逃れうるところではない」

熟読すべき文章である。大熊教授によれば、上杉慎吉博士と徳富蘇峰翁の著書にも、同じような「恐しい形の予言」が書きのこされているそうである。

今になって思えば、この「運命観」は「東亜百年戦争」の実在と継続という事実によって説明されるべきであろう。私の仮説にむりやりに結びつけようとしているのではない。これらの先輩の思想家たちが「予言」したころには、まだ日本は百年戦争の終曲としての対英米戦争を戦っていなかった。もし敗戦後の今日まで生きておられたら、和辻博士は「日本の悲壮な運命」の実体は「百年戦争」であったと、私より先に申されたかもしれないと考えるだけである。

丸山真男教授の嘲笑

誰も運命の実体を知らなかった。戦わねばならぬから戦ったが、なぜと問いつめられると、返事に困ったのである。現代の学生に人気があると言われる高名な解説者丸山真男教授は「太平洋戦争」の指導者の心理と態度について、次のように解説している。

「ナチスの指導者は今次の戦争について、その起因はともあれ、開戦への決断に関する明白な意識を持っているにちがいない。然るに我が国の場合はこれだけの大戦争を起しながら、我こそ戦争を起したという意識がこれまでの所、どこにも見当らないのである。何となく何者かに押されつつ、ずるずると国を挙げて戦争の渦中に突入したというこの驚くべき事態は何を意味するか」

合理主義者でプラグマティストの丸山教授はもちろん「日本の悲壮な運命」などというものは信じない。

教授はただ糾弾する。

「我が国の不幸は寡頭勢力によって国政が左右されていただけでなく、寡頭勢力がまさにその事の意識なり自覚なりを持たなかったということによって倍加されるのである」（『現代政治の思想と行動』）

私はもはや学生ではないから、この解説には満足しない。一つの解釈にはちがいないが、見当ちがいだと思う。教授はあの「無謀きわまる戦争」を開始したのは、東京裁判の法廷にひき出されて、連合国検察官の嘲弄をうけた「A級戦犯」たちではなかったという潜在的事実を見落としている。

プラグマティストはそんな「神話」は信じないであろうが、私は信じる。「百年戦争」はあの被告たちが生まれる前から始まっていた。もちろん連合国の将軍や検察官諸氏も生まれていず、彼らもまた「百年戦争」への途中からの参加者にすぎなかった。

東京裁判の被告席には、ニュールンベルグ裁判のナチス被告席とはちがい、「開戦への決断に関する明白な意識を持って」いた者は一人もいなかった。すべて「何となく何者かに押されつつ」――言い換えれば、和辻博士のいう「日本の悲壮な運命」におされつつ――「ずるずると戦争に突入した」者ばかりであった。まさに「驚くべき事態」である。

この「事態」の説明を「寡頭政治」という政治形態の中に求める丸山教授の方法はあまりに教壇的であり、検察官的である。被告の心理は、この教授検察官には理解できない。

あの復讐裁判の被告席には、責任を他におしつけて、あわよくば死刑をまぬかれようなどと思っている卑怯者は一人もいなかったはずだ。できれば戦争責任を自分一人でひきうけてもいいと覚悟していたものが大部分であろう。だが、どう捜してみても自分の中に開戦責任の所在が発見できない。そのために、検察官の耳には被告の答弁はすべて「十二歳の子供」

の答弁に聞え、これを検察官席から思う存分嘲弄することができた。丸山教授もまた右の論文の中で裁判記録を引用することによって、被告たちを存分に笑うことができた。

これが真相である。

第七章　日露戦争の推進者——日本の「右翼」の源流

三国干渉と徳富蘇峰

明治二十八年の春、下関において伊藤博文と李鴻章の講和裁判が行なわれていたころ、若い『国民新聞』主筆、三十三歳の蘇峰、徳富猪一郎は遼東半島を旅行していた。

熊本で育った猪一郎少年は横井小楠の実学と熊本バンドのキリスト教の影響をうけ、新島襄を慕って京都同志社に入学したが、ついにキリスト教徒にはなりえない民権青年に成長した。彼の青年期の著書『吉田松陰』を見てもわかるとおり、第二維新を夢みる激越なる革命青年であった。京都よりさらに東京に遊学したが、交わる者は当時の自由党員たちであり、中江兆民にも馬場辰猪にも会っている。福沢諭吉と板垣退助をも訪問し年少気鋭の議論を吹きかけたが、板垣に再三すすめられても、自由党には入党しなかった。無冠の帝王たる言論人たらんと志していた故でもあろうが、実弟徳冨蘆花におとらぬ強い個性の持主であったとも言えよう。

若き蘇峰の信条は人も知る如く「平民主義」であり、「打倒藩閥」であり、彼が創刊した雑誌の名は『国民之友』、新聞の名は『国民新聞』であった。決して『官僚之友』でも『藩閥新聞』でもなかった。後に自由党が藩閥と妥協した時、『国民新聞』はこれを「新吏党」と攻撃して自由党の不買同盟をうけた。資金は友人知己から借り集め、借金の保証人には新島襄先生になってもらっている。『国民新聞』の標語は、「第一、政治の改良。第二、社会の改良。第三、文芸の改良。第四、宗教の改良」であった。

しかし、日清戦争の切迫とともに藩閥の敵『国民新聞』は朝鮮出兵論の急先鋒となった。これは全く蘇峰の自発的な「転向」であった。

「明治二十七八年戦役は、日本にとっても、また予一個の歴史にとっても、いずれも重大事件であった」と蘇峰は書いている。「予はこれまで藩閥政府を相手に、最後まで戦いたる一人である。……然るに一度二十七八年役が起るや、予は藩閥政府も、薩長も何もかも打忘れ、挙国一致清国にあたることを当面の急務とし、それに向って予の持っている、あらゆる一切のものを犠牲とした。……当時いずれの新聞もこのことに熱中したが、とくに福沢諭吉翁は最も熱心であって、たしかなことは記憶せぬが、一万円の軍資金を献納したやにおぼえている」(『蘇峰自伝』)

したがって、明治二十八年春の遼東半島巡遊は若き蘇峰にとっては、楊柳と杏花にかざられた新領土の「大なる愉快」の旅であった。そして再び旅順まで帰りついた時、彼は何を見たか。

「出発当時とは打って変り、あたかも火の消えたる状態で、これは何事であるかと聞けば、いよいよ遼東還付であるということにて、予は実に涙さえ出ないほど口惜しくおぼえた。予はロシヤやドイツやフランスが憎くはなかった。彼らの干渉に腰を折った、わが外交当局者が憎かった。一口にいえば、伊藤公及び伊藤内閣が憎かった。

かねて伊藤内閣とは外交問題で戦ったが、今さらながら眼前に遼東還付を見せつけられては、あいた口がふさがらないというばかりではなかった。この遼東還付が、予のほとんど一生における運命を支配したといっても差支えあるまい。このことを聞いて以来、予は精神的にほとんど別人となった。しかして、これというのも畢竟すれば、力が足らぬ故である。力が足らなければ、いかなる正義公道も、半分の価値もないと確信するに至った」

「帝国主義者徳富蘇峰」はここに誕生した。三国干渉によって民権論または自由主義を捨てて「帝国主義」と「軍国主義」に転生した日本人の名はここに挙げきれないほど多数であるが、蘇峰の転生はその一つの典型である。しかも、特殊な典型と言わねばならぬ。蘇峰はたしかに日本の「右翼思想家」の一人に数えられているが、彼を「純正右翼」と見る者はすくない。「平民主義者」が「藩閥主義者」となり、「国民の友」が「重臣軍閥の友」となって、実弟蘆花とも義絶し、やがて「日本の破滅への道」を用意したというが如き、あらゆる悪名がすでに生前から彼の上に投げかけられていたが、私は彼の「自伝」を読み、この解釈には同意できなくなった。徳富蘇峰は現代の若い学徒たちによって、今一度詳細に研究しなおされなければならぬ重要人物である。彼は『近世日本国民史』百巻を書いたが、彼自身、明治大正昭和の重要な側面を代表する一個の歴史である。彼を無視し、彼を避けて通ることはできない。

三国干渉直後の心境について、彼は自ら次のように書いている。

「そこで予は一刻も他国に返還したる土地にいるをいさぎよしとせず、最近の御用船を見つけて帰ることにした。しかし、土産《みやげ》には旅順口の波打際から、小石や砂利を一握りハンカチに包んで持ち帰った。せめてこれが一度は日本の領土となった記念として」

三十三歳の愛国青年のこの「帝国主義的心情」は、レーニン氏の宣伝用パンフレット『帝国王義論』や、「戦争とは被支配階級の不平不満を外に向って転ずる支配階級の欺瞞政策」だと規定するマルクス主義戦争論とは無縁である。

蘇峰「変節」の意味

遼東還付以後の徳富蘇峰はほとんど「復讐の鬼」となった。七十三歳の「自伝」では「いささか若気の至りであった」と自省しているが、「遼東還付ということは、予の身も魂もほとんど喰いつくし、焼きつくすほどであった。予は十年の後にせよ、二十年の後にせよ、はた百年の後にせよ、この屈辱は必ずそそがねばならぬと決心した。またこの屈辱をまねくに至らしめたのは、軍隊でもなく、国民でもない。要するに伊藤内閣の外交が……かねて予等がいい対外軟と綽名《あだな》したる腰抜け外交の本性を、遺憾なく暴露したものである」。

これより、彼の主戦論者としての猛然たる政治的活動が始まる。しかし、生来的に政治家ではない彼の活動は必ずしも成功はしなかった。むしろ失敗の連続であった。「ロシアを仮想敵として、国運の伸張をはかる」内閣なら、軍備拡張にも増税にも何でも賛成し、その逆のものには何でも反対するのだから、変節漢、裏切者の悪評は彼の一身に集中し、そのために『国民新聞』の売行きは半減し、『国民之友』は廃刊の憂き目に会った。

その上、蘇峰という人物にはおかしな特性があった。おかしなと言っては、おわかりにならぬだろうが、仇敵と思いこんでいる相手と直接会って話しているうちに、友達になってしまうという性質である。必ずしも心服しない場合でも、これは事を共にし得る人物だと自ら思いこんでしまう。

これは九州人に特に多い一種の性癖かと私は考えていたが、そうでもないらしい。最近、若い社会学者たちによって、明治天皇制国家の「家族国家性」(石田雄氏)や、日本の「単一社会性」(中根千枝氏)の理論が発表されはじめているが、どうやらそれと関係があるらしい。石田氏はいわば否定的な角度から、中根氏は肯定的な視点から、その理論を展開しているのであるが、いずれにせよ、すでに竹山道雄氏も指摘しているように、この狭い島国に二千年以上の長いあいだ住みつづけてほとんど完全な融合同化をとげて「一人種・一国語・一歴史・一習慣」を持ちつづけている民族が、その社会構造のみならず、社会進化の様式において、おのずから他の民族と異なるものを持っていなかったら不思議であろう。

明治維新においては、内乱の戦死者は出たが、徳川慶喜とその閣僚のためにギロチンは用意されなかった。旧大名は華族の栄典をうけ、幕臣勝海舟、五稜郭反乱の首領榎本武揚、大鳥圭介、その他は明治新政府の大臣になっている。大久保利通は反将江藤新平を極刑に処したが、これはむしろ例外に属し、同じく叛臣陸奥宗光は出獄の後は再び大臣の椅子についた。

戦前の日本共産党員の大量転向（これは世界の革命運動史に類例がない。革命党員に対する即決の死刑と流刑の国には大量転向なるものはあり得ない）の裏に、被告と検察官とのあいだにふしぎな相互理解と友情の発生があったことを、多くの「転向研究者」は見落としている。戦後における全学連学生諸君と辻政信氏または田中清玄氏との「奇妙な友情」の秘密も「単一社会」または「家族国家」現象かもしれぬ。「昨日の敵は今日の友」というような表皮現象ではないらしい。

私も三十歳のころ、出獄後の病を養いながら、小説『青年』を書上げたとき、だしぬけに政友会の元老で政界の黒幕と目されていた小泉三申翁の手紙をもらい、訪問をうけてびっくりしたことがある。その後、第二回目の入獄から翁の逝去に至るまで、私は三申翁の庇護をうけた。

若き日の三申氏が幸徳秋水の親友であったことを知ったのはずっと後のことであったが、政治犯、すなわち反逆者や革命家を「階級的仇敵」として徹底的に憎悪し迫害する習慣が日本の「支配階級」には微弱であること――むしろ聖書の中の放蕩息子としてその帰宅を歓迎する風習が強いことを、私は次第にさとるようになった。したがって、巡査看守の末に至るまで「階級的敵」として憎悪せよと指令してある共産党の印刷物に疑問を持ちはじめ、私の「転向」――即ち日本復帰は次第に確実となった。

島崎藤村の『フランス紀行』で「フランスの階級制度のきびしさはとても日本では想像で

きない」という感想を読んで目を見はったのもそのころである。

政府の「非戦論」

再び、徳富蘇峰にかえろう。

蘇峰青年は、三国干渉の復讐を決意して以来、まず軟弱な伊藤内閣を転覆するために、大隈重信と松方正義を「提携」させることに奔走しはじめた。もともと蘇峰は大隈好きではなかった。「大隈は奸物である」という世評を信じて、むしろ嫌っていたのであるが、会って話しているうちに「英国の自主的外交宰相パーマーストンとは、かくの如き人であろうと考え、やがてはいささか心酔する傾向となった」

万事この調子なのだ。蘇峰は桂太郎に会っても、山県有朋に会っても、彼らの友人となった。蘇峰流に言えば、「敢て心酔と言わざるまでも、彼らが尋常ならざる人物であり、真の愛国者にして国家有為の人材である」ことを認めるのだ。そして最後には、「仇敵」たる伊藤博文と井上馨の「友人」になってしまった。

蘇峰は明治三十一年（彼が三十五、六歳のころ）、野田大塊と同行して伊藤と会見したが、「その時、公は『徳富君は勤王主義に異存はあるまい』といわれたから、もとより異存のあるべきはずはなく、当時予はいずれかと言えば、伊藤公より輪をかけたる軍備拡張論者であり、その必然の結果として、地租増徴のやむべからざるを認めたる論者であるから、予がしいて伊藤公に随喜するをまたず、意見は自然に一致せざるを得なかった」。その後の井上馨、山県有朋、桂太郎との「親交成立」の事情もほとんどこれと同じであった。

これより言論人としての蘇峰の孤立がはじまる。彼は「国民之友」から「藩閥之友」となったという集中攻撃をうけた。しかし、彼には変らぬ一つの信念、まさに「執念」ともいうべき主義があったのだ。

「予が世間から変節漢といわれ、平民主義の裏切り物といわれ、利益のために従来の政友を捨てたるものといわれ、はなはだしきは政治的プロスティチュートといわれ、あらゆる字引にない新熟語まで製造して、予を罵った者もあり、中にはその世間の悪口非難のために惑わされて、従来予に親しき者さえも疎遠となり、半ばは見限らるるに至ったに拘らず、明治二十八年の春以来、いかなる艱難辛苦をもしのいで、ぜひとも遼東還付の屈辱をそそぐべしと決心したる予が、今ここに日露開戦の詔勅を捧読するに至ったのは、予にとってはいかに快心のことであったか」

だが、日露戦争の講和条約は国民の不満と憤激をよびおこし、蘇峰の「国民新聞社」は焼打ちをうけた。記者としての蘇峰は政府要人の側近にいたので、日本がすでに兵力においても財力においても、これ以上戦争を継続する力がないことを知っていた。米国を始めとする列強の動向も、すでに日本に好意的とはいえない。それらの事情を政府は国民に告げなかったために、償金もなく、満州沿海州の割譲もないポーツマス条約は、国民の目には、三国干渉以上の屈辱的講和に見えた。その中にあって、ひとりポーツマス講和のやむを得ざる所以を力説する「国民新聞社」が群集に包囲され、投石され、破壊されたのはまず自然な成行きであろう。しかも、蘇峰は屈せず、群集包囲の新聞社に約一カ月間籠城して、新聞発行をつづけた。

この時以来「国民新聞社」は蘇峰の新聞ではなくなった。蘇峰の言論人としての使命は一応の終止符をうたれたかのように見えた。蘇峰は外遊し、『国民新聞』は新経営法によって大いに「俗化」し、よく売れる新聞になったが、蘇峰は必ずしもこれの成功を楽しまなかった。

彼はその時、すでに次に戦わるべき戦争を予感していた。「自伝」の中の次の一節は注目に価いする。

「同時に予の注意はアメリカに向った。米国は三十七八年戦争を界《さかい》として、日本に対し、敢えて禍心を抱蔵するとはいわぬが、その態度は一変して来た。されば、この大なる恐怖は、太平洋を越えて、早晩我を圧し、来るべき大亜大陸の政策上においては、日本の自由なる運動を阻礙《そがい》するものは、米国に如《し》くはなしと考え、敢て米国を敵視するのではないけれども、自ら防禦するだけの覚悟がなければならず、それには我が海軍の力を充実することが大切と考え、従来対露政策から、陸軍に重きをおいたるものが、今後は対米政策から、海軍に重きをおくのは、必然のことであるから、その方面にいささか予も力を致したつもりである」

当時、この予感を持っていたものは、もちろん蘇峰一人ではない。だが、日本国民のすべてが持っていたとは言えない。国民は、市民は、どこの国でも平和な日常生活を愛し、求める。国民の好むものは自己と家族のための平和な日々の勤労であり娯楽である。一つの困難な戦争が終った時、平和の回復に最も歓喜するのは国民大衆・市民大衆である。「百年間継続する一つの宿命的な戦争」などという観念は平和な市民の最も嫌悪する観念である。にもかかわらず、明治の日本国民の大多数は日清・日露両戦役の休戦処理には不満と憤激を抱き、一種の政治的暴動を起して、次の戦争への期待を表明した。「東亜百年戦争」の半ば意識せざる予感であったと言えよう。

しかし「百年戦争」には約十年間ずつの「小休止」があった。この間に、政治家も国民も「戦後経営」に専心して平和な日常を楽しんだ。当然な人間的心情である。誰しも戦争は避けたい。

多くの「平和的政治家」も登場した。彼らも誠心と愛国の至情の持主であったが、彼らが日本の前進のために選ぼうとした道は英米との協調であり、西洋列強の仲間入りであった。もしそのことが許されるとすれば、それもまた日本の平和と繁栄の道にちがいなかった。少なくとも東洋を除外した日本国一個にとっては、最も犠牲の少ない賢明な道であったことだろう。

この型の文明政治家は明治政府の中には決して少なくなかったのである。前回に引用した内村鑑三の日清戦争論の中に「吾人を導くに、戦争を非常にきらう内閣あり、加うるに政治の改革まさにその緒につかんとし、隆盛の極に達す。もし利欲にして吾人の最大目的たらんか、戦争は吾人の最も避くべきものなり」という一節のあったことを思い出していただきたい。

日清戦争においても伊藤、井上、山県は最もはげしい非戦論であったのだ。日露戦争においても同様であった。伊藤博文が「日露協商論者」であったことは有名すぎる。この戦争を開戦まで持って行ったのは、民間の「対外硬論者」と、小村寿太郎をはじめとする若手の外交官だったと徳富蘇峰も書いている。

日露開戦前に『万朝報』によった内村鑑三、幸徳秋水、堺利彦らの非戦反戦論は秋水の『帝国主義――廿世紀之怪物』の出版とともに今は甚だ高く評価されているようだが、当時は彼らの非戦論は政府の弾圧をうけなかったことを、竹内好氏が「アジア主義の展望」の中で指摘している。発禁処分をうけたのは、対露開戦論者内田良平の『露西亜亡国論』であった。なぜなら「時の政府は開戦尚早論者だったからである」と竹内氏は書いている。

右翼の「浪人精神」

さて、徳富蘇峰について紙面を使いすぎたようであるが、これは日本の「右翼思想家」の一典型を読者に知っていただくと同時に、私のいう「東亜百年戦争」は実は政府と軍部によって考案され、「共同謀議」され、遂行されたものではなく、「右翼」と呼ばれる思想家と行動家によって促進され推進され、準備されたものであることを証明したかったからである。「右翼」は徳富蘇峰一人ではなく、その人物のタイプも性向も徳富型だけではなかった。ただ「東亜百年戦争」という既成事実とその中絶不可能を予感し、実感し、和辻哲郎博士のいわゆる「日本の悲壮なる運命」を体感しつつ破滅に向って挺身したという点に共通性がある。

国民は平和を願い、「文明政治家」たちは「文明開化」政策による日本の繁栄とアジア的野蛮と貧困からの脱出を夢みた。私はこの人々の文明的な夢を笑わない。もしその夢が実現可能であったら、日本のみならずアジアと世界の幸運であったろう。ただ最近百年の世界史は、この幸運を人類に恵与しなかった。

そして、平和が夢にすぎないことを見ぬいた新しい「夢想家」たちが、日本には数多く生まれ出た。「右翼」と呼ばれる「東亜百年戦争」が生み出した「挫折せる英雄」たちである。「右翼」は民間にいた。常に日陰の存在であった。徳富蘇峰の如きはむしろ異例である。玄洋社の頭山満翁と黒竜会の内田良平氏が「官途」に就いたことを私は知らぬ。荒尾精、根津一、宮崎滔天を始めとする『東亜先覚志士記伝』の中の数百の「右翼人」はすべて生涯の「浪人」であった。陸羯南は一記者にすぎず、岡倉天心はアメリカに去り、大川周明も北一輝も、ともに浪人学者である。

「満州事変」「日中戦争」「太平洋戦争」が政府と軍部首脳部の野心と侵略主義と「共同謀議」によって発生したと説明する「学問的考証」は、笑うべき見当ちがいにすぎない。「主戦論」はすべて民間から発生した。大東亜戦争においては、これが「青年将校」たちに影響し、再々度のクーデター計画となり、ついに軍部上層と政府を動かしたのである。

「右翼」とは何者か。それはただの暗殺常習者なのか。会社と政治家から金をもらって歩くゴロツキどもか。ナチスばりの制服をきて、左翼のデモになぐりこみをかける和製ファッシストか。「逆コース」と古き日本の再建を陰謀しつつある危険兇暴きわまる地下組織か。

ちがう！　絶対にそのようなものではない。そのようなものがもしあっても、私はそれを「右翼」とは呼ばぬ。私の知るかぎりでは、日本の「右翼」の源流と本質はそんな場所にはない。ただ、「善良なる市民」のあいだで「右翼」の評判が極めてよろしくないことは事実である。これも今に始まったことではない。戦前でも悪かった。右翼団体の内部またはその周辺にいる理解者たちは別として、世間の目には常に「愛国主義の旗をかざした暴力団」としかうつらなかった。これは右翼自身も認めていることであるが、その理由は簡単である。

彼らは常に決して「善良なる市民」ではなく、常に法の外にいる「アウトロー」であり、「無法者」であり、「浪人」であった。したがって、権力と金に縁がない。彼らは時々政治クーデターの如きものを計画したが、これは北一輝、大川周明等が「青年将校」と結合した後に起った現象であって、彼らの「無法者性」は実は政権の座には最も不適格である。高杉晋作は、「廟堂というものは真男子の長く坐すべき場所ではない。権勢に長くいると、おかしな根が生えて男子の魂を腐らせてしまう」と言い、下関一揆が成功して長州藩政府成立の直後、政府の要職につくことをきらい、外国に行くためにに伊藤博文をつれて長崎まで逃げて行ったという実話がのこっている。

高杉が田中光顕に与えた詩が最近の古書展に出た。

「祖神開闢幾千年
　億万の人魂散じて煙となる

愚者英雄倶《とも》に白骨
直《まこと》にこの浮世直《あたい》三銭」

この浪人精神こそ——老荘思想と呼ぶもよし、アウトローの虚無主義と呼ぶもよし——これが日本の右翼精神の源流である。西郷隆盛もまたこの浪人精神が強すぎて、ついに廟堂にとどまり得なかった。政権の座につくことは必ずしも私腹を肥やすことにならない。古来、専制国たると、民主国たるとを問わず、腐敗政治家はいくらもいたが、清廉潔白の士も決して少なくなかった。しかも彼自身は清廉潔白でも、政権を握れば巨億の国費と税金を自由に使うことができる。本人の志操如何にかかわらず、腐敗はおのずからその属僚と下僚の間に生まれる。ソ連や中共が不断にくりかえす党員官僚の「粛正」はこの腐敗の自己修正にほかならぬ。しかし、一般に政治においては、「権勢の属性」としての腐敗現象はしばしば黙認される。西郷隆盛はそれを黙認できない人であった。

革命が成功して支配者になったスターリンもフルシチョフもクレムリン宮殿に住むことを拒否できない。列国大使を招待する時には、勲章もつけ、シャンパンも飲む。支配者としての毛沢東も周恩来も延安の穴居生活を北京には持ちこまなかった。乾隆康熙皇帝の紫禁城と中南海宮殿に住み、北京飯店の大ホールで日本からやってくるお世辞屋諸公のお世辞にも答えなければならないのである。

このような政治の現実にがまんできない「浪人」たちは革命成功後には却って「逆粛正」

をうける。高杉晋作がもし維新後に生きていたら、前原一誠、江藤新平、西郷隆盛らの潔癖家に先んじて粛正されたかもしれない。

私はレーニンのある著書の中で「革命家と反逆者」の差異を分析し、反逆者タイプの人物は革命前には有用な役割を果すが、革命成功後にはむしろ反動的な破壊者となると指摘し、革命家のディシプリン（鉄の規律）の必要を強調した一節を読んだ記憶がある。ロシア革命の反逆者タイプの「浪人」たちはロープシン（『蒼ざめた馬』の著者）をはじめ、すべて逮捕され、投獄され、自殺しないものは処刑された。国外に追放された後、暗殺されたトロツキーは浪人性と反逆者性を持ちすぎた革命家のタイプであったかもしれぬ。

右翼は「暗黒勢力」ではない

日本の「右翼人」たちは明治以来一度も政権の座にすわったことはない。つねに民間の「暗黒勢力」であった。この「暗黒」は政府の大官や富豪財閥の側からいう言葉である。事あるごとに「脅迫」され、主戦論の鞭をふりかざして尻をひっぱたかれ、しばしば暗殺され、クーデター計画によっておびやかされ、多額の「資金」を強要された。伊藤博文を始めとする「文明政治家」たちは一度ならず彼らの「脅迫的献言」によって国策の進路変更を余儀なくされた。時には孫文をはじめ、印度の革命家ボース、安南、フィリピンの亡命家たちを外務省と警視庁の裏をかいて保護隠匿するという芸当までやる「民間右翼人」は、支配者たちにとっては、まさしく「暗黒勢力」であった。敗戦後にアメリカ検察当局が日本のブラック・ドラゴン(黒竜会)を過大評価し、ついにその本体をつきとめ得なかったのも不思議ではない。

日本の「平和な市民」たちもまた、右翼を理解し得なかった。あきらかに彼らを恐怖し嫌悪した。日本の社会悪の大部分は彼らの「暴力」に原因していると思いこんでいる。

たとえば、最近のアメリカ大使ライシャワー博士刺傷事件についてみても、それがわかる。この事件は後に判明したとおり、日本が野蛮国であるか文明国であるかには無関係の、文字どおりの気ちがい沙汰であったが、事件の直後、ほとんどすべての新聞は「犯人は右翼青年」と報道した。もちろん、誤報はすぐに訂正された。犯人は右にも左にも関係のない狂人青年であった。しかし、政治的テロリズムはすべて「右翼」の専売であり、少なくともその「背後関係」に右翼の組織がひそんでいるという「現代の常識」の根は深い。それは知識階級の「常識」にさえなっていて、「歴史を知らぬ大衆」の誤解と妄想だと簡単にかたづけることはできない。昨年の暮、私は漫画家近藤日出造氏と対談したが、その時、日出造氏は言った。

「日本に〝中国浪人〟というのがいましたね。頭山満さんを始めとして、俗に右翼と言われた人たち。ああいう人たちは、ヒゲをはやして紋付きを着た、ユスリ、タカリの親方だ、ぐらいに思っていたんですがね、ほんとはそんなもんじゃなかったんでしょうな。……なにかあの人たちは、世にも古臭い無知で封建的なやから、ときめていたのは誤りだったかな」

近藤氏は正直な人である。自分の頭と心で考えようとつとめている日本人の一人だ。その人でさえ、こんなふうに思っていたのだ。

戦後右翼の暗殺対象は浅沼稲次郎氏と野坂参三氏だけではなかった。元首相岸信介氏も刺され、現首相池田勇人氏も襲われた。総選挙のあるたびに、たしかに「ユスリ、タカリの親方」らしい人物が登場する。

日本の右翼の本質はけっして、そんなものではないと私は思っているが、しかし、近藤氏風の右翼解釈または印象は、必ずしも戦後の所産ではない。戦前にもあり、明治年間にもあった。直言すれば、右翼自身が生みだしたものだ。

どんな団体にも、屑は付き物だ。右翼にかぎらず、左翼団体の中にも屑がいる。聖なるべき宗教団体でさえも、その例外ではない。

明治の右翼・アジア主義者宮崎滔天は十七歳の時、キリスト教に入信して、長崎のミッション・スクールに入ったが、その教団について次のように書いている。

「余はこの校において初めていまだ見ざるところのものを見たり。校費生たらんがために信仰を偽る詐偽者これなり。不信者と信者とを取分けて待遇する宣教師の手管これなり。しかして定期リバイバルとでもいうべき一種奇怪なるリバイバルさえ見たり」（『三十三年の夢』）

同じ詐偽信者はアジア主義運動そのものの中にもいた。伊藤博文の背後にひそんで日韓合邦運動に挺身した黒竜会主幹内田良平は明治四十二年「朝鮮問題同志会」を設立したが、「その後、会の発展とともに多数の人士入会し来りしが、その一部には高く志士浪人をもって標置するも、胸量狭小にして識見浅薄なる人物あり」（『日韓合邦秘事』）と書いている。これらの浅薄人物はただ同志を中傷して会の歩みを混乱させるだけでなく、簡単に敵に買収された。内田良平はこれらの屑を掃除するために、一度ならず朝鮮まで出かけている。屑は右翼だけの特産物ではない。日本の左翼運動も多量の屑を生産している。特に戦争中の左翼運動の頽廃期には、主義と党の名を旗印のユスリ、タカリの常習者の訪問に手をやいた会社や文士諸君は少なくなかった。今でも常習のカンパ屋さんは残っているようである。茂木某氏や徳田球一氏がロシア共産党からもらって来た資金を自分のポケットに入れるか、用途不明のまま私消してしまった事実は、今では故尾崎士郎氏その他の諸氏の著書によって有名である。

ただし、私は日本共産党の銀行ギャング事件やトラック部隊事件を必ずしも屑現象の中には数えない。明治の自由民権主義者大井憲太郎一派も朝鮮独立党援助のために強盗殺人事件を起している。これは、竹内好氏が指摘しているように、「革命家は左右ともにエリート意識、革命家の特権意識を持っている。目的のために手段を選ばぬ『切取り強盗武士の習い』式のエリート意識もまた、ファッシズムに共通するとともに、一部の左翼にも共通である」という解釈に従うべきであろう。

政治的テロリストを半狂人やギャング扱いにする最近の風潮にも私は同感できない（その種の著書が最近二冊ほど出版されている）。議会政治または民主主義の理想がテロリズムの絶滅であることは私も知っているが、権力を抽象した政治が実現するまでにはあと何世紀かかることであろうか。国家は権力の組織である。『国家と革命』の著者レーニンは個人的テロリズムを否定したが、これは集団的テロリズムの肯定以外の何物でもない。ヒットラーも個人的テロリズムを政権獲得の有効手段として認めなかったが、彼が政権獲得後に実行した大量虐殺は、目をおおいたい集団テロリズムであった。

権力組織としての国家が存在するかぎり、テロリズムは根絶できない。政治革命はテロリズムを抜きにしては考えられない。「無血革命」は革命の神話であって現実ではない。革命家の中には聖者型の人物もいる。しかし、政治革命が聖者によって、実現されたためしはない。反逆者と無法者のタイプが大きな役割を演ずる。そして反逆者と無法者の大部分は革命成功後に冷酷無残に処刑される。革命とは決して教壇の紳士教授諸氏の好みにあう歴史現象ではない。

この章の私の所論は「右翼」を一方的に弁護しすぎているように聞えるかもしれぬが、そんなつもりはない。現在流布されている右翼への悪評は、その責任の大半が右翼自身（特に末流右翼）にあることを、私は認める。だが、そのような「右翼の虚像」は日本ナショナリズムの理解の甚だしい障害となっている。この障害をのぞくために、できるだけ「右翼の真像」に近いものを描き出そうとつとめただけである。

第八章　右翼とファッシズム——日本にはファッシズムはなかった

「天皇制ファッシズム」という俗論

いわゆる進歩的学者諸氏の著書を読んでいると、「天皇制ファッシズム」「軍部ファッシズム」「右翼ファッシスト」などという用語がふんだんに出てくる。日本にもムッソリーニ・ヒットラー流のファッシズムが存在していたこと、その主力は軍部と右翼であり、その頂点に天皇が位し、日本国民をあざむき、強制して「無謀な戦争」に巻きこんだということを、これらの進歩人諸氏は先験的に信じこんでいるようだ。

たいへんおかしな話だと私は考える。イタリアにおいてムッソリーニの政党が、ドイツにおいてヒットラーの政党がそれぞれ政権を獲得していわゆる全体主義国家をつくり、日本がこれと三国同盟を結び、「大東亜戦争」を遂行したことは事実である。だから、日本もイタリア・ドイツと同じファッシズム国家であったという論理はきわめて俗耳に入りやすい。

と言っても、進歩的学者諸氏がこの俗説の発明者であるとは私は思わない。発明者はアメリカ、イギリス、ソ連を始めとする当時の連合国側であり、第二次世界大戦は彼らによって

「ファッシズムと民主主義の戦争」だと規定され、後者の当然な勝利によって終結したと説明され、理論づけられた。日本の進歩学者諸氏はこの連合国側の俗耳に入りやすい戦争スローガンをそのまま受入れただけであって、要するに、優秀な俗耳の持主であったということになる。

戦争における同盟が同一の（または近似した）政治的軍事的利害によって結ばれることは古代からの戦争史の通則であるが、必ずしも同盟国の政治体制が同質であることを必要としない。古代にさかのぼるまでもなく、第二次世界大戦における連合国側はすべて同質のデモクラシー国家であったかどうか。アメリカとイギリス、イギリスとフランス、フランスとオランダ、さらにこれら諸国とソ連または当時の中華民国の政治体制との差異を思いおこしていただくだけで、説明は不要であろう。彼らは「ファッシズム対デモクラシー」のスローガンによって、連合してそれぞれ自国の利益を守っただけである。

日本がもし当時のムッソリーニまたはヒットラー流の「ファッシズム国家」であったならば、話は簡単である。こんな長々しい「論文」を書くかわりに、進歩人諸君とともに日本の敗戦と日本ファッシズムの壊滅を祝し、デモクラシー万歳をとなえれば、それですむ。

だが、調べれば調べるほど、この万歳は簡単にとなえられないことがわかってきた。頭山満と内田良平がムッソリーニに似ていないように、東条英機も石原莞爾もヒットラーには似ていない。五・一五と二・二六の青年将校たちはナチの突撃隊員とは全くちがう。学者なら、まずこの差異から研究を始めるべきである。戦勝諸国からの舶来品にちがいない「天皇制フファッシズム」「軍部ファッシズム」「右翼ファッシスト」などの用語を、自分の頭脳で再検討することなしに、その著書の中に用いることは、慎重なるべき学者の態度ではない。

丸山教授の「公平な分析」

しかし、進歩学者諸氏の研究によれば、日本の右翼はすべてファッシストだということになっている。果してそうであるかどうか、この点に関して、まず博学な丸山真男教授の講義を拝聴することにしよう。

教授は人も知る如く、「日本ファッシズム」の先駆的研究者であり、一般にドイツでも日本でもファッシストは「無法者」であり、無法者とは特定の社会の反逆者・寄生者の二重性格をもっているという学説をその主著『現代政治の思想と行動』の中で発表している。特にファッシスト及び右翼人の性格的特徴を次のように分析列挙しているのが、たいへんおもしろいから、その全文を引用させていただく。

「(1)　一定の職業に持続的に従事する意志と能力の欠如——つまり市民生活のルーティン(日常コース)に堪える力の著しい不足。

(2)　もの(Sache)への没入よりも人的関係への関心。その意味で無法者は原則として専門家に向かない。向くとしても大抵はラスウェルのいわゆる『暴力エキスパート』である。

(3)　右の二点の裏側として、不断に非日常的な冒険、破天荒の『仕事』を追い求める。

(4)　しかもその仕事の目的や意味よりも、その過程で惹起される紛争や波瀾それ自体に興奮と興味を感じる。

(5)　私生活と公生活の区別がない。とくに公的な（あるいはザハリヒな）責任意識が欠け、その代りに（！）私的な、あるいは特定の人的な義務感（仁義）が異常に発達している。

(6)　規則的な労働により定期的な収入をうることへの無関心もしくは軽蔑。その反面、生計を経済外的ルートからの不定期の収入によって維持する習慣。

(7)　非情もしくは最悪事態における思考様式やモラルが、ものごとを判断する日常的な規準になっている。ここから善悪正邪の二分法や『止めを刺す』表現法への嗜好が生まれる。

(8)　性生活の放縦」

まるで検事または刑事養成所の教科書のような、親切な分析である。佐藤春夫氏の「詩人無頼説」と川端康成氏の「文士破戸漢《ごろつき》説」の同感者である私自身にとっても耳の痛い箇条がいろいろとふくまれている。同痛の士は他にも少なくなかろう。しかも、少なくとも私の人間学によれば、耳の痛いのは、右翼人だけではなく、左翼党員や労働組合の闘士や、さらには一見、「無法者」とは無縁に見える保守政治家、実業家、経営者クラスの紳士、謹厳な軍人、聖職者としての宗教家、学者、教授、探検家、発明家、芸術家——いわゆるエリートまたは指導者と呼ばれて、よかれあしかれ、歴史と社会を動かして来た人物の中に、この型の人物がたくさんいるのだから、奇妙な分析と言わねばならぬ。

　多少とも記録に価いする仕事をして来た人物、現に行いつつある人物は、これらの「無法者性」を多少とも、特に青年の頃には多量に心の底にひそめていた。ひそめていただけではなく、行動に現わして猪突猛進し、御近所のめいわくの、郷党親類のもてあまし者であったことは、私の書斎にある明治大正人の伝記のほとんどすべてが証明してくれる。政治家や実業家や軍人のみにかぎらぬ。学者や発明家の中にも多い。いちいち名はあげないが、若い無法者は日吉丸時代の豊臣秀吉だけではないのだ。ただし、右の分析の中の「公的責任の意識の欠如」というのは、少なくとも教授の言いすぎであり、でなければ何かの本の丸写しかもしれない。これは「無法者」ではなく最低の意味の「犯罪者」に適用される項目であって、最初から右翼人を犯罪者と見る偏見の所産である。私の知るかぎりの日本の右翼人は、公的な責任感という点では通常の市民にまさること数等である。ただその「公的」という意味が善良な市民教授丸山氏の解釈とちがうだけのことだ。この点は左翼人についても同じことが言える。彼らもまた右翼人におとらぬ「無法者」であるが、「公」のために「私」を滅することが信条であり、第二の性格にさえなっている。

　また、教授の非難するように、専門家になれないということは政治に関与する者の不名誉ではない。「政治家とは専門家を使う人物のことだ」という政治家哲学は丸山教授も御存知であろう。右翼人が酒ばかりのんで大言壮語していると思うのは、維新の志士たちが祇園や品川で遊んでばかりいたと思うのと同じ講談的伝説だ。ただ、酒のみや女好きは、正常な市民と同様、右翼人の中にも左翼人の中にもいるというだけのことではないか。例えば内田良平氏や児玉誉士夫氏は一滴の酒も飲まない。筋の立たぬ金は絶対受取らぬ。特に右翼人は外国系の金に動かされることは決してない。これは明治維新以来の右翼の伝統だ。だから、右翼人はいつも貧乏であった。右翼人の中にも金をつくった者はいる。これは自ら事業を行って幸い成功した者だけで、すでに実業家である場合が多い。玄洋社の創立者平岡浩太郎も頭山満も九州炭坑事業の開発者であった。しかし、二人とも事業そのものにはほとんど成功せず、炭坑は人手にわたしてしまったが、運動資金の自給自足には役立った。現在の影山正治氏の「大東塾」が印刷所と農園を経営しているのも金力の誘惑からの自己防衛のためである。金もらい専門の自称右翼を、私は「右翼」とは呼ばない。彼らはただのもらい屋にすぎない。丸山教授のいう寄生虫なのだ。

丸山教授の分析をさらに詳細に分析して見れば、「無法者性」とは現代の金儲け本位の資本主義社会に適用しない、または適応することをいさぎよしとしない「浪人性」、「武士は食わねど高楊子精神」の現われである場合が少なくない。これは長い目で見れば人間的美点だとさえ言える。「善良で平和な市民」たちにはきらわれ、市民の仲間入りはできないが、彼らには歴史の動きに対する直感があり、現実政治家の気づかぬ夢想に近い経綸があり、その実現のための決死的挺身と行動力があった。それが政府や軍部や民間の後援者に買われた時にのみ、彼らは金を受けとった。その金を旅費として大陸の奥深く潜入し、再び帰って来なかった者も多かった。彼らの骨は大陸の朔風にさらされ、砂漠の砂に埋没し、アジアの土そのものに化している。

これらの浪人的美点をファッシストと日本の右翼人だけに独占させることは、少なくとも学問的不公平ではなかろうか。史上の志士仁人、創造者発見者、英雄豪傑諸氏に対してあいすまぬ。自ら紡がず、労働せず、ただ説教のみをして十字架上で盗賊とともに処刑された若きキリストは「無法者」ではなかったのか。「コーランと剣」の伝道者にして征服者たるマホメットもまた「無法者」の一人ではなかったのか。「善良な市民」になるのは孫ができてからでもまにあう。

歴史は夜つくられるのではなく、無法者によってつくられるという逆説もまた成立つ。ヒットラーとムッソリーニの党の性格を丸山教授流に分析し定義するのは、これは戦勝者裁判の一種である。たぶん彼らの党員の中には半狂人も悪党もいたかもしれぬ。だが、多数の党である以上、この混入はさけがたい。ヒットラーをニーチェとともに狂人あつかいにし、ムッソリーニをチェザール・ボルジアとともに殺人狂あつかいにするのは、戦勝者の勝手であるが、これは歴史と学問の冒瀆である。もしソ連と中共が敗戦することがあったら、フルシチョフの党と毛沢東の党は戦勝国の学者たちによって、同じ扱いをうけないともかぎらない。すでにスターリンは悪党狂人あつかいにされているではないか。私は丸山真男教授の主著の中の、明らかに東京裁判の検察官側の見解に便乗または同調した痕跡のある部分を学問的著述と認めることはできない。

もちろん、丸山教授は公平な学者である。右の分析を左翼政党に対してもまた「公平に」分配を試みている。

「たとえば共産党の党員構成において、ルンペン・プロレタリアートや各社会層の脱落分子の占める割合が、組織労働者や専門知識層に比して多くなればなるほど、一般に無法者的要素が濃くなり、その現実の政治的行動様式はファシストのそれと区別しがたくなるわけである」

これはプラグマティストと自称する教授の意見とは思えない。言い古されたマルクス主義公式である。もしプラグマティストなら、同じ独裁主義と同じ全体主義の原則の上に構築されている共産主義とファッシズムの政治的行動様式は全体としてしばしば区別しがたく似ていると説明すべきではなかったのか。その方が読者に納得できる。

だが、丸山教授はこれらの「無法者性」を、右翼の場合には一般的だが、左翼の場合は例外的だと説明する。右翼にきびしく左翼に甘い学説なのだ。——このことは丸山教授自身「ある自由主義者への手紙」という弁明の中で認めていることであるが。

左右の「無法者」たち

左翼の無法者の手近な実例をあげてみよう。例えば徳田球一という大人物がいた。この人物を、私は学生時代からやや身近な地点にいてながめて来たが、無法者という点では、これ以上の無法者を私は知らぬ。右の丸山分析の各箇条が全部あてはまって、まだおつりが来る。だから、かえって若い学生や労働者に人気があって、一時的ながら「輝ける委員長」にもなり得たとさえ言える。最近は荒畑寒村氏や高瀬清氏や杉森久英氏などの回想や評伝が出て、徳田球一の「人間像」が明らかになったから、私の言い方が誇張でも中傷でもないことが読者にもおわかりになるであろう。一般に左翼人は外国の金をもらうことを当然の権利のごとく心得ている。その金を徳球氏のように自分のポケットに入れることは一般現象ではないとしても、この伝統だけは右翼人にはない。インターナショナリストとナショナリストの差異であろう。

学生の私が初めて徳球氏に会ったのは、どこか東京の下町の三階建ての大きな家であった。田舎から出てきたばかりの私にもそれが待合というものであることがわかった。びっくりしていると、案内役の志賀義雄が教えてくれた。「徳球は弁護士で、この家は訴訟中の建物だよ。裁判が終るまでは二、三年かかる。そのあいだ家賃なしで住めるのだ。徳球の世話をしているのはソ連に逃げている山本懸蔵の細君で、お女郎上がりの愉快なおばさんだ。見ろ美人だろう。痛快だね」。たしかに痛快だと学生の私は感服した。

右翼の「巨頭」井上日召氏に会ったのは神楽坂の待合であった。誰が何のためにつれて行ってくれたのか今は思い出せぬが、私は左翼人に失望して右翼に「転向」しはじめたばかりのころで、すでに無頼の文士ではあったが、まだ若かったので影山正治氏の大東塾という右翼グループの清教徒性に惹《ひ》かれて、右翼人を理想化していた。日蓮の使徒で、血盟団の聖僧であるべき人物がドテラ姿で待合の長火鉢の前にすわって昼間から酒を飲んでいるのを見てがっかりし、ろくに話もせずとび出したことだけを憶えている。

がっかりする方がわるいのだ。政治や革命というものは、そのような人間たちによって実行されるものであり、学生や学者が理想し空想するような清浄潔白なものではないとはっきり言えるようになったのは、私自身五十歳をすぎてからのことだった。

左翼の巨頭も右翼の巨頭たちと同じく、そういう無法な生き方を生きて来た。だが、彼らは屑ではない。ただの犯罪者ではない。犯罪者とすれば確信犯であり、破廉恥漢ではない。その無頼性にもかかわらず、責任をもって為すべきことはなし、行なうべきことは行なった。無頼漢と聖者を同時に内蔵し、その故に、常に一党の首領であり、指導者であった。しかも、青年たちは彼らの聖者性よりも無法者性の方に強い魅力を感じたという点に歴史の逆説がある。青年と大衆は聖者と悪党に同時に惹かれる。しかも、聖者性よりも悪党性の多い人物の方が人気の的となるという点に人間の歴史の暗さがあるのだ。

丸山真男教授は清潔な学者であり、学生そのものの如くに純真無垢であるから、ファッシストと右翼の無法者性を許せない。それはそれでよろしいとしよう。ただ、左翼人にも右翼人におとらぬ無法性があることを発見しながら、これを例外的な頽廃的現象と解釈して、共産党の聖化を試みる。この左翼聖化の努力は丸山氏自身の学問にとって危険だと私は考える。左翼の主流をなす無法者たちはいつか丸山理論に反発する。あまりに紳士すぎるブルジョア学者あつかいされる時が必ず来る。いや、その前に丸山学説そのものが崩壊する。現に崩壊しはじめていると私は観察している。丸山氏はアメリカン・デモクラシーとソ連コムミュニズムを同等に聖化し、東京裁判における検察官側の反ファッシズム理論を、ほとんどそのまま受入れて「日本ファッシズム」の実在を論証するための労作を発表したが、この努力は空しかったようだ。私は氏の『現代政治の思想と行動』を熟読したが、この労作が証明するものは、著者の意図とは逆に、日本にはファッシズムは存在しなかったということだけである。日本にはルイ王朝風の絶対主義やナポレオン三世流のボナパルティズムが存在しなかった如く、ムッソリーニ流のファッシズムもヒットラー流のナチズムも存在しなかった。明治憲法はワイマール憲法ではない。ヒットラーの党はワイマール憲法を否定破壊することによって新政権とナチス体制をつくったが、日本ではそんな大政変はおこらなかった。ただ明治以来何とも正体の知れない「右翼」という「暗黒な勢力」があった。それは一度も政権を奪取することなく、しかも軍部を動かし軍部と結んで「満州事変」と「日支事変」をおこし、ついに大東亜戦争を開始した。「この点ファッシズムに似ているようで似ていないが、似ていないようで似ている」という、わかったみたいでわからない論証が丸山学説である。

日本の右翼運動をファッシズムだと最初に規定したのはどこの誰であるか、私は知らない。だが、どう考えてみても、これはむりな試みだ。少なくとも学問的だとは言えない。日本の右翼運動の歴史はファッシズムとナチズムよりはるかに古い。幕末維新の時代を省略しても、ムッソリーニとヒットラーの運動よりも約半世紀ほど昔から始まっている。北一輝の『国体論及び純正社会主義』は一九〇六年（明治三十九年）に書かれているし、内田良平の黒竜会創立は一九〇〇年（明治三十三年）であり、明治十年に創立された平岡浩太郎、頭山満の玄洋社が自由民権主義から「大アジア主義」に転向したのは一八八七年（明治二十年）である。樽井藤吉の『大東合邦論』の原稿はすでに明治十八年に出来ていた。

これに対し、ヒットラーの政権獲得は一九三三年(昭和八年)であり、ムッソリーニのローマ進撃はこれに先立つわずか十年の一九二二年(大正十一年)であった。年代的に見ても、日本右翼運動はムッソリーニ、ヒットラーの運動よりもはるかに古く、明らかに異質のものであり、したがって、彼らの思想とも無関係であったと見るのが正当な解釈であろう。

もちろん、その後、昭和年代に入って、日本は日独伊の枢軸同盟を結んで世界大戦に参加した。その前後にムッソリーニ、ヒットラーの思想と政権奪取が日本の右翼と「青年将校」たちに強力な影響を与えたことは疑えない。中野正剛氏の「東方会」がナチスばりの制服を着ていたことは、私もこの目で見ている。戦争中の帝国ホテルでの何かの会合で、ヒットラー服の正剛氏にだしぬけに右手をあげたナチス式の挨拶をされ、大いに戸まどい、答え方を知らなかったことを思い出す。私はそのころ、すでに「全体主義」や「地政学」などというナチス用語を使い『牧場物語』という国家社会主義的小説を書いたりしていたが、日本にナチス直訳の運動が成功するとは思っていなかった。当時の日本には、倒さねばならぬ社会民主主義政府もワイマール憲法もなかった。中野正剛氏の顔と姿がひどく子供じみて見え、なんだか気のどくになり「中野さん、その制服運動は、日本ではだめですね」と直言したことを思い出す。ヒットラー・ユーゲントが日本に来た時、私は雑誌社から特派されて軽井沢まで出かけたが、彼らを讃める報告は書けなかった。軽井沢のホテルでユーゲント諸君とビールを飲みながら、彼らの派手な制服が日本訪問のために特別に調製されたものであり、見事な合唱と行進も訓練されたものであることを知って、改造社の『文芸』に書いた私のリポートはヒットラーのナチズムをからかったものにならざるを得なかった。どこかちがう、たしかにちがうというのが私の直感であった。

日本にはムッソリーニ流のファッシズムはなかった。ヒットラー流のナチズムもなかった。ただ百年の歴史を持つ右翼運動があった。大東亜戦争中にナチズムの直訳的輸入の試みはあったが、これは日本に根をおろさなかった。たとえ長い時間をかけても、移植は成功しなかったであろう。

イタリアのファッショ党もドイツのナチス党も最初から政権の奪取を目的とする政党であったが、日本の右翼運動は政権を奪取するために政党を組織したことはない。北一輝と大川周明の出現は政党化の可能性を示したように見えたが、全右翼を統一することはできなかった。右翼はいつも在野の浪人団として政治の裏側と陰で動いていた。積極的な破壊行動に出る場合も「我々は古屋敷を打ちこわすだけだ。新しい家の建築は他の者がやってくれる」という若い吉田松陰と全く同じ言葉を吐くのが常であった。右翼の大同団結は幾度か試みられたが、必ず失敗して、四分五裂または一人一党の原型にかえってしまう。「政治理論と実行綱領」がないからだと若い右翼人たちはそのたびに嘆いたが、それがないところに、つくろうとしても作り得ないところに、日本右翼の性格と宿命があったのだ。彼らは本人が望むと否とにかかわらず、常に陰の献策者であった。採用し得べき政策は政府または政党が採用してしまう。しかも、その献策たるや、常に献策者が意識しているいないにかかわらず、「東亜百年戦争」の見地からする主戦論であるから、小休止的平和の永続を願う政府及び政党とはしばしば衝突する。彼らは脅迫し、時には暗殺した。彼らの暗殺方法は「一人一殺主義」であり、ナチス流の大量虐殺ではない。脅迫と暗殺行動は秘密保持を必要とする。統一ある説得的な理論や投票による民衆の支持を必要としない。右翼の大同団結が必ず失敗する原因の一つは、この点にもあった。

日本右翼論については、まだまだ書くべきことは多いが、ここで一応筆をとめる。ただ、次のことだけを言っておこう。

政権奪取を目的としないファッシズムはあり得ない。にもかかわらず、「日本の右翼は政権を奪取することなく政府を脅迫しつつ天皇制『ファッシズム』なる日本独特の政治形態を完成し、独伊と同盟して、世界の民主主義国に挑戦した。故に日本もまた独伊とともにファッシズム国家であった」というのが戦勝民主主義諸国の論理であり、それに追随した進歩学者諸氏の論理であった。ばかげた理屈である。第一次世界大戦では日本は民主主義諸国側にたった。その時の日本は「天皇制デモクラシー国家」であったというのか。

近ごろになって、若い学者たちのあいだに「日本にはファッシズムはなかった」という研究と論証が始まっているようだ。まだ始まったばかりであるから、私はまだそれらの論文をくわしく読んでいないが、喜ばしい傾向だと思っている。諸氏の研究の結論が左に傾こうが右に傾こうがすこしもかまわない。肝要なことは、あやまった先入見を脱して、歴史の真実に一歩でも近く近接することである。

民権論と国権論は二にして一つ

さて、次の問題に移ろう。

私は最近、若い戯曲家福田善之氏の『オッペケペ』という戯曲を読んだ。これは壮士芝居の創始者川上音二郎を中心に、自由民権運動の末期から日清戦争に至る騒然たる時代を描き、中江兆民、星亨、川上貞奴、後に大逆事件の被告となる奥宮健之、幸徳秋水も出てくるにぎやかな芝居である。

作者はこの作品の背景を「かつて世をおおっていた自由民権の叫び、意気、熱情はいまや雲散霧消、志士たちはことごとく、あるいは権力に媚び、あるいは巷《ちまた》の無頼漢と化してしまった」時代として設定する。

この時勢に抗して、川上音二郎のひきいる壮士芝居の一座はオッペケペ節による権力風刺によって民衆の喝采と支持をうけている。当然、官憲の弾圧をうけるが、川上は屈しない。民権青年辰也は、

「この汚い芝居小屋の中にひとすじの光がある」と信じて押しかけ弟子になる。

だが、時勢は急転する。青年辰也が民衆に期待していた「熱情の爆発」は意外にも日清戦争となって爆発する。座長川上音二郎は時の内務大臣に会い、彼の後援または黙認を得て、民権芝居を戦争芝居に切りかえ、しかも民衆の熱狂的な歓迎をうける。

青年辰也は混乱して絶叫する。

「民権論者と国権論者のそもそもどこに変りがあったのだ！」

この叫びは象徴的である。明治の自由民権運動史を研究しはじめた若い学徒が必ず途中で一度はあげる悲鳴なのだ。私も、ちょうど福田氏と同じ三十代に、同じマルクス主義の影響のもとに、自由民権運動史を勉強した。当時の藩閥政府を絶対専制勢力と規定し、これと闘争する「人民勢力」を描こうとして、長篇小説『壮年』を書きはじめたが、書き進むにつれて、国権主義と民権主義の区別がつかなくなった。自由党の民権論は実は国権論であり、伊藤博文の国権論は必ずしも民権論の全的否定ではなく、民権派の板垣と大隈はしばしば入閣し、福島自由党事件の闘士河野広中も出獄後伊藤と妥協し握手する。東洋自由新聞社社長西園寺公望は伊藤の参事院に入って憲法制定に協力し、節を曲げなかったように見えた中江兆民は前に述べたとおり国権論者、大アジア主義者として死ぬ。大井憲太郎は東洋自由党をつくって朝鮮の「独立」を計画して捕えられ、民権論から出発した玄洋社は最も激烈な右翼国権主義の結社に急変する。

私は青年辰也のごとく混乱し『壮年』の筆を折ってしまった。それから十五年、その間に私が知り得たことは、明治の自由民権論は実は国権論であったこと——竹内好氏の言葉を借りれば「二にして実は一である国権論と民権論」という結論であった。私は現在、この立場に立って『壮年』の改作完成を期して小説『文明開化』（「週刊朝日」）を書きつづけている。

フランス共和主義の本質が民権主義であると同時にナショナリズムであることは、すでに学者によって証明されている。だが、フランスの民権は王権を打倒することによって実現した。日本では、ちがう。藩閥政府と戦いつつ妥協し、対立しつつ融合することによって、きわめて徐々に民権の実現に近づいた。極言すれば、外に対しては、「東亜進出」の急先鋒となり、内に対しては、やがて発生した社会主義運動の正面の敵となったのは自由民権運動の主流派であった。

故服部之総教授とその弟子マルキスト諸氏の自由民権研究がついに不毛に終ったのは、この理由による。諸氏は国権と民権をどこまでも二つのものとして対立させる大前提をすてなかったために、戯曲『オッペケペ』の青年辰也と同じ混乱におちいってしまったのだ。自由民権運動が実は国権確立運動であったということは、現在では、一部の学者のあいだでは、すでに定説になっている。これを受け入れないのは、マルキストとその亜流だけであるが、私は彼らと議論する代りに、記録された史実について見ることにしよう。

自由党は愛国党

「明治七年に創立された板垣自由党の名称は愛国公党」であった。その設立の「本誓」（綱領）を見れば、

「我輩一片の至誠、愛国の心大いにここに発憤するところあり、……我が人民の通義権理を主張し、以てその天賜《てんし》を保全せんと欲す。即ち君を愛し国を愛するの道なり」

「我が天皇陛下の御誓文の旨意を奉戴し、……我が党の目的は、……人民をして自主・自由・独立不羈の人民たるを得せしむるにあるのみ。これ則ち君主人民の間、融然一体ならし

め、その禍福緩急を分ち、以て我が日本帝国を維持し昌盛ならしむるの道なり」

明治十三年一月の「愛国社」岡山県有志の檄文の中には、次のような一節がある。

「今や外人は鴟梟《しきゅう》の欲を逞しうし、我国人民を見ること雀鴉の如く、児童の如く、卑屈なる奴隷の如く、条約改正の期すでに迫るといえども未だ彼が許諾を得る能わず、独立の対面は果して何の処にあるか。

それ国家は活機なり、一人一個の左右すべきにあらず、各自人民をして国事を自任するの気象を振起せしめ、国家とその終始するの精神を振起せしめざれば、決してこれを運転すべからざるなり。……国会すでに開くれば、則ち民権始めて伸張す。民権すでに伸張すれば何ぞ国権の拡張せざるを憂いん、何ぞ外人の陸梁《りくりょう》を患《うれ》えん」（『自由党史』）

民権即国権の論理である。維新前における開国即攘夷の論理と同じ愛国主義だ。開国して欧米文明を取入れることは、欧米列強の圧力をはねかえすためであり、欧米の議会制度を取入れることは、それによって「国利民福を増進し、民力を休養して」欧米諸国と戦うための実力を養うことであった。この自由党壮士の「国利民福増進」の歌には「もし成らずば、ダイナマイト・ドン」という物騒で「無法」なリフレーンがついていた。

「国会開設期成同盟」の請願書は、政府に対してではなく、天皇に直接ささげられている。その一節を引用すれば、

「国会を開設して憲法を確定することは、億兆を安撫し、天下を富岳の安きにおくのは道なればなり。而して臣等よく陛下が志を体認し、陛下が業を助けて、神州を保全せんとするも、

また必ず参政の権利を得ざる可からざればなり」

自由党のこの愛国的性格を説明し得るものは、私のいう「東亜百年戦争」の仮説のほかにはない。幕末以来の日本の危機が愛国的自由民権運動を生み、「百年戦争」の進行と危機の増大がこれを急激に「大アジア主義」に転換させたのである。ただ、進行中の歴史の中に生き、自ら歴史をつくった人々がすべて「百年戦争」を意識していたとは言えない。それが歴史なのだ。

玄洋社の「転向」

「民権即国権論」の最初の発見者は必ずしも戦後の学者諸氏ではない。明治初年の思想家の中から多くの名をあげることができるが、福沢諭吉もそれであり、徳富蘇峰もまたその一人であった。『蘇峰自伝』に次のような一節がある。

「当時（明治十三、四年――蘇峰十六、七歳のころ）、予は世間一般の民権自由論にかぶれていたが、その中でも予はいささか他と趣きを異にしていた。それは当時の民権自由論は、その名目が民権であって、その実は国権であった。即ち明治六年征韓論の余波は、なお当時の人心を支配し、民権論者の中でも半ば以上は、朝鮮討つべしなどという論が多かった。いわば民権論者の中において、その多数はむしろ一種の変形なる帝国主義者であった。予は民権論者であったが、武力主義者にはあくまで反対した。……予の本旨は一言していえば、マンチエスター・スクールであり、ルッソーの『民権論』を看板として、武断主義を行なわんとするが如き相愛社流とは根本において趣を異にしていた」

少年蘇峰は熊本では「相愛社」に出入りしていたが、この結社は当時の熊本における急進派で「全くルッソーの『民約論』を金科玉条としていた」と蘇峰は書いている。しかも、「これは宮崎八郎（宮崎滔天の兄）などの仲間にて、十年の役には協同隊を組織し、或は討死し、或は入獄したが、その入獄せざる者、もしくは獄中より帰り来る者共の団体」であり、「当初から板垣伯を主とする自由党に連絡を持っていた」

蘇峰が「帝国主義者」、「皇室中心主義」の自覚に達するのは三国干渉の後であるが、その淵源は実に少年期の自由民権主義そのものの中に内在していたということができる。

日本右翼運動の源流であり、主流であると目される玄洋社が結成されたのは明治十四年二月であった。その前身の向陽社員は前原一誠の萩の乱と西郷隆盛の西南の乱に参加し、投獄され処刑されている。玄洋社はいわばその残党であるが、西郷党の平岡浩太郎と前原党の箱田光輔を、若い頭山満が握手させて玄洋社を創立した。

玄洋社憲則に曰く、

「第一条　皇室を敬戴すべし。
第二条　本国を愛重すべし。
第三条　人民の権利を固守すべし。」

日本右翼の宗社、玄洋社もまた、実に北九州における自由民権運動の一翼として、発生したのであった。『玄洋社社史』によれば、

「それ『民権を固守すべし』の一条に至っては実にこれ当時潮のごとくにわきし民権論より来るものにして、『皇室敬戴』『本国愛重』と対して一見奇なるが如し。……然れども、当時、幕府倒れて、いまだ幾干《いくばく》ならず、いわゆる維新の功臣なるもの、政を採《と》って専恣《せんし》、放縦、民を虐げて有司政を擅《ほしいまま》にす。かくの如くんば尊王維新の実、いずくにあるや。……故に民権を固守するものは即ち皇室に忠なるの所以なりとなしたるなり。これを以って彼らは民権の伸張を叫ぶと共に、国権の伸長を叫び、民選議院の開設を呼号するとともに国威発揚を呼号し、また外征侵略を高唱せるなりき」

玄洋社が国内の政争に背を向けて「徐々に外に対し」はじめたのは、朝鮮問題が契機であった。朝鮮問題とは清国を背景とする「事大党」と日本に好意をよせる「独立党」の争いである。

これより朝鮮独立党を援助する「天佑俠」と称する志士浪人団体の朝鮮における武俠小説そこのけの大活躍も始まるのであるが、それはまた他の機会に詳記する。

大東亜戦争は日露戦争の直後に始まった

さて、次の章では、日露戦争が日清戦争直後の「三国干渉」によって事実上開始されたのと同じく、大東亜戦争は日露戦争のポーツマス講和会議の直後に始まったことを論証したい。

これは多くの読者の耳には、時間と事件の順序を無視し、歴史の常識をはずれた独断または詭弁に聞えるかもしれない。

それも無理はない。日清日露両役の時間的間隔はわずかに十年である。日露の冷戦は三国干渉によってはじまり、十年の準備期間を経て熱戦となって爆発した。しかし、日露戦争の終結と大東亜戦争の開始のあいだには、三十六年(一九〇五―一九四一年)という歳月がある。このあいだに、日本と東洋のみについて見ても、実に多くの事件が起っている。まず日本の朝鮮併合があり、第二次シナ革命の失敗による孫文、黄興らの日本亡命があり、アメリカの日本人移民排斥問題があり、やがて第一次世界大戦が勃発した。これは「欧州大戦」と呼ばれ、欧米列国の勢力が一時東洋から後退したことを「千載一遇の好機」と見た日本政府は例の悪名高い「対支二十一カ条要求」をつきつけ、中国人のナショナリズムを激発して、後の「日支事変」の因をつくった。日本は第一次世界大戦では連合国側に参加し、青島と独領南洋諸島を攻略した。やがて一九一七年のロシア革命。日本はアメリカと「協調」してシベリアに出兵、あまりに大軍を送りすぎたために、列強の疑惑とアメリカの強硬な抗議をうけ、何も得るところなく撤兵した。有名な「米騒動」はこの年に起っている。労働争議と小作争議は頻発したが、国民はまずまず戦後の小繁栄と「大正自由主義」の一時期を楽しんだ。軍縮と米英路線を重視する幣原外交の時代であった。

やがて、昭和の動乱期が始まる。済南事件(蔣介石の北伐軍と日本軍の衝突)につづいて「満州某重大事件」(実は関東軍の謀略による張作霖爆殺)によって田中義一内閣が総辞職したのは、昭和四年であった。これより右翼団体の活動と少壮軍人のクーデター計画の時代が始まり、「満州事変」となり、錦州占領、山海関進撃、華北進駐となって、当然、「日支事変」

――シナ・ナショナリズムとの正面衝突に発展した。

国内では、左翼の大弾圧がつづき、政界財界人に対する右翼のテロリズムと、五・一五、二・二六事件が相次いで、政府に対する右翼と軍部の圧力が強まり、日本の政治と経済はいやでも戦争体制を強化せざるを得なくなった。

これより昭和十六年十二月八日の大東亜戦争開始に至る国内の諸事件と国際情勢の推移は次章からくわしく研究してみるつもりであるが、ここにまずポーツマス講和会議から真珠湾奇襲までの簡単な略図を書いてみた理由は、この三十六年間に目まぐるしく継起した大小の事件の細部にとらわれすぎると、大東亜戦争の本質を見失い、それが継続した一つの「百年戦争」の終曲であったという事実を見落すおそれがあるからだ。

私はこの試論の発表以来、二人の学者の反論をうけた。その一つは上山春平氏の「再び大東亜戦争の意義について」(『中央公論』)であり、その二は淡徳三郎氏の「現代のナショナリズム」(『再建』)である。

上山氏の最初の論文「大東亜戦争の歴史的意義」によって私が多大の啓発をうけたことは、すでに第一章にくわしく書いた。その後某誌の座談会で同席し、会の果てた後にも少時間話しあって、目下のところ多少の見解の相違こそあれ、例えば竹内好氏とともに、この問題に関するよき共同研究者であると、私の方は感じた。今もそう思っている。

淡徳三郎氏は三十五年前の「京都学生事件」(治安維持法による最初の大学生検挙事件)の同窓生である。そのころから秀才の名が高く、不勉強家ぞろいの「行動派学連組」の中では慶大の野呂栄太郎、京大の石田英一郎とともに勉強家として通っていた。その後、相逢わざること三十数年、いま、共産党ならぬ自民党系の理論雑誌『再建』で、この旧友の反論をうけたことは、たいへんなつかしい。皮肉ではない。日本の激流の中で私も右に左に押し流されて生きて来たが、淡君にも激流の中での同じ苦闘と苦労があったのだろう。皮肉などの言える場合ではない。

まず上山春平氏の反論の部分だけを引用しよう。

「林房雄氏は……『大東亜戦争肯定論』において、大東亜戦争をアジア民族の解放戦争と見る見地を提出されたが、私は、植民地解放戦争と見るよりは、むしろ植民地再編成をめざす戦争と見る方が、事実に即しているように思う」

「林氏は『大東亜戦争は形は侵略戦争に見えたが、本質においては解放戦争であった』とされ、『日本は敗北し玉砕したかのように見えたが、目的は達成された』とされるが、私はやはりあの戦争は侵略戦争であり、その目的は完全な失敗に終った、と見るべきだと思う」

「もっとも、林氏は、視野を今次の大戦だけに限定しないで、幕末以来一世紀にわたる欧米列強との対決の全過程をふまえて立論しておられる。しかし、それにしても、さきに指摘したように、『主権線』と『利益線』とをたえず拡張しながら、『大東亜共栄圏』にいたる植民地体制をきずき上げてきたのが日本帝国現実の歩みであり、その間、日清・日露両戦役が中国やインドをはじめとするアジア諸地域の民族運動に刺戟を与え、大東亜戦争が広汎な独立実現のきっかけになったことは事実であるが、日清・日露の両戦役によって朝鮮と台湾を植民地とし、満州・日華の両事変によって仏印、タイ、インドネシア等の東南アジア諸国にまで侵略の手をのばした事実も見落すことができない」

次に淡徳三郎氏の反論は、同時に大熊信行教授の所論にも向けられているのであるが、私に対する部分だけを受けとろう。

「いずれにせよ、林氏にあっても……幕末から日露戦争にかけての日本の戦争の根本的には防衛的な性格と、朝鮮併合以後の日本の戦争の本質的に侵略的な性格とのあいだの質的な相違が完全に無視され、どちらも『西方とのたたかい』であったという一点から、すべてが同一視されている。この堅白同異の弁の上にこそ、日本が中国、フィリピン、インドシナ、ビルマ、インドネシアを侵略した太平洋戦争もまた、『東漸する西方』に対抗しなければならなかった日本民族の、抵抗することのできない『悲壮な運命』であったという『百年戦争史観』が成立しているのである」

その後に、これは「当時の思いあがった為政者たちの見解にたいする共感と同情の表明としか考えられない」とか「東条英機の亡霊を現代にさまよい出させた巫女《みこ》だ」などという言葉がつけ加えられている。淡徳三郎往年の意気、いまだ衰えずというべきであろう。

上山・淡両氏の反論に答える

右の両氏の反論は、実は私の「肯定論」に対する反論になっていない。両氏のいう侵略戦争説は私が「肯定論」を書きはじめる以前から存在していたのだ。私は「東亜にただ一国だけ生きのこった日本という島国が途中から帝国主義的侵略国家に変質してしまったために、世界中のデモクラシー国家に憎まれ、袋叩きにあい、たたきのめされて、恐れ入り、目下デモクラシーと平和主義を勉強中だ」などという、そういう俗論を否定するために肯定論を書いているのだ。

福田恆存氏が『文藝春秋』に連載中の「日本近代化論」に次のような一節がある。福田氏にはごめいわくかもしれぬが、引用させていただく。

「終戦直後、私は或る共産党員から、大東亜戦争は帝国主義戦争だが、日清、日露両戦争をどう考へるかが問題になってゐる、自分は日露戦争までは帝国主義戦争と認めないのだといふ話を聞いて、随分、暇のある人がゐたものだと感心した事があります。帝国主義戦争などといふ言葉は多寡が一時代の一思想家の造出した用語に過ぎぬ、そんなものに何で拘泥する必要があるのか、不思議に思つたのですが、未だにその種の論議が絶えぬのに呆れ果ててをります」

これは正論的奇手であり、私もまたこんな調子で相手をつっぱなすことができたらと思うのであるが、私の場合は、福田氏が「呆れ果てた」という諸家の論議の中に自分の方からとびこんで行って、これを否定しようとしているのであるから、やっぱり四つに組んでじりじりと押して行くよりほかはない。

上山氏・淡氏流の「帝国主義侵略説」または「百年戦争途中変質説」は進歩的知識人や学生ばかりか、右翼と目されている人々のあいだにまで深くしみこんでいる。それがばかばかしい偏見であり、「呆れ果てた愚論」であることを証明するために、私は張り手や肩すかしの奇手を用いることはできない。私が求めているのは、私自身と同じように逆らいつづけてきた読者諸氏が「なるほど、そうだったのか！」と心からうなずいてくれることである。

私がこれから書きつづける「肯定論」は左翼側からだけでなく、全く思いがけぬ人の反論をうけることを覚悟しなければなるまい。ここに、「太平洋戦争、即ち日米戦争はポーツマス講和会議の直後から始まった」というテーゼを提出したのは、それらの反論への一つの予防措置である。

上山春平氏は私への反論の資料に、朝日新聞社『太平洋戦争への道』別巻資料篇を用いているが、別巻ではなく、本篇の第一巻十一ページに、次のような一節があることにお気づきにならなかったろうか。

「日米関係は日露戦争を境に一変した。すでに一九〇五年（明治三十八年）八月二十九日、ルーズベルトの書簡は、『余は従来日本びいきであったが、講和会議開催以来、日本びいきでなくなった』と書いている」

これは重大な言葉——いや、重大な事実である。日清・日露の両役が「一つの戦争」であったことを論証することは容易であるが、太平洋戦争がそれと直結することを証明するのはむずかしいと私は書いたが、それは戦後の歴史家の多くが東京裁判検察官にならって、満州事変あたりから筆を起して、日韓併合と台湾領有を回顧し、やがて日支事変に到り、日本の「帝国主義的野望」と軍部の「暴走」と右翼の「陰暴」がついに「太平洋戦争」をひきおこしたという方式による書き方をした。その方式が読者の頭にしみこんでいるので歴史の断絶が生じ、当然結びつくべきものが結びつかなくなってしまったからである。朝日新聞社『太平洋戦争への道』全八巻の客観的記述は、この歴史の断絶を訂正してくれる点がはなはだ多い。

例えば、第一巻第一章第二節には、

「十九世紀の末葉、日清戦争に敗れた清国の弱体をみてとった欧州列強は、清国に利権を強要して、おのおのその勢力範囲を固めた。このころ、太平洋をへだてたアメリカは、一八九八年の米西戦争を境として、モンロー主義からいわゆる帝国主義に転換した。この戦勝によって、米国はカリブ海の支配権をにぎるとともに、一躍して太平洋の強国となり、中国市場に積極的に進出を企てるようになった。こうしてアメリカは、両洋にわたる権益を擁護するために海軍の大拡張を進めた。

この新帝国主義政策の理論的指導者はマハン提督であり、その実践的推進者はセオドル・ルーズベルトである。マハンは一八九〇年『海上権力史論』を著し、英国興隆の跡を分析して、……カリブ海およびアジアの未開拓の市場が提供する果実をかりとるためには、海洋を支配するに足る強力な艦隊が必要であることを強調した。……ルーズベルトもまた、誇り高く気概ある真に偉大な国民は、国家の名誉を犠牲にしてあがなわれる、かの低俗な繁栄を買い求めるよりは、戦争のあらゆる悲惨から顔をそむけないであろう、いかなる平和も、戦争の至高の勝利ほどには偉大でない、と説いている」

これは十九世紀末から二十世紀初頭にかけてのアメリカの精神状態であった。先に引用したルーズベルト大統領の書簡はこのような精神状態と国際環境の中で書かれたものである。日米冷戦は明治三十八年八月二十九日にはじまった。その後の米国の対日政策、シナ門戸解放要求、度重なる軍縮会議、日本陸海軍力の強制的制限、幣原外交の苦悶と混迷、軍部の抵抗、右翼の活動、日本防衛のための「自衛線」「生命線」の強引な設定としての満州事変と日支事変――すべてこれらは太平洋戦争の原因ではなく、日露戦争の終結と同時に事実上開始された日米戦争の結果であったのだ。日本の「帝国主義的侵略説」を強調するマルクス主義者と進歩人学者諸氏の所論には、この原因と結果の明らかな転倒がある。

第九章　ホーマー・リー氏の日米必戦論——日米戦争開始期についての一つの傍証

ポーツマス会議直後の「恐日文書」

前章で、私はセオドル・ルーズベルト大統領の書簡を引用し、「日米戦争はポーツマス講和条約直後に始まった」と言った。これは、読者にとってはだしぬけすぎ、独断とこじつけの印象を与えたかもしれぬ。

もしこじつけであったら、ポーツマス会議以後に日本の内外に起った重大事件の数々は、「太平洋戦争」の原因ではなく、すでに開始されていた日米冷戦の結果にすぎなかったという私の論証は、すべて日本弁護のための卑劣な詭弁《きべん》になってしまう。

これが詭弁でないことは、他の方法によっても証明できるが、私は最近、ある古書店からポーツマス条約中に構想され、その直後に出版された珍しい本を手に入れることができた。学問的著述というよりも、一種の時局小説に類するものであるが、当時のベスト・セラーとなり、イギリスとヨーロッパでも広く読まれ、日本の軍部もただちに反訳して、「極秘文書」として政府の主要な地位にある者に頒布した。現在の目で読めば、一種の「恐日文書」で、滑稽に見える部分も多いが、日米必戦が日露戦争直後にすでにアメリカによって予想され予感されていたという点で興味深い文献である。

その題名は『日米必戦論』(原名、無智の勇気)、原著者の名はホーマー・リー氏。米国での出版は一九〇九年(明治四十二年)三月、日本訳の出版は明治四十四年二月であった。

ホーマー・リー氏の経歴は知らぬが、その序文の中の、「本書はポーツマス条約調印後間もなく脱稿したるものなり」という一句が、私の注意をひいた。前章に引用したセオドル・ルーズベルト大統領の書簡「余は従来日本びいきであったが、講和会議以来、日本びいきでなくなった」という言葉と思いあわされたからだ。

この本には、前陸軍参謀長チャフィー中将とストーリー退役陸軍少将が序文を寄せ、著者の所論の重要性を歓迎賞讃し、特に後者は「本書は軍事的著述にして合衆国の識者にして愛国者たるものは、必ず精読せざるべからざる所のものなり」と推薦している。

当時としては、アメリカの軍人層と「極右翼」を代弁してアメリカの軍事的弱点を列挙した「憂国の書」であり、大部分のアメリカ人には一種の奇書または激越論の印象しか与えなかったかもしれぬが、「太平洋戦争」の終った現在の目で見れば、たしかに「予言者の書」と言える一面がある。アメリカの政治家と軍部は本書の「予言」を信じ、著者の指示以上に軍備を拡張し、陸海軍の体質を改善し、戦略を定め、太平洋の制覇と日本撃破のために着々と準備をととのえて開戦の機会を待っていたと察せられる節が多い。

ホーマー・リー氏は、本書の中で、日本の国力と軍事力を極度に拡大し、アメリカのそれを極度に微小化している。この誇張は「憂国の書」と「警世の書」の通有性であって、今も昔も各国にその例はとぼしくない。リー氏曰く、アメリカの軍備の脆弱さは、開戦と同時にハワイ、フィリピン、アラスカを失うのみならず、日本軍はアメリカ本土に上陸し、「たとえ米国がその全陸軍をあげてサンフランシスコを防禦すとも、日本軍隊は……二週間以内に開城の余儀なきに至らしめ、……壊敗せる軍隊は四方に散乱して、合衆国はここに分裂し、内訌は至る所に生じ、一揆は随所に起り、支離滅裂して収拾すべからず」

この絶叫がポーツマス条約直後に発せられたという点に、歴史的重要性がある。

アメリカの恐日病

ホーマー・リー氏は日米戦争は日露戦争につづいて極めて近い将来に起こるものとして論をすすめている。現実には、それは三十六年間というやや長い年月の後に起こったのであるが、これはアメリカにとって幸運であったというべきであろう。この三十六年間は貴重な準備期間であり、アメリカはリー氏によって指摘された軍事的欠陥を是正し補強し得ただけでなく、あらゆる軍事、政治、外交上の謀略を用いて日本を窮地に追いこみ、ほぼ完全な準備と必勝の戦争体制をつくり出すことができた。

しかし、リー氏は日米戦争はアメリカの準備のととのわぬ先におこるものと仮定して、次のように述べている。

「概言すれば戦争の舞台は太平洋にして、その戦闘区域はフィリピン群島、ハワイ、アラスカ、ワシントン、オレゴン、及びカリフォルニアならん」。だが、これらの軍略上の要地は現在すべてアメリカの手中にあるのだから、これを十分に防備するならば、戦争は近い将来に発生する心配はないが、現在全く無防備であるから、日本という好戦国民の野心の的になっている。

まずハワイ群島であるが、日本はすでに日露戦争の終りのころから、ハワイ群島占領の積極的態度を示している。これは日本のハワイ移民のことで、リー氏はこれを占領計画のための軍事移民だと言う。

「ハワイの日本移民は六万五千七百八人に増加したが、出国者は四万二千三百十三人であり、これは軍務に堪えない者を戦争の経験者と差しかえたので、日本によるハワイの軍事的占領は一応成就し、日本軍隊の兵役義務を終えた移民はアメリカの全野戦軍〈将校十二人、兵二百九人〉に超過し、開戦後二十四時間をまたずアメリカ守備隊は全滅し、ハワイの主権は永久に日本のものとなるであろう」

次はフィリピンである。

「日本がフィリピンを征服せんとするや、米国がキューバを占領したるよりも容易の業なり。けだし、キューバのサンチアゴは宣戦布告後三カ月の後に陥落したるが、マニラは三週間以内に占領せらるべし」

第八章には日本軍によるアメリカ本土攻撃が描かれている。

「日本がハワイ及びフィリピン群島を占領するうちに、十万の兵卒をのせたる運送船は、戦艦、装甲巡洋艦、及び水雷艇の援護のもとに太平洋を横断すべし。然るに、一時間十ノットの速力をもって航海する時は、この艦隊は宣戦布告後四週間乃至五週間以内に太平洋海岸に達せん。

米国にとりて主要なる大問題は太平洋岸の防禦なり。この海岸にして一たび日本の軍事的主権の下に属せんか、太平洋及びその領地を失うのみならず、米国の最も富裕豊饒なる土地は日本の手に帰せん。日本にしてもしワシントン、オレゴン、カリフォルニア等の諸州を占領せんか、これらの諸州は日本軍のために他の諸州との連絡を絶たるるのみならず、その東境なる無人の荒地及びその城壁たる山岳によりて両者は全く分離さるべし。かかる場合に至らば、いかに多数の兵力と多数の費用をもってするも到底その領地を回復すること至難なり」

第九章と十章も、米本土上陸後の日本軍の活躍と米軍の苦戦を活写して極めて詳細であるが、この「夢の戦記」をこれ以上引用する必要はなかろう。いま読めば、日本も買いかぶられたものだと思うだけである。

だが、巻頭の訳者の「例言」によれば、

「一、本書の大意は頃日《けいじつ》、米国大統領タフト氏の下したる教書、並びに現今米国に於て専ら唱道せられたる所の国防は不完全なりとの説に一致す。

一、米国の一般製造工業者は本書の刊行をその好機として大いに兵器、軍艦等、自己の製作に資せんとして活動を始めたり」

おそらく事実であろう。これに似た「警世の書」は他にも数種類出版されていた。

いずれにせよ、アメリカの対日戦争準備は日露戦争直後から始まり、その後約三十年の歳月と曲折を経て、ほとんど完成に近づき、あとはただ日本がこの網と罠の中に自らとびこんでくるのを待つばかりであった。日本陸軍省もいち早くこの本を翻訳して、陸海軍部内と主要官庁に配布したが、当時の日本の軍人と政治家がハワイ、フィリピンの占領、ましてアメリカ本土の攻撃を意図していたとは全く考えられない。

「白い太平洋」の夢と現実

日露戦争の勝利は世界の驚異であり、アジア諸国のみならず、中南米諸国を初めとする被征服民族の狂喜であった。――私はつい数年前、南米ペルーに旅行した時、その国の大学生たちがいまだにトーゴーとノギの名をあげて日本を賞讃するのを聞いておどろいたことがあるが、日本自身にとっては、日露戦争は労多く実りすくない戦争であり、そのためにポーツマス講和条約反対の暴動さえ起っている。日露戦争もまた「戦闘には勝ったが、決定的勝利のなかった戦争」にすぎない。戦争の傷は深く、とても太平洋の波の彼方のことを考える余裕はなかった。

ホーマー・リー氏はこの本の中で、「日本皇帝の枢密顧問官金子堅太郎男爵」が明治四十年三月の「北米評論」に発表した「日米共栄論」ともいうべき論文を批判し、ことごとく嘘であると言っているが、私には金子氏の意見の方が当時の日本指導階級の本音であったと思える。

金子氏の意見は、リー氏の引用によれば次のような趣旨のものであった。

「もと日本と米国とは、相互に相補う経済関係をもっている。米国人は日本人の物貨に依頼し、また日本人に米国の商品に依頼すること多きが故に、戦争は到底不可能にして、両国民がこれら生活上の必要品を奪わるる時は、たちまち不幸なる結果に陥る。日本人は米国の供給なくしては一日も生活できないのだから、両国間に戦争が起こるはずはない。有利に開発さるべき唯一の市場で今日なお残っているのはアジア大陸だけであるから、日米両国は平和な貿易関係を保ちつつ、アジア市場の開発に協力すべきである」

この金子意見をとんでもない詭弁だとリー氏は激怒する。絹や茶や、麦粉、綿花、煙草、石油などは、世界のどこからでも買うことができる。貿易関係は、絶対に平和の保証にはならぬ。問題は太平洋の支配権である。太平洋の両岸に横たわる巨大な富源の争奪が必ず日米戦争を生む。日本は太平洋から清国と露国を駆逐し、英国と同盟したのだから、残る強敵は米国だけだ。太平洋を自分の海にするために、日本は近い将来に必ず米国に挑戦するであろう。米国はその日のために、準備しなければならぬ。米国内部でも商人階級や経済学者は金子男爵的平和論を支持しているが、真の愛国者は断じてかかる町人的俗論に屈してはならぬ――というのがリー氏の反論である。

半世紀後の今日から見れば、リー氏の予見のほうが当っているように見える。だが、金子男爵流の「親米論」と「日米不戦論」が相当長い間、日本の指導者層を支配していたことも事実だ。日米戦争の予感とそれへの準備は日本の方がはるかにおそかった。

金子堅太郎流の「日米戦争不可能論」、「日米戦争回避論」は日本の政治家と実業人だけでなく、陸海軍首脳部の中にも根強く残っていた。開戦の直前、いや開戦後まで残っていたと言える。そのほうが日本にとって「理性的な道」であったことはまちがいない。だが、歴史は人間の理性のみによっては動かない。人間の不条理な熱情と欲望によって動くことが多い。アメリカの「白い太平洋《ホワイト・パシフィック》」建設の熱情と日本の「アジア防衛」の熱情は共に百年前の所産であるが、それは約一世紀間くすぶりつづけ、昭和十六年十二月八日に至って、ついに爆発した。

アメリカがこれを「太平洋戦争」と呼び、日本がこれを「大東亜戦争」と呼んだのは、ただの思いつきではなく、それぞれの歴史的理由があった。アメリカの「理想」は「白い太平洋」の実現であり、日本の「理想」は「大東亜共栄圏」の建設であった。アメリカ人が「太平洋戦争」と呼ぶのは結構だが、日本人は堂々と「大東亜戦争」と呼んだほうがよろしい。

日本は敗戦し、その「理想」は霧散した。だが、アメリカの「理想」は実現したであろうか。「白い太平洋」も結局夢想ではなかったか。ホーマー・リー氏の警告もタフト大統領の教書もマッカーサー元帥の戦功も、ついに太平洋を白くすることができなかった。戦争の嵐の中では白一色に見えたこともあったが、嵐が去った後の太平洋は昔ながらの青さをたたえている。いや、波の色は青いが、これを取巻く島々と大陸の姿は決して昔のままではなく、大いに変り、しかもその変形はアメリカの希望とは逆のものであった。「大東亜共栄圏」と同じく「白い太平洋」もまた実現しなかったのである。

崩壊した大清帝国は新中共帝国として更生して、フィリピンとマレーシアとインドネシアはそれぞれ独立の道を歩き、朝鮮半島と南北ベトナムは、アメリカ兵士にとって人食い沼と変り、ニュージーランドもすでに植民地ではなく、米大陸の下半身である中南米諸国は、キューバを先頭として、アメリカの意のままには動かなくなった。台湾と沖縄は目下のところアメリカの軍事基地であるが、日本そのものは、四つの島にとじこもりながら、早くも「奇蹟的」に復活して、その進路を自分で決定しようと努力しはじめている。さらに北方では、太平洋の波はその実力においてアメリカをしのがんとするソ連邦の岸を洗っている。

太平洋はアメリカのものでも、日本のものでもなくなった。

太平洋を舞台とする日米戦争は、日本にとってもアメリカにとっても、その結果から見て、共に「無謀の戦争」であり「実りなき戦争」であった。


クオ・ヴァディス?

だが、現在のアメリカ人が私のこの言葉をそのまま受入れるとは思えない。アメリカ人は——指導者も国民も——「白い太平洋」の実現を信じて、日本降伏後もなお、その「太平洋戦争」を継続している。「デモクラシーという宗教」の狂信者として、アジアと世界に対して十字軍的神聖戦争をいどんでいるかのように見える。朝鮮戦争の大犠牲もベトナムの人食い沼も、彼らを反省させ立ちどまらせることはできない。

「クオ・ヴァディス？」――主よ、我をいずこに導き給うのか？

その点では、「コムミュニズムという宗教」を信じて、ローマ法王とルーテルの如くいがみあっているソ連帝国と中共帝国についても同じことが言える。彼らも共にマルクス主義の旧教と新教の教条によって、それぞれ世界征服を夢みているように見える。

デモクラシーとコムミュニズムを「現代の宗教」と言ったのは私ではない。イギリスの歴史家トインビーも日本の宗教学者鈴木大拙も同じことを言った。

トインビーはアメリカという国に対して、もう一つ恐しい予言をしている。『失われた自由の国』（現代アメリカ論）という題名で日本訳されている彼の著書の中に、私たちは彼の不不吉な予言を聞くことができる。

彼によれば、十八世紀にはじまった世界革命はフランス革命以前の一七七五年、アメリカのの対英独立戦争によって始まったそうである。

〝ここにかって農夫たち陣をしき

その砲声世界にとどろきたり〟（エマースン）

マサチューセッツ州コンコード河畔にとどろいた独立戦争の砲声は、それから約二世紀間、

「ソ連のスプートニクのように、世界をめぐりつづけている」とトインビーは言う。

十八世紀末、それはフランスでとどろいた（フランス大革命）。十九世紀初め、それはスペ

イン領米州諸地（中南米独立）やギリシャでもとどろいた。一八四八年、それはヨーロッパ大陸の全土に万雷がとどろくように聞えた。イタリアでも聞こえ、イタリアは墓場からよみがえった。「イタリアの復活」はあのアメリカの砲声で始まったのだ。

一八七一年、それは再びパリで聞こえた。パリ・コミューンである。東方に向っては、その砲声は一九〇五年の第一次ロシア革命をひき起した。一九〇六年にはペルシャ革命、一九〇八年にはトルコ革命。

そのころには、すでにインド独立運動の先駆者らが動きはじめていた。インド独立運動は、最近まで西欧諸国の統治下にあったアジア、アフリカ諸地方におけるあらゆる独立運動の源泉である。一九一一年、それがシナで聞こえていたころ、太平洋の彼岸メキシコでも聞こえていた。メキシコ革命はその前年すでにはじまっていたのである。

一九一七年、ロシアは再びこのアメリカの砲声を聞いた。今度は激烈であった。つづいてトルコのケマル・パシャ革命がおこり、やがて一九四八年、シナ革命が起った。「太平洋を二度目に越えて、まだおとろえを見せぬその砲声は、ボリビアの坑夫を武装させた。一九六〇年、それはキューバの貧農を立上がらせた。フィデル・カストロは彼のためにアメリカで起った大さわぎには、さだめしおどろきもしたし、満足にも思ったであろう」

トインビーのこの世界革命鳥瞰図には、一八六八年の日本革命、明治維新が書きおとされている。明治維新の成功がアジア諸国に与えた大衝撃も見落されているが、これは彼が日本に対して偏見や悪意をもっている故ではなかろう。彼が他の著書の中で告白しているとおり、

「日本の歴史についてはほとんど研究していない」ためにふれることを避けたのであろうと私は思う。

もし、トインビーが佐藤信淵、中岡慎太郎、高杉晋作をはじめ維新の学者志士の著書の中にアメリカ独立戦争にふれ、「アメリカに学ぶべし」という提言があり、すでに維新前に、吉田松陰の如き渡航志望者、勝海舟、福沢諭吉、新島襄等の渡米者があって、彼らが明治維新の原動力、維新後の改革者となったことを知っていたら、右のような書き落としはしなかったにちがいない。

西郷隆盛はしばしばワシントンの名を口にし、征韓論後の隠退中の寓居の壁にはワシントンの肖像がはられていたと伝えられている。さらに自由民権運動の青年たちの愛唱歌の中に、

〝昔思えばアメリカの
独立したのも蓆旗《むしろばた》
ここらで血の雨ふらさねば
国の自由は固まらぬ〟

という一節があったことを知っていたら、トインビー教授はインド独立運動、シナ革命のはるか以前の一八六八年の明治維新を書きおとすことなく、それがシナ、インドその他のアジア、中近東諸国覚醒の先駆になったことを認めたにちがいない。

だが、それはここでは重大でない。『失われた自由の国』の主題は、二世紀前に世界革命の最初の砲声をとどろかせたアメリカが、現在では、その繁栄と巨富に盲《めし》いて、古代ローマ帝国の末期と同じ症状を呈し、自ら生み出した世界革命の障害物に化し去っているという指摘と警告である。

古来すべての大帝国はその繁栄と膨張の頂点において衰亡と崩壊を開始している。アメリカはその革命的伝統に復帰し得るであろうか。「いまならばまだ可能である」とトインビーは言っているが、その心底には逆の答えがひそんでいるのではないか。彼のこの講演は今から四年前（一九六一年）にアメリカの大学で行われたものだが、その後のアメリカの世界政策は「もはや手おくれ」の面を多分に露呈しつつあるのではないか。

日本の「大東亜戦争」は終った。だが、その後二十年、アメリカはまだ朝鮮戦争から始めてベトナム戦争に至る「白い太平洋戦争」を継続中である。

かつての日本列島はアメリカにとって太平洋における最も危険頑強な岩礁であった。今はそうではない。「安保条約」にしばられた半身不随の列島にすぎない。

だが、アジアに侵寇《しんこう》するアメリカ船の船長は三思すべき時だ。日本列島を乗り越えても、まだ太平洋はある。太平洋の波はインドネシア共和国の岸を洗ってインド洋とアフリカ諸国につづき、トンキン湾に流入し、さらに中共、北鮮、ソ連沿海州とウラジオストックの岸に波打つ。

一国による世界征服の時代は去った。人類七千年の歴史に大帝国は数多く出現したが、それが完全な世界帝国であった実例は一つもない。大帝国はその繁栄と膨張の頂点において崩壊する。デモクラシーもコムミュニズムも地球征服または世界統一の原理ではあり得ない。もし、そのいずれかを世界統一の原理にしようとすれば、世界征服を野心し狂信する帝国そのものの破滅あるのみ！

「クオ・ヴァディス？」――アメリカよ、ソ連よ、中共よ、自ら人類の解放者と自称する強国よ、汝ら、いずこに行かんと欲しているのか。

第十章　朝鮮併合——ナショナリズムには牙《きば》がある

中野好夫教授の心配

英文学者で評論家の中野好夫教授が私の『大東亜戦争肯定論』を書評して、「朝鮮併合」という事実にほとんどふれず、いきなり満州事件にとんでいるのが第一の不満だといい、その再論を望んでいる。ごもっともな不満だと思う。朝鮮併合は「日清・日露戦争までは防衛的であった日本が、いよいよ英米並みの帝国主義段階に入った」というニコライ・レーニン氏の有名な理論の継ぎ目にあたる。これは革命宣伝用パンフレットの木に竹をついだお話にすぎないと私は思っているが、それを信じている教授学生諸君も少なくないようだから、ここに一章を設けて、中野教授の不満と疑問にお答えしよう。

「朝鮮併合は日本帝国主義の大陸侵略の橋頭堡の確保であり、天皇制ファッシズムはこれを基地として、満州、蒙古、支那本土にその毒牙をのばした」

これはマルクス主義歴史家愛用のテーゼであるが、中野好夫教授も進歩的文化人の一人であるから、「大東亜戦争には帝国主義化した日本の植民地再分割のための戦争と見なすべき要因のほうが多い」という上山春平京大助教授の見解のほうを信じざるを得ないといっている。

しかし、そのあとに、現在では「左翼史観に学ぶところもある代りに、批判も忘れているわけではないから、ご安心を願いたい」と付記しているから、私も安心して朝鮮併合に関する非左翼史観を述べさせていただくことにする。

『日本の歴史』(読売新聞社版) 第十一巻によれば、

「国内で資本家のために国債整理に力を入れていた桂 (太郎首相) は、他面では、大陸へ日本資本主義が発展して行くおぜん立てをして、植民地支配の強化をはかっていた。そのためには、韓国を日本の領土にしてしまうことが当面の課題になった。まえにのべたような義兵運動 (伊藤博文統監時代に起り、約五年間つづいた韓国軍隊と民衆の抵抗) は、指導部がなかったために、一つ一つしらみつぶしにほぼ鎮定されていった。一九一〇年 (明治四十三年) には、日朝併合を実行するために陸相寺内正毅が韓国統監に任命された。かれは、着任するとまず、警察を日本にまかせるよう韓国側に要求し、これまで日本から派遣していた憲兵をふやして、韓国の警察をこの下におかせた。この憲兵隊におさえられながら、一九一〇年八月、韓国併合の条約が結ばれ、日本政府は同時に併合宣言を発表した」(傍点は筆者——それがすべて学生向きのマルクス主義語法であることにご注意ありたい。)

続いて「東洋拓殖会社」を中心にする「日本資本主義の朝鮮略奪と、その関東州、満蒙、北支への営業拡大」が述べられているが、この型のマルクス主義テーゼの通俗講義が中野教授を満足させるとは思えない。すべてが資本家のため、資本の利益と営業政策だときめてしまうのは、あまりに話ができすぎている。当時の日本がレーニンのいう「資本主義最高の段階としての帝国主義」時代に入っていたことは、まず考えられないことであり、本気でそう信じているのは、レーニンという権威に対する無条件の盲従である。

政治的目的による多量の詭弁とこじつけをふくんでいるパンフレットの公式を朝鮮併合にそのまま適用して平然としている学者諸氏の学者的常識を私は疑う。まず疑うことが智恵の始まりだと教えたのは誰であったか。マルクスとレーニンをいまだに信じて疑うことを知らぬ戦後派歴史家諸君は学者の第一条件を喪失しているようだ。

朝鮮併合の残虐性

私は朝鮮併合を弁護する気持はない。その必要も認めない。朝鮮併合が日本の利益のために行なわれ、それが朝鮮民族に大きな被害を与えたことは誰も否定できない。ただ私は朝鮮併合もまた「日本の反撃」としての「東亜百年戦争」の一環であったことを、くりかえし強調する。

日本は朝鮮を併合したが、大東亜戦争には敗北した。敗北者を鞭《むち》うつことほど容易なことはない。朝鮮に被害を与えた日本人の一人でありながら、学者顔の進歩人諸君は何の特権によって日本を鞭うつのか。それによって、彼が加害者とは無縁の「階級」に属することを証明するつもりなら、これほど卑劣な手品はない。

すべて戦争は他国民だけでなく、自国民に対しても多量の被害を与える。学者顔の偽善者諸氏は、おそらく戦争の被害をうけた日本の「人民」の名において、「正義と人道の鞭」を日本の支配階級に対してふるっているつもりであろうが、そんな正義人道面は朝鮮民族に対しては通用しない。

民族の敵は民族であって「階級」ではない。

だから、私は併合の被害者である朝鮮人、金三奎氏（ソウル日報主筆）の次のような怒りにみちた言葉には素直に耳をかたむける。

「どの国の植民政策も、その国と国民のためのものであって、被支配民族のためではなかった。日本の韓国支配も例外ではない。なるほど、アジア的封建社会に近代的土地所有制度を確立し鉄道を敷設し、港湾を造築し、禿山《はげ》を緑化し、水利事業を起し、稲の品種を改良し、産業を起し、貿易額をふやしたのは事実である。しかし、それによって朝鮮民族の生活が向上したどころか、農民は土地を奪われ、日本や満州に流浪の民となり、あるいは山奥に入って火田民とならねばならなかった」（『朝鮮現代史』）

「日本による『朝鮮の近代化』は、要するに、日本人が住みよく、搾取しやすくするための『近代化』であって、朝鮮人のための『近代化』ではなかった。……世に植民主義ほど非情なものはない。非情な支配に対しては、非情な抵抗があるのみであった」

私は金三奎氏の言葉を否定する何物をも持たぬ。

三十五年間にわたる日本の朝鮮支配は、朝鮮民族にとって、そのようなものであったにちがいない。これを「非情」とよばれても、日本人には抗弁の方法も余地もない。ただ、私は金氏の怒りをおかして、敢て言おう。それがアジアの歴史であった。日本の歴史であると同時に朝鮮の歴史であった。歴史はさかのぼることも、くりかえすこともできない。陳謝や懺悔《ざんげ》によってつぐなうことのできるものではない。

金氏の『朝鮮現代史』に描かれている「解放」後の朝鮮の実状を見るがよい。三十八度線は何者によって引かれたか。この分断によって生じた「朝鮮戦争」はいかなる残虐を朝鮮民族に対して加え、今なお加えつつあるか。

私は歴史の中に逃げこんで責任を回避するために歴史を書いているのではない。金氏も朝鮮の現状を肯定するために『朝鮮現代史』を書いたのではなかった。私の『大東亜戦争肯定論』も日本の歩いてきた道と日本の現状を合理化するためのものでないことは何度もくりかえした。ただ「歴史の偽造」と「民族の精神の全的否定と醜化」に抵抗するために、書きつづけているのだ。

敵は背後の大国

古代と中世の日鮮関係については改めて言わぬ。朝鮮併合には、少くとも幕末から明治四十三年に至る「前史」があった。なぜ日本が「百年戦争」の途上において、朝鮮に対して「非常と残虐」を敢てしなければならなかったかという理由を、この「前史」から始めて、金三奎氏と共に考えてみたい。

余談にわたるようだが、私の生まれ故郷は北九州である。古代史家の研究を引用するまでもなく、南九州人にインドネシア系の諸民族の血が多量にまじっているように、北九州人には明らかに朝鮮人の血が流れている。その証明の一つは私の母の顔であり、私自身の顔である。私の生地である大分県の村々には、神社の神体の研究によって、朝鮮移民の部落が多いことが発見されている。これはおそらく千年あるいはそれ以前に行われた移民の村である。その融合は現在では完全すぎるほど完全で、私自身もこの村々のあいだで生まれた朝鮮系の日本人の一人にちがいないが、それを意識することなく育った。最近、「解放」後の多くの朝鮮人が美しい朝鮮服を着て日本遊覧に来るが、その人々の中に、私の父母、近隣のおじさんおばさんそっくりの顔を発見して、改めておどろいているくらいだ。

日本古代の中央政府においては、シナ、朝鮮の帰化人と移民の増加により、例えば「大化の改新」とよばれる政変もおこっているが、九州地方でもそのような摩擦と衝突があったかもしれず、それを暗示する記録も残っているが、千年の歳月は完全にこの両モンゴリアン民族を同化してしまった。

にもかかわらず、対馬海峡をへだてた朝鮮国は、朝鮮史によれば四千年間実在し、おくれて建国した日本との関係は必ずしも友好的だとは言えなかった。神話時代の須佐之男命、神功皇后をのぞいても、鎌倉時代の「元寇《げんこう》」も豊臣秀吉の「朝鮮征伐」もすべて闘争の歴史である。しかも、これらの戦役は朝鮮との直接のものではなく、背後に、「大国」の圧力があった。「元寇」の先鋒をつとめたのは朝鮮軍であったが、これが元帝国の強圧と絶対命令によるものであったことは、作家井上靖氏『風濤』の史実的部分に細写されている。

豊臣秀吉の「征伐」のめざした敵が大明帝国であり、必ずしも朝鮮そのものではなかったことは、多くの史家の認めるところである。

同じく、幕末に発生して明治六年に爆発した「征韓論」の真の対象もまた朝鮮の背後に存在する「大国」であった。大清帝国とロシア帝国であり、特に後者の露骨な南下政策であった。

当時の征韓論者、西郷隆盛も江藤新平も副島種臣も、「ロシアとの戦争を予想しつつ征韓の断行を唱えた」という岡義武教授の分析は、すでに第四章で紹介した。征韓論の直接の動機は李王朝の排外主義と日本侮蔑であったように見えるが、その背後にロシア帝国の南下政策があった。

ネールの「ナショナリズム論」

だが、ロシアと戦う前に、日本はまず大清帝国と戦わなければならなかった。日清・日露の両戦争が「ロシアのアジア侵略の阻止」をその根底においていたことは、多くの歴史家の認めているところで、これを「帝国主義戦争」とみるものは極端なマルクス主義史家以外にはほとんどなくなった。明治維新によって国内体制の改革と、「富国強兵化」をひとまず完了した日本ナショナリズムの反撃であったと見るのが正しい。すべて新興諸国のナショナリズムは外国の圧力への抵抗として発生し、国内改造と自己解放をある程度まで達成すると、膨張政策に転化する。

ナショナリズムは生まれながらに牙《きば》と爪《つめ》を持っているのだ。

新インドの指導者ネールは、日本敗戦後に、新興アジア諸国に対して、ナショナリズムの効用を認めると同時に、その危険な猛獣性を分析して、

「ナショナリズムは本来的には一国における健全で進歩的な解放的勢力であるが——おそらく解放後に——不健全な逆行的な、反動的あるいは膨張勢力となり、かつてその国が自由を得ようとして戦った相手の国と同様に、貪欲な目で他国をうかがうことがあるのであります」と警告した。これは日本の歩いた道に対する批判であると同時に、戦後独立したアジア・アフリカ諸国に対する警告であった。

だが、最近の情勢はこれらの新興諸国がネールの忠言にしたがっているとは思えない。中共はインドに対して国境紛争をおこし、現にソ連ナショナリズムと対決中である。インドネシア共和国の対マレーシア政策も牙と爪をむき出している。いかに理性的ナショナリズムをとなえても、ナショナリズムから牙と爪をぬきとることは、不可能である。

朝鮮を狙ったのは日本だけではない

日本のナショナリズムはその初期において、薩英戦争と馬関戦争で、英・米・仏・蘭諸国に対して、まず小さな牙を出した。中期の日清、日露戦争によって、その牙と爪は大きく成長した。しかも日本の「百年戦争」はまだつづいていた。朝鮮と満州に「生命線」を設定す

ることによって、本来の大敵たる「西洋列強」との決戦にそなえようとした。これはレーニン流の「帝国主義論」で解釈するよりもネールの言うナショナリズムの膨張性によって説明したほうが妥当である。レーニンに先んずる約百年前に、佐藤信淵、吉田松陰をはじめとする日本ナショナリストは、資本主義とは無関係に、朝鮮・満州・沿海州占領論をとなえている。

「征韓論」発生以来、日本が朝鮮に牙と爪をのばそうとしはじめていたことは事実である。が、その狙った的は「西洋列強」であり、「アジアの自主と解放」であった。「文明開化」の名によって西洋路線に従おうとする流れもあったが、日本をひきずったのはナショナリズムそのものであった。ナショナリズムは、民族的エゴイズムの強烈な発露である。その直接の対象とされた朝鮮にとっては迷惑至極なものに相違ない。だが、明治六年の西郷派の「征韓論」は性急な出撃策として、「内治論」によって阻止された。「内治派」の恐れたのは、朝鮮民族の反撃のみではなかった。当時、朝鮮を属領視していた清帝国の実力とロシア帝国の南下政策、および間接にこの半島を狙っていた英、米、仏の圧力であった。

これが、日本弁護の詭弁でないことを証明するために、まず歴史年表について見よう。

一八六〇年（万延元年）、英仏連合軍北京に侵入。ロシアはその調停を口実にして、清国の沿海州を割譲させた。一八六一年、ロシア艦隊対馬を占領。幕府はイギリスに頼んで、半年後にこれを退去させた。一八六七年（慶応三年）、フランスはカンボジアを保護国とした。

以上は幕末の事件だが、維新以後の年表によれば、まず明治四年、ロシアは清国のイリ地方を占領。明治五年、千島と交換の名義でカラフトを領有。明治六年、ニコライエフスク鎮守府をウラジオストックに移し、海軍根拠地とした。

明治十六年、フランスは清国と戦い、安南を保護国とし、つづいてカンボジアその他を併合して総督政治をしいた。この時、フランスは日本自由党員の一部に金百万円と東洋艦隊を貸与し、清国の半属領たる朝鮮攪乱《かくらん》を計画したが、日本政府の反対をうけて断念した。

明治十八年、イギリスはビルマを征服、さらに朝鮮巨文島を占領したが、日・清・露の抗議により二年後に撤退。明治二十年、ポルトガルはアモイを占領した。

日清戦争はこのような国際的背景の中で戦われ、勝利は日本に帰したが、たちまちロシアを先頭とする「三国干渉」の反撃をうけ、遼東半島を還付し、朝鮮からの後退を余儀なくされた。

明治二十九年、三国干渉の直後、ロシアはモスクワで李鴻章と交渉、ウラジオストックに達する東清鉄道敷設権を獲得。同時に露支攻守同盟の密約を結んだ。

明治三十年、ドイツは膠州湾を、ロシアは旅順口を租借し、それぞれ要塞を築いた。

明治三十一年、ロシアは遼東半島を、イギリスは威海衛を租借。さらにロシアは釜山港外の絶影島を租借しようとし、日本の反撃によって失敗。同年、イギリスは香港対岸の九竜を租借。明治三十二年、ロシアは朝鮮随一の良港馬山浦に土地数十万坪を買収し軍港にしようとしたが、日本の妨害で中止。フランスは広州湾を租借。

明治三十五年、ロシアの満州経略は公然化し、鉄道守備隊の設置、清国軍隊の駐屯制限、清国官吏任免への発言権を獲得。

明治三十六年、鴨緑江下流の竜岩浦を租借し、砲塁を築造し、九連城、鳳凰城に一旅団の兵を駐屯させた。

右のような前提と環境の中で日露戦争は戦われ、朝鮮併合は用意されたのだ。左翼史家は、明治九年の江華島事件（朝鮮軍による日本軍艦の砲撃）を好機として、日本が韓国に強制した「修好条約」が不平等条約であることを指摘して日本の帝国主義的侵略の開始を強調するが、右にあげた諸条件の中では、むしろそれは清国とロシアの圧力に対する日本の自衛と抵抗であったと見ることのほうが正しい。間にはさまれた朝鮮にとっては、憤激以外の何物をも生まぬ屈辱にちがいないが、私はこの日本の膨張政策も合併後わずか三十五年で崩壊したことに注目したい。

この歴史の歩みの早さを、私たち明治生まれの者は、自分の目で見て来た。しかも、日本敗戦によって解放され、独立したはずの朝鮮は完全に二分され、北にはソ連または中共、南にはアメリカの圧力がかかっている。歴史とはこのように非情なものだ。

だが、この詠嘆も無用であろう。さらに十年、二十年後の朝鮮の変化は私の感傷を嘲笑するかもしれぬ。満州国の生命もわずか十五年たらずであった。朝鮮の分割も、南北ベトナム、東西ドイツの分割とともに、あと何年つづくことか。その点では、歴史は非情であるが故に公平でもある。

金玉均と福沢諭吉

朝鮮併合の前史をさらに詳しく知るためには、明治十五年から約二十年間の京城の実状を見る必要がある。この間に、韓国は米、英、独、露、仏に強制されて修好条約を結んだが、李王朝の腐敗はすでに末期症状を呈し、宮廷の内部は旧守流と進歩派の抗争と陰謀により、さながら一大伏魔殿となりしかも外よりこれをうかがう清国、ロシア、日本に、アメリカ、フランスも加わり、あるいは公然と武力を用い、またはひそかに黄金をまき、国内の諸党派と結んで権謀術数至らざるなき卍巴《まんじともえ》の謀略戦を行っていた。

最初の主役はもちろん清国であった。朝鮮は清国の朝貢国（半属領）であったので、宮廷内のいわゆる「事大党」は清国派で、その勢力も大きかった。

清国の李鴻章は、ドイツ人モルレンドルフを朝国宮廷顧問、イギリス人ロバート・ハートを税関監督とし、陸軍大将呉兆有と怪傑袁世凱に三千の軍隊を付して京城に駐屯させて、兵力と金力を併用して巧みに宮廷を操縦していた。

これに対して、京城駐屯の日本軍はわずかに二百。朝鮮との「修好」の日も浅く、軍事的にも外交的にもとても対抗できない。日本はひそかに金玉均、朴泳孝一派と結んだ。しかも、その結合も民間から始まっている。金一派は「開化党」または「独立党」と呼ばれていたが、その目的は腐敗した李王朝の宮廷改革であり、「独立」は清国の圧力からの独立であった。民間の志士と有志はこの目的に協力したが、日本政府も出先の公使も、最初は彼らに対して極めて冷淡であった。

金玉均の最初の来日は明治十三年、表面の理由は「仏教興隆」のための視察であった。できれば日本政府の高官にも会いたかったのであろうが、日本の政状はそれを許さない。

彼が最初に会って教えを乞うた日本人は、福沢諭吉であった。福沢は金玉均が有為の青年であることを見抜き——当時金は二十六歳で堂戸曹判官（内務大臣）という高位にのぼり、才幹識量、群をぬいた新人物であったので——心を開いて金玉均の祖国復興意見を聞き、指導と激励を与え、その後、彼が送った留学生数十名を全部自分の別邸に収容して、陸軍戸山学校に入れ、軍事、警察、郵便、税務などを勉強させた。

福沢は、「朝鮮の興廃は東洋の治安に重大関係がある。朝鮮を開発誘導して、日本と同様な文明開化に向わせ、独立自強で立ち行くことができるようになれば、朝鮮のためのみならず、実に日本のために仕合わせである。もし独立が困難であれば、日本に依頼せしめて、あくまで清国、露国その他の干渉を防がねばならぬ」という見地から、後藤象二郎とも相談し、慶應義塾門下生の牛場卓蔵、井上角五郎らを渡鮮させた。

福沢、後藤らの進言により、日本政府がようやく朝鮮独立党支持に動きはじめたのは明治十七年の秋であったが、伊藤、井上、山県などは清国の兵力と列国の干渉を気にして積極的援助にはふみきれなかった。金玉均は日本政府の援助を期待して、同志朴泳孝らとはかり、クーデターを起し、独立党内閣結成に一時は成功したが、清国軍の反撃に破れ、在京城の日本軍二百もまた敗北して、金玉均は朴泳孝とともに日本に亡命し、ふたたび福沢諭吉の庇護をうけることになった。

これは日清両軍の最初の衝突であり、その結果は朝鮮独立党員と日本軍が袁世凱の清国軍と李王宮廷軍に破れ、「我が陸軍大尉磯村真次以下兵士、巡査、居留民の殉難せる者約四十名に及び、虐殺をまぬかれた婦女子なども支那兵に凌辱《りょうじょく》され、……我が公使館もまた暴兵の放火によって全焼に帰し、竹越公使及び朴泳孝、金玉均の一行は仁川より日本汽船で危く虎口を脱した」(『東亜先覚烈士記伝』)というみじめな敗北であった。

金玉均暗殺さる

日本政府はこの亡命客に対して依然として冷淡であったが、民間有志家の同情は彼らの上に集まり、亡命志士の志を成さしむべく、朝鮮政府と清国に対して事を起そうと企てる者が続出した。詩人与謝野鉄幹もその中の一人であり、有名な自由民権論者大井憲太郎は、自ら壮士をひきいて朝鮮に渡り、事大党大官の暗殺、京城の清国公使館の焼打ちを計画し、同志八十名を集めたが、資金調達のために強盗事件をひきおこして、事は破れた。いわゆる「大阪事件」である。

一方、福岡玄洋社の青年志士も活動をはじめていた。頭山満は神戸に流寓中の金玉均に会い、その尋常凡庸の徒でないことを見抜き、援助を決意したが、大井一派の検挙を知り、同志の軽挙を慰撫して時機を待つことにした。玄洋社員のほかに『大東合邦論』の著者樽井藤吉、民権論者一方の巨頭中江兆民もこの謀議に参加している。

金玉均は日本政府の圧迫をうけ、小笠原島と北海道で流刑同様の生活を送っていたが、多くの有志の同情と奔走により、やがて東京に帰ることができた。そのころから朝鮮政府と清国公使館の刺客に狙われ、ついにあざむかれて上海に誘い出されて暗殺された。死体は清国軍艦によって京城に送られ、首と四肢は獄門にさらされ、胴体は漢江に投じて魚腹に葬られた。——明治二十七年三月末の事件である。

この暗殺と極刑の報は日本の有志を憤激させ、日清開戦論の口火の一つとなった。玄洋社社員、的野《まとの》半介は外務大臣陸奥完光をたずね、開戦の急務を説いたが、陸奥は「まだ開戦の時機ではない」と言葉をにごし、的野を参謀次長川上操六に紹介した。

川上は的野の清国膺懲《ようちょう》論を聞いた後、「なにしろ伊藤首相が非戦論の親玉であるから、戦争など思いもよらぬ。時局を急速に解決しようと思うなら、誰か一人付け火をする者はないか。火の手があがれば、火消しはわれわれ軍人の任務だから、進んで本務につく」と意味深長の一語をもらした。

頭山満はこのことを聞き、「伊藤の如き臆病者に金玉均の弔《とむらい》合戦など思いもよらぬことだが、さすが川上だ、事成れば功を国家に帰し、成らざれば独りその咎《とが》に甘んずるのが大丈夫の本懐だ。みんな自重してやれ」と同志を激励した。

そのころ、すでに朝鮮釜山には、日本浪人の梁山泊《りょうざんぱく》ができていた。大崎正吉が同志のために開いた法律事務所で、ここには福岡の武田範之、千葉の葛生能久をはじめ、十数名の水滸伝的豪傑が起臥し、出入して風雲をうかがっていた。

青年葛生能久は大井憲太郎門下であったが、「大阪事件」の検挙をまぬかれ梁山泊の一員となっていた。金玉均の屍体が揚花鎮にさらされたと聞き、その首を奪い去ろうとした熱血児である。

伊藤、井上、桂、山県

さて、この武田範之、内田良平、葛生能久などの玄洋社・黒竜会系の青年たちが、「日韓合邦」において果した役割は極めて特殊であり、「大アジア主義」運動の見地から見てはなはだ重要である。彼らは日韓対等の「合邦」を信じ、その一点で、東学党の後身として百万の会員を擁する一進会の主領李容九、宋秉畯《へいしゅん》と結びついた。日韓合邦はその結果において日本側の一方的併合に終ったが、その過程においては、「売国奴」とののしられつつ合邦運動に挺身した多数の朝鮮人が協力していた。

徳富蘇峰編『公爵桂太郎伝』によれば、

「韓国併合は日露戦役の勝利に伴いたる必至の結果に外ならざりしが如しといえども、我が帝国に取りては、一面には有史以来の宿題を解決し、他面には維新以降の懸案を解決したるものにして、その業の極めて至難なりしは、もとより論をまたず」

「けだし、維新以来、韓国問題に対する我が国の思想界に二大潮流あり。その一は対外派の主張にて、その一は内治派の主張なりき。前者は国の国防線の関係より、日韓の離るべからざる利害を有するを認め、結局これを我れに併合せんとするものにして、後者は韓国の棄つべからざるを認むる点において、前者と同一見解に属するも、列国の関係に顧み、韓国併合の容易ならざるべきを察し、我が勢力圏の下において、これを保護せんとするものなり。山県及び公（桂）は前者の系統を受け、当時その主張の代表者たり。伊藤及び井上は、むしろ後者の系統に属し、当時その主張の代表者たりしなり」

蘇峰によれば、日清戦争より明治四十三年の併合に至るまで、韓国に関する日本国内の問題はすべてこの両派の衝突であった。日清戦争後の京釜鉄道敷設に極力賛成したのは山県と桂であり、これに反対したのは伊藤と井上であった。日露戦争前に日英同盟を主張したのは山県と桂であり、日露協商を主張したのは伊藤と井上であった。韓国問題が平和的に解決できないと見て、対露戦争の準備に努力したのは山県と桂であり、最後まで平和を維持しようとつとめたのは伊藤と井上であった。しかし蘇峰は、内田良平や李容九などの「合邦論者」の存在については全くふれていない。

日露戦勝後の日韓協約により保護政治の基礎を固めたのは山県、伊藤両派の歩みよりの結果であり、伊藤は自ら最初の韓国統監となり、「正義と人道とを標榜《ひょうぼう》し、専ら保護政治の基礎を確立するにつとめ、併合問題に関しては、容易に耳をかさざりしといえども、四十年以来、統監政治の永続すべからざるを看破し」ついに勇退の意を決し、統監の職を辞した。「その苦衷の在るところ、また察するに余りあり」と書いているだけだ。こんな点が、蘇峰が藩閥の代弁者という悪名をうけた原因の一つであろう。

桂太郎は伊藤辞職の後、ただちに閣議を開き、韓国併合の方針を確定した。だが、伊藤はなおその初志を捨てず、「日露親善を策し」ロシア大蔵大臣と会談のため満州に向って出発したが、明治四十二年十月二十六日、ハルビン駅頭で韓国の志士安重根によって暗殺された。「伊藤の奇禍は、公（桂）をしてますますその方針を実行するの信念を篤《あつ》うせしめたるや疑いを容れざりしなり」（『公爵桂太郎伝』）

朝鮮併合は伊藤博文に対する山県有朋の勝利であった。もちろん両者の差はその時期と合併方式（保護国か属領か）の差であって、ともに朝鮮を国防の第一線と認めたことと、対清国問題、満州及び韓国問題解決のため日露交渉の必要を認めていたことには変りはない。伊藤のハルビン行は、山県、桂、小村寿太郎らとの「黙契」があったと蘇峰も書いている。

伊藤暗殺の報を聞いて山県は痛嘆し、左右をかえりみて「伊藤は最後まで好運の人物であった。自分は軍人として彼の最期がいかにもうらやましい」と言い、次の一首を詠じたという。

かたりあいて尽しし人は先立ちぬ
　今より後の世をいかにせむ

伊藤も山県も共に吉田松陰門下であり、同じく長州奇兵隊の組織者であった。

東学党の乱

もちろん、このような日本人の詠嘆と感傷は、朝鮮人にとっては問題ではない。民間の合併論者李容九も宮廷大官の中の親日派金玉均、朴泳孝も、朝鮮民族にとっては極悪の売国漢にすぎず、金三奎氏の『朝鮮現代史』も、李容九と一進会は完全に無視している。

「ロシアの南下を恐れた英国は……日英同盟を結び、韓国における日露抗争において日本を支援し……開戦となるや、米国も英国と歩調を合わせて……一五〜二〇億に及ぶ戦費のうち八億円は米英の証券市場によって賄われた」

「日本海海戦で日本の勝利確実となるや、……セオドル・ルーズベルトが仲裁に立ち、……この講和条約の第三項には、日本の韓国にたいする宗主権を承認している」

「要するに、ロシアは敗戦によって、また米英は、それぞれの植民地であるインドとフィリピンの安全を確保するために、それぞれ日本の韓国支配を許したのである」

右の金三奎氏の記述はすべて事実であろう。朝鮮に関する「列強」の利害はこのような形でからみ合っていた。

私としては、記述の公平を期するためにも、日本人としての心情の故にも、東学党と一進会、李容九、宋秉畯と武田範之、内田良平などの存在と活動を書きおとすわけにはいかない。さいわい李容九の遺児大東国男氏『李容九の生涯』、内田良平『日韓合邦』、黒竜会編『東亜先覚志士記伝』が手もとにある。それらによってまだ多く世に知られていない朝鮮側の「親日合邦派」と日本浪人団の交渉をせめて輪郭だけでも書きとめておきたい。

明治二十七年五月ころ、朝鮮各地に東学党の反乱が起った。この党はもともと農民の土俗的宗教団体であったが、発展するにつれ、李朝末期の虐政と両班《やんばん》（文武特権階級）の腐敗に叛逆する革命団体化した。教祖崔済愚は哲宗の時代に処刑された。哲宗のあとをついだ李太王の治世に閔妃《びんひ》一族が宮中の実権をにぎり、苛斂誅求《かれんちゅうきゅう》をほしいままにしたために、農民暴動が各地におこり、天下騒然となったとき、東学二世教主崔時亭が高弟李容九、全琫準とともに兵をあげ、郡守を殺し、郡役所を焼き、奪い得た金穀は全部郡民に分ち与えたので、その「済世安民」の旗の前には官兵もまた武器を投じて降伏する有様となった。東学党軍の党詩に曰く、

「金樽美酒　千人の血
玉盤佳肴《こう》　万性の膏《あぶら》
燭涙落る時　民涙落つ
歌声高き処　怨声高し」

天佑侠と東学党

釜山の梁山泊はこの東学党援助を決意した。先ず武田範之、柴田駒次郎を奥地の偵察に派遣し、大崎正吉は自ら東京に帰り、「二六新報社」の鈴木天眼に会い、彼の紹介で頭山満に会おうとしたが、政府の密偵にさまたげられ、的野半介の下宿を訪ねた。

的野には先に川上参謀次長との「黙契」があったし、頭山満、平岡浩太郎、二六新報社社長秋山定輔も裏面から彼らを助けたので、多少の資金と人員も集まり、再び釜山にひきかえしたが、この一行の中に青年内田良平も加わっていた。

まだ二十歳をすぎたばかりの内田良平は玄洋社社長平岡浩太郎の甥で、かねて大陸への志を抱き、少年のころ平岡にともなわれて上京し、東邦語学校に入り、ロシア語を学びつつ、講道館で柔道を修業した。日本の真の敵は清国よりもロシアだとそのころから考えて、ロシア語を学んだという。しばしば大陸渡航を企てたが、家族にひきとめられて許されなかったのが、はじめてその機会を得たのである。浪人志士に対する当局の警戒は厳重で、何人かの同志は出発前に逮捕されたが、内田は危うくのがれて、釜山に到着することができた。

釜山における最初の謀議は日本領事館の倉庫から小銃弾薬を奪いとることであったが、警戒厳重で失敗した。第二の手段として昌原の日本人経営の金山からダイナマイトを奪うことに決し、同志十四人は出発した。

昌原に到着して鉱主牧健三と交渉したが、もちろん承諾しない。内田は牧父子を縛り上げ、山腹の穴倉の中で多量のダイナマイトを発見し、それを二頭の駄馬にのせ、牧父子の縛をといて礼をのべ、悠々と立去った。明治二十七年七月のことである。

それより晋州を経て奥地に進み、途中、朝鮮兵や農民たちと小衝突をくりかえしつつ、山清という町で、郡守を脅迫して旅費をつくり、全羅道の主都南原に向った。まさに一個の山賊団であるが、「東洋の平和をもたらすためにはまず朝鮮から清国の勢力を一掃しなければならぬ。そのための火付け役だ。人民を害せず、多年暴戻《ぼうれい》をほしいままにした貪官より強奪する」という「大義名分」があるので、自ら「天佑俠」と称し、さらに冒険をくりかえしつつ、ついに淳昌という町で全琫準の東学党軍にめぐりあうことができた。東学党は大いに一行を歓迎した。彼らが天佑俠を迎えた歓迎文には次のような辞句がある。

「吾党、さきに貪官汚吏の民膏を剝割《はくかつ》するを黙視するに忍びず、……衆を会して全州に入る、志、一に百姓と共にその浮沈を共にするにあり。意《おも》わざりき、城上砲丸雨下、敢て我が千余人を射殺す。至冤《しえん》極痛の憤、今や訴えを呼ぶに所なし。……諸公若し高駕をわが陣門に枉《ま》げ而して愚蒙を啓諭するの労を吝《おし》まずんば、何の遅疑をか要せん。……生ら会席を清うして謹んで諸公の光臨を待つ」

東学党軍はもともと農民のパルチザンであるから、その情報網は八方にはりめぐらされていて、天佑俠の行動と義軍援助の意図は詳細に本部に知られていたのである。しかも、淳昌の東学党軍は全州において官兵と清国軍に大敗した敗残軍であった。それまでは連戦連勝の勢であったが、東学党の火縄銃は韓清連合軍のレミントン銃にはついに敵し得なかったのだ。天佑俠の来援を歓迎したのは、ただの社交辞令ではなかった。

全琫準はすでに淳昌撤退を決意していた。残兵は三百、天佑俠はわずか十四人、しかも武器は数挺《すうちょう》の火縄銃で弾薬はすでに尽きている。全琫準はひとまず雲峰の霊地に退却し、三南各地の同志を再組織して京城に潜入させ、旧暦七月初旬を期し、暴動をおこし、天佑俠はこれを助けて政権を奪取するという密約を結んで、両者は別れることとなった。天佑俠は正式に東学党に入党し、党の呪文その他党員の資格証明書を与えられ、各所に散在する党員を自由に集めることができることになった。翌日、全琫準は敗軍をひきい、炎天のもとを粛然と去って行ったが、これがこの叛将との永遠の別れとなった。

天佑俠はそれより、全州潜入を決行したが、全州には五連発新式銃を持った韓清連合軍五百が駐屯していたので、潜入と同時に、観察使の巧妙な罠《わな》にかかり全員捕虜となった。しかも当時の日本は「天津条約」により、清国軍とともに東学党鎮圧の義務を負っていた。観察使は京城の日本公使館と釜山の総領事館に「東学党中にあった日本兇徒数十人を生け捕ったから、すぐに受取りに来い」と打電した。天佑俠は受取人の来ない先に脱走し、途中さらに艱苦と冒険を重ね、二手にわかれて京城に近づいた時には、成歓の町には黄竜旗をひるがえした清国兵が充満し、日本軍もまた仁川に上陸して、日清開戦はすでに時間の問題になっていた。

内田良平と李容九

内田良平と東学党、その後身としての一進会との関係はこのようにして始まっている。それが日韓合邦における内田と伊藤博文の結びつきのもととなり、やがて両者の対立と決裂のもととなった。内田良平は決して伊藤や日本政府の飼犬ではなかった。常に自己の理想と信念によって、その進退を決している。

東学党の運命は悲惨そのものであった。この党は農民の宗教的秘密結社であり、その敵は李朝の悪政と韓国官兵とそれを助ける外国軍であった。天佑俠には歓迎の意を示したが、日本そのものに好意を持つはずはない。豪勇全琫準は日清戦争の後、再び信徒を拡大し東学党を再建したが、日本の対朝鮮政策は李王朝の李族政治を擁護し、人民を救済するものにあらずと認め、兵をあげて日本軍と戦い、公州城の一戦によって同志李容九と共に傷ついた。琫準は淳昌において韓兵に捕えられて刑死し、武田範之、内田良平なども日本官憲に追われる身となった。不屈の李容九は破獄して江原道にのがれ、崔時亨を二代教祖にいただき、再び秘密裡に布教を開始した。

明治三十二年、韓国政府は東学党の全滅を企て、大弾圧を行った。投獄された信徒数万人、教祖崔時亨は刑死し、高弟孫秉熙《へいき》は上海に逃れ、李容九は捕えられたが、拷問に屈せず孫秉熙の所在をあかさず、出獄後は東学党を天道教と改め、さらに懸命に布教して、明治三十七年ごろには五十万を越える信徒を集めた。

三代目教主となった孫秉熙は上海から日本にわたって身をひそめていたが、日露戦争の勃発を好機とし、天道教徒を日本軍に反抗させ、日露両国をあやつって、政権の座につこうと計画し、李容九に密書を送った。李容九はすでに東学党失敗の先例があるので、孫秉熙の意をうたがい、同志の宋秉畯に相談した。

宋秉畯は一種の傑物である。古くからの東学党員であったが、二十一歳の時、黒田清隆大使の接伴使に任ぜられたことから日本人と交わりはじめ、そのために韓国人に憎まれ死地に陥ったこと前後十数回、閔妃《びんひ》暗殺事件の後、日本にのがれ、北海道に朝鮮人参を植えたり、京都で染色織物を学んだりしていたが、日露開戦とともに軍司令部つき通訳官として帰国し、韓国政府の中に親露派の多いのを見て、旧独立協会の残党を集めて「維新会」を組織し、日韓同盟を計画していたので、李容九を説いて日本との協力をすすめ、天道教と合同して親日独立団体「一進会」をつくりあげた。教主孫秉煕は日本より帰り、百万の信徒が歓呼して迎えてくれた機に乗じて一進会会長たらんとて諸種の詭計を用いたが、実権はついに李容九、宋秉畯の手からはなれなかった。

明治三十九年九月、この宋秉畯が突然韓国警視庁に拘引投獄されるという事件が起った。罪名は犯人隠匿。隠匿されたという人物は皇帝の信用厚く知謀はかり知れずと言われた李逸植である。この男はかの金玉均暗殺の元兇であり、朴泳孝をも捕縛しようとして東京で活躍し追放された、まったくの怪人物だ。日清戦争後はロシアの勢力を韓国に導き入れ、皇帝をロシア公使館に遷幸させしめたこともある。

日露開戦になると、二十余種の利権を日本に与えようとして、日本公使に怪しまれ、玉《ぎょく》璽《じ》盗用（実は親日媚態のための皇帝との合作だった）の罪に問われ流刑に処せられることになった。

李は生来の狡智を働かせて、政敵宋秉畯が料亭で遊んでいる席にとびこんで助けを求めた。宋は懐にとびこんだ窮鳥を自宅につれ帰って二、三日滞在させた。これが宋の逮捕理由となった。内田良平はこの裏には何かあるとにらんで、しらべてみると、統監部の警務部と韓国警務顧問府が一進党を崩壊させようとする陰謀だとわかった。

内田はひそかに伊藤統監に面会して説いた。

「韓国指導の目的を達せられんとするには、親日、排日の両派を駕御し、両派をして統監の信用をうるべく競争せしむるがよろしい。いま親日の一進会をほろぼして、親清派より親露派となり排日派に変化したもののみを存在せしめるのは拙策である」

伊藤が同意したので、内田は一進会の内状に関する詳しい報告書を提出した後、一進会会長李容九を呼んで言った。

「もし一進会の方向が、余の所見と一致するならば、すぐにも宋を救出できる」

李容九は答えた。

「私の意見は樽井藤吉氏の大東合邦論と同じだ。一進会は東学党の後身で、東学党の目的は民に在りて君主にはない」

そして内田を一進会顧問に迎えたいと言った。宋秉畯は放免された。内田は彼に日韓連邦説を説いたが、宋は「現皇帝の在位中は到底成功の見込みがないから、まず皇帝を廃止すべし、これは閔妃事件以来、十年間の自分の持論である」と答えた。内田は彼に同意し、共にその実行手段を密議した。

閔妃暗殺事件

さて、「閔妃事件」という言葉が出たから、ここで筆を十年前にさかのぼらせなければならぬ。

この事件は明治二十九年、大院君と日本公使によって企てられた宮廷陰謀であり、失敗したクーデターである。大院君は李朝最期の皇帝、李太王の生父で太王の即位以来十数年間宮廷の実権をにぎり、若干の政治的功績もあったが、極端な排外主義者で、鎖国政策をとってキリスト教徒を迫害し、慶応二年フランス宣教師を殺して、フランス艦隊の来攻をうけた。明治四年には米艦を大同江で焼いた事件で、米国陸戦隊に攻撃されたが、共に容易に退去させることができたので、ますます自信を固め、排外主義を固守した。日本の征韓論も彼のこの排外主義から発した部分が多い。明治八年、日本軍艦を砲撃して、「江華島事件」を起し、ついに釜山、元山などの開港を余儀なくされた。このころから大院君の勢力は衰え、王妃閔氏の一族がこれに代わったが、大院君は閔氏派の軍制改革に不平をいだく軍隊を使嗾して宮中に闖《ちん》入せしめ、閔妃を追放し、ついに日本大使館襲撃事件を起した。清国北洋大臣李鴻章は内乱鎮撫を名として兵を送り、大院君を捕えて天津に軟禁したので、政権は再び閔氏一族の手にかえった。これを「壬午の変」（明治十五年）という。

この時、日本に対する謝罪使として渡日した朴泳孝らが日本の「文明開化」を目撃して独立自治の志を固め、清国の保護に頼る「事大党」と対立、いわゆる「甲申の変」（明治十七年）を起して「事大党」の首領を殺し、一時政権をにぎったが、清国の袁世凱の兵に破られて朴泳孝、金玉均は日本に亡命した。

政権は再び閔氏一族の手にかえり、これをめぐって、宮廷内の諸党派、外部からは日、清、露、英、米、仏の諸勢力が暗闘をくりかえし、明治二十七年の春、東学党の蜂起を機として清国は日本との天津条約（対韓軍事不干渉条約）を無視して出兵をしたために、日清戦争の勃発となった。

勝利は日本に帰したが、やがて三国干渉がおこり、これを機会に、露国公使ウエーベルが怪腕をふるって宮廷内に親露派を結成し、閔妃を自家薬籠中の物にしてしまったので、従来親日派と目されていた朴泳孝まで親露排日の態度を示しはじめた。この局面打開のため派遣された井上馨公使も手のほどこしようがなく帰国し、やがて怪傑朴泳孝もまた明敏な閔妃の策謀にかかり、内閣から追放されそうになった。

朴は訓練隊の兵力を用いてクーデターを計画したが、密謀は事前に発覚して、再び日本に亡命した。日本は朝鮮半島から清国の勢力を駆逐《くちく》したが、結果は露国という強敵を導き入れたことになってしまった。

『東亜先覚志士記伝』によれば、「閔妃は聡明多智、術策に秀いで、一面陰険、嫉妬、残忍の性格を兼ね有する妖婦型の女性で、歳わずかに十六歳の時、王妃に冊立《さくりつ》されて以来、巧みに李太王を操縦して朝鮮半島を意のままに動かし、かの支那の西太后と併称されたいわゆる東洋女傑の典型ともいうべき稀有の后妃であった」。

「政治上の機密は言うまでもなく、国事に関する万般のことを詳《つまび》らかに知っていて、……井上公使の在任中にも、同公使が李太王に謁見する際、いつも襖《ふすま》越しの次の間に閔妃がいて、色々の注意忠言を国王に与えていたが、……その内に井上公使とも次第に親しくなって、……三人鼎座《ていざ》して談話するようになったということである」

この叙述の中の多少の中傷的辞句をのぞけば、彼女を西太后に比することも、必ずしも過褒とは言えない。彼女が日本の野心をしりぞけるために、ロシア公使ウエーベルと結び、親日派の一掃をはかったのは、朝鮮王妃として当然の行為であったとも言える。

これに対して日本の民論は湧き、日本の浪人志士は反閔妃派と結び、ついに日本政府を動かして強硬態度をとらしめるに至った。

日本政府は陸軍中将三浦梧楼を公使に新任した。公使は浪人志士の頭目岡本柳之助を孔徳里に幽居中の大院君のもとに送り、クーデターの密約を結んだ。明治二十八年十月五日のことである。

朝鮮政府はこれを察して、十月七日、三浦公使に訓練隊の解散を通告した。訓練隊とは日本士官によって訓練された朝鮮兵である。

三浦公使は即日行動開始を決意し、岡本と堀口領事館補に大院君王宮進入の方策をさずけ、安達謙蔵に日本側志士の招集と朝鮮側親日派との連絡を命じた。安達謙蔵は後の政党政治家として有名であるが、堀口書記官補が詩人堀口大学氏の父君九万一氏であることを知っている人は少ない。その日の深夜、日鮮の浪人志士団は大院君を轎に乗せ、訓練隊員と日本守備隊四百余名を従え、明け方近く景福宮に到着、宮城守備兵の応戦を排除して宮廷の奥深く侵入した。

閔妃は寝室で斬殺され、国王は大院君に強制されて新内閣の組織を許した。三浦公使はただちに参内して、国王に「静養」をすすめ、各国公使との面会を禁じた。

ロシア公使とアメリカ公使は三浦公使を詰問したが、公使ははねつけた。その日の午後の公使会議においても両公使ははげしく三浦公使の責任を追及したが、イギリスとドイツ公使の態度は消極的で、この事件の解決は日本政府にまかせるということになった。

日本政府は三浦公使を罷免し、新任の小村寿太郎公使は事件関係者の浪人志士を二年間の退韓処分に付した。つづいて三浦公使、杉村書記官、堀口書記官補、荻原警察署長、楠瀬武官も帰国を命じられ、広島監獄に収容された。被告四十数名は兇徒嘯集《しょうしゅう》謀殺罪で裁判されたが、三カ月の後、証拠不充分で免訴となった。

韓国政府は嫌疑《けんぎ》者三十三名を捕え、特別法院を設けて、そのうち三名を死刑、四人を終身流刑、四人を懲刑に処した。訓練隊は解散され、隊長三名は休職、軍部大臣と警務使は免官、大院君自身も事件の中心人物として再び隠退を余儀なくされた。

これを「乙未事件」という。その結果は、李太王を激怒させ、韓国宮廷と民衆の排日熱を激成し、ロシアとアメリカの影響力を強めただけであった。

露国公使ウエーベルの活躍

広江沢次郎氏『韓国時代のロシア活躍史』によれば、

「小村寿太郎公使はこの渦中に身を投じたが、排日熱熾烈であり、韓国王の信任皆無のため、手も足も出なかった」

「乙未事件に韓廷は一大衝動を感じ、国王は極度の恐怖症におそわれ、夜は寝室に入らず、黎明よりようやく睡眠されるという状態であった。

国王は臣下を一人も御信用なく、軍事顧問米国人ダイ将軍や、米国宣教師某が隣室で寝ずの番をして警護し、食事は露国公使官か米国公使官で料理したものに堅く錠をおろし、宮殿にはこんだほどであった。露国公使ウエーベル夫妻と、シル米国代理公使などは、最も国王の信頼を得ていた」

閔妃の残党は露国公使と堅く手を結んで機会の到来を待っていた。そのうちに、大院君系の新政府の断髪令強行が民衆の保守感情を刺戟し、各地に暴動が起り、日本人の殺される者三十余名、財産の損害も十数万円に達し、老幼婦女は難をさけて日本に帰る者が続出した。

ウエーベル露国公使は好機到来と見て、仁川から水兵百名を入城させ、二十九年二月十一日の早朝、韓国王と王太子を女装させて輿に乗せ、露国大使館に運び込んだ。

親露派の巨頭李範晋は直ちに軍隊と警官隊を景福宮に派遣し、総理大臣金宏集、農商工部大臣鄭秉夏、司法大臣魚允中を殺害し梟首《きゅうしゅ》した。親日派と目せられる領袖連四十名も、あるいは殺害され、あるいは亡命した。新内閣が成立したが、国王と太子が露国公使館にいるので、政令はことごとく露国公使館より発せられるという奇現象を呈した。

小村公使はなすこともなく帰国し、原敬がこれに代ったが、国王が露国公使館にいるので、後の大政治家原敬も手も足も出ず、三カ月で辞任してしまった。

国王はちょうど満一カ年後に露国公使館から慶運宮に帰ったが、このあいだに露公使は米公使と策応して、数々の利権を獲得した。咸鏡北道茂山と鬱陵島の森林伐採権は露人プリノに、平安北道の雲山金鉱は米人モーリスに、京義鉄道の敷設権が仏人グリルに与えられたのはその一例である。

ウエーベル公使はますます怪腕をふるい、三十年四月、露韓密約を成立させ、露将校によって朝鮮兵を訓練することをきめた。日本は日露協約違反として強硬に抗議したが、ウエーベル公使は鼻で笑ってうけつけなかった。

やがてウエーベルに代わってスピールが着任したが、この新公使はすこし行きすぎたようである。露国士官によって公然と韓国兵を訓練しはじめたのはまだよかったが、外務大臣を強制して露韓同盟条約に調印させ、韓国総税務司英国人ブラオンを罷免し、露国人アレキセーフを海関総弁に就任させて、一挙に兵権と財政権をにぎってしまった。

これに対して英国と日本は強硬に抗議し、アレキセーフとロシア武官たちは罷免、ブラオンは復職したが、スピール公使にとって最も不幸なことは、民間に親露派排斥の世論が沸騰したことである。

親露派の李範晋、沈相薫などは恐慌し、朝廷もまた露国を敬遠して、米国への接近をはかりはじめた。京城の水道、電灯、電車は米人コールブランに特許され、彼はまた韓廷と合資して漢城電気会社を設立した。京仁鉄道の敷設権を得たのも同じく米国人モーリスであった。

露国はこれに対して東清鉄道の工事を驚くべき速度で進めた。日本もじっとしていることはできず、明治三十一年、林権助を特命全権公使、硬骨漢山座円次郎を書記官として赴任させて積極政策をとり、まず京仁鉄道敷設権を米人モーリスより買収し、渋沢栄一などの手で工事を開始した。

露国は翌年、パブロフ条約の締結者として北京外交界で敏腕をうたわれたパブロフを公使として京城に送りこんだ。彼は関東州の租借に成功し、東清鉄道をウラジオストック直結した上は、朝鮮半島を手中におさめることは易々たるものと自信していたようだ。着任後間もなく、伯爵ゲーゼリングに、咸鏡、江原、慶尚三道に捕鯨の根拠地を獲得させ、さらに韓国政府と密約して馬山浦に露国東洋艦隊用の石炭貯蔵所と海軍病院建設の許可を得た。

鎮海湾軍港事件

三十二年四月、露国艦隊四隻は馬山浦に入港し、「東洋汽船株式会社」と表記した木標と石標一千本を陸揚げし、海岸地帯約三十万坪に打ちこんだ。

「露国の馬山海軍根拠地は表面化し、日本の朝野を震駭した」と広江沢次郎は書いている。時の参謀総長は大山巌、次長は寺内正毅、釜山領事は伊集院彦吉であった。領事の密電によって、参謀本部は、鋳方中佐を派遣し、領事及び釜山の実業家迫間房太郎とともに秘密に活動を開始した。工作は困難をきわめたが、露国の標柱は朝鮮人墓地にもうちこまれている、つまり祖先の聖地を串刺《くし》しにしたわけだから、朝鮮人は怒り、土地不売同盟を結んだことが日本側に幸いした。日露双方は朝鮮人の密偵を使い、猛烈な買収戦を開始し、露国艦隊は郡守を軍艦に監禁脅迫することまで敢てしたが、ついに日本側の抵抗が効を奏し、露国は馬山浦をあきらめ、その隣の鎮海湾の軍港化を狙った。

パブロフ公使は京城で鎮海湾租借に奔走しはじめた。林公使の妨害運動もききめがない。日本軍部は重大決意をもって、軍艦を対馬竹敷港に集中し、ある日突如として水雷艇隊十数隻を鎮海湾に進入させ、四隻の露国艦隊の間を一列縦陣で旋回せしめた。

露国艦隊は胆をつぶし、抜錨して逃げ出したと広江氏は書いているが、朝鮮における日露戦争は、この時すでに始まったと見ることもできる。なお、同氏によれば、露国側の文献にも、この事件について次のような記述があるという。

「日本軍隊の忠烈義勇には驚嘆のほかはないが、日本人は商人に至るまで、強烈な祖国愛に燃えている。露国がかつて朝鮮馬山浦に海軍根拠地を作らんとした時も、日本の一商人が機先を制し、勇敢にドシドシ土地を買占め、ついに露国の計画を滅茶々々にした。実に日本人一般の熱烈なる愛国心には驚くべきものがある」

これが勃興期のナショナリズムというものであろう。

内田良平のロシア論

日露開戦とその経過については改めて書かぬ。ただ、開戦に先立つ明治三十年、二十四歳の青年内田良平が単身ロシアにおもむき、当時露都にいた海軍の八代六郎、広瀬武夫にも会い、帰国後、『露西亜亡国論』を書いて、たちまち発売禁止された。

「内田は親しく露国の首都に在ってその国情を深察し、同志と議論を上下した結果、自ら結論して思えらく、人倫の頽壊、政治の腐敗すでにかくの如く甚しく、国民らの不平鬱勃として抑塞すべからざるものあるに拘らず、政府の要位に在る者はいたずらに功名をいそぎ、対外的大経綸《けいりん》を策して、これを唯一の国策とし、内政の改善については全く意に介せざるもののようである。……されば露国にして対外的の経綸ひとたび蹉跌《さてつ》するに於ては、到底収拾すべからざる事態に陥るは明らかである。しかして革命家の一派はこの機運に乗じて帝政を転覆せんと欲し、むしろ進んで政府をして対外的経綸に猛進せしむべく暗々裡にそれを誘導する有様であるから、……我が対露政策の如きも、とうてい樽俎折衝《そんそせっしょう》（外交的手段のみ）によって局面の解決を期すべき性質のものにあらず、ついに一大衝突の免るべからざるを覚悟しなければならぬ。しかして、一朝兵火相見《あいまみ》ゆる暁に於ては我が国が必勝の地位に立つべきは毫末も疑うべきものでない」

内田良平の予言は日露戦争とロシア革命については適中した。ロシアの第一次革命は日露戦争中に発生した。内田は「極端なる民族は極端なる革命を要す。彼（ロシア）が革命は、少なくともフランス革命以上の鮮血を流さざるべからざる也」と言い、まだ微弱であったロシア大学生の革命運動に望みをかけ、それが「人民大衆」と結合する日を期待した。その期待は、一九一七年に至ってレーニンとボルシェビキによって実現されている。

葦津珍彦氏によれば、内田良平の対露決戦論は、その一面において、専制政治の下に貧窮困苦する「人民大衆解放のための理想主義的革命援助論」であった。

「スラーブよ、汝の友は東方より来るべし、幸いにその意を安んぜよ」

「吾人にして万一主義のために蛮露と戦いて倒れたりとせんか、後世の史家は必ずや書して言わん、二十世紀の劈頭に日本民族なるものあり、不幸なる巨億の蛮民を救済せんがために健気にも仁義の師を興し、ついに健闘して強敵の滅す所となると。これ実に名誉の敗亡なり。あにかの喪家《そうけ》の狗輩と日を同じうして語るべけんや。吾人はこれをもって、いよいよますます文明の進軍を勧めずんばあらざるなり」

この精神を無視しては硬骨漢内田良平翁の生涯とその弟子たちの行動は理解できない。日韓問題においても、内田良平は終始「合邦」の語を用いて「合併」を排した。この精神によって朝鮮独立の志士李容九と堅く手をにぎることができたのだ。

『大東合邦論』と李容九

前にのべた内田と李容九の対談の中に、「余の意見は樽井藤吉氏の大東合邦論と同じである」という言葉が出てくる。

李容九が日本に渡った明治三十二、三年の頃は、孫文が広東で事を挙げて失敗し、日本に亡命して、日本志士との交友が開けた時であった。またフィリピン独立党のポンセが首領アギナルド将軍の命によって来日していた。このような空気の中で、李容九は朝鮮の改革運動も広いアジア的視野に立たねばならぬこと、小国日本の新生の原因が明治維新にあることをさとった。

明治維新については、清国の識者も非常な関心をもって研究していたが、その顕著な一例は康有為の「変法自彊論」である。康は日清戦争敗戦の教訓により、日本近代史を研究し、日本の強盛の原因が明治維新にあることを知り、『日本明治政変考』を光緒皇帝に呈して、国是を定め、大いに群才を集め変法改革をはからんことを乞うた。

孫文もまた同志を激励して、「日本はもと東方の一弱国なるも、幸い維新の志士を得、弱を変じて強となれり。吾党の士もまた、日本志士の後塵を歩み、中国を改造せんことを欲するものなり。余が日本との親善を主張するはこれが故なり」と言っている。

李容九も朝鮮を近代的民族国家たらしめるためには、東学党の乱のような一揆的暴動ではなく、組織的政治行動が必要であることを痛感した。李の滞日中に特筆大書すべきことは、後年かれを日露戦争協力と日韓合邦運動にふみ切らせた思想的根拠ともいうべき『大東合邦論』を手にしたことである。この本が彼に与えた影響は決定的なものであった――と李容九の遺児大東国男氏は書いている。

福沢の『脱亜論』

奈良の寺に生まれて、自由民権運動に入り、やがて玄洋社に接近した樽井藤吉の伝記は省略するが、彼の問題の書が最初に日本語で書かれたのは、福沢諭吉の『脱亜論』の出たのと同じ明治十八年であったことはおもしろい。

福沢は金玉均を助け、朝鮮留学生の世話をするなど、朝鮮の自立自強を望んでいたが、彼の関心は何よりもまず日本の「文明開化」と「自主独立」であった。竹内好氏によれば、「猛烈なナショナリストの一面を持つ福沢は、国際的な緊迫感において樽井にも大井憲太郎にも負けるものではない。彼は文明の信奉者であるが、その文明は当時流行の欧化ではなく、むろん、鹿鳴館で舞踏することでもない。彼によれば、文明は、無慈悲に自己を貫徹する。それを否定すれば国際競争に生き残ることができない」

『脱亜論』は短い感想文であるが、清国と朝鮮の文明への歩みの遅さに対して怒りと焦燥をぶちまけたものである。

「わが日本の本土はアジアの東辺に在りといえども、その国民の精神はすでにアジアの固陋《ころう》を脱して西洋の文明に移りたり。しかるに不幸なるは近隣に国あり、一を支那と言い、一を朝鮮という。……この二国の者どもは一身につき、また一国に関して改進の道を知らず、……その古風旧慣に恋恋するの情は百千年の古に異ならず、……一より十に至るまで外見の虚飾のみを事として……道徳さえ地を払うて残酷不廉恥を極め、なお傲然として自省の念なき者のごとし。我輩をもってこの二国を視れば、今の文明東漸の風潮に際し、とてもその独立を維持するの道あるべからず。幸いにしてその国中に志士の出現して……大いにその政府を改革することわが維新のごとき大挙を企て」ないかぎり「今より数年を出でずして亡国となり、その国土は世界文明諸国の分割に帰すべきこと一点の疑いあることなし」

これをただの自誇と罵倒と見ることはできない。清朝と李朝の悪政に反抗して当時ようやく活動を開始した支那と朝鮮の志士革命家に大きな期待をかけていた福沢は、何かの理由でこの「厄介な隣人」に対して、癇癪《かんしゃく》玉を破裂させたのだ。

「吾国は隣国の開明を持って共にアジアを興すの猶予あるべからず。むしろその伍を脱して西洋の文明国と進退を共にし、……正に西洋人がこれに接するの風に従って処分すべきのみ。悪友を親しむ者は共に悪名を免るべからず。われは心においてアジア東方の悪友を謝絶するものなり」

どの国のナショナリズムもこの非情の一面を持つ。民族的エゴイズムとナショナル・インタレスト（国家的利益）をぬいてはナショナリズムは成立しない。その故にナショナリズムはまず自国の富強と自主とを望み、やがて膨張主義となる。明治中期以後の日本は福沢の立言の方向に従った。その故に、明治日本は興隆したが、「アジア東方の悪友を謝絶する」ことによって、自らアジアの「悪友」となり、しかも「西洋文明国」の「友情」はもともと得られるものではなかったから、ついにシナ・ナショナリズムの爆発と抵抗が主因となって、昭和の敗戦を迎え、再び「維新前の日本」に還元させられてしまった。ナショナリズムを裁くものは「文明」でも「正義」でもない。ナショナリズムそのものである。

樽井藤吉の理想

樽井藤吉の『大東合邦論』は、福沢の『脱亜論』に対立するものであるが、その前提は同じく「西洋文明の東漸」、すなわち欧米列強のアジア侵略であり、これに対する抵抗案であった。明治維新前に勝海舟の「日韓支合縦連衡論」であったことはすでに述べた。海舟の思想が樽井に影響しているか否かは明らかでない。だが、樽井は日本という国号を捨て、朝鮮と合邦して大東国をつくり、その上で、もし可能なら清国と合縦（同盟）し、漢土（支那本部）、韃靼《だったん》（満州、シベリア）、蒙古、チベットの自主独立を回復して西洋列強に対抗せよと主張している。たしかに当時の日本人の心情の一面を代表する理想論である。『大東合邦論』の初版は発表と同時に官憲に没収された。

日本の国号を放棄して、「大東国」に変えよという大胆すぎる主張も発禁の理由の一つであったが、樽井の思想は民権論より発した国権論であって、当時の藩閥政府に対する鋭い批評をふくみ、「文明開化主義」の欧化外交と清国に対する政府の弱腰に対する攻撃を含んでいたために、当路者のお気に召さなかったのかと思われる。

「日韓両国は自由の国なり。自主の国、協議締盟《ていめい》してもって、和合をはかるは、もとより公道の条理……、清国あに喙《くちばし》を容るるべきならんや」

国力微弱、人民痛苦している現在の朝鮮と合邦しても直接の利益はない。むしろ重荷を背負いこむようなものだと言いながら、日本とアジアの将来のために、樽井は敢て「合邦」を唱えた。

「欧州の白人、東方を覬覦《きゆ》するものは、英仏露三国最も熾烈たり。しかして日本のもっとも畏《おそ》るるものは露国たり。……今、清国、露境と相接するの地最も多く、まさにその毒牙を受けんとす。この時に当って、日韓一国となり、清国と合縦（同盟）すれば、露国の東洋艦隊も対馬海峡をすぎて支那海に入るを得ず。……しかして清兵、イリ、パミールの彊《きょう》に出で、……日韓の海陸兵、露の東海岸を襲撃せば、……清国はただに黒竜江州の地を復するのみならず、満州根拠の地は金城湯池のごとくならん。また何ぞ英に頼んで露を防がんや。清人なんぞこの長計をはからざる」

かくして、安南の独立を回復し、さらにシャム、ビルマ、マライ、インドと連合して英人の驕慢をくじき、南洋諸島の拓殖開発をはかるならば、「数十年を出でずして、アジア黄人国の一大連邦」を実現するであろう――というのが『大東合邦論』の結論である。

伊藤の「甘美なる空言」

内田良平と李容九を結びつけたのは、日韓対等の「合邦」であった。伊藤博文が内田の進言をどの程度まで受入れたかはわからない。ただ、伊藤は初代統監として、明治四十一年六月、韓国大官を集めて次のように演説している。

「予は韓国の誘導扶掖《ふえき》を目的とし、もとより韓国の滅亡を欲する者にあらず、彼の暴徒の如きその真意は予の同情を表する所なりといえども、彼らはいたずらに国の滅亡を憤慨するにとどまり未だ国を救う所以を知らず。……韓国を思い韓国のために尽す点より言えば、予の志もまた彼らと毫も異なる所なし。……志士仁人は身を殺して仁を成す。予は韓国のために志士仁人を以て自ら任ずる者なり」（『伊藤博文全集』第三巻）

この言葉にはただの大言壮語とのみは思えない節がある。伊藤には伊藤流の信念と理想があった。その理想の故に、対韓政策において、山県、桂と対立し、その信念の故にハルビン駅頭の兇弾に倒れた。山県と桂が一方的な併合を強行したのは、伊藤の死後であった。

内田良平はその『日韓合邦秘事』の中で書いている。

「伊藤の朝鮮に対する統治方針はあくまでも漸進主義にして、エジプトにおけるクローマーの経営にならわんとするに似たるものあり、韓国人に向っても、常に韓国富強の域に進まば、これを独立せしむる方針なりと公言してはばからざりき」

内田はこれを「甘美なる空言」と評し、李容九とともにあくまで「合邦論」を固守して、ついに伊藤と喧嘩別れした。伊藤はその死によって責任の一半をつぐなった形になったが、山県と桂は内田と李容九を完全に裏切った。

朝鮮民族の大抵抗

しかし、内田がいかに強硬に「合邦論」を進言しようが、伊藤が自ら「志士仁人」を気取ろうが、彼の「保護政策」は山県、桂の「合併政策」の前奏曲にすぎず、朝鮮民族にとっては「奪国征服《だっこく》」以外の何物でもない。事実、伊藤の統監時代においても、韓廷と民衆の抵抗は激烈をきわめた。

この抵抗の強烈さは、日本側文献もこれをかくしていない。『伊藤博文全集』第三巻も、伊藤が単身韓皇帝に謁見して、「新協約案」を提出した時には、韓国大臣の多数はこれを韓国の独立を奪うものとして悲憤し、「市井の徒」もこれに応じて喧騒しはじめ、韓帝は密使をアメリカ大統領のもとに送って日本の暴逆を訴え、病気と称して伊藤との会見を拒絶したと述べている。

「伊藤公は危難の身辺にせまるを意とせず、……百方手段をつくして、ついに十七日、その調印を見るに至った。この報の伝わるや、殺気漢城内に満ち、大官にして自殺する者あり、書を諸外国代表者に投じて干渉を求むるものあり、形勢容易ならざりしが、我が軍事警察の処置機宜《きぎ》を得るため、大事に至らずして止み、ついで米国に派したる密使も、同国当局がこれを受理せず、……かくして韓国は名実共に一種の保護国となったのである」

自殺した大官というのは、まず前総理、侍従武官長の閔泳煥、つづいて前議政大臣趙秉世、儒者洪万植、宋秉濬《へいしゅん》で、韓国人はこれを「殉国の四忠士」と呼んだ。

調印は十七日の深夜に行なわれたが、伊藤、林公使らが大臣たちとシャンパンの盃をあけた夜明けに、学部大臣李完用の邸宅が放火されて炎上した。彼がこの夜の御前会議でまっ先に条約調印に賛成したことが、宮廷の官吏の密報で市内に流れたのである。李完用邸を焼いて気勢をあげた「暴徒」は、市民とともに宮門に押しかけ、新協約反対を叫んで不穏の形勢は日に濃くなって行った。

二十二日には、伊藤が水原の八達山に遊猟に行った帰途、汽車に投石されて顔面を負傷するという事件もあったが、伊藤は意に介せず、帰国すると同時に、枢密院議長の椅子を山県にゆずり、自ら初代韓国統監となり、翌三十九年三月、再び京城に乗りこみ、新協約の調印者朴斉純を総理として内閣を組織させた。韓国民はこれを「売国内閣」と呼び、朴総理、学部大臣李完用、内部大臣李址鎔、農商工部大臣権重顕、軍部大臣李根沢の五人を「五賊」とよんだ。

この国民感情に応じて、まず忠清道に閔宗植が義兵をあげ、つづいて全羅道に崔益鉉《げん》、慶尚道に田愚、江原道に柳麟錫の軍が蜂起して、売国内閣の打倒と新愛国内閣の樹立を声明した。李太王も「もう伊藤の言うことなど聞くに及ばぬ」と公言し、打倒朴内閣の先鋒となった。軍部大臣李根沢は深夜二人の刺客に襲われて重傷を負い、朴総理邸には爆弾を装置した小箱が投入されるという事件が起った。

日本憲兵は、宮廷秘書官長の金升文《しょうぶん》をこれら不穏事件の元兇と見て逮捕したが、彼の口から判明したのは、李太王自身から「伊藤博文と長谷川好道大将を暗殺せよ」との密勅が出ており、さらに各地の義軍の闘将に対し節刀を贈り、反乱を嘉賞したという意外な真実であった（木下宗一『日本百年の記録』）。

皇帝の抵抗はこれだけでは終らず、明治四十年六月、有名な「ヘーグ密使事件」なるものを起した。オランダのヘーグで開かれた第二回万国平和会議に三人の密使を送り、列国の共同保護を頼んだのであるが、その背後には米人ハルバード、英人ベッセルという新聞記者がいて、京城の「大韓毎日申報」に密使の携えた李皇帝の親書を発表したので大騒ぎとなった。皇帝は病気と称して内廷深く籠居し、さらに某外人の名を以ってヘーグに電報し、皇帝は日本によって監禁されたと通告し、某国大使館に亡命しようとしたので、伊藤は激怒し、ついに皇帝を強制して譲位せしめた。譲位のことはたちまち巷間にもれ、城内に民衆反乱が起り、韓兵もこれに加わり、日本警官隊に発砲したので、伊藤は長谷川軍司令官に出動を命じ、これを鎮圧せしめた。

もちろん、簡単に鎮静した反乱ではなかった。『日本百年の記録』によれば――十九日の朝を迎えると、慶運宮大漢門前には狂気のような市民が押しよせ、「国家をほろぼす大逆臣を殺せ」「伊藤を日本に追いかえせ」と怒号しながら、日本人に投石し、騒ぎは刻々大きくなり、日本人側だけでも十九名の死傷者を出した。

最後の抵抗者は宮内大臣朴泳孝であった。彼はかつて金玉均とともに日本に亡命していたが、本心はどこまでも独立主義者である。譲位式を前にして宮内大臣の印を持って姿をかくし、内大臣李通闘、軍務局長李澌闘、侍衛大隊長林在徳らとともに、宮中クーデターを企て、李総理以下各大臣を殺害し、譲位式をつぶすために、韓国軍隊の動員を計画した。李総理の急報により、日本軍一個大隊が慶運宮に入ったのは、侍衛隊のクーデターに先立つことわずかに一時間前だった。この夜、李総理の邸宅は放火され焼失した。翌二十日、伊藤は新旧国王出席なしの譲位式を強行し、朴泳孝を捕えて済州島に流刑した。

つづいて韓国軍隊の解散が行われた。侍衛第一連帯長を朴性煥は解散を怒って自殺し、狂乱した兵士は武器庫を占領して反乱を起し、日本軍と市街戦を展開した。この反乱は韓国八道に飛び火し、五年間にわたる「義兵運動」となり、参加人員十四万三千六百名、衝突回数二千九百回、死者約一万八千人、負傷者約三千七百人を出した。

李承晩の怨恨と李容九の憤死

朝鮮側の資料をあされば、この抵抗はさらに英雄的に、日本の弾圧はいっそう残虐に描き出されていることであろうが、残念ながら、それは私の手元にない。私がここで言えることは、ただハルビン駅頭における伊藤の暗殺は彼の政策の当然の結果であったが、この暗殺がかえって併合を早め、総督府の武断政治を生み、それが日本の敗戦後に「李承晩の怨恨」として結実したということだけである。

青年李承晩は李王朝の腐敗政治に反抗して在獄七年、出獄後渡米してプリンストン大学に学び、帰朝して寺内総督暗殺事件に連座して捕えられ、言語を絶する拷問《ごうもん》をうけたが、のがれて再びアメリカにひそみ、日本敗戦後の韓国初代大統領となり、救国の英雄と仰がれたが、やがてインド首相ネールの言葉によれば、安南のバオダイ、台湾の蔣介石とともに「アジアの嫌われ者」となり、国民にもアメリカにも見放されてハワイで客死した。これも革命家の運命の一典型であり、政治の非情性の一面である。

李容九の晩年はさらに悲惨であった。合併と同時に、一進会は他の諸政党とともに解散を命じられた。

「解散費として下付された金額はわずかに十五万円で、これを会員百万人に分配する時は一人当り十五銭となり、七年間多大の犠牲をはらい、奮闘の結果ようやく目的を達して合邦を成立せしめたその報酬がこの十五銭にすぎぬことになるので、会員はことごとく恨みをのんで四散した」と内田良平自ら書いている。

李皇帝は日本皇族待遇の李王となり、李完用は侯爵となり、宋秉畯その他の「合併」の功労者にもそれぞれ爵位がおくられたが、李容九はあくまでこれを辞退して、

「新政施《し》かれたる暁において、不幸余が従来の期待に反する場合ありとせんか、……余はこの栄爵を得んがためにその国を売りたるものと評せらるるも、はた何の弁解あるべき」と言った。

李容九は吐血して倒れ、転地療養のため、明治四十五年の春、日本の須磨に移った。内田

が彼を見舞うと、その手をにぎり、「われわれはバカでしたなあ」と言った。内田は「今日のバカは他日の賢者であろう」となぐさめたが、同年五月、ついに永眠した。

　大東国男氏は書いている。

「李容九ほどの親日家は、過去現在将来を通じておそらくなかろうと思う。しかし、その親日は普通の観念でいう親日とは全然性質がちがう。東学党の乱は日本軍によって鎮定され、かれ自身は日本軍によって傷ついている。彼ほど日本に対して憤りと憎しみを持った者はいない。が、それを契機として素朴な排外主義より一転し、世界の大勢に目覚め、真剣に日本を凝視しはじめたのである」

　しかも、彼は日本に裏切られ、吐血して死んだ。前にものべたが、大東国男氏は李容九の遺児である。彼の日本名が樽井藤吉、内田良平、李容九の理想した「大東国」から出たものであることはまちがいない。

　昭和九年、内田良平は明治神宮境内に「日韓合邦記念塔」を建立して、合邦功労者の名を銅板にきざんだが、その筆頭に日本人としては伊藤博文、韓国人としては李容九を挙げ、侯爵李完用の名をけずり、「芳名中、日韓併合条約に署名したる李完用などの顕職当局を挙げざるは大義を正さんがためなり」と付記した。内田良平は最後まで合邦の文字を固守し、併合を拒否している。

内田良平の志

伊藤博文は死に至るまで「合邦」に関する内田の進言に対しては常に態度を曖昧にしていた。内田は大いに怒り、大臣宋秉畯と辞職同盟を結び、ついに伊藤に統監を辞職させた。「自分がこのように合邦をいそいだ理由は、支那革命の機運がすでに熟して来たので、その前に合邦を行っておかないと、満蒙独立の経綸も行うことのできぬ心配があったからだ」と内田自身は書いている。「日韓合邦は一進会及び著者（内田）などが、かかる苦心のもとに成立せしめたのであるが、その結果は総督政治となり、その機構は主唱者などの希望を裏切りて、東亜連邦組織の基礎とならざるのみならず、一進会百万の大衆を満州に移住せしめる計画さえも画餅に帰したのである」。

竹内好氏によれば、「日本帝国主義の一源流——玄洋社の研究」の著者H・ノーマンは玄洋社と黒竜会員の活動を「さも殊勝げに朝鮮を中国の虐政から、満州をロシアの野望から『解放』すると称して、これらの地域の民間諜報行為と政府陰謀に従事した」と評しているそうだが、これは、ノーマンの目がアジア人の目でないということの証明にすぎない。これに対する竹内好氏の「日本の対外膨張を、すべて玄洋社の功（または罪）に帰するのは行き過ぎである。初期ナショナリズムと膨張主義の結びつきは不可避なもので、もしそれを否定すれば、そもそも日本の近代化はあり得なかった」という批判は十分な成立の根拠を持つ。

内田良平という革命的ナショナリストの思想と行動を詳細に研究すればするほど、竹内氏の言葉は重さと厚さを加える。

伊藤と李容九の死後、玄洋社と黒竜会の浪人志士の活動はシナ革命と満州問題に向って展開する。朝鮮併合問題と同じく、ここにおいても事は彼らの志と反したが、その「アジア解放の志」の実在を否定することはできない。彼らの志は、アジアの悲劇的な現実が生んだ「叛逆精神の結晶」であった。

第十一章　条約改正——日本は五十六年間不平等条約の下に苦しんだ

歴史の非情

朝鮮併合の歴史を書き終って、私は「歴史の非情」ということを改めて痛感させられた。日本による朝鮮併合には李王朝の悪政、ロシア、アメリカの野心、朝鮮民族の後進性などの理由をあげることができるが、どんな理由があるにせよ、日本の国家的利益による一方的な併合であったから、韓国宮廷と国民にとっては許し得ないことであり、特に「義兵事件」と呼ばれる軍隊と農民暴動の鎮圧は残酷そのものであった。

閔妃は虐殺され、多くの大臣と学者は自殺した。「義兵事件」は五年間もつづき、多数の犠牲者を出した。閔妃を斬殺して、宮庭にひきずり出し、石油をかけて焼き捨てた下手人の名は、私が読んだかぎりの文献には明記されていないが、日本の浪人志士の一人であったことはまずまちがいない。

だが、韓国宮廷の親清国派と親露国派も、その反対派に対しては容赦のない虐殺を行っている。その中で最も有名なのは金玉均の暗殺であったことはすでにのべた。

併合前の韓国には親清派と親露派と親日派の三派があり、これらがお互いに殺し合ったわけだ。純粋な独立派ももちろんあったが、これも三つの「強国」のどれかに利用され、結局、裏切られて見捨てられた。

そのほかにアメリカ派とフランス派もいた。アメリカはキリスト教徒を通じてゆっくりと勢力を広げ、フランスは安南を清国から奪取するために日本自由党を利用して朝鮮に暴動を起こさせようとまでしたが、これは日本政府に先手を打たれて成功しなかった。

日清戦争によって、まず清国の勢力が後退し、つづく日露戦争によって、露国が朝鮮半島から追い出された。これには露国の南下を防ぐために、英国と米国の後押しがあったわけだ。英国はインドを、米国はフィリピンを守るため、日本を助けた。

日本の約二十億の戦費のうち、八億は米英が貸してくれた。ポーツマス講和条約では米国大統領が仲裁役をひきうけ、日本はカラフト南半を与えられたが、償金の代りに、ただ韓国にたいする宗主権を認められただけであった。

英国は日本を「東洋の番犬」にするために日英同盟を更新し、日本の韓国における「政治上、軍事上、経済上の優位」を確認し、また米国は日本の韓国支配を認めるかわりに、日本はフィリピンに手を出さないという密約を結んだ。

これらの保証のもとに、やがて日本は、朝鮮併合を強行するのであるが、悲劇はこれから始まる。併合直前に伊藤博文が暗殺された。殺したのは独立党員でキリスト教徒の安重根であった。朝鮮におけるキリスト教団とミッション・スクールの背後には主として米国がいた。

朝鮮独立志士団の亡命先はまずアメリカ、つづいて、満州、上海、およびロシアであった。日本に対する反抗の基地がこれらの外国であったことが、「解放」後の朝鮮分割の原因のひとつになった。

朝鮮の独立運動、その民族的抵抗を非情だというのではない。その後、多くの日本要人の暗殺、天皇狙撃事件、万歳運動をはじめとする暴動のかずかずがあり、それにたいする日本側の弾圧があったが、これを非情というのでもない。

これらの反抗と弾圧は、征服被征服から発生した当然の現象であるから、歴史を学ぶものは、いちいち感傷的になっているわけにはいかない。それは「文明」とよばれる人類七千年の歴史の中で、ほとんど「自然現象」のごとくに繰返されてきた。陰惨な宮廷陰謀と残虐な民衆虐殺は政治史の身の毛もよだつ属性であり、現在もなおつづいている。

わたしが驚いているのは、東洋史の大事件であった日本の朝鮮領有がわずか三十五年しか続かなかったということである。わたしは現在六十二歳であるが、朝鮮はわたしの少年期に征服され、壮年期の初めに「解放」されている。すべてが目の前で行われた。

しかも、この解放は、三十八度線を境として、北はソ連、南はアメリカの軍事力によって行われたのだ。朝鮮は完全に南北に二分されている。日本敗戦による「解放」と「独立」ののち、すでに二十年過ぎているのに、朝鮮民族の朝鮮とよびうるものは、南と北のいずれにもない。そのあいだに「朝鮮戦争」という大虐殺戦争が起こっている。この朝鮮民族自身にとってはまったく無意味な戦争は、まずアメリカ軍とソ連軍、続いてアメリカ軍と中共軍によって行われた。

アメリカ軍は太平洋戦争以上の大量戦死傷者を出し、中共軍の死傷もそれに劣らなかったといわれている。しかも、南北朝鮮軍と民衆のこうむった被害は言語に絶し、残ったものは荒涼たる廃墟に等しい山河のみであった。

今も、三十八度線は依然として消えない。その両側の二つの朝鮮は互いに復興と躍進を呼号しながら、絶えず政変と粛清、指導者の相互追放をくり返して、「民生安定」はまだ宣伝文句にとどまっている。

南にはアメリカの軍事力がますます強化され、北ではソ連と中国の軍事力および政治力が公然と戦っている。二十年は過ぎたが、改善の見込みはなく、朝鮮民族自身の朝鮮はどこにもない。

わたしが「歴史の非情」とよぶのは、このことである。大義名分は、どちら側にも備わっている。南は「民主主義」を呼号し、北は「共産主義」の旗を振りまわす。どちらも「正義」と「人道」をスローガンとし「救国済民」と「民族独立」を旗印にしている。だが、そのどちらも、朝鮮民族というひとつの民族の耳には、空語空言にすぎまい。

「正義」と「人道」は使い古された美辞であり、現実の政治とは無縁だ。

朝鮮が二十年前に日本を追い出したことは結構である。だが、アメリカ帰りの独立主義者がアメリカ軍とともに南部を支配し、ソ連、中共帰りの革命家がソ、中両軍とともに北部を支配したことが朝鮮の悲劇である。この悲劇の克服にはまだ何年かかるのであろうか。

だが、歴史の非情に屈服することだけが人間の能ではない。歴史は人間をつくるが、歴史はまた、人間によってつくられる。統一朝鮮の歴史は、朝鮮民族自身の手によってつくられなければならない。私自身はこの目でそれを見ることはできないであろうが。

「神奈川条約」と「安政条約」

ここで、日本の不平等条約の歴史をふりかえりたい。なぜなら、幕末に締結された「安政条約」が、長い改正運動の後、やっと撤廃されたのは、朝鮮併合後の明治四十三年であったからだ。

不平等条約の撤廃については、明治維新政府はその成立の当初から苦心し、民間の志士有志もこれに呼応して戦ったが、イギリスを先頭とする欧米列国は、頑として日本の要求を認めず、日清・日露の役を経て、朝鮮併合を敢行した後に、列国は初めて日本の改正要求に応じたのである。しかも、条約の尻っぽとしての外国人による永代借地権は昭和十七年まで残った。

日本敗戦はその三年後である。連合国の占領は、七年間つづき、その後十三年を経た今日でもなお、戦勝国アメリカによって強制された「安保条約」という新不平等条約は、再び日本をしばりつづけて、半身不随にしている。

安政元年の「神奈川条約」は、ペルリの黒船艦隊の脅迫によって締結された。もとより日本の利益をまったく無視した不平等条約であった。この不平等をさらに完全にしたのが、ハリスによる「安政条約」（安政五年―一八五六年）である。ハリスは清国と交戦中の英仏東洋艦隊五十隻が日本を攻めるであろうと幕府をおどして、「日米修好通商条約」という美名の下に、

(1) 開港場に外人居住地（租界）をつくること
(2) 日本側に自主権のない関税制度
(3) 治外法権（外国人の犯罪には日本側に裁判権なし）

などを重要項目とする一方的条約をおしつけた。これは日本の領土の一部の占領に等しく、貿易通商の利益は主として外国人のみに帰し、裁判においては外国人は常に無罪と極言してもいい条約であった。世界状勢にも国際法にも暗い幕府の当局者には、これが後に日本の独立と自由と産業の発展に破壊的な影響を与えることに気づかず、アメリカにつづいてオランダ、イギリス、ロシア、フランスさらにポルトガル、ドイツ、スエーデン、ベルギー、イタリア、デンマークとも同じ条約を結んでしまった。

居留地の整地、道路、水道、兵営、火薬庫、病院などの建設費はすべて日本側の負担であり、行政権も警察権も彼らにあり、無料同様の地代による借地権と土地所有権は、永久の権利であった。公園、競馬場もまた外人専用で、日本人の立入りが禁止されていたことは、例えば『横浜市史』（第三巻下）を読めばわかる。

維新政府は幕府を打倒したが、「安政条約」は受けつがざるを得なかった。横浜のみをとってみても、欧米列強の駐留軍は時に万を越え、港は彼らの鋼鉄艦によって制圧されていた。

右大臣岩倉具視は、「外国の兵隊を我が港内に上陸せしめ、また居留西洋人の我が国法を犯すものあるも、彼が国の官人を以てこれを処置せしむるは、我が皇国の恥辱甚だしきものというべし」（明治二年）と痛憤し、外国判事山口範蔵、中井弘らも同じ怒りをこめた上中書を出したが、さてこの屈辱からどうして脱出するかについては、当時の「洋書読み」の新知識の一人、外国官副知事の大隈重信でさえ、「余らはかつて堂々幕府の政策を非難せしにもかかわらず、いまだ安政条約の如何をも深く研究する所あらざりし」と告白している。問題がおこるたびに、外国公使、特に強硬剛腹なイギリス公使パークスから威圧され翻弄されるばかりであった。

岩倉全権公使団の失望

右にのべたように、「安政条約」は徳川幕府から明治政府に残された厄介きわまる遺産であった。現在の読者はこれを簡単な問題として考えているかもしれぬが、日本は実に五十六年間――厳密に言えば、八十七年間不平等条約の支配下にあった。

「アジアは一つ」と叫んだ明治中期の思想家岡倉天心は、西洋人に読ませるための英文の著書の中で、「西洋が日本を真に理解するのは、日本艦隊がシンガポール沖においてイギリス東洋艦隊を撃滅した時であろう」と慷慨したが、この怒りと嘆きはすべての明治人に共通のものであった。

明治四年の岩倉具視、木戸孝允、大久保利通、伊藤博文などを首班とする随員百余名の全権使節団の欧米派遣は、決してただの視察旅行ではなかった。ちょうど、明治五年七月が安政条約改訂の期日であったので、まず米国から始めて欧州諸国と改正の準備交渉をするのが、その主目的であった。

だが、使節団の希望は、サンフランシスコに上陸し、首府ワシントンに到着すると同時に無惨にうちくだかれてしまった。グラント大統領も国務長官も大いに東洋の珍客を歓迎し、条約改正に耳だけはかたむけたように見えたが、アメリカの利益は忘れなかった。治外法権の撤廃、関税自主権などに関しては一顧もあたえず、アメリカの立案による改正案をおしつけようとした。それが実は改悪案にすぎなかったことを知った日本使節団は、驚き怒ったが、どうすることもできず、対策の立てようがなかった。ワシントン市における木戸孝允日記に曰く、「彼ノ欲スルモノハ尽ク与ヘ、我ガ欲スルモノハ未ダ一モ得ル能ハズ。コノ間ノ苦心、且ツソノ遺憾ナル、タダヒタスラニ涙ヲノムノミ」（『松菊木戸公伝』）

しかも、全権委任状を持参していないという理由で、あわてて大久保利通と伊藤博文をワシントンから帰国させるという事件まで起った。全く子供あつかいである。大久保、伊藤は、留守政府の西郷、副島、江藤、大隈、井上などと協議したが、結局、アメリカの要求どおりに条約を改正することは、日本のため百年の禍根を残すという意見に一致し、ワシントン滞在約半年の後、使節団は条約改正の予備交渉をあきらめ、その目的を欧米文明の視察に切りかえた。イギリスの態度がアメリカ以上に強硬であることが判明したからである。一行は英、仏、独、露、伊の各「文明国」を巡遊し、各国に留学生をのこしただけで空しく帰国した。

欧米諸国の文明と隆盛に驚くと同時に、不平等条約改正の道は、ただ「富国強兵」と「文明開化」あるのみという感慨は使節団全員に共通したものであったにちがいない。

マリヤ・ルース号事件

留守政府の外務卿は硬骨放胆な副島種臣であった。彼は岩倉、大久保の外遊中にもかかわらず、独自の方針で治外法権撤廃と関税自主権回復を試み、各国公使団に対し、「治外法権の撤去は天地の公道、宇宙の大義なり。各国がわが国に強制した最恵国条約なるものは不条理不公平である」と堂々の議論を展開したが、「ひとり英国公使これに反対してついに議行われざるに至たれり」(『玄洋社社史』)

この時、たまたま突発したのが、有名な「マリヤ・ルース号事件」である。明治五年六月、ペルー風帆船マリヤ・ルース号(三五〇トン)は南支アモイからシナ人苦力二百三十一名を乗せて、帆柱修理のため横浜に入港した。日本とペルーとの間にはまだ条約が締結されていなかったので、神奈川県庁がこれを管理した。ところが虐待にたえかねた苦力が海にとびこみ、イギリス軍艦に救助され、イギリス臨時公使ワトソンはこれを神奈川県庁にひきわたした。

神奈川県権県令大江卓もまた、維新志士の気概を失わぬ痛快男子であったから、ただちにマリヤ・ルース号船長ヘリエロを訊問し、奴隷船のシナ人六名を取調べ、苦力募集は誘拐、詐偽、脅迫によるものであると認めて、ルース号の出帆を禁止した。外務卿副島種臣は東京から司法権大判事玉乃世履（後に「大津事件」で硬骨をたたえられた大判事）と司法少丞河野敏鎌を派遣し、各国領事立会いのうえ、船内の苦力二百三十人を上陸させ、大いに優待し、本人たちと在留清国人の希望をいれて本国に送還した。船長ヘリエロは米国公使デ・ロングを通じて抗議したが、副島外務卿はこれを一蹴した。（『横浜市史』）

しかし、条約改正そのものは、その後数十年経てもなお実現しなかったのである。

横浜居留地と南京町

余談にわたるようであるが、ここで明治初年の日支関係を簡単に考察しておきたい。

「新中国」ファンである戦後進歩派の教授、作家諸氏の中には、日本人のシナ人軽蔑は、日清戦勝後の「帝国主義的思いあがり」であるという説をとり、今もなおそれを固守している者がすくなくない。

かの有名な「日清談判破裂して、品川乗出す東艦……遺恨重なるチャンチャン坊主」という欣舞節の流行は明治二十一、二年ころであったことは、すでに第六章でのべた。その後、伊藤博文の資料を調べているうちに、明治十五年ころ、彼がベルリンから黒田清隆にあてた手紙の中に「支那豚尾先生」という言葉を発見して、私は驚きと疑問を新たにした。

さらに、『横浜市史』の中の「居留地の変容」の章を読んで、私は目を見はった。

「弁髪《ちゃんちゃん》先生はその国の公使殿が渡来ありてより以来、百で買いたる馬が一升の豆にありつきたる勢にて、ピンピンはね出し、ふざけたる真似ばかり多し」

これは、明治十一年九月二十四日の『横浜毎日新聞』の記事だ。

チャンチャン坊主もチャンコロという言葉も明治初年以来存在していた。これをチュンゴレン（中国人）またはチンコレン（清国人）の転化だという好意的弁護論はどうやらまちがいらしい。日本人側の明らかな軽蔑語である。

私はシナ人に対して決して悪意を持たず、軽蔑もしていない。友人もたくさんある。中共人でも彼が日本の内政に干渉しない限り、喜んでつきあうつもりだ。ただ、この試論の中の引用文以外では、常にシナ及びシナ人という言葉を用いるのは歴史用語としてであって、大英帝国（グレート・ブリテン）をイギリスと書き、大日本帝国を日本と書くのと同じ態度である。「中国」も「中華民国」も彼の自称であって、まだ学問用語にはなっていない。公文書類の引用では「中華民国」も「中華人民共和国」も用いる。時代区分としては、漢、唐、宋、明、元、清、中共の名も用いなければならない。

日本が清国と修好通商条約を結んだのは、「マリヤ・ルース号事件」の翌年、明治六年であった。だが、清国は公使も領事も派遣しなかった。「日本在留の中国人たちは、匿名で本国に対し、日本は西欧人を尊敬するが、中国人を軽蔑し、かつ虐待している」と訴えたが、清国政府は外交団派遣の費用に不足しており、また居留民の保護のためにはまず軍艦を往来させて示威しなければならぬと考えていたからだ、と『横浜市史』は解釈している。

清国駐日欽差《きんさ》大臣（公使）一行が軍艦海安号で横浜に到着したのは、明治十年正月であった。

「公使、副使は税関の小蒸気に駕し、その他兵隊五十名ばかりはバテーラ（ボート）にて上陸、士官は号令を発して大波止場に整列、……行列の先頭には金鼓の二字を書きたる旗二本、その下に鐃鼓《きょうこ》を持ちたる者各四人、その次国旗二本、その次兵隊半隊みな担銃をなせり。その前に瓔珞《ようらく》を冠りたる異様の者二人、兵隊の次に巡回牌八本、次に公使、副使みな支那型の輿に乗り、各々四人づつにてこれをかつぎ、長柄傘《えかさ》二本、騎馬四人、その次瓔珞を冠りたる者二人……支那居留地をことごとく巡回し、関帝廟に拝し、支那商人ら会芳楼の支那料理を以て両使を饗応し」、この夜は支那人街はすべて提灯《ちょうちん》を飾って、久しく待望していた公使の到着を歓迎した――と『横浜市史』にある。

そのころには、はじめは西洋人の召使いとして入国していたシナ居留民の数は約三千名となり、全西洋人居留民を合わせた数の二倍に達していた。

しかも清朝の北洋大臣李鴻章は天津条約（一八五八年）によって、西洋人に対してはシナ内地の通商と旅行を許したが、日本人には許さなかった。彼は、

「日本人は貧窮にしてかつ貪欲《どんよく》であり、詐《いつわ》り多く信すくなく、しかも中国人と風貌や文字が似ているので、日本人が内地に入って商業に従事することから起る弊害は、欧米人よりもさらにはなはだしい。対日条約の眼目は内地通商を絶対に拒絶することである」（「外務省記録」）と公言していたという。

不信と軽蔑は双方にあったわけだ。どちらが先とも言えないように見えるが、幕府の「国学」として、徳川時代を支配した儒学から発した「中華崇拝」と「支那趣味」の流行を考え

れば、日本人のあいだにチャンコロ感情がおこったのは、明治初年に至って、現実のシナ居留民の生活に接したことから発したと見るのが正しい。――この感情は明治十年代の末、李鴻章が朝鮮で袁世凱と三千の軍隊を用いて日本圧迫を強行したことによって、ついに「遺恨重なるチャンチャン坊主」という感情に発展したのではなかろうか。大清帝国の日本軽蔑と圧迫に対する日本ナショナリズムの反発であった。日本政府もまた李鴻章に反発して、横浜の一般居留民には許されている箱根、熱海への遊山を、シナ人には許さなかった。

シナ居留民の増加によって、日本人がまず困ったのは、彼らのアヘン吸飲と賭博癖であり、それにもまして、日本人の潔癖感にふれたのは、彼らの日常生活の不潔さであった。

清国初代公使何如章が乗って来た軍艦海安号の見学記を『横浜毎日新聞』は次のように報じている。

「艦内の小便の垂れ流しにはすこぶる閉口、閉口にあらず閉鼻なり。兵隊多く砲礮《ほうこう》の辺におり、食事をする者もあれば剃髪する者もあり、博奕する者もあれば午睡する者ありて、種々様々言語に述ぶべからず」

アヘン密輸のほかに、彼らは紙幣偽造事件も起している。賭博、窃盗《せっとう》から殺人に至る事件も絶え間がなかった。

「横浜に三つの名物あり、南京町賭博と売淫と、就中、南京町の風俗の醜なること」と明治初年の『居留地風俗記』は書き、「南京街に群集するシナ人店舗は、両替店、薬舗と二、三の骨董店が商店らしい風格を具備している」のをのぞけば、「その他は概して不潔陋穢……

土産物をあきなう商店かと思えば、その二階はゴロツキの博奕宿にして、白昼公然娼婦の喃《なん》語《ご》を聞く。ペンキ屋にしてウドン屋をかね、荒物屋にして桑酒、紫蘇酒を売るが如く、店か台所か、客坐舗か庖厨《ほうちゅう》か、関帝廟はムク犬の小屋と相隣りし、食卓のあたりに小児の放屎するもきたなし」という実情であったようだ。

南京町は、初めは、日本人の好奇心をそそったが、やがて清潔好きの日本人に嫌悪感を与え、シナ人に対する蔑視感を養う大きな原因になったのであると『横浜市史』は述べている。私に言わせれば、「南京町」の不潔醜陋は日本でだけの現象ではない。アメリカでもヨーロッパでも「チャイナ・タウン」は、そのはじめは貧民窟以下の賤民窟、犯罪と悪習の巣と見なされ、しばしば排斥運動がおこり、悪童たちは「チンチン・チャイナマンの歌」を歌って彼らを嘲罵した。これは華僑《かきょう》の団結力強く、商業上の競争者として白人に脅威を与えたからだとは必ずしも言えない。彼らの貧窮と不潔が原因であった。しかし、その原因の原因は何か。

私はそこに清朝末期の悪政と暴政を見る。当時、世界にまき散らされて「南京町」または「チャイナ・タウン」をつくったシナ人は、移民ではなく棄民《きみん》であった。マリヤ・ルース号の奴隷苦力でなければ、着のみ着のままで本国を逃亡した窮民であった。彼らはわずかな縁故をたどり、同郷意識に守られ、居留地の一角に重なり合って住み、職業を選ばず、不潔と迫害に堪え、「目に一丁字を解することなく、道徳の何物たるを弁ぜざるもの」と言われながら、まず生きることに専心しなければならなかった。

戦前のハワイ、カリフォルニア、中南米における日本移民の六〇パーセント以上が沖縄県人であり、その他は日本各地の貧窮した農民であって、移民ではなく棄民と言われ、ジャップと軽蔑され、しばしば排斥運動の対象になったことを思い出すべきである。悪政のあるところに棄民が生まれる。清朝の悪政と列強の植民主義によって本国から追い散らされた棄民が世界の各地に南京町とチャイナ・タウンを生んだ。

今日の華僑はすでに世界の経済的大勢力であり、かつては国民党を、現在は中共を支援する一大政治勢力にさえなっている。一世紀以上におよぶ苦闘の成果である。今はどの国の悪童も彼らを「チンチン・チャイナマン」とも「チャンコロ」とも呼ぶことはできない。

話は飛躍するが、明治中期以後における日本浪人志士団と孫文、黄興をはじめとするシナ革命家団の共感と握手は、「滅清興漢」の旗印の下に行われたのである。日本もまた不平等条約の犠牲者であり、漢民族は列強植民主義と、その上にさらに満州族清朝の暴政の犠牲者であった。頭山満も宮崎滔天《とうてん》も内田良平も北一輝もこの点において漢人革命家と手を握ることができた。日本政府が「西洋列強」を恐れ、これにおもねり、清朝と袁世凱を助けて漢民族の革命を圧殺しようとした時、日本志士とシナ革命家との握手も断ち切られたのである。

井上馨の悪名

さて、再び条約改正問題にかえろう。

副島種臣は、征韓論者として下野した後は、学問と風月を友として政治に思いを絶った。

彼につづいて、寺島宗則が外務卿として改正のことに当り、民論も強く彼を支持したが、列国の態度は依然として強硬で、ほとんど成果をあげることなく、井上馨にその席をゆずった。これより、悪名高き「欧化主義外交」と「鹿鳴館時代」が始まる。

数多い「維新の元勲」の中でも、井上馨ほど評判の悪かった人物はちょっと類がない。宴席で西郷隆盛から「三井の番頭さん」とからかわれたという話は有名すぎる。明治天皇御自身は「井上の顔を見るのもいやだ」と仰せられたと、先の盟友で後の政敵大隈重信はその『昔日譚』の中に書いている。

明治初年の大疑獄事件ともいうべき、「尾去沢銅山事件」、「藤田組贋札事件」においては、共に井上が悪役中の主役と目され、司法卿江藤新平をはじめ、政府部内の反長州派のはげしい攻撃と追撃をうけた。後者が事実無根の事件であったことは今日では明らかにされているが、前者では井上はついに法廷において「懲役二年ノ所、贖罪《しょくざい》金三拾円」を申し渡されている。井上の伝記者がいかにその無実を強弁しても、この汚職事件で彼が潔白であったと見ることはできない。

井上馨という人物は、晩年に「雷親父」と仇名されたほど、生来短気軽率、よくいえば直情径行——場所と相手をかまわず放言と暴言をくりかえし、敵をつくるくせがあって、長州閥中の最大の弱点となり、薩派、佐賀派、民党各派に狙われ、木戸孝允も伊藤博文も山県有朋も彼の救護のためには、いろいろ苦労もし頭もいためた。

井上は身から出た錆《さび》の故に、しばしば辞職し、暗殺の対象にもなり、逃避の洋行もし、実業人として渋沢栄一とともに民間に下る決意もしたが、にもかかわらず、事あるごとに呼び出されて政府の要職につき、元老の一人として生涯を終った。この原因を盟友伊藤の友情や長閥の薩閥に対する勢力均衡の必要のみに帰することはできない。

悪評多い人物には独自の才能があり、敵の多い人物には力と勇気がある場合が多い。ただの悪党なら、いかに友人と党派の庇護があっても自滅してしまう。短気軽率な井上馨もまたその型の才能と実力の士であったようだ。私がこの人物に興味を持つのは、その悪名の故である。

彼は、元治元年にイギリスより帰朝後、政敵に襲われて、全身二十数カ所の瀕死の重傷をうけた。若い伊藤博文とともに開国講和論をとなえたからではない。その後に高杉晋作とともに藩内の「俗論派」攻撃の先頭に立ったために、彼らに斬られたのである。彼は若くして「世外」と号した。高杉晋作は、西行法師にならって「東行」と号したが、井上の「世外」もまたただの洒落《しやれ》ではなかったようだ。世の毀誉をおそれぬわがままと、一種の反俗性をもっていて、しばしば暴走し、その故に西郷隆盛にきらわれて、明治天皇まで怒らせ、つくらなくてすむところに多くの敵をつくった。

彼が最も世論の集中攻撃をうけ、ついに外務卿を辞したのは、彼の「極端な文明開化論」、「欧化主義」にもとづく「条約改正方策」の故であった。この点では、戦後の現在もなお、左右両翼の史論家の攻撃の的になっている。私はその点にも興味を持つ。気性のはげしさにおいては伊藤博文のほうが一格上だったと言われているが、伊藤には生来の律気さに加えて八方破れの愛嬌のようなものがあり、少くとも政府部内には敵が少なかったが、井上は一本気の猪突性のために伊藤の失敗までわが身にひきうけた傾きがある。しかし、この章では、副島種臣、寺島宗則両外務卿の失敗のあとをうけた彼の「条約改正策」と「文明開化論」に焦点をしぼって、井上馨像を描いてみたい。

鹿鳴館時代

井上馨が外務卿として条約改正の衝《しょう》に当ったのは、有名な「鹿鳴館時代」である。鹿鳴館は明治十三年に起工され、十六年に竣工した。十一月二十八日の落成祝賀会には、諸親王、諸大臣、各国公使、その他内外朝野の紳士千二百余名を集めた。

悪名高い「欧化時代」はそれより以前に開始されていた。井上自身取調委員長となって、外国貴賓接待のための『内外交際宴会礼式案』を編纂している。同書には招待状の発送期から、賓客の席次、婦人を扶助するの法、男女の化粧室のこと、服装のことまで詳記し、明治十四年ころから各大臣参議は、毎月一回晩餐会、夜会、舞踏会園遊会などを催し、上流人士とその夫人令嬢を「欧米交際礼式」に習熟させる準備が行なわれた。舞踏教師はヤンソン、音楽教師はローレ。十八年五月、鍋島、前田両侯爵夫妻が主催した大舞踏会に集った貴顕紳士淑女は実に三百余名。当時の時事新報は「去年来鹿鳴館に設けある舞踏会員などは、平日の伎倆を示すは此時なりとてか、花の如き美人雲の如く集い来り、夜の更くるをも覚えず、午前一時過ぐる頃まで舞い踊りたる有様は、実に人間の極楽郷、看る者をしてそぞろに文明の恩沢を感ぜしめたり。けだし又文明社会の交際上になかるべからざるものなるべし」と報道している。

明治二十年四月、伊藤博文夫妻が主催して開いた仮装舞踏会は最も盛大であり有名であって、その詳細は多くの明治史書にのっているから、改めてのべない。ただ、井上・伊藤の「欧化主義」特に夜会と舞踏会はその当初から「驕奢を競い淫逸を追う廃頽《はいたい》的行事」として世論の攻撃をうけていたが、この仮装舞踏会において非難は絶頂に達し、ついに勝海舟の「時弊二十一箇条」の建白書を生むに至った。

だが、井上馨はいかなる非難にも屈しなかった。外人との交際を目的とし、一切英語を用いる「東京倶楽部」を鹿鳴館内に移して、これを後援奨励し、また外人接待のために鹿鳴館に隣接して三層楼の西洋館「帝国ホテル」を作った。「演劇改良会」の発起人にもなり、また矢田部良吉、外山正一らの「ローマ字会」の会員にもなり、漢字廃止を主張している。

彼が明治十九年一月、ローマ字会の総会で行なった演説の最後の一節は、

「欧米諸国に日本を知らるるの実は甚だ稀なり。試みに欧州のある地方において、日本は如何なる国かと問え。或は日本は支那の属国なりと思い、或は朝鮮の一部落なりと考ふるが如き妄想をいだく者無きにしもあらず。この欧米諸国の人をして日本の物産にはかくの如き物あり、その地理はかくの如し、その風土人情は云々なりと……詳悉《しょうしつ》せしめる時、我が国柄の如何なるも、すべて外国に知らるる事を得《う》べし。ここにおいてか初めて外国と対等の交際をなすに至るべきなり」（『世外井上公伝』）

国粋派の猛反対運動

明治十八年末の新官制により、第一次伊藤内閣が成立し、井上は外務卿から、外務大臣となり、ひきつづいて条約改正のために努力することとなった。だが、彼のあらゆる努力と苦心にもかかわらず、この改正は失敗し、ついに交渉中止を余儀なくされ、外務大臣の椅子と条約改正のことを政敵大隈重信にゆずらざるを得なかった。

失敗の原因は何よりもまず欧米列国――特に英国の強硬態度である。治外法権、領事裁判権、関税自主権などについて、各国は多少の譲歩を示すが如き態度をとりながら、実は一歩もゆずらず、それに対して井上は、例えば外人裁判官の雇用というような苦しい妥協策をとらざるを得なかった。

幾回となくくりかえされた条約改正秘密会議の内容はまず政府の高官連にもれ、ついに民間に伝わった。最初に井上改正案に反対意見を提出したのは、日本政府のフランス人法律顧問ボアソナードであった。

ボアソナードは「日本は維新以来多数の外国人を雇ったが、それはただの顧問または教師であったが、外国人を裁判所に官吏として入れることは、今回がはじめてであり、絶対に日本の不利であるだけでなく、その結果は日本の立法権まで外国の支配下におかれるおそれがあり、国民の怨みを買い、いかなる変動をひきおこすかもしれぬ」と警告した。

井上としては、何とかして治外法権の一角をつきくずし、「我が裁判権を彼より漸次回復し、終に我が国をして純然たる不羈《ふき》独立の地位に至らしめんことを期し」(外務省文書)て、この大譲歩を行なったつもりであったが、そんな苦心は反対派の関知するところでなく、井上、伊藤の弁明もボアソナードの「正論」には対抗できない。しかもこの秘密案が事前に他の政府大官と民間にもれたのであるから騒ぎが大きくなった。

そうでなくとも「鹿鳴館方式」による欧化主義は国民の反感を挑発し国粋感情を結晶させはじめていた。民党新聞はこぞって井上の国辱改正案を攻撃し自由党の壮士は大挙して元老院、山県内相官邸、各国公使館に押しかけたので、各国公使は外務大臣井上に対して抗議を申しこんだ。

反対運動は政府部内にも起った。陸軍の鳥尾小弥太、三浦梧楼、曽我祐準らの中将級、外務省の小村寿太郎などが先頭に立ち、杉浦重剛、千頭清臣、長谷川芳之助らの学者と結んで世論を煽《あお》った。そこへ土佐派の硬骨漢谷干城(農商務大臣)が欧州視察から帰って来て、反対運動に同調し、激烈な意見書を伊藤首相に提出したので、混乱と騒動は倍加した。

谷干城の意見書もまた「正論」である。彼は外遊中、ウィーンのスタイン教授、ベルリンのグナイスト教授の意見を聞き、国権主義と国粋思想を強固にして帰朝したのであるが、湘南夏島の別荘に伊藤を訪ね、改正案を内覧させよと迫った。伊藤が見せなかったので激怒し、帰京して長文の意見書を伊藤に送り、各大臣への回覧を要求した。

その一節に曰く、

「条約改正は維新以来当局者の夙夜《しゅくや》従事して十五、六年の星霜を経るも未だその功績を見る能はざりし所なり。……聞くところによれば、我が従来の法律規則は外国人に不適なるもの多ければ、……つとめて外人に適当なる法律規則を作り、以て外人の歓心を買わんと欲すと。干城は我が国政を目して独立の精神無きものと言わざるを得ず。……今それ国家独立の重権なる立法の範囲に外人の干渉を受くるは、いずくんぞ亡国の兆に非ずといはんや」

全文は『子爵谷干城伝』にのっている。同書によれば、伊藤博文が自ら筆をとって、この長文の意見書を論駁し、揶揄《やゆ》し、嘲罵した「秘録」がのこっているそうだが、谷干城は単身天皇に謁して意見をのべ、ついに辞表を提出したので、伊藤も谷の「正論」に抵抗することができなくなった。当時の『郵便報知新聞』の記事によれば、

「谷農商務大臣は去る二十日（二十年七月）、陛下に謁見しておよそ三時間の長きにわたり、縷々《るる》意見を言上して、十分に聖聴に達するところありしが、ついに意を決して辞表を差出したる由なり。同大臣の意見は内閣諸侯のために一応は拒絶されしも、その中、ある個条については内閣員中にもほぼ同意を表する向きもあり、殊に宮中顧問官の中には大いに大臣の意見に同意してこれに賛成するものありとの噂あり」

ジャパン・メール紙は谷の辞職を評して、「古語に曰く駿馬は御し難しと。谷子の如きはこれを言ふか」と賞讃し、民間の有志、壮士は九段靖国神社で『谷君名誉表彰運動会』を開き、「谷干城万才」を叫び、市ケ谷田町の谷邸まで大行進を行った。日本最初のデモンストレーションだと言われている。

板垣退助も約二万語に及ぶ意見書を天皇に提出した。ボアソナード、勝海舟、谷、板垣の

意見書は秘密に印刷されて全国に流され、有志、青年、学生たちに争って読まれた。

さすがの伊藤博文もついに屈して、井上を辞職せしめ、外務大臣を自ら兼職した。井上は宮中顧問官の閑職に移され、彼と条約改正の関係は、表面的にはここで終ったように見えたが、彼の「欧化主義」は、その反動として強烈な「国粋主義」、「日本主義」の潮流を生み、反政府勢力に結晶させた。悪名高い「保安条例」（明治二十年）の制定と、それによる志士の東京追放と逮捕は主として民権論者に向けられたように見えたが、民権論はすでにこの時国権論に自己発展していたと見ることができる。民権論者と国権論者は同一の戦線に立って、「売国的条約改正案」に反対した。「日本主義者」と自ら名乗る谷干城も、夏島別荘で伊藤を面詰《めんきつ》した際には、自分から「民権論者」と称したそうである（伊藤の黒田清綱宛書簡）。

国権派と日本主義者は、まず谷干城のまわりに集まった。

土佐に引退した谷を訪れて東京にひき出したのは、熊本人末岡武足（後の『忠愛新聞』の発行者）であった。谷は喜んで上京の途につき、大阪で柴四郎（『佳人の奇遇』の著者）、池部吉太郎と会談し、やがて東京市ケ谷の私邸に入ると、陸羯南《くがかつなん》、千頭清臣、古荘嘉門、杉浦重剛などが集まって来た。三浦梧楼、鳥尾小弥太も活動をはじめており、かつての民権結社「玄洋社」は国権主義の旗印を鮮明にし、学者、思想家としては西村茂樹が「日本弘道会」を組織し、三宅雪嶺、杉浦重剛、志賀重昂、島地黙雷の「政教社」は雑誌『日本人』（後の『日本及び日本人』）を発行した。後藤象二郎、大石正己の『政論』、鳥尾小弥太の『保守新論』もこのころに生まれた。

谷干城は陸羯南らとはかり、三浦、浅野長勲侯らの出資を得て、二十二年憲法発布の日を期して、新聞『日本』を創刊した。この新聞が明治中期のナショナリズムのために果した大きな役割については、改めて説くまでもなかろう。

井上の本心

さて、井上は外務大臣をやめ、「欧化主義」の時代は去ったように見えたが、彼は決して条約改正の志と努力を捨てたわけではない。

いかに反対論の攻撃と非難が強かろうと、維新後二十年たっても、なおのしかかっている「安政条約」が、日本に絶対に不利な「不平等条約」であることには変りはない。その被害は日本の国力が多少とも上昇するにつれて、日一日と明白になる。しかも、維新以来常に政府の中央にいて、列国の対日政策の内側を見て来た井上は、「条約改正」がいかに至難の業であるかを知りすぎるほど知っていた。その故に、彼の次のような意見書（二十年七月）も生まれたのだ。その中の一節に、

「之ニ処スルノ道、タダ我ガ帝国及ビ人民ヲ化シテ、アタカモ欧州人民ノ如クナラシムルニ在ルノミ。即チ之ヲ切言スレバ、欧州的一新帝国ヲ東洋ノ表ニ造出スルニ在ルノミト。ソレ一国人民ハ、ソノ分子タル各国人民ガ、先ズ勇敢活発ノ人民トナルニアラザルヨリハ、独リソノ強大ヲ致スコト能ハズ。即チ日本人民ノ自治ノ制ト活発ノ行動トハ日本国民ノ強大ヲ致シ、日本政府ノ強盛ヲ致スニ於テ、万欠ク可ラザルモノトス」

その実行方法は、
「我人民ヲシテ欧州人民ト触撃《しょくげき》シ、各自ニ不便ヲ感ジ不利ヲ悟リテ、泰西活潑ノ知識ヲ吸取セシムルニ在ルノミ。即チ我国人ガ各自ニ文明開化ニ要スル活発ノ知識、敢為ノ気象ヲ具《そな》フルニ至リテ、我ガ帝国ハ始メテ真ノ文明ノ域ニイタルコトヲ得ベキナリ」
「本大臣ハ更ニ前ノ断言ヲ反覆シテ以テ之ヲ提起スベシ。我帝国ヲ化シテ欧州的帝国トセヨ。我国人ヲ化シテ欧州的人民トセヨ。欧州的新帝国ヲ東洋ノ表ニ造出セヨ。タダ能クカクノ如クシテ、我帝国ハ始メテ条約上泰西各国ト同等ノ地位ニイタル事ヲ得ベシ。我ガ帝国ハ之ヲ以テ独立シ、之ヲ以テ富強ヲ致ス事ヲ得ベシ」

この井上意見はいろいろな著作の中にしばしば引用されているが、左翼にも右翼にも評判がわるい。左翼学者はこの一節の中に日本における「欧州的帝国主義」の萌芽を発見し、右翼学者はこの「文明開化主義」は西洋に対する屈服であり媚態であり、井上に果して真の愛国の情があるや否やと疑う。

前者は全くの見当ちがいであり、後者は明治十年代からつづいている在野精神の発現であるが、「文明開化」と「鹿鳴館舞踏」を嫌悪するのあまり、その底にひそむ伊藤、井上の苦心と抵抗精神を見落とした、少くとも両人の愛国の心情に対して酷《こく》に失する見方である。

井上意見書の原文は約六千字に及ぶ長文のものだ。全文の引用はできないが、その前半は欧州列強のアジア、アフリカ、南方諸島の侵略と植民地化がほとんど完成し、アジアにおいてわずかに独立国の体面を保っているのは日本と清国のみ。目下のところ、欧州には戦争がおこっているが、これが終ったら、その勢を倍加してアジア征服を再開するであろう。その際、日本は局外中立すべしなどと唱える者もあるが、とんでもないあまい考えで、列強の武力は必ず日本にも加えらるるものと覚悟せねばならぬ——と井上は書いている。

この困難を未然にふせぐために、「欧州的一新帝国ヲ東洋ニ造出スベシ」と主張しているのであって、決して一部の者の非難するような腰抜け論議ではない。彼の「欧化主義」は敵の武器をとって我が武器とせよ、という幕末・維新以来の「開国即攘夷論」であって、日本の富国と強兵、即ち「独立強盛」のためには、その最大の障害物である不平等条約をたとえ一時の恥と多少の不便をしのんでも、撤廃の方向に持って行き、日本の国力興隆の道を開くべしという詳細な経済政策もつけ加えられている。

だが、彼の鹿鳴館式欧化政策は、派手すぎただけでなく、たしかに西洋への媚態と屈従である面が多すぎ、民間のみならず政府部内の反対をもひきおこし、ついに盟友伊藤博文も井上を外務大臣の椅子から追うことを余儀なくされた。

大隈重信の登場とその失脚

井上のあとをつぎ、井上と十分に協議密約した後に外務大臣となって、条約改正の衝《しょう》に当ったのは大隈重信であるが、彼もまた井上と同一条件の下で苦心を重ねなければならなかった。彼が直面したのは同じ列国の強硬態度であり、同じ民論の反撃であった。

史家葦津珍彦氏は、井上の理想と志は日本国権の伸張にあるのではあろうが、在野人には

「日本の国権は列強に対する抵抗を通じてのみ確保され、伸張されるとの信念が著るしい。この朝野の態度の差は明治外交史を通じて、連綿として二つの大きな潮流をなしている」と書いているが、氏の解釈は大隈に対しても正しくあてはまる。大隈は「鹿鳴館式舞踏政策」はとらなかったが、その改正策がロンドン・タイムス記事を通じて民間にもれると同時に、井上に対する以上の猛反対を巻きおこし、ついに大隈は、玄洋社員来島恒喜の爆弾によって片足を失ない、内閣は総辞職して、欧化主義外交による条約改正は中止された。

私にいわせれば、井上を失脚させ、大隈に隻脚を失なわせたものは、必ずしも民論の反対のみではない。真因は安政の不平等条約をあくまで固守する欧米列強の強圧であった。政府当路者はこれを外交的交渉と術策により漸進的に「改正」できると考えたが、これはあまい夢であり、岡倉天心の言葉のとおり、「シンガポール沖における英国東洋艦隊撃滅」のほかには改正の方策はなかったのだ。日清、日露の戦勝だけではまだ不足であった。朝鮮併合後にやっと改正されたが、その尻っぽは二十数年後まで残り、日本は実に八十七年間、不平等条約によってしばられていたのである。

日清、日露の役において、伊藤博文以下の政府当路者が常に不戦論、開戦尚早論の弱腰をとりつづけ「恐清、恐露病者」と呼ばれたことは諸家の明治史が示すとおりである。日露戦争直前においても、幸徳秋水の『帝国主義』はその非戦論の故に公刊を許されたが、内田良平の『露西亜亡国論』はそれが主戦論であるが故に発売禁止された。政府の弱腰をたたいたのは、常に民間の「日本主義者」であり、「対外硬論者」であった。

条約改正における井上・大隈の立場は昭和における幣原喜重郎によく似ている。井上も大隈も幣原も頑固であったが、単なる欧米崇拝者ではなかった。ともに、世論の攻撃をうけて失脚したが、彼らが愛国者であったことは今となっては誰も否定しないであろう。

彼らの失敗の根本は西洋列強の中に友人を見ようとしたことであった。「欧化」、「文明化」、「平和主義」による外交手段によって、日本の運命を転換できると誤信したことであった。

春秋の筆法を用いるまでもなく明治中期に井上、大隈を失脚させ、大正・昭和に入って、幣原外交を失敗させたものは、必ずしも「日本主義者」、「右翼」、「軍部」ではなく、むしろ「西洋植民主義者」と「アジア征服者」の中に、「友人」を求めようとした「欧化的潮流」であったと言える。

井上馨と幣原喜重郎の悪名の淵源は必ずしもその性格や人格、または前者が「三井の番頭」であり、後者が「三菱の養子」であったが故ではない。共に国を憂いつつも、ただ「日本の真の友人」の所在を誤認した点にあった。

第十二章　昭和動乱の思想的背景──大川周明と北一輝

玄洋社・黒竜会とシナ革命家団

再び歴史にかえろう。この試論は時事評論ではない。日本の歩いた百年をふりかえり、未来への正しい姿勢をさぐり求めるための歴史の研究である。

日本のナショナリズムの膨張政策は、そのはじめから朝鮮半島と鴨緑江の線にとどまり得るものではなかった。

「日露戦争の結果、わが国は韓国における優越権と、満州におけるロシアの敷設せる南満鉄道、ならびに大連、旅順の租借権、および樺太半部を割譲せしめたるのみにして、満州の領土は清朝に引き渡してやった。当時、もし露・清間に攻守同盟の密約が存在していたことを知っていたならば、決して満州を清朝に返すことはなかったのである」

これは内田良平の『日本の亜細亜』の中の一節である。

「もし日本軍が遼陽戦あるいは奉天戦に失敗していたならば、清国は必ず露軍に応じ、日本攻撃に参加したに相違いない」。日本志士は六年前より中国革命家と連絡して計画を立て、清国参戦と同時に革命の火蓋《ひぶた》が切られることになっていたのであるが、「惜しいかな、露・清密約の内容が攻守同盟であることいまだ世に知られず、清国政府も軍事行動に出でざりしため、孫文の挙兵計画も延期せざるべからざることになったのである」

孫文、黄興等の革命運動が、日本の民間志士団と関係の深かったことは周知の事実だ。孫文の最初の日本亡命は明治三十一年であった。孫文は宮崎滔天を通じて、犬養毅、平岡浩太郎、頭山満を知り、その協力と援助によって広東、恵州における挙兵、上海における李鴻章暗殺、フィリピンのアギナルド将軍の独立運動援助などが計画されたが、いずれも失敗して、三十七年、再び日露戦争中の日本に亡命した。「孫文は日露戦争をもって、アジアのヨーロッパに対する解放戦であると解し、世界史的な転換の時代が来たと考えていた」と葦津珍彦氏は書いている。

東京赤坂の内田良平邸で「中国革命同志会」が結成されたのはこの時であった。これは広東系の孫文派と湖南系の黄興派の合同であって、両者のほかに章炳麟、汪兆銘、宋教仁、張継、胡漢民、李烈鈞、李根源などを指導者として、一万五千の在日留学生を温床として機関紙『民報』を発行し、清朝転覆の革命思想を海を越えて大陸に送りこんだ。

時の日本政府（首相桂太郎）は「革命同志会」の活動を危険視し、徳富蘇峰もまたその「共和思想」を攻撃したが、頭山満は「支那が共和になったからとて、わが国体に影響するなどというのは、自ら国体を侮るものだ」と断言して、犬養毅などとともに極力「革命同志会」を庇護激励した。内田良平は「満州問題について、中国革命党と日本の大陸政策との間に大きな利害の一致点の存在することを確認して」、日本政府と軍部に対して革命党への不干渉を強硬に主張し、説得につとめた。

その理由は「革命同志会」の標語は「倒満興漢」であり、清朝を倒して元来満州人である清国政府をその故郷満州に追いかえすことを主張していたからである。機関紙『民報』は「日本と革命中国の国民連合」を唱え、孫文以下の指導者も「中国にとっては満州は外国であり、革命成功後は、満州問題は日本に一任する」と公言していた。彼らは革命後にも漢民族の勢力は満州までは及ばず、清朝は満州帝国を再建して、ロシア帝国と手を結び、漢民族の敵国となるだろうと予想していたのである。

頭山、犬養、内田などの熱意と圧力は、日本政府のシナ革命干渉を阻止することには成功したが、満州問題に関する孫文の公約も内田の予想も共に誤っていたと現在では認めざるを得ない。

満州と日本の「変質」

たしかに、満州は清朝発祥の地であり故郷であったが、その実質は完全に変って、漢民族の満州になっていた。明治の中期までは、清朝の「封禁令」によって、満蒙族約三百万人、漢民族約二百万の土地にすぎなかったが、孫文などの革命運動の進行中に満州は二千万または三千万と称せられる大量の山東移民の流入により、明白な漢民族の土地に変質してしまった。

「朝鮮併合」後に日本が鴨緑江を越えてその牙と爪をのばしはじめた時には、すでに「孫文の公約」は時代おくれのものになっていた。二千万の朝鮮民族が、「合併」に必死に反抗したのと同じく、三千万の漢民族が日本の侵入を歓迎するはずはない。孫文とその弟子たちは「満州放棄」の公約を取り消さざるを得ず、張作霖、学良父子の反抗は始まり、国民党の方針は「旅順大連回収論」に変ったので、その後の日本の対満政策は「武力侵略」の形をとらざるを得なくなった。

だが、「朝鮮合併」以後の日本が帝国主義に変質し、「アジア解放の先駆者」から、「アジアの圧制者、略奪者」に変ったという論者の見解には、私は賛成しない。帝国主義的と言えば、日本は明治維新の前に「西力東漸」を意識した時から、すでに十分に帝国主義的であった。ただし、私の言うそれは、レーニン的意味の「帝国主義」とは違い、「資本主義の最高段階」とは関係ない。それはネールの言う意味の自主と解放を求める民族の活気としてのナショナリズムの発現であり成長である。成長したナショナリズムは膨張政策に転化し、牙と爪を発達させて、まず台湾、朝鮮がその被害をうけ、つづいて満州が狙われたという意味だ。佐藤信淵をはじめとする幕末の思想家たちの描いた予想国の中には、朝鮮、台湾、カラフト、シベリアのみか、東南亜諸国まで「日本の反撃」のための「侵略対象」として明記されている。

日本は立ち止まれなかった

葦津珍彦氏によれば、孫文はその『三民主義』の中で、「日本は馬関条約において朝鮮の独立を要求しておきながら、朝鮮を武力併合した。日本の信義はどこにあるのか」と非難した。ガンジーはその『インド自治論』の中で、「日本の空には英国旗がひるがえっている。あれは日本の旗ではない」と怒ったという。

この非難と怒りは、シナ人として、インド人として、当然のものである。だが、これに無条件に同感する日本人は、日本の歴史と運命を忘れている。日本は西洋のアジア侵略への反撃としての「東亜百年戦争」を継続中であり、その途中において立ち止まることはできなかった。孫文もガンジーも、そこまでは日本の苦悩を認め得なかっただけだ。

私の仮説を認めない学者たちは、日本はいくつかの時点において立ち止まるチャンスがあり、すなわち「無謀な大東亜戦争」を回避することができたはずだと主張する。果たしてそうだろうか。日本が「立ち止まれた」という説を裏がえせば、英米路線に協調して、もっと巧妙な「アジアの搾取者」になり得たはずだという主張になる。さもなくば、戦わずして西洋の圧力に屈し、維新前の四つの島にとじこもり、「スイス的繁栄を楽しめ」という愚かな「平和的夢想」――実行不可能な愚論となる。この種の「理性的暴論」を敢てする戦後派の学者諸氏を幕末、明治中期、朝鮮合併と満州事変、大東亜戦争勃発直前の政治的中心に立たせてみたい。いったい彼らはいかなる「理性」と「政治力」によって、日本を立ち止まらせることができたであろうか。立ち止まらせるための一応の努力は多くの人物によってなされている。彼らが現在の進歩人諸氏より「小器」であったとは思えない。大器量人もたしかにいたはずだが、彼らにも日本を「百年戦争」の途中で立ち止まらせることはできなかったのだ。今の進歩人諸君にできるはずはない。——火事場の跡の賢者顔ほど間抜けで厭味なものはない。

火事を未然に防ぎ得た者は賢者である。燃えはじめた火事を身を挺して消し得た者は勇者である。だが、この百年間の日本人には、その賢者も勇者も生まれ得なかった。なぜなら、「東亜百年戦争」は外からつけられた大火であり、欧米諸国の周到な計画のもとに、多少の間隔をおきつつ、適当な機会を狙って、次から次へと放火された火災であった。日本人は火災予防の余裕をあたえられず、不断に燃えあがる火災の中で、火炎そのものと戦わねばならなかった。時には神話の勇者のように、剣をふるって自らのまわりの燃えさかる枯草を切り払わねばならなかった。風が変って火災が隣村の方向に燃え移ることを願ったこともあった。逆風を利用して自ら火を放ったこともあった。そのために、彼自身、悪質な放火者とまちがえられ、非難もされた。

私は放火と戦った勇者を非難しない。多くの日本人が焼死した。鎮火の後に生きながらえた勇者もほとんどすべて全身に大火傷をうけた。

戦線に倒れ、傷ついた幾百万の兵士たちについて語ることは他に機会があろう。この試論では、私は主として思想と思想家について語りつづけてきた。この章でも、百年間つづいた大火災の末期に現れた三人の思想家を選び、彼らの果した役割——花咲かず、実らず、今は散り果てた如くに見える業績をしのんでみたい。

愛国者の宿命

「東亜百年戦争」は、その初期の幕末において、佐藤信淵より平田篤胤、藤田東湖、佐久間象山、吉田松陰に至る学者・思想家を生み、中期において西郷隆盛、福沢諭吉、板垣退助、中江兆民、樽井藤吉、大井憲太郎、頭山満、内田良平、宮崎滔天、徳富蘇峰、岡倉天心、陸羯南、高山樗牛、与謝野鉄幹、二葉亭四迷を生み、その末期において大川周明、北一輝、石原莞爾を生み出した。

この名簿にはなおつけ加えなければならぬ多くの名があり、また人によっては、この人選に首をかしげる者も少なくなかろう。だが、例えば福沢諭吉は、その「文明開化論」の故に激烈なナショナリストとしての一面を見落され、退助、兆民、憲太郎はその「民権論」の故に、国権論者としての活動を忘れられている。末期を代表する三人に、さらに権藤成卿、橘孝三郎、笠木良明、中野正剛、その他の諸氏をつけ加えることに私は異議はないが、この章ではまず「昭和動乱」の指導的思想家として、大川周明、北一輝について語り、「満州事変」の章で石原莞爾を語ることにする。

右の名簿の中の思想家、行動者の中の何人かは、すでに歴史の栄光に飾られているかのように見えるが、くわしく調べれば、そのほとんどすべてが悲運の生涯を送り、幽閉と追放、貧窮と病患、投獄と刑死、または暗殺による非業の死をとげている。彼ら自身だけではない。その思想の継承者・実行者である弟子と同志たちも同じ運命をたどった。

戦後の敗戦評論者諸氏が彼らを「帝国主義の源流」、「天皇制ファッシスト」、「アジア侵略主義者」、「超国家主義者」その他の荒唐舶来の悪名を冠して呼称することは随意であるが、彼らが等しく日本の国内改革と国運の展開を、アジアと世界の規模において構想し、夢想した理想家であったことを否定する者はなかろう。しかも、彼らのほとんどは、権力の座に遠い「民間人」であり、「浪人」であり、その多くは失敗者として非運の中に生き非業に倒れた。

これは日本の国内的政情だけでは理解できない。彼らの思想の「内的欠陥」だけでも説明できない。どの国でも愛国者は時に叛逆者あつかいをうけるが、国運の進展と国状の安定とともにその名誉は回復され、「光栄ある復権者」となるのが普通である。だが、日本ではこの百年間、彼らの評価は絶えず動揺し、復権と失権をくりかえしつつ、敗戦二十年後の現在においてはほとんど埋没され終わった者さえあり、最近に至って思想界の片隅で再発掘の努力がわずかに開始されはじめたのが現状である。評論家中のある者はこれを「新ナショナリズムまたはネオ・ファッシズムの復活」と呼び、敏感なジャーナリズムはこぞって「新ナショナリズム」特集を行ったが、そんなことは私には全く興味がない。歴史の大道は銀座の裏通りではない。ネオン・ライトもネオ・ナショナリズムもあるものか。新も旧もない。ナショナリズムは常にナショナリズムである。

「超国家主義」の誤解

例えば「超国家主義」とは何か。これは東京裁判用語であり、Ultra-Nationalism の訳語である。“ultra” はアメリカ発音ではアルトラだが、ドイツ語風にウルトラと言った方が日本人には耳なれている。レーニンの著書『ウルトラ左翼主義——共産主義の小児病』のウルトラである。「超」と訳さず、ただ「極端」と訳しておけば通じやすく、丸山真男氏流の無用な誤解と神秘的なこじつけ——「超国家主義者」をいわゆる「天皇制ファッシズム」に結びつけ、これをギャングや暴力団あつかいにする学問的暴行は生まれなかったはずだ。「ウルトラ・ナショナリズム」はナショナリズムの否定ではない。もし否定したら、民主主義の名において最もナショナリスティックに戦闘したアメリカとその連合国の立場はなくなる。だから東京裁判は「極端ナショナリズム」という新語を発明して、敗戦国日本を裁判し処刑した。丸山学派はそれに便乗した。おそらく意識的ではなかったろう。敗戦痴呆症のビールスが彼らの明敏な頭脳を麻痺させたために、検察官の魔術または催眠術にたやすくひっかかった。彼らの学問的愚挙は、当然再裁判の必要があり、現在その時期が来ているだけのことである。

私は右にあげた日本の「ウルトラ・ナショナリスト」たちの運命の中に、「東亜百年戦争」の悲劇性を見る。彼らの悲運と埋没は主として外的な原因による。四面を強敵にかこまれ、その絶えざる威嚇と攻撃をうけつつ思想し行動しなければならなかった小国の愛国的・革命的な思想家の運命である。

チャーチルも、ドゴールも、マッカーサーも、レーニン、スターリンも共に戦争中は、「戦時民主主義」および「戦時共産主義」の名における「ウルトラ・ナショナリスト」であった。ただ戦勝者であったために悪党として裁かれず、聖者化されただけのことである。

日本では、幕末から昭和に至るナショナリストは、敗戦後二十年間ことごとく被告あつかいにされて今日に到った。特に大敗戦を当初から運命づけられていた「大東亜戦争」の戦時体制として「昭和維新」を主唱し、計画し、実行せんとし、この困難な「敵前作業」に失敗した大川周明、北一輝、石原莞爾の生涯は悲劇そのものであった。北一輝は刑死した。大川周明は東京裁判の法廷において発狂し、精神病院を出た後は山村に隠棲して病没した。石原莞爾はその理想とした満州国と東亜連盟の崩壊を目撃して敗戦に直面し、病床にあって東京裁判の喜劇性と不条理を罵倒しつつ、狂軍人あつかいにされて世を去った。

佐藤信淵の思想と生涯

同じことが幕末のナショナリストについても言える。

例えば、平田篤胤の年長の門人佐藤信淵の思想と生涯は大川周明『日本精神研究』の中に要約解明されている。信淵は明和六年東北の山村に生まれ、嘉永三年八十四歳の高齢で世を去ったが、江戸に家塾を開いて天下の政治を誹議する者として幕吏の追及をうけ、四十六歳の時、江戸払いとなり、さらに天保三年六十四歳の時、江戸十里四方追放を申しつけられ、山村に退居した。だが、たびたびひそかに江戸に潜入し、天保九年には同志渡辺崋山、高野長英とはかり幕府の「夷船打攘令」に反対する『夢々物語』を著し逮捕令をうけたが、門人塩谷宕陰の深夜の密報によって危くのがれて、「蛮社の厄《やく》」の刑死をまぬかれた。しかも、その後、八十の高齢に至るまで筆を捨てず、著作は「天文、地理、農政、水利、軍学、火術」にまでわたり、碩儒塩谷宕陰をして「当世無類の学風に御座候」と感嘆せしめた。遺著は三十六部二百十五巻に及んでいるという。

大川周明曰く「彼の明朗なる頭脳は、日本の国際的地位を顧みて、国家の存亡、累卵の危ふきよりも危ふきを観得した」。故に彼は、一方シベリヤ沿海州を攻略して露国の南下に備え、他方南洋諸島を占領して英国北上に備えなければ日本国防の基礎を固くすることができぬと警告した。

これが有名な「宇内混同秘策」であって、島津斉彬に影響して大陸出撃論となり、西郷隆盛を生み、松平春嶽に影響して橋本左内を生み、また吉田松陰に読まれて、桂小五郎（木戸孝允）、久坂玄瑞、高杉晋作以下の松下村塾志士団を生んだ。藤田東湖、勝海舟、平野国臣、坂本竜馬、中岡慎太郎、真木和泉守を始めとする維新志士の遺稿の中にも明らかな反映と影響がみとめられる。信淵は若年の江戸遊学中、蘭学者宇田川槐園の門に入り、海防論者林子平とも交わり同郷の先輩平田篤胤の門をたたき、天文、数学、海防から神道に至るまで一切の知識を求め、その「アリストテレス的頭脳を築き上げ」、三十代にしてすでに、「その政策論において幕府の保守固陋と天地懸隔せるのみならず、そのよって立てる国家論の根本において、全く幕府の存在を否定する近代郡県政治を理想としていた」と大川周明は言い、さらにつづける。

信淵の最晩年の著書『権貨法』は商業国営の理論と実際を要約して、実に次の如き荘厳なる一章をもって結ばれてる——「太平二百五十年間、その間に天下の金銀商売の家に集まりて流滞沈痼《ちんこ》せるにや、諸侯に国用の不足にくるしむ者すこぶる多く、貧民には飢寒に迫るもの少なからず、且つまた四、五十年以来、西洋の夷狄エギリス、フランス、デーネマルカ、ポルトガルなどの諸国貪婪《どんらん》の念はなはだ強く、数多の軍船を乗出して、太洋を横行し、武備弛弱《ちじゃく》なる国を探り得れば、すなわち来りて寇をなす。すでに莫臥児《モグル》国（インド）を亡し、また近来満清を攻めて之を打破り、毎年銀六百万両の貢を献ぜしむるという。かの満清と莫臥児は、世界無双の強き大国なり。しかるに之を打破りたりと聞くときは、エギリスは淫貪にくむべきの大賊なり。しかれば、防海の武備に精鋭を究《きわ》めおきて、万一皇国に来ることあらば、これを打ってかの夷狄などを鏖殺《じんさつ》し、もって御国恩に報ぜんと欲す。しかれども年老いて、手足癰廃《ようはい》をいかんせん。また理財法を行いて、大いに官庫を富まし、下々に篤き慈沢を蒙らして、士民に勇気を振わしめんことを欲すれども、下賤（自分）はその法を上達するも越俎《えっそ》（身分を越える）のおそれあり、年八十一歳に及び死期すでに迫れり。よって此書を執政公の御内覧に入れ奉りて死するときは、明日死すといえども遺憾あることなし」

原典研究の必要

内村鑑三は日清戦争中に、西洋人に読ませるため、英文で『代表的日本人』を書いた。これに選ばれた「日本人」は西郷隆盛、上杉鷹山、二宮尊徳、中江藤樹、日蓮上人の五人であった。

大川周明の『日本精神研究』には横井小楠、佐藤信淵、石田梅巌、平野国臣、宮本武蔵、織田信長、上杉鷹山、上杉謙信、源頼朝の九人が選ばれている。これは大正の末年から昭和の初年にかけて、「社会教育研究所」の青年学徒のために講義され、さらに多くの青年たちに読ませるべく出版されたものである。これより以前、またはほとんど同時期に、「復興アジアの諸問題」が拓殖大学において講義され、さらに、続篇として「亜細亜建設者」が書かれ、イブン・サウド（アラビア建国者）、ケマル・アタテュルク（トルコ）、レザー・パフラヴィ（ペルシャ）、ガンジー、ネール（インド）の五人の歩いた「荊棘《けいきょく》の道」と、その「善戦健闘」を描いた。共に「全集」におさめられているが、『大川周明全集』全七巻は菊判約六千頁に及び、しかも一篇の瓦礫駄文をふくまず、大正昭和の佐藤信淵ともいうべき博識、その日本とアジアへの熱愛と憂憤は敗戦後の現在といえどもなお読者の胸をうち、日本敗戦につづく「アジア、アフリカ、中南米の大動乱」の意義について三思せしむるものがある。

ありのままを言えば、昭和初年の左翼学生であった私は、大川周明の著書と思想活動についてはほとんど全く知るところがなかった。当時、有名な『日本二千六百年史』をさえ完読しなかった。私は第五高等学校及び東京帝大のマルクス主義団体「新人会」の会員であったので、大川周明の思想を汲む「七生社員」と対立激論し、校庭で小乱闘を演じただけであった。その自称インタナショナリスト学生が、今六十歳を越えた老書生として、『大川周明全集』と『北一輝著作集』を読み、その光輝と残照の激しさに驚嘆する――これもまた「日本知識階級史」の一面であろう。最もひかえめな表現を用いても、「読史の喜び」というものである。

かつて「進歩的文化人」と呼ばれ、敗戦日本の「頭脳と良心」たることを自認していた青年学者たちのあいだにも、最近明治以来の「右翼またはナショナリスト思想家」たちの著作の原典研究が行われている。例えば、竹内好氏『アジア主義』、吉本隆明氏『ナショナリズム』、橋川文三氏『超国家主義』(『現代日本思想体系』筑摩書房)、また神島二郎、野村浩一、今井清一諸氏による『北一輝著作集』の編纂と解説、高橋和巳氏による『北一輝』(『反逆者の肖像』講談社版)等がその実例の一部であるが、これらの諸氏をはじめとする少壮学者たちが、原典研究によって、それぞれ強烈な印象または影響をうけつつあることもまた事実だ。彼らの研究と解説の方向と目的はまだまちまちであるが、原典を読まずに、「右翼思想」と「日本ナショナリズム」を素通りしたことに対する反省の所産であることだけはまちがいない。

そのためにいろいろな悲喜劇も起こっている。日本共産党の党員歴史家、その同調者である「歴研」会員、日教組講師団系の学者諸氏は、日本に根をおろし得なかった共産主義を根づかせるためにナショナリズムの研究を開始しているようであるが、これはまず不毛の努力で将来とも成功の見込みはない。「当面の政治的戦略及び戦術」を動機とする研究は常に学問の道をふみはずし、とんだ横道に迷いこむ。ただ自己の内的要求にしたがい、自らの思想の形成と発展のために研究しはじめた者だけが、学問的真実に近づくことができる。この型の研究者たちは舶来思想専門店のアカハタ屋の番頭さん諸君からは、「新ナショナリストまたはネオ・ファッシスト」などの正札をつけられ、転向者、裏切者あつかいにされはじめている。最近、私の所論に対するアカハタ屋系の「批評」をだいぶ読まされたが、攻撃されているのは私だけかと思ったら、思いがけぬ多数の（竹内好氏から桑原武夫氏に至る）「進歩主義学者」諸氏が私と同列の、または私よりも「先駆的な」ネオ・ナショナリストとして分類されていることを知ってびっくりした。だが、私はこの喜劇を笑えない。なぜなら私自身、大川周明、北一輝、石原莞爾に原典的に接し、はじめてその思想の根拠を知ったのは、つい最近のことであるからだ。

　大川周明は敗戦の前年昭和十九年出版の『新東洋精神』（「全集」第二巻）の序文に次のように書いている。

「日本の思想の貧困は、しばしば繰返されるところの嘆きであり、事実また貧困でもある。なるほど日本精神は高調されている。その主張者たちの中には、彼等の言論に共鳴せぬ者は非国民なるかの如く怒号する者もある。それにも拘らず知識層の多数は、ひそかなる反発をもって彼等の大声叱呼を聴き流し、稀には婉曲《えんきょく》なる表現によって、恐る恐る否定的批判を下している。同胞をさえも動かし得ぬ言論が、亜細亜の心琴にふれる道理はない。亜細亜は切に思想を求めているけれども、不幸にして未だこれを与えられていない」

この一節は、現在日本の右翼に対すると同時に左翼に対してもそのままあてはまる。同胞をも動かし得ぬ言論がどうしてアジアを、まして世界の心にふれることができようか！　しかし、大川周明は北一輝と共に「東亜百年戦争」末期の日本人の少なくとも一部を動かし、「昭和動乱」の思想的背景を形成した。彼らの「敵前作業」は成功しなかったが、これはすべての予言者的思想家に共通する運命である。予言者は故郷に容れられず、現実の歴史もその細部においては予言者の言葉どおりには進行しない。ただ長い未来のために予言は生き、生き残るのである。

橋川文三氏がその編著『超国家主義』の中に大川周明の『日本精神研究はしがき』を入れ、竹内好氏が同じく『アジア主義』の中に『安楽の門』を入れたのは共に偶然ではない。大川周明の思想遍歴の回想と告白を再読することの必要が、現在もなお生きて残っていることの傍証である。右の両書は学者としての大川周明がその青年時代より、いかにひたすらな求道者であったかを実証する。

『安楽の門』は彼の出獄と退院後の隠棲の中で書かれた最晩年の著書であって、竹内好氏はこれを解説し、「晩年に自己の宗教的自覚の過程をふり返ってつづった一種の精神的自伝、西洋哲学からインド哲学へ、さらに日本主義へという彷徨は同時代のエリートにかなり共通性がある。その交友関係にもアジア主義を解く鍵がある」と書いているが、まさにそのような文章である。

大川周明の遍歴

まず『日本精神研究』について見よう。

「精神多年の遍歴の後、予は再び吾が魂の故郷に復えり、日本精神そのもののうちに初めて予の長く求めて長く得ざりし荘厳なるものあるを見た」

青年時代の彼は、「吾が心の至深処に湧き、おもむろに全我を潤《うる》おし去れる要求に動かされ、予の若き魂はその一切の矛盾と撞着と熱情とを抱きつつ、みだりに先賢古聖を思慕し、彼等のたどれる登高の一路を予もまたたどりて、みずから精神的高嶺の絶巓《ぜってん》を摩すべく、実に踊躍して郷関を辞した」

大川周明は明治十九年山形県に生まれ、庄内中学、熊本五高を経て、明治四十年東京帝大文科に入学、印度哲学を専攻した。卒業後も定職につかず、宗教雑誌編集の手伝い、参謀本部依頼の反訳料等によってわずかに糊口をしのぎ、時には眼科医から失明の宣告を受けながら、なお寸暇を惜んで東西万巻の書をあさり求めた。語学は、英、仏、独、サンスクリットに通暁し、さらにシナ語、ギリシャ語、アラビア語を学んだという。

「この路の嶮難はこれを踏破したるもの等しく知る。そは深き疑いあり、長き悶《もだ》えあり、多くの涙がある。予は小禍に頓挫し、微憂に懊悩して、救いをキリストに求めたこともある。……向上の心尽き果てんとしたる時、キリスト予に来り懇《ねんご》ろに教えた。……予はこの教えに力を得て、幾多の難関を事もなくすぎた。この時に当りて予は思った、キリストの説く神こそは、予のために寂しき時は愛友、傷つく時は慈母、過つ時は明師、弱き時は慈父、かくの如き高貴なる先達は他に求めて断じて得られないと」

後に至って、大川周明はキリストより与えられたものがそのまま法然、親鸞の教えの中にあることを知ったが、それを「却って先ずキリストによって教えられたということは、予の魂がはやく故郷を出でて遍歴の旅路に出たからである」と述懐している。明治に生まれ育った青年たちの心の窓はまずこのように外国と世界に向かって開いていたのである。

これが時代の姿勢でもあった。やがてキリスト教会の空虚な精神主義と偽善に失望した青年大川周明がキリストの次に救いを求めたのは実にマルクスであったという意外な告白も、精神発展の自然なコースとして理解できる。

「予は総じて物質を偏軽《へんけい》する道徳の虚偽に憤りを発した。……かくて予は社会制度の根本的改造を必要とし、実にマルクスを仰いで吾師とした」

彼が佐藤信淵を発見して「その志すところはマルクスと同じく救世済民のための改革であり、しかもマルクスとは決して同日に談りがたき深遠なる思想に根ざせる理想国家の提唱を見た」のは、はるかに後のことであった。後年の「大アジア主義者」、「超国家主義者」は、その「彷徨の旅程」を大正昭和期の青年と同じく、実にキリスト教とマルクス主義から開始したのだ。

さらに、「予の魂は、或時はまたギリシャの古に旅して、プラトンと共に住んだ。予はプラトンが、皎々《こうこう》たる善の理想を仰ぎつつ、これを『国家』に実現せんと勇み立てる姿においてキリストとマルクスを一身に兼ねたる偉人を見出だせる如く感じた。彼の国家理想を知り得たる時、予はキリストもマルクスも最早吾師に非ずと思った」

「予はプラトンの国家論を読んで、若年漢学者の塾に在りし頃、漠然と揣摩《しま》したる『王道は文を以て始まる』の深意が初めて明瞭に会得せられたる如く感じて歓喜に堪えなかった。而して予は後に儒教、殊に『大学』の中に、プラトンと同一なる思想の流れを見、さらに熊沢蕃山、横井小楠の思想が、その拠って立つ所の根本精神に於て、全く符節を合するが如くなるを見た」

　この日本への回帰は、すべて後年のことであって、若き日の大川周明の魂は一路西洋の古典に向かって進んでいる。

「予の魂は、先ずエマソンにひきつけられ、エマソンより、ドイツの神秘主義者にひきつけられた」

「予の魂は美しきイタリアを訪い、わけてもダンテとダヴィンチにひきつけられた。……そのころ、東京帝国大学文科大学に泰東巧芸史を講じ予もまたその聴講生の一人たりし岡倉覚三（天心）師、明治年間を通じて異類の天才なりし師の性格にダヴィンチの俤《おもかげ》ありとしてひとり喜んだこともある」

「予の魂はまたオランダに往きて『聖なる破門のスピノザ』を訪い、その『倫理』を熟読して、ゲーテと共に『かほどまで明らかにこの世界を見しことなし』と思ったこともあった。

去って近代ドイツを遍歴しては、偉大なる哲学者の群林の如くそびゆるを見、崇敬にも近き心を抱いて彼らの書についた。わけてもヘーゲルとフィヒテとは最も深甚なる感激を予に与えた。予は実に日本に思想なしと思ったことさえある」

「予の魂はまた幾年ともなくインドを遍歴した。殊に聖薄伽梵歌の信仰は予にとりて今日なお神聖なものである」

これらの言葉が、決してただの美文でも、年少学徒の自誇でもないことは、最晩年の著書『安楽の門』の中の「私はどうして大学の哲学科に入ったか」、「私は大学時代に何を勉強したか」の章を読めばよくわかる。彼は、世のすべての好学にして不屈なる学生の如く、あくことのない探究心と燃えさかる内心の要求に従って、世界の哲学の深所をさぐることに熱中したのだ。

その大川青年をして「多年の精神的遍歴より、再び魂の故郷（日本）に帰来せしめたもの」は何であったか。「これまで専ら内にのみ向けられたりし予の目が、ようやく外にも向けられはじめ、政治的現象に深甚なる関心を覚えるようになった」その動機は何であったか。

この転換の機縁を、彼自身、『安楽の門』の中で次のようにのべている。

「かようにして予は余念なくインド哲学の研究に没頭した。大学を出てからも別に職を求めることもせず、多くも要らぬ衣食の資を参謀本部のドイツ語反訳でかせぎながら、毎日大学図書館に通っていた。しかるにインド哲学に関する私の深い興味は、現在のインド並びにインド人を知りたいという念《ねが》いを、いつとはなく私の心に萌し初めさせた。大正二年の夏のこと、私は一夕の散歩に神田の古本屋で、ふと店頭にさらされているサー・ヘンリー・コットンの『新インド』を見つけた。……かりそめに求めたこの一冊の本のために、私は全く予期しなかった方向に生涯の歩みを進めることになった。

私はこの本を読むまで、現在のインドについて殆ど何事も知らなかった。私はただ婆羅門鍛錬の道場、仏陀降誕の聖地としてのみ、自分の胸裡にインドを描いていた。しかるにコットンの本は、真率飾りない筆致で、偽るべくもない事実によって、鮮明に深刻にインドの現実を私の眼前に提示してくれた。それが私の脳裡に描かれたインドと、あまりに天地懸隔せるに驚き、悲しみ、且つ憤った。私はコットンの本を読み終えてから、図書館の書庫をあさって現代インドに関する著書を貪り読んだ。読み行くうちに、ひとりインドだけでなく、茫々たるアジア大陸、処として西欧の植民地乃至半植民地ならざるなきを知った。私はインドから更に進んで、アジア諸国の近代史を読み、アジア問題に関する書物を読んで、ヨーロッパのアジア制覇の経緯、アジアを舞台とする列強角逐の勢を知ろうと努めた。……

私の友人のうちには、私の転向を邪道に踏みこんだものとし、須《すべから》く第一義の参究に復帰せよと諫《いさ》めてくれた者が少くなかった。それでも私の心は、もはや塵外に超然として瞑想思索を事とするに堪えなくなった」

この転向はただ哲学より政治への転向ではない。私をして敢て言わしむれば、大川周明における「東亜百年戦争の発見と自覚」である。時は大正二年、日露戦争の終結後八年をすぎていたが、日本国内も世界も決して平和ではなかった。国内では桂内閣に反対する護憲運動が民衆暴動に発展してついに軍隊が出動した。アメリカは排日法案を可決し、支那では第二次国民革命が失敗し、孫文、黄興などが日本に亡命してくる。その渦中で「南京事件」（日本居留民の虐殺と婦女子への暴行、国旗凌辱）がおこり、黒竜会をはじめとする右翼団体は政府の「軟弱外交」を攻撃、ついに外務省の安部政務局長暗殺事件をひきおこした。第一次世界大戦の勃発は翌大正三年の夏であり、日本は対独宣戦を布告して青島を攻略する。悪名高き大隈内閣の「対支二十一個条」の強制は大正四年であり、ロシア革命は翌五年に成功し、日本とアメリカのシベリア出兵、米騒動、炭坑暴動は大正六年に起り、第一次大戦はようやくこの年に終結した。

この戦争と革命と暴動の時代に、哲学青年大川周明は哲学を捨てて、後年の大著『近世ヨーロッパ植民史』を生む世界政治の研究に没頭し、佐藤信淵、横井小楠を始めとする「祖国の名山、大川」を跋渉《ばっしょう》して、『日本文明史』と『日本精神研究』などの名著を準備しつつ、ついに「大アジア主義」と「日本主義」を自己の魂の中に結晶させて、「昭和維新」の理論的指導者として実行運動に没入して行った。

北一輝との出会いと訣別

大川周明の日本改造とアジア解放の思想と行動を知るためには、北一輝との出会いと訣別の事情を見る方が早道であろう。これは同時に北一輝という「魔王的人物」の思想と行動を解明することにもなり、「五・一五事件」と「二・二六事件」の関連を明らかにすることにもなる。

「北一輝を憶う」という、大川周明の遺稿が没後に発見されて、「全集」第四巻におさめられている。北が刑死したのは、昭和十二年八月十九日で、その時、大川は五・一五の被告として獄中にいた。この追悼録は敗戦後の二十八年、北の『日本改造法案大綱』復刊のために書かれたが、印刷所の火災によって、未発表のまま残ったものだそうである。

「大正八年の夏のこと、吾々は満川亀太郎君の首唱によって猶存社《ゆうぞん》を組織し……牛込南町に本部を構えて維新運動に心をくだいていた。そして満川君の発議により、当時上海にいた北君を東京に迎えて猶存社の同人にしたいということになり、……私がその選に当った。この事が決まったのは大正八年八月八日であった。八の字が三つ重なるとは甚だ縁起が良いと、満川君は大いに欣び、この芽出度い日附で私を文学士大川周明兄として北君に紹介する一書をしたためた。そして何盛三君が愛蔵の書籍を売って、私の旅費として金百円を調達してくれた」

当時の上海は革命動乱のただ中にあり、しかも排日の火の手が炎々と燃えさかっていた。事は秘密を要するので、大川は貨物船で唐津から出航し、途中難航を重ねつつ、八月二十二日の夜、やっと上海にたどりつくことができた。北一輝は長く食客となっていた長田病院を去り、フランス租界にひそんでいたが、大川は北に長田病院に来てもらい、「初対面の挨拶をすまして連立って太陽館という旅館に赴き、その一室で終日語りつづけ、夜は床をならべて徹宵語り明かし、翌日また仏租界の巷にあった北君の陋居で語り、翌二十五日、直ちに長崎に向う汽船で上海を去った」

「……『日本改造法案大綱』は、実に私が上海に行く約一カ月前から、……（北君が）言語に絶する苦悶の間に筆を進め、私が上海に行ったのは、その巻一より巻七まで脱稿し、巻八『国家の権利』に取りかかった時であった」

「私は北君がかかる日本改造の具体案に心魂を打込んでいるとは知らなかったので、日本の国内状勢を述べて乱兆すでに歴然であるから、すぐさま日本へ帰るよう切願した。北君は乱兆は歴然でも革命の機運は未だ熟してはおらない。但し自分も日本改造の必要を切実に感じて、約一カ月前から改造案の大綱を起稿した。参考書は一冊もない。静かな書斎もない。自分は中国の同志と共に第三次革命を企てたが事は志とちがった。日本を憎んで叫び狂う群衆の大怒濤の中で、同志（潭人鳳）の遺児を抱えて地獄の火焔に身をやかれる思いで筆を進めるのだが、食物は喉を通らず、ただ毎日何十杯の水を飲んですごしてきた。時には割れるような頭痛に襲われ、岩田富美夫君に鉄腕のしびれるほどたたいてもらいながら、一、二行書いては横臥し、五、六行書いては仰臥して、気息奄々の間に最後の巻八を書きはじめた時に、思いがけなく君の来訪をうけたのだ。自分はこれを天意と信ずるから、欣然君等の招きに応ずる。原稿の脱稿も遠くない。脱稿次第直ちに後送するから、出来た分を日本に持ち帰って国柱《こくちゅう》（愛国の同志）諸君に頒布してもらいたい」と言った。

大川は直ちに帰国の途につき、北は残りの原稿を三日間で書きあげ、岩田富美夫に東京まで持参させた。これを読んで満川をはじめ同志たちは歓喜勇躍した。すぐに謄写して、その

第一回分として四十七部を「当代の義士」と見込んだ人々に送った。「その反響の最も著しきもの」は政府による発売頒布禁止であり、満川は秘密出版のかどで内務大臣から告訴されたが、幸いに不起訴となった。

「さて、北君は約束にしたがって大正八年暮上海を去って……正月五日、牛込南町の猶存社に落ちつくことになった。北君帰国の報は当局を驚かした。それは北君が八十名の部下を動員し、まず東京市内に放火し、次いで全国を動乱におとしいれる陰謀を抱いて帰るという途方もないデマが飛ばされていたからである」

「北君は（大正三年以来法華経誦持三昧に入り）『革命は順逆不二の法門なり。その理論は不立文字なり』と言っているとおり、いかなる主義にも拘泥しなかった。口を開ければ、咳唾直ちに珠玉となる弁舌をもちながら、未だかつて演壇に立たず、筆をとれば百花立ちどころに燎乱たる詞藻をもちながら、全くジャーナリズムの圏外に立ち、専ら猶存社の一室にこもりて読誦三昧を事とし、その諷誦の間に天来の声を聞き、質す者には答え、問う者には教えて、ひたすらに一個半個の説得を事とした。この点において北君は世の常の改造運動乃至革命家とは截然として別箇の面目を有していた」

　追悼録は北一輝の面目をつたえるために、その生いたちと風貌をくわしくのべているが、それは原文について見ていただくことにして、重要な諸点だけを引用する。

　その第一は、北一輝二十四歳の時の著書『国体論及び純正社会主義』と三十五歳の時の『支那革命外史』に関する部分である。

「この書に対して福田徳三・田嶋錦治・田川大吉郎を始め、多くの知識人が賞讃の手紙を北君に送った。福田博士の如きは、日本語は勿論のこと、西洋語にての著作中、近来かくの如き快著に接したることなしとし、『一言を以って蔽《おお》えとならば、天才の著作と評する最も妥当なるを覚え申候』と書いている。矢野竜渓は、二十四歳でかような著作のできるはずはない、北輝次郎というのは幸徳秋水あたりの偽名ではないかと、わざわざ佐渡の原籍地に照会の手紙を出し、北君が真実なる著者であることを知ってから、終生北君に敬意を表しつづけた。当時読売新聞に社会主義論を連載して頓《とみ》に名声をあげていた河上肇は、この書を読んで喜びのあまり直ちに北君を訪問した。ただ当時の社会主義者たちは、北君が日露戦争を肯定讃美せるの故をもって、この書に対して意見を公表することを避けたが、幸徳秋水・堺枯川・片山潜などがしばしば牛込喜久井町の寓居に北君を訪いて、社会主義運動に参加させようとした」

だが、一世を驚倒したこの書はたちまち発売禁止となった。北一輝はその法規にふれぬ部分だけを分冊して自費出版することにし、その寓居に「孔孟社」という看板をかかげた。

「北君が『純正社会主義』の書籍の出版所を孔孟社と標榜したことは、北君を知る上において決して看過してはならぬ重要な事実である。北君の社会主義はマルクスの社会主義ではなく、二十歳前後においては、孔孟の『王道』の近代的表現であり、後に法華経に帰依するようになってからは、釈尊の『無上道』の近代的表現であるに外ならない。さればこそ、北君は、一切の熱心なる誘致をしりぞけ、君のいわゆる『直訳社会主義者』と行動を共にせず、中国革命の援助を目的として、萱野長知、清藤幸七郎、宮崎寅蔵、和田三郎、池亨吉等が相結んでいた『革命評論社』の同人となった。そしてこれが機縁となって、当時つぎつぎに日本に亡命し来れる孫文・黄興・張継・宋教仁・章炳麟・張群などと相知り、明治四十年その二十九歳の時、武漢に革命の烽火あがるや、宋教仁の招電に応じて直ちに上海に赴いた」

この革命は清朝を倒すことには成功したが、結局袁世凱をして名を成さしめるに終った。宋教仁は暗殺され、北一輝は日本総領事より三年間支那在留禁止処分をうけ、大正二年、一度帰国した。

『支那革命外史』はこの追放中の著作であって、「この書が刊行された時、吉野作造博士は『支那革命史中の白眉』と激賞したが、それは単に支那革命に対する北君の厳格なる批判であるだけでなく、支那革命を批判するために、縦横に筆をフランス革命と明治維新に馳せ、古今東西に通ずる革命の原理を提示せる点において比類なき特色を有する。……北君はすでにこの書の中で、明治維新の本質並びに経過を明らかにして、日本が改造されねばならぬことを強力に示唆している。従ってこの書は『日本改造法案大綱』の母胎である」

「北君は、大西郷の西南の変を以って一個の反動なりとする一般史学者とは全く反対に、これを以って維新革命の逆転または不徹底に対する第二革命とした。そしてこの第二革命の失敗によって、日本は黄金大名（富豪財閥）の連邦制度とこれを支持する徳川そのままの官僚政治の実現を招いた。維新の精神はかくして封建時代に逆行し、これにフランス革命に対する反動時代なりし西欧、殊にドイツの制度を輸入したので、朽根に腐木を接いだ東西混淆の中世紀的日本が生まれた。かくの如き日本が民族更生のための第三革命を必要とすることは、北君にとっては自明の結論である」

すべての追悼録がそうであるように、大川周明の北一輝論にも過褒と感傷、自己弁護の影がないとはいえない。なぜなら、「東亜百年戦争」の末期を代表する二人の革命的思想家は、相逢うと同時に二つの火炎星の如く衝突して猛火を発し、別れて再び逢うことがなかったのだ。その理由、原因については、北一輝の研究者高橋和巳氏の解釈が真相の一部を伝え得ているようだが、それは後に述べることにして、まず大川自身に語らせよう。

「魔王」と「須佐之男」

大川周明曰く、

「私は北君の国体論や支那革命外史を読んで、その文章にははやくから傾倒していたが、会って対談に及んで、その舌端からほとばしる雄弁に驚嘆した。似た者同士という言葉通り、性格の似通った者が互いに相惹かれることは事実である。しかし、逆に最も天禀の違った者が互いに強く相惹く場合もある。私と北君の場合はこの後者である」

「私が北君から離れた経緯については、世間の取沙汰区々であるが、総じて見当ちがいの当推量である。離別の根本理由は簡単明瞭である。それは当時の私が北君の体得していた宗教的境地に到達していなかったからである。当時私が北君を『魔王』と呼んだのに対し、北君は私を『須佐之男』と名づけた。

それは往年の私は、気性が激しく、まかり間ちがえば天上の斑駒《ぶちごま》を逆剝《さかはぎ》にしかねぬ向う見ずであったからの命名で……北君自身は……名前は魔王でも実は仏魔一如の天地を融通無礙《むげ》に往来したものであるが、是非善悪に囚われ、義理人情にからまる私として見れば、もしこのままでいつまでも北君と一緒に出頭没頭しておれば、結局私は仏魔一如の魔ではなく、仏と対立する魔ものになると考えたので、ある事件の際に北君に対して『須佐之男』ぶりを発揮し、激しい喧嘩をしたのをきっかけに、思い切って北君から遠のくことにしたのである。……一別以来二度と顔を合わせたことはないが、お互いの真情は不断に通っており、何度かの手紙の往復もあった。そして私自身の宗教的経験が深まるにつれて、北君の本領をも一層よく会得できるようになった」

と書き、北一輝から次の手紙（昭和二年二月、北が宮内省怪文書事件で入獄、保釈直後のもの）を引用している。

「拝啓、相別れて一年有半、獄窓に在りて黙想するところ、実に兄と弟との分離に候。帰来また切に君を想いて止まず。革命目的のためにすることの如何に於ては、小生一個の見地によりて進退すべきはもとよりながら、君との友情に阻隔を来たせし点は小生一人に十二分の責任あることを想いて止まず候。たとえ五分五分の理屈ありとするも、君は超脱の仙骨、生は辛酸苦楽の巷に世故を得たる老怪者に候えば、君を怒りし如きは以ての外の不行届と恥入りて日を送り候。……獄窓の夢に君を見る時、君また小生を憂惧せらるる御心持をよくよく了知仕り候。相見る幾年幾月の後なるも可、途中ヤアヤアと悦び会するも可、あの魔王もおれを忘れることはできぬと御一笑くだされたく候」

五・一五事件の背後に大川周明がおり、二・二六事件の背後に北一輝がいたことは、今日では周知の事である。行動したのは、民間の有志と少壮軍人であったが、これを動かしたのは「須佐之男」と「魔王」の思想であった。しかも、同じく昭和維新の道を歩いたこの二人の革命的思想家は昭和の初めに相会してたちまち訣別し、その悲劇的な生を終るまで、再び会うことがなかった。

だが、大川周明は明らかに北一輝の思想の影響をうけている。年齢も三つ下であったし、その『追悼録』の中にも、『支那革命外史』について、

「私は甚だ多くをこの書によって教えられた。もし私が生涯に読んだおびただしき書籍のうち、最も深刻なる感銘を受けたもの十部を選べ、と言われるならば、私は必ずこの書をその中に入れる」と書いている。

キリストを経てマルクスに至り、プラトンと佐藤信淵によって国家社会主義者・日本主義者となった大川周明は北一輝によって維新者・革命家となり、「三月事件」、「十月事件」と「五・一五事件」を指導したことによって、実行家としてただ時間的に一歩だけ北に先駆した。したがって「昭和動乱」の解明は大川よりもまず北一輝の研究から始めるのが順序であろう。北一輝は右にあげた三著書のほかには何も書かず、講義せず、講演せず、時評しなかった。ただ法華経を高朗しつつ、わがもとに訪れ来る者のためにのみ説き、その魔王的影響を与えた。――もちろん、両者とも激烈な個性と明敏で独創的な頭脳の持主であったから、

どちらが師であり、どちらが弟子であったということはできない。

北一輝の「国体論」

五・一五事件の後、乱れとんだ「怪文書」の中に「皇軍一体論続編」と題するものがある。『現代史資料』国家主義運動編第二部に収録されていて、その付記によれば、「右は、職業的革命屋なる痛烈なる言葉を以て民間一部策士にして軍部の派閥抗争に関係ある人々（北・西田派）を非難し、同時に軍部の統制を紊《みだ》る者は、結局、これらの職業的革命屋と現状維持に汲々たる支配階級と更にこれに加うるにコミンタンの暗躍にもとづくものとして、極力皇軍の統制を強調している」とあり、その解説者は、全篇これ「統制派」宣言であり「統制派」（永田鉄山、建川、小磯、板垣、石原、辻政信など）のイデオロギーを彼ら自ら書き残した資料というべきものであると解説している。

この「怪文書」の中の次の一節は注目に価いする。

「北一輝は明白なる社会民主主義革命の御本尊にして、最も徹底せる天皇機関説主義者なり。何ぞ身の程を知らず国体明徴を口にするを許さんや。而して西田税氏はその主義の免許皆伝のみ。

然るをかかる真情を知りてか知らざるにや、挙国挙軍愛国陣営総動員の目標たるべき本問題にかの輩の介入を許し、その老獪練達の煽動に操縦さるるに至りて遂に愛国陣営一人の傑士なきを嘆ぜしむ」

解説によれば「おそらく『国体論及び純正社会主義』を読みうる特殊な人間か、あるいは北、西田を徹底的に憎悪した当時の陸軍の主脳の誰かの材料で、この文書は書かれたものと推定し得る。二・二六事件による北、西田の銃殺という運命もここに既にはっきりと示されている」

すでに述べたとおり、『国体論及び純正社会主義』は北一輝二十四歳の時の著書である。高橋和巳氏によれば、この書を読んで質問する青年将校たちに対して、北は「いや、あれは若造のころに書いたものだから」と言葉をにごすのが常であったという。たしかにこの「天才的な若造」の著書は憂国の書であると同時に革命の書であり、「万国社会党大会の決議に反して日露戦争を是認し、全日本国民の輿論に抗して国体論を否認す」と宣言し「国体論の背後にかくれて迫害の刃をふるい讒誣《ざんぶ》の矢を放つことは政府の卑怯なる者と怯懦なる学者の唯一の兵学としてとりつつある手段」であると言い、有賀長雄、穂積八束、美濃部達吉博士らの家長的国家論、万世一系論、不徹底な天皇機関説を完膚《かんぷ》なきまでに痛撃し嘲笑している。論鋒は金井延、丘浅次郎、一木喜徳郎、山路愛山、安部磯雄諸氏からダーウィン、マルクスにも及び、資本主義の害悪を痛撃しつつ、同時に「平民主義」を否定して天才主義、貴族主義的国家社会主義を唱え、「吾人の社会主義は人類をして神類に進化せしめる鉄橋工事なり」と叫び、最後に明治憲法における天皇――白痴にして低脳なる現代学者どもの「国体論者」の神輿《みこし》の中に安置されている天皇は真の天皇にあらず、「国家の本質及び法理に対する無智と、神道的迷信と、奴隷道徳と、顚倒せる虚妄の歴史解釈を以て捏造《ねつぞう》せる土人部落の木偶」

だと極言する。「日本国民は万世一系の一語に頭蓋骨を殴打されて、ことごとく白痴となっている」。世の所謂「国体論」とは決して今日の国体にあらず、また過去の日本歴史にても非ず、明らかに今日の国体を破壊する反動的「復古的革命主義」であるから、吾人学問のため、国体そのもののため、日本歴史そのもののために、所謂「国体論」を打破せざるを得ないのであると宣言している。

三つ子の魂百まで——北一輝のこの「国体否定論」は『支那革命外史』にも『日本改造法案大綱』の中にも一貫していると見なければならぬ。その故に、彼の敵手である軍部「統制派」の非難も生まれたのであるが、同時にその故にまた多く民間青年と青年将校を動かし、昭和動乱史の最大なるもの、二・二六事件の原動力となり、彼はその弟子たちと共に天皇御自身によって「逆賊」と呼ばれて刑場の露と消えた。

昭和十二年八月十九日、代々木刑場における銃殺の直前、西田税が、「われわれも、天皇陛下万歳を三唱しましょう」と言った時、北一輝はちょっと考えた後、「いや、私はやめます」と答えたという逸話は象徴的である。行年五十五歳。遺書はただ同志たる支那革命家譚人鳳の遺児にして養子たる少年大輝に対して、法華経の裏面に書きしるした短文のみであった。

「父ハ汝ニ何物ヲモ残サズ。而モ此ノ無比最尊ノ宝珠ヲ止ムル者ナリ」

乱れとぶ怪文書

北一輝と大川周明の訣別に関しては諸説がある。

検事斎藤三郎氏の『右翼思想犯罪事件の綜合的研究』によれば、「大正十五年頃、北一輝は宮内大臣牧野伸顕以下に収賄の事実ありたりとの怪文書を出し、……安田銀行恐喝事件をひき起し、西田税、北一輝等は恐喝罪として検挙された。この事件により行地社内部に内訌《ないこう》が起り、……北一輝、大川周明両巨頭の間に越えがたき溝を生じ、……革新的日本主義陣営の中に全く相敵視する北派、大川派の二大潮流を生んだ」

高橋和巳氏の『北一輝』によれば、訣別の原因はそれ以前の「ヨッフェ来日事件」にある。ヨッフェはソビエト・ロシア承認問題の予備交渉のために招待されたもので、大川・満川はそれに賛成であったが、ヨッフェが来日前に広東で孫文に会い、露支提携を約束したことが北を怒らせた。孫文ぎらいの北にとっては、ロシアは日支共通の敵であったからだ。北は「ヨッフェ君に訓《おし》ふる公開状」を書いてヨッフェを脅迫した。これを境に大川と北の対立は顕在化し、猶存社は解体、大川は内大臣牧野伸顕を顧問とする「社会教育研究所」に居を移し、「行地社」を結成した。北は一匹狼として超然としてうそぶいていたが、その門下生は「大行社」、「秋水会」などの「暴力主義的な小結社」を次々に結んだ。

やがて、「北は生活に困り、その生活費を捻出するために、間接的にではあるが会社の争議に介入し、大川一派と泥試合を演じたりしていた」。その後、北は「朴烈事件」に関する

「怪文書」を書き、議会を混乱させ、政党官僚不信の念をかきたてる目的は達したが、「この事件を通じて、大川派の西田税は北の側につき、以後もっとも忠実な北の弟子として、震災後の社会不安、農村の窮乏を背景に、国家改造を考える青年将校との連絡をとることになる」。

また斎藤三郎検事によれば、大川対北・西田派との間を「犬猿もただならぬ不倶戴天の間柄」にしたのは「十月事件」であったという。

「十月事件」の前に「三月事件」（錦旗革命）なるものがあった。これは大川周明自身の法廷における陳述によれば、

「宇垣陸相はじめ軍人は（小磯、建川両少将、二宮中将をふくむ）非常な覚悟をもって一九三六年までに満州問題を解決し、日本を建て直し、長期戦争に堪えうるようにする必要よりクーデターを目論み、諸種の事情（宇垣の変心、岡村寧次、永田鉄山、山下奉文各大佐の時期尚早論、徳川義親侯爵の慰撫等）から中止したのであるが、大川等は老人を加えては駄目だから、自分らにおいて解決しようということになり、参謀本部においては、支那課長重藤大佐、露西亜班長橋本欣五郎中佐、関東軍板垣少将、土肥原大佐等と大川等が集り、満州の形勢は日本の軟弱外交で如何なることになるかわからぬから、外交自体にまかせておくことはできぬ。……武力を以ってこれを引きずろうという考えをきめ、そこで九月十八日に満州事変が起きたのである」

「そこで今度は、政党政治は内地の政治だけでもこなし切れないのであるから、これに満州をまでも託すことはできない。……それがために国内問題をも至急解決しなければならぬと

いうところから、ここにクーデター計画が行われるようになったのである」

「十月事件」の軍人側の中心人物は、橋本欣五郎中佐であった。中佐以上のものは加えず、佐官級を中心に大川周明ら五人のものが集り秘密裡に実際計画をたて、攻撃目標と担当者、兵力などを決定し、二十数箇所を攻撃し、一挙に政権を倒してしまう段取りであったが、この計画もまた十月十八日に暴露し挫折した——と大川周明は自供している。

田中清少佐執筆と伝えられる手記によれば、

「参加兵力。将校在京者のみにて約百二十名、近衛各歩兵聯隊より歩兵十中隊、歩三より約一中隊、但し夜間決行の場合には歩三は殆んど全員。

外部よりの参加者。大川博士及びその門下。西田税、北一輝の一派、海軍将校の抜刀隊横須賀より約十名、霞ケ浦の海軍爆撃機十三機、下志津より飛行機三—四機」

注目すべきはクーデター成功後の閣員名簿も用意されていたことだ。

「首相兼陸相　荒木中将

内務大臣　橋本欣五郎中佐

外務大臣　建川美次少将

大蔵大臣　大川周明博士

警視総監　長少佐

海軍大臣　小林省三郎少将（霞ケ浦航空隊司令官）」

斎藤検事の「研究報告」によれば、——北、西田一派は従来から大川一派と対抗し、陸軍、海軍、民間側に相当の同志を有していた。両派の同志の階級層を見るに、大川が参謀本部及び関東軍の幕僚将校、佐官級以上に多くの同志を有していたのに対し、北、西田一派は西田の関係により尉官級の青年将校に多くの同志を有していた。

「かかる関係にあったので、この十月事件が成功し、その計画による改造が行われるならば、最も得意であるのは大川であり、北、西田にとっては不愉快な失意なものとならなければならない。……北、西田は政党財閥特権階級を打倒し、革新を計ろうとするこの計画に表面より反対はしないが、来訪する青年将校に対し、具体的改造案の巧拙、資金の出所、大川個人の問題につき批判的態度に出て、殊に大川の遊興ぶり等について悪口を言う。これが大川一派に通じ、大川一派は北、西田を革命ブローカーなりとして悪口をやりかえすことになり、……両派の反目は日に日に激化した」

事件が失敗に終ると、この反目はさらに悪化した。

北、西田一派は大川が牧野伸顕に密告したと言い、大川一派は北、西田が事件を宮内省方面に売込んだと主張し……また一部には橋本等主謀者が遊興にふけり、発覚の端緒をなしたとした。

「以上の如くにして北、西田と大川との溝は、北、西田が終世まで立越えることができないものとなった」と斎藤検事は結論している。

歴史の真相を、検事調書や密偵報告に求めることは厳につつしまねばならぬが、斎藤検事報告は、広大な資料を客観的な——というよりも「俗に右翼事件と呼ばれるこれら諸事件は、現下の歴史的転換期に直面する日本の推進力をなす日本精神の発露であった」という――立場から書かれたもので、後に左翼論客によって「司法ファッショ」の源流とも称せられるべき主観性をふくみながら、しかもなお戦後の左翼評論家諸氏によってその「資料的メリット」を高く評価されている重要文献である。信頼して引用することのできる多くのものをふくんでいると私は考える。

ただ、私をして言わしむれば、「三月事件」と「十月事件」の挫折による大川、北の対立と分離は歴史の流れという見地からはさして重要でない。くりかえしていうが、指導者の性格の相違による対立と決裂、同一陣営の分派の悪罵と中傷、その結果としての憎悪誤解邪推による殺傷事件などは、すべての革命運動につきものだ。挫折した革命における内訌《ないこう》は陰惨であり、成功した革命における旧同志の権力闘争と相互殺戮はいっそう残酷である。フランス革命とロシア革命と明治維新の前後における相互殺戮は成功した革命の非情性の典型であり、「昭和動乱」における永田鉄山斬殺、西田税狙撃事件などはそれにくらべるとただの交通事故に似ている。

重要なのは大川、北の決裂と抗争、「三月、十月事件」の挫折と未発にもかかわらず、「昭和動乱」は終熄するどころか、かえって拡大したという歴史的事実の方である。

斎藤検事は言う。

「十月事件は……軍内の革新的気運を刺激し、熾烈ならしめた重大なるものがあった。また一般民間側の革新分子に与えた影響も大なるものがあった」

「井上日召一派、橘孝三郎の一派は、十月事件によってそれぞれ同志を待機の状態におき、ただ軍部側の決行の日を待っておった。十月事件の挫折は彼らの決意をひるがえすには役立たず、却って彼らが先んじて捨石となって、軍部の革新的大勢力を決行に引きずろうと考えるに至らしめ、血盟団、五・一五事件の一原因となった」

これらの事件の失敗は、さらに、今牧嘉雄博士の「斎藤首相暗殺予備事件」、児玉誉士夫、岡田理平の「天行会事件」、天野辰夫、前田虎雄、影山正治の「神兵隊事件」を生み、ついに「二・二六事件」となって爆発した。

二・二六事件の関係者末松太平氏の回想録『私の昭和史』には次のような秘話が書込まれている。

「終戦のとき、国務大臣小畑敏四郎を通じて東久邇内閣に政策上の進言をしていた大岸大尉はたえず『日本改造法案』を座右において参考にしていたという。トルーマンがマッカーサーに指示した『日本管理政策』は、大ざっぱなものにすぎなかった。その主旨に沿って敗戦直後、東久邇内閣時代に、一歩具体化されたマッカーサーの諸政策、たとえば治安維持法の廃止や農地改革には、占領軍内の日本通の進歩派の意見とともに、どうやら北一輝の考え方が部分的にまぎれこんでいる」

北一輝は法廷において「真崎（大将）や柳川（中将）によって自分の改造案の原則が実現されるであろうとは夢想だにもしておらぬ」と言った。それが部分的にもせよ、マッカーサー元帥によって実現されたらしいというのは、歴史の皮肉である。いや、皮肉ではなく、それが歴史というものかもしれぬ。なぜなら、北一輝の「法案」は「日本改造法案」であり、国家改造のためには大権力を必要とする。日本占領によって絶対権力をにぎったマッカーサーとその幕僚が北の「法案」を部分的に利用したとしても不思議ではない。

大川晩年の心境と対米抵抗

さて最後に、再び大川周明の晩年の思想にふれておく必要がある。彼は自分の立場と心境を次のように説明している。「世間は私を右翼と呼ぶ。時には右翼の巨頭などとも呼ぶ。左翼に対しての言葉である。左翼とは何か。それは共産主義者または社会主義者のことである。共産主義と最も極端に対立するものは何か。それは資本主義である。果たして然らば資本主義者又は財閥こそ、まさしく右翼と呼ばれるべきではないか。私は年少のころ社会主義に傾倒したことはあるが未だ嘗つて資本主義や財閥を謳歌したおぼえはない。従って私を右翼と呼ぶことは正当でない」

これは敗戦後十年の昭和三十年七月に書いた『天照開闢《かいびゃく》の道』と題する対米抵抗文書の冒頭である。「私は反共産主義者でもなく反資本主義者でもない。強いて言えば非資本主義者であり、非共産主義者であり、一層適切に言えば非主義者である。私は一切の『主義』なるものを奉じない。およそいかなる思想でも、主義としてこれを固執すれば、必ず世に害毒を流すようになる。主義とは人間の生活内容を統一するに適当せる立場のことである。人生は不断に流動して息《や》むことを知らない。従って統一に適する立場も、また時により場合に応じて変らざるを得ない。事ある時は軍国主義、事なき時は平和主義、国貧しければ産業主義、国豊かなれば文化主義、総じて個人又は国民がそれぞれの場合に応じて取捨する立場である。然るに、それらの立場の一つだけを万古不易の真理なるかのように主張して自余一切の立場を排撃することは、頭脳のはたらきが器械的であること、また我執の強いことから起る。それ故に主義の標榜は常に一種の挑戦である」

しかし、これは「晩年の思想」である。「須佐之男」時代の大川周明は「魔王」北一輝に十分に対抗し得る戦闘的イデオロギストであったと見るのが妥当であろう。だが、いかなる集団、政党、階級の「主義」をも奉じなかったという「晩年の告白」にも真実はある。大川周明にも北一輝にもたしかにそのようなアナーキスティックな一面があったようだ。この型の思想家は現実的革命家よりも永遠の反逆者のタイプであり、独創的であるが故に不羈奔放であり、自由無碍《むげ》であるが故に孤独であり、ついに一匹狼となる。

「世間には日本主義などと唱えて、一切の異邦的なるものを排斥する人々があり、私自身もそれらの一人に算えられることがある。しかしながら聖徳太子の例を見ても明瞭であるように、日本は決して異邦的なるものを拒否することはない。

日本主義など標榜するそれ自身が、すでに『国』に執着する物部党の精神であり、忤《さから》うなきを宗とする日本伝統の精神と相距ること白雲万里である。私は日本の正統精神に生きようとする者であるから、未だ嘗て日本主義などと標榜したことがない。論より証拠、私は嘗つては蓑田胸喜氏一党の所謂日本主義者から、非日本的思想の持主として激しくさからわれた。三浦義一氏の門下生からは皇室をなみする者として不敬罪で告訴された。現に日本随一の愛国者福田素顕先生からは、不埒至極なる国賊と筆誅され通しである」

彼の代表作の一つであり、戦時中最も広い読者層を持った『日本二千六百年史』も実は検閲当局の削除をうけた改訂版であったことを、私は「全集」の解説によって初めて知った。

大川周明は「右翼ファッシスト」と呼ばれながら権力の座とは遠い、いや常にこれに叛逆闘争しつづけた浪人学者の一人であった。北一輝においては、このアナーキスティックな性向はさらにはなはだしい。昨年の『文藝春秋』に発表された高見順氏の「大魔王観音」(風雲児・北一輝)は、この人物の不可解性、魔王性を側面的に、しかも生き生きと描き出している。北は幸徳秋水にも大杉栄にも朴烈にも黒竜会員にも中国革命家にも交友があり、危険思想家として常に警官の垣にかこまれて暮していた。上海においては「社会主義的支那浪人」であり、日本においては「国家主義的革命家」のように見えた。幸徳の大逆事件では黒竜会と関係があったために、わずか一髪の差で検挙をまぬかれた。大杉栄やアナーキスト張継と交遊がありながら、大杉の遺骨奪取事件を起したのは、彼の門弟岩田富美夫の大化会であった。大震災の最中には朴烈を助けながら、朴烈怪写真事件の「怪文書」を自ら執筆して時の内閣をおびやかしたのは北自身であった。運動資金捻出のためには、労働争議にも介入し、財閥側の「献金」も平気で受取っている。二・二六事件には直接関係しなかったが、しかも「民間の指導者」として銃殺された。『大義』の著者杉本五郎少佐は北を憎むべき反国体反天皇主義者として痛烈に糾弾している。たしかに北は銃殺の時、天皇万歳は唱えていない。若き日の大川周明も、魔王北一輝を理解し得なかったと書いていたが、やっと晩年において、北の「仏魔一如、順逆不二」の心境を理解し得たと告白している。

私には北一輝と大川周明の本質または正体はまだわからないと言っておくのが正直なところだ。ただ、わかることは、この二人が「東亜百年戦争」の末期を代表する魔王的思想家であったというだけだ。両者とも、敗北を運命づけられ、しかもアジアの解放を歴史的に予約されていた戦争が生んだ叛逆的浪人学者であったが、ひとたび別れて再び会わなかった。しかし、彼らを生み出した母胎は一つである。両者の思想と行動――特に北のそれの不可解性は、「東亜百年戦争」の「不可解性」から生じたものにちがいない。

北一輝は刑死したが、大川周明はあたかも神か然らずんば魔王によって演出されたかのような偶然の連続によって敗戦後に生き残った。彼の自由にして不羈なる叛逆精神もまた生き残った。

病癒《い》えた後、大川周明は『コーラン』を訳し『安楽の門』を書いたが、占領と追放が終るのを待って再び抵抗者として発言しはじめた。右に引いた敗戦後の時論『天照開闢の道』の中では、当時のジャーナリズムに氾濫した米国礼讃論や日本醜化論は真実の日本人の声ではないことを指摘強調して、「日本を米国より劣等なるものとして、日本を米国化し去らんとする米帝国主義は、日本そのものに対する挑戦なるが故に、かような主義を捨てざる限り、真実なる日米親善は断じて望むべくもない」と叫び、朝鮮、台湾、満州に対するいわゆる「皇民化」の失敗を認めて「七年にわたりて被占領日本に君臨せるマッカーサーは『マッカーサーの謎』の著者ガンサーに向って、その占領目的は日本の『全国家・全文化』の米国化であると豪語している。米国人が米国流に振舞うことには毛頭異存ないが、もし米国人が米国の文化のみが真個の文化であるとして、米国デモクラシーを他国に強制するならば、それは直ちに忌むべく斥くべき米国主義である」と糾弾している。

病軀に鞭《むち》うって農村講演も行い、日本の再建と復興を確保しつつ、昭和三十二年十二月、その孤独な生涯を終った。享年七十一歳。

かの「魔王」とこの「須佐之男」は、いま地獄の紅炎を花と観じつつ、石原莞爾とともに「大東亜戦争」後のアジアと世界の動きについて何を語り合っていることであろうか。解放途上のアジア、アフリカ、中南米諸国の将来は如何？　第三次世界大戦は勃発するか？　果たしてそれが石原の予言の如く、世界最終戦争となり、北・大川の理想した『世界王道国家』が実現するや否や？　――私が彼らに問いたいものは、この三問である。

第十三章　満州事変の序曲――張作霖爆殺事件

不思議な軍事謀略

昭和三年六月四日、満州奉天の付近で不思議な爆殺事件がおこった。殺されたのは満州の主権者張作霖元帥であり、列車を爆破した主謀者は関東軍参謀河本大作大佐であったが、それを不思議というのは、田中義一首相をいただく日本政府も参謀本部の首脳部もこの爆殺計画を知らなかったという点である。もちろん新聞記者も知らず、私たち国民も知らなかった。

東京朝日新聞奉天特派員は、「張作霖列車中に遭難――南軍便衣隊の計画か」という見出しのついた次のような記事を打電した。

「四日午前五時半頃、張作霖氏の乗った特別列車が満鉄奉天駅を距《さ》る一キロの満鉄線の陸橋下の京奉線を驀進《ばくしん》中、突然、轟然と爆弾が破裂し、満鉄の陸橋は爆破され、進行中の張氏の特別列車の貴賓車及び客車三台は破壊され、一台は火災を起して焼滅し、陸橋も燃えつつあり、我が守備軍及び警官出張中である」

記者は現場調査の結果、これを当時張作霖軍と交戦中の蔣介石北伐軍の便衣隊の行為と認

め、

「極めて綿密な計画の下に行われたもので、今後如何なる計画が彼らによって計画されているかわからず、奉天派部内の緊張と狼狽はまさしく奉天始まって以来かつて見ざるほどの物々しさである」という続報を打電している。

昭和三年の私は二十五歳で左翼文芸団体に属していたが、私の周囲の左翼人たちも事件の真相は知らなかった。ただ新聞を見てびっくりしただけである。

だが、やがて真相はまず張学良が知り、蔣介石が知り、支那の全民衆が知り、世界もまた知り、日本人の一部も知ったが、日本国民がそれを公に知らされたのは、敗戦後であった。

昭和三十八年出版の『太平洋戦争への道』第一巻（朝日新聞社）は次のように書いている。

「北京から引揚げた張作霖の搭乗した特別編成の列車は、六月四日早朝、五時二十三分、満鉄線と京奉線が交差する陸橋下で爆破された。四両目の貴賓車に乗っていた張作霖は重傷をおい、まもなく死去し、同乗していた呉俊陞《しゅんしょう》も爆死した。河本により作られた爆破計画に従って、増派中の朝鮮軍旅団所属工兵部隊が爆薬をしかけ、独立守備隊長の東宮鉄男大尉が実際の指導を行なったのである」

「河本はまた関東軍出動を容易ならしめる措置を中央部に要請したうえ、現実に奉天のヤマト・ホテルの前に約一個旅団を集結させておいた。しかし河本の計画を知らなかった関東軍の参謀が、三日の夜、これを解散させてしまった」

「河本が張作霖を爆殺したことを知らなかった陸軍中央部は、ひきつづいて関東軍に対して出動の権限と『兵乱勃発に際し居留民をハルビン、吉林に集結する』措置権限をあたえることを主張して、外務省に圧力をかけたが、やはりなにも知らなかった田中首相は七日の閣議で白川陸相の提出したこの案を拒否した。河本の全般的計画はただ張を爆殺しただけで、完全な失敗に終ってしまった」

この事件の真相は田中首相も知らず、陸軍中央部も知らず、同じ関東軍の参謀の中にも知らないものがいた。まったく奇妙で不思議な謀略である。すべて謀略というものは極秘裡に、少数者によって行われるものであるが、陸軍中央部も知らず、首相も知らぬ謀略はあり得ない。少なくともそれは参謀本部の謀略部の計画と命令によって実行され、その部長に問えば首相はただちにその真相を知り得るのが国家的謀略である。だがこの爆殺事件では、田中首相がその真相に近いものを間接におぼろげながら知って驚き、苦悩しはじめたのは、事件後六カ月をすぎた十月であったという。

「田中首相が西園寺を訪れて、軍人がこれに関与したらしいと報告したとき、西園寺は田中に対して日本の国際信用のため断固たる処罰を要求した。西園寺は、田中が軍部出身であり、また、政友会が協力な政党であるからこそ、田中がこの問題で、軍部をおさえることができると期待していた」

だが、田中首相は軍部をも政友会をもおさえることができなかった。この時には、参謀本部はすでに事件の真相を知っていて、政友会の有力な幹部と連絡し、事件の真相の公表に反対する線に一致した。「全陸軍がいまや、組織の運命をかけて田中首相に挑戦し、政友会幹部もこれに同調した」。民政党は宇垣一成軍事参議官を黒幕として倒閣運動を起し、そのためにやがて田中内閣は崩壊し、それにつづく田中義一の急死について、自殺説が一部に流布されたほどの大混乱ぶりであった。

ここまでくればもう政治ではない。政治の延長としての戦争謀略でもない。軍人反乱または、軍部革命の一種である。

田中首相の苦境

田中義一は首相と外務大臣を兼ねていた。当時、張作霖は北京に進出し、国民党の北伐軍と対立していた。田中内閣は満州の権益を守るために張作霖を側面的に利用する政策をとっていたのであるが、済南事件によって蔣介石の国民革命軍を正面の敵にまわすことになってしまった。すでに燃えあがっていた排日運動の火はますます激しさを増し、満州にまで波及してきたので、田中義一は張作霖を満州に引き揚げさせ、その代りに、蔣介石には絶対に満州に入ることを禁じようと考え、その旨を両者に通告した。これは明らかな内政干渉だから、張も蔣も承知しない。だが、北伐軍の士気は盛んで、張作霖軍の敗色は明らかになったので、張作霖は田中の要求に従わざるを得なくなった。田中としては、張作霖を殺そうなどとは考えていなかった。どこまでも彼を利用して満州の権益を守るつもりであったのだが、河本大作をはじめとする関東軍の急進派と政友会の強硬派は、田中の政治を踏み越えてしまった。

当時、蔣介石の北伐軍に従事し、「済南事件」も目撃し、排日の渦に巻きこまれて生死の境をくぐった佐々木到一大佐は、張政権の敗北と崩壊は必至と考え、この機会に張作霖を抹殺し、満州を張学良一派に一応ゆずり、その上で彼らの腕をねじ上げて、一挙に日本の満州支配を実現すべしと河本大作に密電した。彼の『ある軍人の自伝』には、「張作霖爆死事件なるものは、予の献策に基いて河本大佐が画策し、在北京下永憲次大尉が列車編成の詳細を密電し、在奉独立守備隊長東宮鉄男大尉が電気点火器のキイをたたいたのである。事件後『おれがやった』という者が数人出てきたが、当の本人らは一切鳴りをしずめていたのである。しかし、これがついに議会の問題となり、何も知らぬ『おらが首相』(田中義一)がとっちめられ、あげくの果てに関東軍司令官村岡長太郎中将の転職、河本、東宮両官の内地左遷となったのである」

しかも、その結果は張学良の国民党入党となり、満州には青天白日旗がひるがえり、反日の空気はますます濃厚となった。「この苦肉の策は爾後二年間、わが対満外交を苦境におとしいれている。誠に相すまぬと思う。しかし、この二年間の実物教育のおかげで、目がさめた者はさめている。さめなかったものは、外務省と政党と財閥だけであった」

議会でこの問題を追及攻撃したのは民政党の永井柳太郎と中野正剛である。田中は「目下調査中だ」とつっぱねて押し切ったが、押し切れない事件がその前に起っていた。それは事件直後、田中が天皇に謁見して、「この事件は目下陸軍大臣に調査させておりますが、もし関東軍が関係していたならば、軍法会議で処断する決意であります」と言上したことだ。後に白川陸相が参内すると、天皇は特に「軍規を厳重にするように」と念をおされた。

だが、陸相は陸軍部内の反対に会い、軍法会議を開くことができず、事件責任者はただの行政処分に付せられただけであった。田中がこのことを陛下に言上すると、陛下は一言も答えられず、あとで鈴木侍従長に申された。「田中の言うことは、全然わからぬ。ふたたび田中の報告は聞きたくない」

天皇の親任を失って、田中内閣は総辞職した。田中の急死が自殺説を生んだ原因はこのあたりにあるかも知れない。

すこし先まわりの回想

さて、張作霖の爆殺は、日本にはねかえって、田中首相の「急死」を生み、満州においては張学良の易幟《えきし》(国民党入党)と抗日運動の公然化と熾烈化を生んだだけの「完全な失敗」のように見えたが、歴史の流れは決してそこでとどまらなかった。佐々木到一大佐の言う「実物教育のおかげで、目をさますものはさまし」これも政府と国民の知らぬ舞台裏で、次の「満州事変」をひそかに着々と準備していた。

この準備と再爆発を理解するためには、すこし先まわりして、当時から現在に至る世界とアジアの情勢を今一度ふりかえっておく必要がある。

爆殺前の張作霖は、蔣介石の北伐軍、馮玉祥の北方軍閥、毛沢東の共産軍の三つ巴の闘争に乗じて北京に進出して軍政府を組織し、自ら大元師に就任していた。三つ巴は四つ巴になり、これらの諸勢力の背後にはそれぞれアメリカ、ソ連、イギリス、日本等の「援助」があった。言うまでもなく、この「援助」は、シナの内乱を利用して自国の権益を守り、拡大することが目的であったが、すでに「新しい中国」は目ざめていて、国民運動としての反植民主義闘争は租界奪回、不平等条約廃棄、民衆暴動、ボイコット、ストライキとして現われていた。この排外闘争は日本だけでなく、イギリス、アメリカに対しても向けられ、ソ連もまたその例外ではなかった。「列強」はシナ内部の三つ巴、四つ巴の諸勢力のどれかを援助し利用するつもりであったが、それはすでに外国人の利用できる内乱の域を越えていた。

革命期に入ったシナの相闘争する諸勢力の根底を流れているものは「中国回復」――シナ・ナショナリズムという一つのものであり、諸外国はこれを利用するどころか、下手をすればシナからはね出されてしまう立場に追いこまれていた。反日運動に先立って激烈な反英運動がおこった。対国民党政策に失敗したソ連は蔣介石の反共クーデターによって、政治顧問ボロージンが追放された。だが、イギリスがまず巧みに身をかわし、つづいてソ連、アメリカがシナの「自主権」を承認することによってナショナリズムの鋭鋒をさけた。ただ、日本だけが立ちおくれた。いや、立ちおくれたのではない。最初から日本はこのような「巧みな転身」のできない立場におかれていたのだ。

イギリスを先頭とする西洋諸国の「歴史的使命」は世界の植民地化である。その使命の半ばはすでに前世紀において達成されていた。フランスは北部アフリカと仏印を手に入れ、それに先んじたオランダはジャワ、スマトラを始めとする「蘭印」地域を確保し、スペインは中南米とフィリピンを征服していた。そこへ途中からアメリカが新帝国としてわりこんできた。モンロー主義を放棄したアメリカは米西戦争に勝って新大陸を制覇し、西インド諸島とメキシコを属領化し、日本を「開国」させ、フィリピンを奪い、ハワイを併せ、「白き《ホワイト・》太平洋《パシフィック》」を主張して、シナ大陸を狙い、日露戦争以後はシナに至る最も有害な障壁が日本列島であることを確認した。

一方、ヨーロッパの辺境、半アジア的な未開国として歴史の片隅に沈黙していたロシアはピョートル大帝によって覚醒しはじめ、フランスとイギリスの圧力で西方に垣根をつくられたために、東方のシベリアとアラスカにまで進出し、カラフト島と千島問題で日本をおびやかし、満蒙と朝鮮を狙って大清帝国と衝突し、これが原因となって日露戦争という予算外の「アジアの反撃」をうけた。イギリスとアメリカが、日露戦争においては日本の同盟国となり支援国となったのは、ロシア帝国の東亜進出を妨害するためであったことは改めて説明の必要はなかろう。

だが、日露戦争の敗戦はロシア自身にとっても、世界にとっても、また予算外の副作用をひきおこした。日本の戦勝によってアジアは覚醒しはじめ、やがてロシア自身の内部においてもレーニンの党によってロマノフ王朝は覆滅され、共産主義ソ連という新帝国が出現した。スターリンはレーニンの革命を継承しただけでなく、ピョートル大帝の雄図をも継承して、東亜侵略と世界征服に乗出してきた。

ソ連は旧帝国イギリスにとっても、新帝国アメリカにとっても手におえない新興帝国であった。ソ連は十八、九世紀の欧米植民政策の逆手をとり、国民党と中共のナショナリズムを奨励煽動することによってシナ分割にわりこんで来た。イギリスもアメリカもフランスも、これにはたじろがざるを得ない。下手をすると既得の植民地と権益を奪われるばかりでなく、レーニンの「資本主義最高の段階としての帝国主義」という煽動神話の上に立つコミンテルン謀略によって本国が危うくなる。

欧米列強は「反共」で団結しようとした。日本政府と軍部ももちろん「反共」であった。だがこの団結はおたがいの利益の衝突によってうまくいかない。「列強」はそれぞれの道を歩くよりほかはなかった。

まず、イギリスとアメリカは蔣介石の国民党をうまく抱きこむことができた。国民党はソ連と絶縁し、反共と抗日運動に全力を集中しはじめた。日本はシナ・ナショナリズムの正面の敵となり、「大アジア主義」も「興亜主義」も無効化されてしまったが、ここで、蔣介石もまた致命的な過失をおかしたことになる。極言すれば、国民党は米英の傀儡《かいらい》党となり、シナ国民の党ではなくなってしまった。私はこのことを、日本の利益と偏見に即して指摘しているのではない。蔣介石の過失はその後の歴史の経過が証明する。国民の党の実質を失った蔣国民党に代って中国共産党が成長した。毛沢東の党は国際共産主義を唱えたが、本質的にはシナ・ナショナリズムの党であった。最初はソ連の援助をうけ、現在でもマルクス・レーニン主義の正系をもって自任して、ソ連と対立している。

日本軍をシナ大陸から追い出したのは、重慶政府ではなく、米英と連合軍であった。だが、シナ・ナショナリズムの目標は、すべての「帝国主義国」の追放であった。重慶政府は戦勝国の仲間に入ることができたが、シナ国民の希望をみたすことはできなかった。戦後の政状と戦局は急速に中共に有利に展開し、毛沢東政権はただソ連のみをのこして、一切の帝国主義勢力を蔣介石政権をもふくめて国外に追放してしまった。これはインターナショナリズムの勝利ではなく、シナ・ナショナリズムの勝利である。その当然の結果として、十五年を待たず中ソ対立が発生した。中華人民共和国とは新しくアジアに誕生した、復活した新帝国である。当然の結果として、国境を接し、多年の相互侵略の伝統を持つロシア新帝国との「平和共存」は不可能となる。共に二十世紀の共産主義新帝国とは言え、ロシアにはロシアの、シナにはシナの歴史と伝統がある。ロシアはイワン雷帝とピョートル大帝とスターリン皇帝の実績があり、シナには近くは乾隆帝の大征服と大版図、遠くはローマ帝国をしのぐ大唐帝国の先例がある。

スターリンが日本の敗戦を「日露戦争の復讐」だと公言したのは、ロシア・ナショナリズムの声であり、毛沢東がアメリカを「紙の虎」と呼び、フルシチョフを修正主義者、アメリカ帝国主義への降伏者とののしり、その失地回復計画の中にシベリアの一部、蒙古、チベット、印度国境地帯はもちろん、大清帝国の旧属領であるベトナム、マライ諸国、沖縄、朝鮮をまでふくめているのは、大唐帝国以来の民族的自誇と一世紀以上に及ぶ列強による半植民化に対するシナ民族の恨みがこもっている。

新中共帝国はアメリカとイギリスと日本を許し得ないと同じ理由で、隣国のロシア共産帝国を許さない。旧ロシア帝国は日本と交互に満州・蒙古・朝鮮を狙ったが、新ロシア帝国もこの伝統政策を捨て去ったわけではない。「中ソ対立」は主義やイデオロギーの争いではなく、長い歴史を通じて対立し闘争しつづけてきた両帝国のナショナリズムの再燃として初めて理解できる。ここに次の大戦の危険があり、ここに「中共の悲壮な運命」がある。大清帝国の老化と無力化により、日本という小国は、ありとあらゆる無理を重ね、「武装せる天皇制」という戦争体制を創出し強化することによって、いやでも東亜諸国を「代表して「戦闘には勝ったが戦争には勝てなかった百年戦争」を戦いつづけ、完敗して戦場を去り、戦士の鎧《よろい》をぬぎすてた。日本という戦士はいま、歴史の舞台裏で休息している。約百年来、初めての休息である。いま初めて、家庭をふりかえり、産業と内需と貿易の充実を考え、内政を整え、「近代化」に向かって進む余暇を与えられたのだ。

敗戦直後の日本の風景は百年間つづいた戦争のため、政治も経済もデコボコだらけであった。制度も道徳も習慣も戦争用のものだけで、平和な日常生活に役立つものはひとつもなかった。最後の大敗戦によって、人の住む家はなく、庭と畑は焦土となり、人心も荒れはてて、この回復には少くとも一世紀はかかると、私もほとんど絶望した。完全栄養失調の余命いくばくもなしと観じ、鎌倉の谷間の奥にひきこもり、この谷から一歩も出ずに死のうと考えた。だが、人間の予想や計画や計算ほどあやふやなものはない。三年たっても私は死なず、谷の奥からときどき東京にも出るようになり、出るたびに横須賀線沿線の復興ぶりに目を見はり、やがてそれを喜ぶようになった。追放にはなったが、糧道を絶たれたわけでなく、働けば、それだけの収入もあって、二人の息子たちも勢いよく成長した。私も私なりに働いたが、全体としての日本人はもっと働いたにちがいない。十年がすぎた時には、私が一世紀後と計算した復興がすでに緒につきはじめたかのように見えた。朝鮮戦争以後の世界情勢の急変も日本の復興に幸いしたようだ。今は敗戦後二十年。この「繁栄」は、たとえその裏にわれら老世代の気に入らぬ諸現象を伴っているとしても、この「復興」を二十年前にたれが予想し得たであろうか。

新中共帝国の使命

しかし、「日本復興」を安心して語るのは早すぎる。私が語りたかったのは中華人民共和国という新帝国の運命である。日本による「東亜百年戦争」は終ったが、まだ東亜問題は残っている。そのほかに、さらにアフリカと東南亜諸国と中南米諸国の問題があり、アメリカそのものの中にも黒人問題が燃え上がっている。国連加盟の新興諸国の大部分は日本の敗戦後に独立した国々である。これらの国々の独立を日本の健闘と玉砕の結果だとは言わないことにしよう。ただ、それが日本の抵抗――これを侵略と呼ぶことは左翼学者諸氏の御自由だが――その日本の抵抗がマイナスよりもプラスに作用した結果としての独立であることだけはまちがいない。ただし、独立はただちに解放と繁栄を意味しない。新興独立国の多くはいわゆる「低開発国」であり、「近代化以前の国」であり、それ自身の中に多くの難問題をふくんでいて、地球上の全人種と民族の平等と共通の繁栄の日はまだまだ遠い。

これらの新興諸国中の最大なものは、中華人民共和国である。この新帝国は日本の抵抗のマイナス面たる「中国侵略」を逆利用することによって、アジアの最強大国として旧シナ帝国を復活させた。アジア・アフリカの新興独立国の人気と希望はほとんどすべてこの新帝国に集中していると言ってもいい。中共自身も、これらの国々の「希望の星」たることを自任し、そうなることに意識的努力をはらっているように見える。そのためにはますます反米主義を強調し、同時に反ソ連闘争をも展開しなければならぬ。これを私は「中共の悲壮な使命」と呼ぶ。日本の「東亜百年戦争」を期せずして中共が継承したことになる。

日本は歴史の舞台から追い落され、目下のところ、追い落されたことに満足して「泰平ムード」の中で戦争の傷をいやし、「近代化」への道をたどろうとしている。今の日本人の意識には「興亜」も「脱亜」もない。たとえドゴール将軍によって首相をトランジスタ・ラジオのセールスマンと呼ばれても、日本はここ当分、「百年戦争」の結果としての自国内部のデコボコの修理に専心するだろう（泰平ムードと国家目的の喪失に対する日本人自身の抵抗は部分的にはすでに始まっているが、それはまた別の問題だ）。

もし近い将来に東洋に戦争が起るなら、その主役は、もう日本帝国ではなく中共帝国である。現在及び近い将来の日本には、いかなる点でも戦争の主動力となる条件も実力もない。米帝国、ソ連帝国及び中共帝国を主役とする三つ巴の世界戦争が百年つづくか、核兵器によって一瞬で終るかは、神様だけが知っている。

第十四章　内政派と外政派——外政派の爆発としての柳条溝謀略

柳条溝の爆発

満州事変の口火となった柳条溝事件もまた、関東軍の謀略であった。その直接の立案者、首謀者は石原莞爾、板垣征四郎の両参謀ということになっている。

昭和六年の秋九月十八日の午後十時すぎ、関東軍柳条溝分遣隊の河本中尉は板垣参謀の秘密命令をうけ、七、八名の部下をひきいて、張学良軍の本拠北大営に近い柳条溝の線路に黄色方形爆薬を装置し、十時四十分奉天着の急行列車通過の直前に爆破した。だが、爆破不完全で線路の一本だけが一メートル五十センチほど吹っとんだだけであったので、急行列車は転覆せず、無事に通過してしまった。しかし、河本中尉は予定のごとく北大営に向って、射撃を開始し、部下の一等兵を伝令として、北大営の北側の文官屯に待機していた川島中隊に「北大営の支那兵が鉄道を爆破、目下対戦中」と報告させた。報告は特務機関と島本大隊本部と第二十九連隊本部に伝わり、非常呼集が行われ、北大営と奉天城の攻撃が開始された。「特務機関からの急報により板垣のところに駈けつけた森島総領事代理は平和的手段により解決することを説得しようと試みたが、板垣は軍の指揮権に干渉しないようにと逆に森島を叱咤し、……花谷（特務少佐）は刀を抜いて『干渉する者は殺してしまう』とさえ脅迫した。林総領事もくりかえして板垣に電話し戦いを中止するようにと説得したが、板垣は『軍が既定の計画のとおり事を進める』ことを通告しつづけた」（『太平洋戦争への道』）

　奉天独立守備隊兵営の中にひそかにすえつけられていた攻城重砲（二十四センチ榴弾砲）は、すでに北大営に向って火を吹いていた。これは日本内地から七月の初めに秘密に輸送され、トタン屋根で擬装されていたが、奉天の主要目標に対して砲側に目盛りが記され、その目盛りに合わせていつでも発射できるように用意されていたのである。

　北大営の一角は午後十一時過ぎに占領された。石原参謀はその時旅順にいた。戦闘開始の報をうけた旅順軍令部の本庄司令官は最初は石原の全面攻撃説をしりぞけたが、三宅参謀長以下の各参謀と幕僚が「板垣と石原を第二の河本大作にするな」と固く結束しているのを見て、沈思五分間の後、「よし、本官の責任においてやろう」と全面攻撃命令を発した。

　その翌日の午前一時すぎ、東京の参謀本部に到着した電文は次のようなものであった。

「十八日夜十時ゴロ、奉天北方、北大営西側ニオイテ、暴戻ナル支那軍隊ハ満鉄線ヲ破壊シ、ワガ守備兵ヲ襲イ、駈ケツケタル我ガ守備隊ノ一部ト衝突セリ。報告ニヨリ、奉天独立守備第二大隊ハ現地ニ向イ出動中ナリ」

再び政府の知らぬ謀略

完全な謀略であり、その直接責任は石原・板垣両参謀の上にしぼられる。大東亜戦争の開始をこの時点に求める進歩派の歴史家たちは、「柳条溝の卑劣な謀略によって始められた日本の侵略戦争は日支事変と太平洋戦争をふくむ十五年戦争に発展し、日本はその当然の刑罰として大敗戦と大破滅に追いこまれた」と結論する。

だが、私は「十五年戦争説」をとらない。どこまでも「東亜百年戦争」の立場に立って、満州事変をも解釈する。

何が石原・板垣をしてこの「卑劣な謀略」を立案させ、実行させたか。それは当時の日本政府ではない。政府は元老西園寺公望、若槻首相、幣原外相をはじめ、満州における武力行使に絶対反対であった。天皇御自身もただ隣邦シナとの平和を願っていた。内大臣牧野伸顕を中心とする宮中勢力もまた同様であった。

陸軍中央部もまた武力解決策の即時実行には反対であった。参謀本部は立案以外の軍事行動を認めず、関東軍の独断専行、特に謀略行為を禁じていた。「政治的策動または支那浪人の陰謀に軍人が参加すべきでない」というのが軍中央部の意見であった。

柳条溝事件の直前、九月十五日に東京の桜会（陸軍少壮将校の革新団体）の首領橋本欣五郎中佐から板垣あてに電報がとどいた。

「バレタ　タテカワユク　マエニヤレ」

軍中央部は建川美次少将を関東軍説得のため現地に派遣したのだ。建川や永田鉄山少将が必ずしも武力解決に反対ではないことを板垣は知っていたが、時期尚早の理由で延期または中止の勧告に来たのなら厄介だと考え、花田特務少佐に命じて建川を奉天の料亭菊文に連れこみ、酒でつぶしておいて、そのすきに柳条溝爆破を決行したという喜劇めいた実話がのこっている。

財閥資本家とその「手先」である政党が資本の利益のために事変の開始を望んでいたというのもマルクス派の嘘である。政友会の一部には森格のような強硬派もいたが、森も田中義一も共に石原・板垣謀略とは関係ない。三井三菱も諸政党も幣原外交の対米英協調路線を支持していて、対支貿易による「平和な利得」を望んでいたし、主要言論機関は関東軍の「暴発」を警戒し、反対していた。

幣原喜重郎外相は事件直後の閣議において、この事件を関東軍の謀略だと明言し、林久治郎奉天総領事、木村鋭市満鉄理事の報告を朗読して南陸相を激しく攻撃した。陸相は返答に窮し、意気もくじけて、朝鮮軍の越境増兵の必要を提案する勇気を失った、と『満州事変機密作戦日誌』は記している。

幣原外交とその親米英路線は戦争中は各方面からきびしく攻撃され排撃されたが、幣原には幣原の信念があった。彼は日本の安全と発展のために、彼の路線の正しさを確信していた。敗戦後の幣原が首相として「マッカーサー平和憲法」の受入れに率先したと伝えられているのも、この確信の継続であると考えられる。彼を腰抜け外交官とののしるのはまちがいである。ただ、彼は彼の信念と路線を乗り越えるある力が日本自身の中に、そして世界史の中に存在していたことを察知できなかっただけである。

幣原外交の本質

もし幣原路線をまっすぐにつらぬき通すことができていたら、日本はあの「破滅的な戦争」を避けて通ることができたであろうという考え方は現在でもまだ残っている。この考え方の裏側には感傷的な平和主義と同時に、日本は世界の「列強」の一つとして、英・米・仏・ソ連と協力し、平和に、シナと東洋諸国を支配し搾取して、繁栄を楽しむことができたであろうという狡猾な意図もかくされている。

第一次世界大戦においては、日本はドイツとその同盟国を敵とし、英米仏露の連合国側に立った。これは日本にとって「理性的」で「知性的」な道であったにちがいない。この戦争の結果、ドイツとその同盟国は没落し、フランスは衰弱し、ロシアは革命によって一時的ながら崩壊して、日本は英米とともに世界の三大列強に加わり得たと自誇することができた。だが、この米英路線への協力の結果としての日本の「繁栄」は長くつづいたか。いや、それは真の「繁栄」と呼び得るものであったかどうか。

獅子の分け前は米英のものであった。日本の得たものは南洋の小群島のみで、シナにおけるドイツの利権を一時はうけつぐことができたが、アメリカの干渉によって奪回されてしまった。米英の圧力によって、繁栄と好景気は夢と消え去り、国内の窮乏は高まり、十年たたぬうちに、敗戦ドイツ並みの「持たざる国」の系列に追い落とされてしまった。米国を主動者とする軍縮会議においては、常に受け身に立たされ、日本の武装は半ば解除されたも同然になり、「三大列強」の実質は完全にはぎとられてしまった。

もしそれが真の「平和への道」であったら、軍縮も幣原外交も歓迎に価することであったであろう。だが、最も重大なのは、日本がアジアと東洋の一部であることを、幣原路線を信ずる指導者たちが完全に忘れ去っていたことであった。世界史の宿命としての東洋征服は第一次大戦によって終ったのではなかった。しかも、西洋諸国の征服目標はシナだけではなかった。アジアの頑強な独立国としての日本がこの征服目標から除外されるはずはない。西洋列強と共に歩くことによって文明と平和と繁栄を享受し得るという甘い夢想が、いわゆる幣原路線の本質であった。「アジア主義」と「大東亜共栄圏論」を夢想と呼ぶのは自由だが、幣原喜重郎の「平和外交」はさらにそれより非現実的な夢想であったと言わねばならぬ。

佐々木到一氏の『ある軍人の自伝』に次のような興味のある一節がある。大正十二、三年のころ、佐々木氏は駐在武官として広東におり、孫文とははなはだ親しかったが、日本からの要人を案内して孫文に会うごとに、孫文は毎回必ずくりかえし言ったそうである。

「将来国民党が支那を支配する暁には、満州は必ず日本に委任する」

「日本の参謀マンは短見だ。なぜ欧州大戦に同盟側（ドイツ）に加担しなかったのか」

満州は清朝の故地であるから、「滅清興漢」を革命目標とする孫文と当時の国民党にとっては重要ではなかった。満州をロシアまたはアメリカに奪われるよりも、同じアジア人の日本に「委任」したいというのは当時の孫文の心情であり真情であったかもしれない。もし孫文が国民革命成就の後まで生きていたら、果してこの心情の約束が実行されたかどうかは疑問であるが、蔣介石もまたしばしば同じ趣旨の言葉をもらしたことは事実である。だが、その蔣介石を正面の敵にまわしたのも日本自身であった。

しかし、そのような仮定にもとづく空想は別として、孫文の第二の言葉には重大すぎる意味と予見がある。欧州大戦において、なぜドイツ側に加担しなかったかといったのは、アジアの真の敵は連合国側のアメリカとイギリスであることを孫文が知っていたからだ。必ずしも日本がドイツ側に立つ必要はなかったとしても、英米側に立つべきではなく、日本はどこまでもアジアと東洋の立場に立つべきであったというのが孫文の真意であろう。しかし、日本の参謀マン――軍人だけでなく、幣原路線を守る政治家、外交官、学者、ジャーナリストは、英米の側に加担してシナを敵とする気運をつくってしまっていた。佐々木『自伝』によれば、大正十二年の広東では排日劇が上演され、劇が終ると、「孫文夫人宋慶齢や廖仲愷の令嬢が帽子を持ちまわって貧民の救助の義捐金を集めた。われわれ日本人は苦笑しながら何枚かの紙幣を入れてやらなければならなかった」

果して、その後二十年たたぬうちに、日本は孫文の予想のごとく「持たざる国」としてドイツ、イタリア側に立って戦う羽目に追いこまれたが、その間に歴史は奇妙な逆転を示し、シナは日本の敵として米英側に立ち、日本を包囲するＡＢＣＤラインの中のＣとなり、最も手におえぬ一環と化し終っていた。
それが歴史だ。

アメリカの挑戦――「白い太平洋」の夢

佐々木大佐が広東で見物させられた排日演劇は、大正四年に日本が北京の袁世凱政府に強制して調印させた、「対支二十一カ条」の所産であった。当時の大隈内閣は、欧州大戦による欧米勢力の東洋からの一時退潮を「千載一遇の好機」と見て、「東洋における日本の利権を確立するために、日英同盟の義務に従う」というただそれだけの理由によって参戦し、青島を攻略し山東省からドイツの勢力を一掃した後に、「満蒙における特殊利益の強化、山東省におけるドイツ利権の継承、その他シナ本土における優越権の樹立」を二十一カ条にまとめ、武力発動で威嚇して北京政府に強制した。そのどの条項を見ても、火事場泥棒の居直りと評するほかはない。「日支親善」も「大アジア主義」もこの押しつけによってけしとんでしまった。

「二十一カ条こそは、その後の日華関係を救い難い泥沼に陥れ、アメリカの対日不信感を決定的にしたもので、日本外交史上最大の失策であるといっても過言ではない」

という『太平洋戦争への道』の記述は、私が傍点を付した部分をのぞいて、すべて認めなければならない。この一節は同書の注によれば、ジョージ・デビスの著書からの引用らしいが、ペルリ来航以来、アメリカが日本を信用したことがあるだろうか。日露戦争では金を貸してくれたが、これは将来の太平洋制覇のために、ロシアの南下に対して日本を一時の防波堤に使ったものであり、日本の対露戦勝と同時に、アメリカが日本を太平洋の邪魔物あつかいにしはじめたことは、すでに述べた。だから、傍点の部分は「シナの対日不信感を決定的にしたもので」と書き改められなければ通用しない。

パナマ運河開通以後のアメリカの対アジア政策は「白い太平洋《ホワイト・パシフィック》」――太平洋を白人の海にする構想の上に立っていた。アジアにおける唯一の独立国として「白い太平洋」の実現をさまたげつつ成長する日本に対するアメリカの「不信」は、最初から決定的なものであった。「二十一カ条」が「日本外交史上最大の失策」であることは事実であるが、それはシナ人が日本人に対して言うべき言葉で、アメリカ人が言える言葉ではない。

果して、アメリカは直ちに日本の「大失策」を利用して巧みな反撃を開始した。二十一カ条をはげしく非難し、シナ民衆の反日感情に同感を表し、「門戸開放」の名において、二十一カ条を有名無実化することに努力しはじめた。

だが、ヨーロッパにおけるドイツ同盟軍の戦力は予想外に強力で、アメリカも参戦せざるを得なくなったために、日本に譲歩した態度をとり、干渉の手を一時ゆるめた。日本政府、特に田中義一内閣はその手に乗じてシナを強制し、脅迫し、ますます対支関係を悪化させた。

第一次大戦が終ると同時にアメリカの反撃はいよいよ本格化した。パリ講和会議においては公然とシナを援助する擬態を示して日本の要求（山東におけるドイツ利権の移譲、独領太平洋諸島の譲渡、人種平等案）を阻止しようとした。だが、日本は戦争中の英・仏・露・伊との秘密協定を楯として健闘し、平和会議脱退の決意までしめして人種平等案をのぞく諸要求を承認させた。そのために「中国側の失望は甚しく、排日運動はいわゆる五・四運動となって爆発し、中国全土に波及した」と『太平洋戦争への道』は記しているが、これもアメリカの思う壺であったであろう。

パリ平和会議において、人種平等案が否決されたのは象徴的である。当時のアメリカもイギリスも有色人種を人間と認めようとしなかった。世界は白人のものであり、アジアと太平洋もまた白人のものでなければならなかった。

第二次世界大戦の中の日本に対する部分（大東亜戦争）をアメリカが「太平洋戦争」と名づけたのはさらに象徴的である。アメリカは日本の敗戦によって、「白い太平洋」を実現し得たと考えた。日本を占領してその骨を抜き、韓国を支配し、沖縄と台湾とフィリピンを永久基地化し、南ベトナムを「独立」させることによって太平洋とアジアはわがものと思いこんだ。

それが甘すぎる夢であり、おろかな錯覚であったことの最初の実証は朝鮮戦争であった。アメリカはこれを反共戦争と称したが、アメリカ軍の進撃を現実に阻止したのは、ソ連軍ではなく、北鮮軍であり、中共軍であった。アジアの反撃である。征服者マッカーサーはこの対アジア戦争に完敗し、戦史にも稀な大量の戦死傷者を出し、アメリカ人自身から「人食い鬼」と呼ばれ、栄光の座からひきずりおろされ、本国に召還され、老兵として消え去った。

現在もなおアジアの反撃はつづいている。その主動力は中共新帝国である。この反撃は共産主義の名によって行われているが、中共はソ連人を追い出し、その紐《ひも》つき援助から絶縁した。北鮮人民共和国も自力更生を強く唱えて実行している。北鮮をソ連の傀儡《かいらい》国と見なすことはできなくなった。現に進行しつつある南北ベトナムにおける戦争の実状に注目しよう。これは明らかに中共封じ込め政策の一環として、アメリカによって行われている戦争であるが、果して成功するかどうか。「救い難い泥沼」の中に足をふみ入れ、いたずらに金と武器と人命を浪費しつつあるのは今のアメリカではないのか。

インドシナ半島の作戦に失敗したら、アメリカはさらに他に突破口と戦場をさがし出すかもしれない。それにも失敗したら、核兵器所有国たるソ連と手をにぎり、かつて「アジアの指導国」日本帝国をたたいたように、新中共帝国の全面的たたきつぶしに着手するおそれも十分にある。中共は日本の「百年戦争」を運命的にうけついだのだ。「アジアの悲壮な運命」を中共は自らの肩にになっている。果して中共は日本のごとく白色帝国主義の連合によってたたきつぶされるであろうか。

これは予言できることではない。だが、世界は激動している。アジアのほかにアフリカ諸国があり、中南米諸国の覚醒が始まっている。アメリカとソ連がそう簡単に手をにぎれるとは思えないし、また第三勢力をねらって中共を承認したドゴール・フランスの登場は世界状勢をさらにいっそう混乱させるにちがいない。アメリカ国内には黒人の暴動が起っているし、黒人の下層にはさらにプエルトルコ人がおり、そのすぐ隣りにはカストロのキューバ島と中南米諸国がある。アメリカ全国民が、再び「人食い鬼」として世界の人類を食いつくすことを決意しないかぎり、今後の歴史はアメリカの御注文どおりには動かないであろう。

幣原外交の本質

さて、再び幣原外交と満州事変の問題にかえろう。

幣原外交とは、一言で言えば、ワシントン体制への適応であり、アメリカの対アジア政策への屈服であった。これは幣原個人への攻撃や非難をふくまない。幣原は当時日本のおかれた苦境を打開するために、日本の支配層が最も「理性的」で「現実的」だと考えた路線を固守し実行した一個の硬骨な外交官であった。しばしば軍部と衝突し、反対政党、少壮軍人、右翼学者の攻撃をうけたが、幣原自身は動じなかった。

ワシントン軍縮会議はアメリカとイギリスの主唱によって大正十年（一九二一年）十一月に開催された。参加国は米、英、仏、伊、日、支、その他の九カ国であった。会議の議題は軍縮だけではなく、太平洋及び極東問題をふくんでいた。日本はその目的が日本の対支政策の牽制にあることを察して、議題を軍縮だけにかぎろうとしたが、米英の圧力によって押し切られた。

会議の結果、米英は五、日本は三、仏伊は一・六七の主力艦保有量が決定した。日本は対米七割を主張したが容れられず、全権・加藤友三郎提督は自己の全責任において六割を承認し、海軍次官井出謙次中将あてに次のような手紙を書いた。

「国防は軍人の専有物にあらず。……国家総動員してこれに当たらざれば目的を達しがたし。

故に、一方にては軍備を整えると同時に、民間工業力を発達せしめ、貿易を奨励して、真に国力を充実するにあらずんば、いかに軍備の充実あるも活用するあたわず。平たくいえば、金がなければ戦争ができぬということなり。戦後、ロシアとドイツがかようになりし（崩壊せし）結果、日本と戦争の起るプロバビリティのあるのは米国のみなり。かりに軍備は米国に拮抗する力ありと仮定するも、日露戦役のごとき少額の金では戦争はできず。しからばその金はどこよりこれを得べしやというに、米国以外に日本の外債に応じ得る国は見当らず。しかしてその米国が敵であるとすれば、この途はふさがるが故に、日本は自力にて軍資を造り出さざるべからず。この覚悟なきかぎり戦争はできず。英仏ありといえども当てには成らず。かく論ずれば、結論として、日米戦争は不可能ということになる。……ここにおいて日本は米国との戦争を避けるを必要とす。……でき得るだけ日米戦争は避け相当の時機を待つより外に仕方なし」

宇垣一成大将もまたその日記に書いている。

「当分のうちは、英米を敵とすることはなお得策ではない。ワシントン会議において譲歩したのも、それ賢明に近いと言える」

幣原外交は当時の指導層のこのような認識の上に生まれたものだ。幣原は、

「いまや世界の人心は、一般に偏狭かつ排他的な利己政策を排斥し、兵力の濫用に反対し、侵略主義を否認し、万般の国際問題は、関係列国の了解と協力をもって処理せんとする機運に向って進みつつあるのを認め得らるるのであります」と記者会見で語り、ワシントン体制

を是認し、シナに対しては徹底的な内政不干渉主義を励行すると第五十議会（昭和二年）で声明した。

これも一つの道である。彼は文明と人間の理性を信ずる理想主義者であった。だが、歴史は人間の理性のみでは動かない。特に政治と国際関係はこの種の理想主義を嘲笑し裏切る。幣原氏の信念と努力にもかかわらず、イギリスはシンガポール要塞を強化し、アメリカは排日運動を起し、シナの抗日運動は日に日に激化し、国内的にはロンドン条約によって軍人の不満をひきおこし、世論は幣原軟弱外交とののしり、ついに満州事変の勃発によって幣原は政治の舞台から退場を余儀なくされた。

『陰謀・暗殺・軍刀』の著者森島守人は彼を次のように批評している。

「幣原外相はあまりにも内政に無関心で、また性格上あまりにも形式論理にとらわれすぎていた。満州に対する幣原外交の挫折は、要するに内政における失敗の結果で、当時世上には、春秋の筆法をもってせば、幣原が柳条溝事件を惹起したのだと酷評した者すらあった」

この「酷評」が当っているか否かは別として、柳条溝事件は先の張作霖爆殺事件と同じく、中央政府と陸海軍上層部の意向を無視し、彼らをつんぼ桟敷においたまま、しかも第二次若槻内閣の外相幣原喜重郎の在任中に勃発した。閣議は満州の事態不拡大を決定したが、関東軍は奉天、長春を占領し、朝鮮軍は林司令官の独断命令によって越境し、満州に出動してしまった。

参謀本部の中の「秘密参謀本部」

板垣征四郎大佐は陸軍大臣の制止に対して、

「いたずらに消極的宣伝戦に没頭することなく、千載一遇の好機に乗じ、敢然として満蒙問題の解決に驀進するを要す……区々たる悪宣伝のごとき毫末も恐るるにたらず」

という反抗的電報を打ちかえし、ついには「軍は一定の任務に基き行動せるものなり、一々参謀本部の指令を受くるに及ばず」という反乱に等しい電報まで打ってきた。

何が一参謀大佐にすぎない板垣にこのような自信を持たせ、政府と軍中央を無視して事変を拡大させたのか。これについては、『橋本欣五郎大佐の手記』の編者中野雅夫氏がはなはだ興味ある説明を加えている。

「陸相も参謀総長も当時はうかつにして知らなかったが、このとき参謀本部内に別箇の秘密参謀本部ができていたのである。別箇の参謀本部は板垣征四郎との間に独自の暗号を持っていて、金谷総長が『事変不拡大』を関東軍に打電すると、『参謀本部軍事行動停止命令は閣議に対する体面上の事にして、その意志は軍事行動を停止せしめんとするものにあらず』と打電していた。

総長が朝鮮軍の越境を阻止すると、

『総長の命令に従う必要なし、直ちに越境して関東軍を増援せよ』

という別命令を出していた。この暗号電報は露見を警戒して軍の通信を用いず、東京、品川、浅草などいちいち発信局を変えて郵便局から打電していた」

「しかも別箇の参謀本部は軍首脳部や政府がことごとに関東軍の行動を制止妨害する態度にでるので業をにやし、在京の青年将校三百名を結集してクーデターによる政府転覆を試みるに至った。そのため兵力二十三箇聯隊を動員、機関銃六十丁、飛行機、爆弾、毒ガスまで準備して軍首脳、政府、重臣、財閥、官僚の殺戮監禁を計画した。いわゆる錦旗革命と称される十月事件クーデターである。事件は決行寸前に露見して関係者は逮捕されたが、これを知った関東軍は陸相と総長に対し、

『吾人は君国のため、満州において粉骨砕身活動しつつあるも、日本政府は事ごとに吾人を制肘《せいちゅう》し大業を完成するを得ず、ここに関東軍は光輝ある皇軍の歴史を破り、帝国より分離独立するに至る』

と独立宣言を発して関係者の処分を牽制した。政府も軍首脳も驚愕戦慄して対策を失った」

解説のこの部分だけを読めば、これは完全な反乱であり、未発に終った軍部革命計画である。

「錦旗革命」と橋本欣五郎

彼ら軍人たちはこの一挙を自ら「錦旗革命」と称し、「昭和維新」と呼んだ。その昔の明治維新は、武士階級と浪士と国学者たちによって行なわれた。徳川封建制度はすでに老朽し、

農民は特に困窮していたが、自ら立って封建制度を倒す第三階級は成長していなかった。勤王志士とよばれる武士団が立上がって、幕府とそのものを廃止し、統一国家をつくったのが明治維新であった。武士団を蹶起《けっき》させたのは、国内事情よりも国際事情、黒船の来航と「西力の東漸」であり、その標語は「尊王攘夷」である。

「錦旗革命」と「昭和維新」の計画も、明治維新と同じく武士団（軍人）の内憂外患意識から生まれ、民間学者（例えば北一輝、大川周明など）と浪人団（例えば岩田愛之助の一党、井上日召の血盟団、前田虎雄の神兵隊など）と結び、相呼応して国内体制の改革を企てた。その目的は米英を敵とする決戦体制を確立することであった。明治維新の中岡慎太郎は維新の模範としてアメリカの独立戦争を回顧しているが、昭和の橋本欣五郎の一党は参謀本部ロシア班員でありながら、ロシア革命の方法を真似ようとはせず、トルコのケマル・パシャの軍部クーデターの方法を採用しようとこころみた。明治維新も昭和維新も、階級闘争理論では説明できない政治現象である。

昭和十年十月に書かれた橋本欣五郎手記の書出しは次のように始まっている。

「明治以来隆々として発展せし日本も昭和時代に入って人心ますます弛緩《しかん》し、滔々として自由主義の思想みなぎり、国家観念は極度に消磨し、個人主義の思想は津々浦々にまで充満し、且つ大正末期頃より共産主義の移入ありて世界無比の国体まで危からんとするの有様は、心ある者をしてつらつら邦家の前途に危惧の念を抱かしむるに至る。

また政府は何ら国民の幸福を希うの政治にあらずして、政権の争奪に日も尚たらず、政党は資本家の走狗なることは明瞭にして、その腐敗極度に達せりというも諸人の殆んど疑わざる有様にして、政治家、甚だしきは大臣達の疑獄相次いで起り、天皇の御心は殆んど国民に及ばず、政党政治は天皇政府の唯一最大の障害たる感あり。

経済は大いに発達せるも、これ皆個人資本主義の極致にして、国家の利益は放擲するも、自己の利益に汲々として、経済の発展は反って必ずしも国家の利益とならず、貧富の差隔絶し、次いで資本を代表する政党政府もまた、国民の敵たる観を呈し、このままを以って進むに於ては、国民義憤の爆発、次いで累を皇室に及すなきやを患《うれ》えしむ。しかも政府政党資本家尚醒めず、然るにもかかわらず、宮中の高官、また政府者と合流し、天皇の明を蔽う。為に同じく国民の怨嗟の声甚だし。

外交もまた、外交者流の外交技術、外交商売と化し、何ら国民の幸福を増進するの外交たらず、追従妥協、てんとして恥じず、不甲斐なき恰も外交者流は国際女郎の観あり。

右の如き状態をもって進むに於いては、国民的大衆的革命を惹起すべく、しかもその暁に於いては共産主義的傾向を生じ、無比の国体を損するにいたるべきは、吾人同志の直感するところなり。如何にして右の有様を挽回し、天皇一本の政治に致したく、日夜、吾人同志深慮す」

この素朴な危機感と革新思想は橋本中佐だけのものではなかった。ひろく少壮軍人と青年将校と国民の一部の胸底に鬱血していた。

橋本手記には次のような一節もある。

「この時に当り、かろうじて少くとも一定の主義と熱とをもって奮闘しつつあるを独り左傾団体にのみ見出さざるべからざるの奇現象は、果して吾人に何を教示するか」

当時の労働運動、左翼政党、特に共産党は敗戦後の現在に育った青年たちには想像もつかぬ弾圧をうけていたが、にもかかわらず、左翼の運動は拡大の方向をたどっていた。ロシアの紐つき組は別として、青年労働者と大学生たちを敢て弾圧の嵐の中にとびこませたのは少壮軍人と同じ危機感であり、日本革命の希望であった。この憤怒と希望は右翼思想家と少壮軍人においては「皇道維新」、「錦旗革命」、「昭和維新」の構想となって現われた。橋本手記には、「国家改造は同志の団結による以外、その方法なきを感知したる余は、直ちに個別的に中央部相当人物の大尉佐官を勧誘説得す。同意するもの十数名ありしも、実行の意志あるを恐れ、同志たり得ざるもの新（陸軍）大学出、出世論者に多数あり。長勇、小原重孝、田中弥、天野勇、熱烈にしてこの志業に死を以て参与せんと誓う。その他優秀なる意志の持主相当あり、ここに於て同志は毎月偕行社に集まり、意見の交換及び結束の強固をはかる」

これが有名な「桜会」誕生の事情である。その後、海軍将校をふくめた「星洋会」、さらに青年将校の団結である「小桜会」も生まれた。

徳川義親氏のこと

これらの軍人たちに思想的背景を与えた民間学者として北一輝、大川周明のことはすでに述べた。その他の「桜会」に協力し後援した軍人以外の人物を調べてみよう。

橋本手記の中には、「盟友」の民間人として、大川周明、岩田愛之助、松尾忠二郎、万俵喜蔵、高橋利雄の名があげられている。

中野雅夫の解説によれば、岩田愛之助は愛国社の頭領、松尾忠二郎は神戸製鋼・北九州鉄道の取締役、播磨造船の社長であり、万俵喜蔵は貿易商・関西物産取締役で、ともに満州事変ののちに橋本に資金を提供した。高橋利雄はロシア通信社長で、ソ連情報提供のために参謀本部に出入りしていた。

橋本手記の中で、特におもしろいのは、彫刻家朝倉文夫が政友会の床次竹次郎の紹介で橋本に会い、自宅に招待し、夕食を共にしながら時局を痛憤したという一節である。朝倉氏は大分県人で、私と同県の先輩。この人にしてこのことがあったというのは初耳である。当時の青年芸術家文士の多数は左翼に走ったが、朝倉文夫のように、大川周明、橋本中佐流の痛憤を胸にひそめ口に出していた人も少なからずあったのである。

蒲田病院院長今牧嘉雄博士も登場している。左翼陣営と労働運動からも、赤松克麿、小池四郎、望月源太などが大川陣営に参加していた。

中野氏の解説によって教えられた、私にとって最も意外な新事実は、徳川義親侯爵がこの三月事件に資金五十万円（今日の二、三億円）を提供したということである。虎狩りの殿様として有名な侯爵は、戦争中は南方軍顧問の資格で昭南市（シンガポール）にいた。私は従軍記者としてシンガポールに二カ月ほどいたが、毎日のように徳川公館に遊びに行った。公館には当時の左翼理論家の一方の雄大森義太郎教授の妹松代さんが秘書をしていたし、他にも良家出身の若い美少女たちが何人かいた上に、酒を飲まぬ侯爵に贈られた東西の美酒が手つかずに残っていたので、記者たちのいい溜り場になっていたのである。

侯爵は、私たちには政治についても軍事についても何事も語らなかった。私たちの飲みっぷりと遊びぶりをニコニコと笑いながら眺めていたばかりであった。この人が三月事件の行動隊長大行社の清水行之助氏の東京攪乱工作に資金五十万円を提供したなどとは想像もできぬ鷹揚な殿様ぶりであった。

義親侯は越前福井の藩主松平慶永の二男に生まれて、尾張の徳川家に入った人である。松平慶永は島津斉彬の盟友であり、橋本左内を登用活用し、井伊大老の政敵として閉門隠居を命じられた人物だ。その東亜経略論は、史家上山春平氏も引用して、維新以後の日本のコースは慶永意見の中に示されているといっているが、その慶永公の息子が、日本軍がイギリスより奪取したシンガポールの軍政顧問になっていたのだ。

中野氏は、義親侯は「著名な社会主義者石川三四郎の友人で早くから国家改造意見を持っていたので、クーデター計画に賛同しやすかったのであろう。この五十万円は（三月事件の中止により）、敗戦直後、清水が徳川に返却した」と書いている。

義親侯はその五十万円をそのまま日本社会党の設立資金に寄付した。当時社会党の首脳部は、徳川邸を設立準備事務所として結集しており、日本社会党という党名も義親侯の裁定できまったのだという。

中野氏は侯の左右両翼にまたがる交遊と援助を、その「大名的性格」に帰しており、それも当っているであろうが、私はここに「歴史の血脈」ともいうべきものを感じざるを得ない。明治維新における主導力は尊王派の学者と武士団であったが、薩摩の森山棠園《とうえん》父子、長州の白石正一郎のような商人も動き、武州の渋沢栄一一族や福島の河野広中兄弟のような富農も動き、医者も僧侶も神官も動いた。それればかりか、島津斉彬をはじめ松平慶永、伊達宗城その他多数の藩主、諸藩家老級の上司たちも志士の国内改革を援助し、幕府方にさえ、勝海舟に代表される革新派は少なかったのである。

外患のある時には、一国の革新は階級闘争理論を越えて、このような全国民的な、ナショナリスティックな形態をとる。

内政派と外政派

昭和の革新軍人の中には、内政派と外政派があった。内政派とは国内改造を先にせよというものであり、外政派とは先ず満蒙問題を解決して、国内改造をその後に実行しようと主張する者である。橋本中佐は内政派を代表していた。

「吾人同志間において、国家改造案を研究するに当り、内部改革を先にすべきや、或は外政を先に処理し、内部に及すべきや両論生ず。如何となれば、いかに内政を改革するも、この貧弱なる一定の領土を以てしては、内部を改革するも、国民の幸福にさして大なる期待をなし得ざるを以てなり。……この論は同志、特に断行力の乏しき者に多かりき。予は外部を処理することは勿論必要なるも、現在の如き柔弱なる政党者流を基礎とする政権を以てしては外部を処理し得ざるを以て、内部の改造により強力なる政府を建て以て外政に及ぶにあらざれば、その実行不可能なりと主張し、その内部改造の機の如きは断行すれば鬼神も避くと述ぶ。余としては余の内先外後の主義に向って邁進せり」

だが、内政派のクーデター計画が準備不足や仲間割れや上層部の慰撫によって挫折しているあいだに、外政派の方が先に爆発してしまった。張作霖爆殺と柳条溝事件である。佐々木到一、河本大作、石原莞爾、板垣征四郎、辻政信などが外政派を代表する軍人であろうが、彼らは現地にいたので、橋本手記にある内地の「外政派」のように「特に断行力に乏しき者」ではなかったようだ。

中でも石原莞爾は「東亜連盟論」という独自な理想論をもっていた。父作霖を爆殺された張学良は蔣介石の国民党に入党して、満州に青天白日旗をひるがえして、隠然または公然と「反日侮日政策」を継続していた。日本側の被害は百件を超え、その中には中村大尉事件の如き軍人殺害もふくまれていた。満鉄付属地に住む百余万の日本人の憤激と、特に「満州青年連盟」に代表される強硬論は関東軍の奮起の一日も早からんことを待望した。このような情勢の中で、石原莞爾は同志板垣征四郎と共に、橋本欣五郎の「秘密参謀本部」と連絡し、「東亜連盟」の理想実現のために、柳条溝の謀略を決行したと見ることもできよう。

だが、歴史は理論どおりには動かない。戦火は長城を越えてシナ本土に延焼し、「東亜連盟」の理想とは全く逆の泥沼戦争となり終り、アジアの総力を結集して米英に当るという計算は完全に狂い、来るべき対米英戦における敗北の基石をおいてしまった。

第十五章　日中戦争への発展――「東亜連盟」の理想と現実

関東軍の「独走」

柳条溝爆破事件につづく関東軍の「独走」に対する日本政府の方針は、どこまでも「不拡大方針」であった。

もともと関東軍本来の任務は旅順、大連をふくむ関東州の防衛と南満州鉄道及びその付属地に住む日本人の保護である。この本来の任務を逸脱した行動をとれば、必ず張学良指揮下の軍隊と衝突する。学良はすでに国民党に入党して青天白日旗をかかげているのであるから、当然、蔣介石軍を敵にまわさねばならぬ。蔣介石の背後には米英の軍事力がひかえている。さらに、もしハルビンと間島地方まで関東軍と朝鮮軍が進出するとなれば、ソ連の権益をおかすことになり、対ソ戦争の危険を覚悟しなければならなかった。

陸軍中央部としては、不拡大方針をとらざるを得ない。天皇をはじめ、西園寺公望、牧野伸顕などの重臣、政府、政党(特に民政党)、財界、海軍が関東軍の独走を危険極まる暴挙として、こぞって反対していたからだ。政友会と財界の一部には、強硬論者もいたが、極めて少数であった。少壮将校の一部、民間の右翼団体、満州現地の日本人、特に「満州青年連盟」は関東軍の行動を全面的に支持したが、これもまだ日本の世論を動かす勢力にはなっていなかった。参謀本部は、関東軍のハルビン進出を禁止し、南陸相は「寛城子以北に軍をすすめず、満鉄線以外の鉄道に手をつけるべからず」という訓令を発した。

にもかかわらず、石原、板垣両参謀に指導された関東軍は「独走」した。板垣参謀の名で陸軍中央部に打ちかえされた電報は、「千載一遇ノ好機ニ乗ジ、敢然トシテ満蒙問題解決ニ驀進スルヲ要ス。少ナクトモ満蒙ノ天地ニ新国家ヲ建設シエバ、区々タル悪宣伝ゴトキ毫末モ恐ルルニタラズ」であった。

関東軍は第三の謀略として、ハルビンの特務機関員（百武中佐、甘粕元大尉等）に命じて、排日ビラをまかせ、日本総領事館、朝鮮銀行、ハルビン日日新聞に爆弾を投げこませて、ハルビン占領の口実をつくろうとしたが、軍中央部は出兵を許さなかった。

「独走」の原因と条件

関東軍が「独走」したことは事実である。だが、何が彼らを「独走」させたのか。

それが日本国内の「昭和維新」運動と相呼応したものであったことはすでに述べた。だが、関東軍はどこまでも満州現地の駐屯軍である。現地軍を「独走」させた、より直接な原因は満州の情勢の中にあったはずだ。

一、シナ本土の排日運動の満州への波及と張学良によるその組織化と積極化。

二、中共の満州進出により、「満州回収論」と「日本帝国主義打倒論」が排日運動に拍車をかけたと。

当時の在満日本人は約二十万、朝鮮人は間島方面に約四十万、北満に八万、その他の地区を合計して約七、八十万と推定されていた。排日運動は朝鮮人に対しても向けられ「万宝山事件」や「間島暴動」をひき起こした。奉天省では「鮮農駆逐弁法」なるものが制定され、各地で「鮮支人衝突」が起こった。これらの衝突に対して京城、仁川、平壌、新義州等で報復暴動が起り、在鮮シナ人の死傷数百名と伝えられ、それが満州にはねかえって、事態はますます悪化した。

日本政府は抗議し、蔣介石、張学良もまたその行きすぎを認めたが、彼らは最初から排日運動を内政のために煽動利用してきたのであるから、いまさら鎮圧の手は打てず、打つ意志もなかった。しかも、民間の「農工商学連合会」、「国民外交協会」は、張の政策や命令からはなれて、一路排日運動に直進していた。勃興するシナ・ナショナリズムはすでに国民党指導者の制御できないところまで発展していた。

この情勢が関東軍に実力行使を決意させ、張学良もまたそれを予見して、日本の満蒙占領に反撃する準備をひそかに進めていた。張学良は一部の日本軍人が評価していたような「アメリカかぶれのノラ息子」でも「いつでも簡単に手をねじあげることのできる乳臭児」でもなかった。彼の末路は悲惨であったが、「西安事件」をおこして蔣介石を強制して国共合作と抗日戦線の統一を実現した知恵と策略は当時から十分に持っていたと見るべきだ。しかも、彼の胸底には父張作霖を爆殺した日本に対する深い怨恨がよどんでいる。彼は蔣介石に対して一日も早く無用な内戦を停止することを勧告し、自分は満州の軍備充実に専心し、いずれの日か必ず起る日本の攻撃に反撃する覚悟をきめていた。

しかし、蔣介石の北伐は共産軍と広東政府軍（陳済棠、汪兆銘、陳支仁等）のはさみ撃ちにあって苦境におちいり、張学良自身も東清鉄道回収問題を動機とするソ満国境におけるソ連軍との戦闘に破れて軍事的自信を失っていたので、隠忍して時期を待つよりほかはなかった。

他方、アメリカは空前の経済的不況に悩んでシナ・満州問題からは一応手をひいた形であった。スターリンのソ連も五カ年計画による国内の整備にいそがしく、日本との衝突は避けようとしている。イギリス、フランス、ドイツもまた満州のことは日本とシナにまかせろという伝統的な日和見主義をとりつづけていた。

「満州青年連盟」の発生と活動

これらの状態の中で、関東軍の「独走」は行われたのであるが、しかし、ここで見おとすことのできないのは、在満日本人二十万の動向である。河本大佐の張作霖爆殺が結果において不発同様に消えてしまったのは、それが内地の日本人にはもちろん、在満同胞にとっても寝耳に水の事件であり、言いかえれば、国民的世論の支持がなかったからだとも言える。

だが、その後三年間の拡大する反日抗日事件の続発は旅順、大連にも、奉天、長春にも、満鉄社員の内部にも、その沿線付属地の住民にも、はげしいナショナリズムをよび起し、張学良と蔣介石への怒りを結晶させた。これは同時に、いわゆる「幣原外交」とそれに牽制されているかのように見える中央軍部に対する怒りと焦燥となって現われた。「雄峰会」、「満州青年連盟」等の発生がそれである。これらの「強力外交」を標語とする戦闘的な民間団体は、もちろん後に関東軍と協力したが、その発生においては、軍とは直接の関係なく、むしろ軍と政府の弱腰をたたくために自然発生したものであった。

『満州青年連盟史』によれば、昭和三年、この連盟は大連新聞社主催の満州青年議会（模擬議会）を母胎として生まれたもので、同年十一月、次のような結成宣言を発している。

「満蒙は日華共存の地域にして、その文化を高め、富源を開き、以て彼此相益し、両民族無窮の繁栄と東洋永遠の平和を確保するこそ我が国家の大使命なり」

「今や我等の聖地満蒙は危機に瀕す、この国家存亡の秋に当り、朝に対応の策なく、野に国論の喚起なし、坐して現状を黙過せば亡国の悲運祖国を覆うや必せり。これ我等が立ちて、新満蒙政策確立運動を起す所以なり」

『太平洋戦争への道』はこの運動を、「満州を背景とする思想的聖戦」と定義し、満州の青年が明治維新の青年志士にならって昭和の国難におもむくべく悲憤慷慨し、「政権争奪を事とする古き時代の為政者」の手から「満蒙政策確立」の指揮権をうばいとり、国民外交によ る「満蒙奪回」を目的としたと述べている。

また、連盟創立の一人、金井章次氏は、「満州青年連盟は『青年』という名前で大分誤解されている点がある。会員資格は『満州で独立して生計を営む者』で、当時三千名の会員のうち親がかりの学生など一名もおらず、大部分は三十代から四十代の壮年者であった。初代の理事長は満鉄重役（後の鉄道大臣）小日山直登、二代の理事長が現参議院議員（当時満鉄地方部地方課長）の平島敏夫、事変当時の理事長が小生。事変の起きた昭和六年には板垣、土肥原両大佐はともに四十八歳であった。青年連盟が成立以来祈願していた満州独立案の起案者、中西敏憲は満鉄本社総務部の文書課長、同じく枡本は満鉄撫順炭鉱事務所の労務課長、また会員として当時活躍した山口重次は本社鉄道部員、小沢開作は長春の歯科医、是安正利など、いずれも当時四十代と思う」

「満州国の建国は関東軍の軍事行動にそのまま直結しているように考える趣もあるが、わたしは決してそうは考えない。大正十四、五年以来満州には、張作霖、学良父子のシナ本土進出の野心のため、極度に疲弊した一般大衆を見て、張家の暴虐を憎んで反抗した文治派の一群の人々があった。わたしはこの人達を、『保境安民』主義の人達と呼ぶ。その主張は長城以北を閉鎖し（保境）人民を安定（安民）すること。しかも、この人達はそろって日本と提携して経済を開発し、国防を共同にし（対ソ、対中共）政治を行うというにあった」

と言い、王永江、郭松齢、于冲漢、袁金凱、臧式毅などの名を挙げている。

「王道政治」という夢

満州建国においても、「独立」と「五族協和」を本心から理想した多くの日本人がいた。「青年連盟員」だけにかぎらない。笠木良明系の青年参事官たち、「東亜連盟」を信じた人々も、その中に数えなければならない。だが満州国もまた「日韓合邦」が「朝鮮併合」に変質したように変質せざるを得なかった。敢て私は言うが、これも「東亜百年戦争」の進展過程に起ったやむを得ない変質であった。

戦争は政治の延長であり、政治の集中的表現である。政治の中にも戦争の中にも「王道」はあり得ない。「覇道」があるばかりだ。王道を信ずるものは敗北し、覇道の実行者が勝利者となる。金井章次氏はその回想の中で、「袁金凱氏に王道政治の採用をすすめた」と書いている。袁氏は「軍は果たしてそれでよいのか」と反問したという。袁氏の方が政治の本質を知っていたのかもしれぬ。理想家は王道を信じる。だが現実の政治、特に戦争はこれをうけつけない。政治における理想家たちには、失意の中で手をとりあい、「われわれはバカでしたなあ」と言わざるを得ない時が来る。

王道政治は孔子と孟子の理想であった。大川周明はプラトンの「哲人政治」の中にも同じ王道政治を発見している。若き日の北一輝は、その『国体論及び純正社会主義』の自費出版社を「孔孟社」と名づけた。西郷隆盛がその『南洲遺訓』の中で説いたのは王道政治の原則であり、その故に彼は政治家を失格し、叛乱者として城山で死なねばならなかった。石原莞爾もまた日蓮信者として、「東亜連盟論」の主張者としては理想主義者であり、王道主義者であった。その故に彼にもまた、ただ失意の晩年があった。

もちろん、私は「覇道」讃美しているのではない。人間を政治におもむかせ、進んで戦場に死なしめるのは「王道」の理想である。ただ「文明」とよばれる七千年の歴史をふりかえって、勝利は常に「覇道主義者」の手におちたことを嘆じているだけだ。「王道」は常に自ら破れ、「覇道」は「覇道」によって自らほろびる。しかも「王道」は常に不死鳥の如く灰の中からよみがえる。「王道」がついに「覇道」を倒して再び立つ能わざらしめる時は必ず来るはずだ。人間はこの夢を抱いて、七千年の歴史の非情に堪えてきた。

　私もまた「王道実現の夢」をいだきつつ死の床につく一人でありたい。

笠木良明と「雄峰会」

「青年連盟」を語って、「雄峰会」を書きおとすことはできない。この団体は満州事変前に満鉄社員の中に発生し、事変後は「青年連盟」と協力合作して満州建国に挺身し、自治指導部、県参事官運動という特殊な仕事に献身したが、その激しすぎる、純粋すぎる理想主義の故に、関東軍及び現地官僚と衝突し、多くの青年参事官たちを奥地に死なせながら、解散を命じられ、追放された大アジア主義の団体である。その指導者は笠木良明であった。

　笠木良明という名は大川周明、北一輝を両翼とするアジア主義維新団体「猶存社」の会員の中に出てくる。大川、北の訣別の後、笠木は大川派として「行地社」にのこったが、やがて満川亀太郎、中谷武世氏らとともに「行地社」を去り、「東亜連盟」、「大邦社」などを主宰して興亜運動をつづけていたが、昭和四年、これまでつとめていた満鉄東亜経済調査局から、満鉄本社への転勤を命じられ、その強烈奔放、しかも超俗の怪僧めいた姿を大連にあらわした。

笠木氏は深く仏教を信じ、「東亜青年居士会」をつくり、ガンジーに私淑し、また革命家レーニンをレーニン大和尚と呼んでいた。彼の志は日本の維新とアジアの解放、世界の協和にあり、王道主義を超えた皇道主義を主張していたが、「頑迷なる国家至上主義」には常に反対していた。

「頑迷なる愛国者は誤れる国家至上主義を固執して、誤れる国家否定主義者を生産しつつある。彼ら一言目には我が国体は世界に冠絶すという。余といえども、歴史尊重において何人にも譲りはせぬが、ただ徒らに過去の歴史をかれこれ比較対照して夜郎自大なるは精神的老人の癖であり、光輝ある歴史の将来に墓を準備する亡国的態度であるというのである。一国の歴史は骨董品《こっとう》ではない。常に壊し日々に新たにこれを完成せんとする創造進化の跡である」（『笠木良明遺芳録』「愛国の唯一路」）

彼は満鉄の人事主任をつとめていたが、この思想のまわりに自然に結成されたのが「雄峰会」であった。満鉄の社内には幹部、中堅、青年社員を問わず、そのような空気または思想がすでに十分に萌芽していたともいえよう。

満州事変の勃発と同時に、笠木は「雄峰会」の同志たちとともに奉天にとび、石原莞爾、板垣征四郎と会談し、「青年連盟」幹部とも会い、協力して「自治指導部」（部長于冲漢）を創設した。

「自治指導部」はただの行政組織ではなく、事変直後の混乱と満人側の反抗によって乱れに乱れた地方行政をたてなおすために、各県に指導員（県参事官）を派遣する危険な仕事であった。昭和七年三月の建国までに、五十八県に数名ずつの若い参事官が派遣されたが、任務の途中で倒れた者もすくなくなかった。

笠木門下の一人であり、参事官運動に挺身した甲斐政治の回想によれば、

「当時われわれは柳条溝事件が作為であるとは夢にも思わなかった。各地の侮日排日運動、朝鮮人に対する満州官憲の圧迫の甚しさ、等々から、何の疑いもなく起ち上った。関東軍と張学良軍の戦いの上に、各地の土匪の蜂起の裡《うち》に単身、或はせいぜい二人位で、満州（最初は南満）各県に入り治安工作を始めた。命令をうけたのでもない、義務があるわけでもない、ただこの機会に満州人の保護と解放を行うことが当面の最大使命であると信じたからだ。戦死の場合に軍属扱いになったり、満鉄人には若干の給与が与えられたりしたのは、遥かに後のことに属する。そうした事など一切念頭に置かなかった事は今考えると一つの不思議な現象ですらある。当時の共産党の若者たちが牢獄と死を覚悟して地下運動をしていたことと併せ考えられる。

だから各地で関東軍と対立した。居留民の利害よりも満州人のそれを擁護して日本人から排撃された。満州建国までにも、文字通り満州人のために死をもってその利益や存在を保護した数多の若い人々が居る。そして満州国崩壊の悲劇的最後まで、それは続いているのです。

小生は少くとも、朝鮮合併時における日本人の悪辣《あくらつ》な略奪行為を満州において再び行わせてはならないと考えた。そして満州国の役人と協和会員はほぼその目標に近づいたと思われた建国十周年を前にして、私は辞表を出したまま満州を去った」

石原莞爾もまた夢を見た

笠木良明は満州国建国後、四カ月にして「追放」された。笠木門下の一人斉藤進次郎は、その原因は当時の総務長官駒井徳三との対立であり、若い参事官たちが笠木のもとにばかり集まり、長官のところに寄りつかないので、「参事官は軍公認の協和会に反対するので、協和会は仕事ができない」と怒って関東軍に訴えたからだと書いている（『遺芳録』）。

「建国僅か四カ月にして王道精神の道統を断ち切られた満州国が健康にして清純な成長を遂げるはずはない。……笠木氏の追放は実に満州国そのものの没落を予兆したものであった」

と斉藤氏は嘆じているが、同じ本には、当時の満鉄大幹部十河信二の次のような批判的な追悼文ものっている。

「私は満州事変のあと設立された自治指導部の設立案には反対であった。だから満鉄から社員を自治指導部に派遣することについても反対したので、中西敏憲や笠木良明君なども困っていたようだ」

「満州でも中国でも完全な独立国でなければならぬということが、私の終始一貫した念願であった。……自治指導ということに反対したのも、中国社会ほど自治の発達した国はないのに、今更日本人が中国人に対して自治指導をするというのはおこがましいというふうに考えたわけだ。

そもそも日本の文明、思想の源流には中国から伝わったものが極めて多い。中国の文化を研究すれば日本文化が自ら理解されるので、私は北京において古典研究会を開いた。黄河文明の復興によって中日両国の親善と東亜の復興を企図した次第であって、これは笠木君の協調と支援を得ていた」

まことに各人各説のように見えるが、これは当時の日本人が日中問題、アジア問題について、いろいろと真剣に考えぬき、思いなやみつつ行動したことの証明である。

だが、歴史は人々の意見と行動を超えて進展した。「東亜百年戦争」は満州事変によって最後の活動期に入っていた。それは戦争なのだ。戦争は一人相撲ではない。相手がいる。漢民族のナショナリズムという強敵の背後には、米英露という、さらに強大な敵がひかえていた。ひとたび「独走」しはじめた関東軍は日本政府の不拡大方針を無視し、政府をひきずって「暴走」をつづけざるを得なかった。だれの罪でもない。犯人を見つけたいなら、「歴史」を逮捕するがよい。

石原莞爾の対満蒙政策は対米持久戦争を覚悟した上の軍事的完全占領案であったが、やがて石原は軍事占領案を捨て、「東亜連盟」の夢を信じはじめた。彼はまず「世界最終戦論」を自ら編み出してこれを信じ、「東亜連盟」を信じ、日蓮の予言と法華経を信じ、この狂信に近い信念によって、関東軍及び日本軍部「独走」の機関車となった。

今にしてふりかえれば、すべて夢である。ある人々には「悪夢」としか思えないであろうが、私はそれを「美しい夢」と呼ぶ。人間とは夢みる能力を持ち、夢みることに生き甲斐を感じる動物である。

石原莞爾を好まぬ人は多かろう。だが、彼もまた日本の宿命と時勢が生んだ不幸な天才の一人であった。彼もすでに故人である。彼と大川周明と北一輝を「三狂人」と呼ぶことはやすい。だが、言い古された言葉であるが「天才と狂人とは紙一重」だ。天才は必ずしも地に平和と繁栄をもたらすものとはかぎらない。その逆のものをもたらすことがしばしばであり、当人自身も世に容れられぬ予言者または狂人あつかいにされて不遇に死することが多い。石原莞爾もまたこの型の天才であった。

満蒙を独立させて、日満支を中心とする東亜諸国の連盟を結成し、約三十年後に起る「世界最終戦争」に勝利し、世界の統一と平和を達成するというのが、彼の天才的構想であったが、この予言はすべての予言者の言葉と同じく、その細目と時期については、ことごとくはずれた。彼は反軍的な軍人、半狂人の参謀として内地に召喚され、やがて予備役に編入されたが、なお日本各地をまわって「東亜連盟」と「世界最終戦争」の理想を説くことをやめず、原爆の出現による日本の敗戦を目撃して、不遇の生涯を終った。

建国十五年を待たずして滅んだ「満州国」という不思議な帝国を理解するためには、石原莞爾の理想または夢想を知らなければならない。短命な帝国は歴史の上では決して少なくない。大ナポレオンの帝国も短命であり、ヒットラーの帝国はさらに短命であった。「満州国」もその一つであるが、それが歴史上に実在したことは誰も否定できない。

石原莞爾の著書、講演筆記、その同志たちによって書かれた論文は、先入観と反発をもって読む者の目には、独断と矛盾にみちた狂信的な白昼夢としか見えない部分もあろう。

だが、信念の極致は狂信の相を呈する。共産主義を「神なき宗教」であると言ったのは、トインビー教授であり、大川周明博士もまた『安楽の門』の中で同じ趣旨をのべているが、共産主義と民主主義をもふくむすべての宗教が人間を動かし、歴史をつくって来たのは、その信徒の「狂信性」にほかならぬ。

「世界最終戦論」は彼の陸大在学中に着想したもので、世界戦争史の研究から生まれた結論である。一言でいえば、戦争兵器の急速な進歩発達のため、やがて、もしそれが使用されれば人類絶滅のおそれのある強力兵器が発明され、その結果として戦争は不可能となり、世界の統一と平和が実現するという予言であった。

石原莞爾がこの奇説を唱えはじめたころには、まだジェット機も原爆も発明されていなかった。だが、この「狂信的」な軍人は原水爆とボタン戦争の時代の到来を予感していた。古代からの戦争史を研究分析し、第二次世界大戦までは「持久戦争」であるが、その後約二、三十年たって起る「世界最終戦争」は、一瞬にして敵の首都と軍事基地のみならず国民と人類そのものを絶滅する「決戦殲滅戦争」となり、戦争は不可能となり、世界統一が実現すると書いている。

石原莞爾はこの世界統一の主体は日本であり、日満支を中核とする「東亜連盟」だと主張した。この点だけをとれば、日本敗戦後の今日では、大はずれの予言に見える。石原は広島と長崎の原爆投下を見て死んだ。人類殲滅兵器はアメリカによって発明され使用されたのであるから、日本を主体とする世界最終戦と世界統一論は崩壊する。

しかし、石原氏がなお健在であったら、その予言の適中を主張しつづけるかもしれぬ。「原水爆は最終決戦兵器ではない。現に中共の指導者たちは原水爆恐るるに足らずとして、アメリカとソ連に敢然と挑戦しているではないか。しかも、自分の予言によれば、第二次世界大戦は世界最終戦争ではない。最終戦争は二十年または五十年後に戦われると自分は言った。そのあいだに何が起り、いかなる殲滅兵器が発明されないともかぎらない。日本が大東亜戦争に敗れたのは、政治家と軍中央部が東亜連盟論を理解せず、その結成に失敗したからだ。自分の世界最終戦論と東亜連盟論はまだ生きている。日本もシナも復興の途につき、その他の東亜の諸国も独立して反攻を開始し、アメリカとソ連の苦悶が始まっている。東亜連盟実現は今後の問題であり、世界最終戦の予言も必ず適中するであろう」

現在残っている石原氏の著書『世界最終戦論』は昭和十五年五月の京都における講演筆記であるが、その中に「日中戦争」に関する次のような一節がある。

「目下日本とシナは東洋では未だかつてなかった大戦争を継続しております。しかしこの戦争も結局は日支両国が本当に提携するための悩みなのです。日本はおぼろげながら近衛声明以来、それを認識しております。近衛声明以来ではありません。開戦当初から聖戦と唱えられたのがそれであります。いかなる犠牲をはらっても吾々はその代償を求めるのではない。本当に日支の新しい提携の方針を確立すればそれでよろしいということは、今日本の信念になりつつあります。明治維新後、日本人は民族国家を完成するため、他民族を軽視する傾向の強かったことは否定できません。台湾、朝鮮、満州、シナにおいて、遺憾ながら他民族の心をつかみ得ない最大原因がここにあることを深く反省することが事変処理、昭和維新、東亜連盟結成の基礎条件であります。……聡明なる日本民族も漢民族も、もう間もなく大勢を達観して、心から諒解するようになるだろうと思います」

理想家は常にこのように楽観的である。日本民族と漢民族の諒解は石原氏の生前にも死後にも達成されなかった。達成されるはずがない。満州が清朝の故地であることを理由としてこれをシナ本土から切りはなし、宣統廃帝を迎えて皇帝となし、五族協和のスローガンによる新帝国をつくっても、満州の人口の絶対多数は山東移民を主力とする漢民族である。「満州建国組」と呼ばれる人々の理想と信念がいかに純粋で熱烈なものであったにせよ、それは日本人側の一方的な押しつけであって――たとえ「保境安民派」の協力があったとしても――三千万の漢民族、百万の反日的朝鮮民族、それに長い歴史によって漢民族化している満州人・蒙古人の心をつかむことはできない。まして孫文以来の国民革命運動により、ナショナリズムに目ざめた漢民族との諒解や握手は夢の夢である。棍棒《こんぼう》で相手の頭をなぐりつけたその手をさし出して、誰が相手に応じるであろうか！

同じころ、「東亜連盟協会」が発行した『昭和維新論』は石原氏の見解を祖述し解説したパンフレットであるが、世界統一は今日以後およそ五十年内外に実現するものとし、世界最終戦争は三十年内外に勃発すると仮定して、次のように述べている。

「東亜諸民族の全能力の綜合運動を可能ならしめるために、東亜連盟を結成すると共に、これと対立するところの国内諸革新の断行、換言すれば、東亜全域を単位とする内外一途の革新政策によって、東亜諸民族の有する力を最大限に発揮させ、以って世界最終戦に必勝の準備を完了することが、昭和維新の根本方針である。しかもこの間、常に欧米帝国主義者の実力圧迫を予期せねばならぬ。今日は正しく準決勝の時代であり、この建設工作は敵前作業の性質をおびている」

たしかに敵前作業にちがいなかった。欧米列国の圧力は強すぎ、シナ・ナショナリズムの抵抗は根強く、東亜連盟の理想は戦争の現実に押されて「空論」となり終った。しかも、連盟の敵は日本の内部にも現われた。東亜連盟論は「危険思想」の一種として、軍部の主流派から異端邪説視されて、石原莞爾は満州から態よく日本内地に追放され、彼の同志または弟子にあたる連盟思想の信奉者で、いわゆる「満州建国組」の諸氏は、北支や蒙彊に分散されてしまった。

異端邪説としての「東亜連盟論」

東亜連盟の理想がなぜ異端邪説視されるようになり、石原莞爾、東条英機両将軍の正面衝突となり、前者の敗退となって終ったか。勝った東条が特別な悪党で、敗けた石原が超俗的な善人であったとも言えない。私はこれを理想と現実との相剋と見る。東亜連盟は理想であり、戦争は現実である。理想はしばしば現実によって押しつぶされる。または有害無益な空想として棚上げされてしまう。東亜連盟協会編『昭和維新論』は石原の「理想」を次のように要約している。

「日本は断じて領土的野心を持つべきでなく、独立せる諸国家の連盟加入も一にその自発的意志によるべきである。東亜連盟の指導原理は王道主義であり、東亜諸国の道義的団結である。その結成に当っても、力をもって強制すべきではなく、東亜各国が真に心より協同し得るがごとく、強国日本は自ら抑制し、内省し、謙譲でなければならぬ。

日本の天皇が東亜連盟の盟主として仰がるるときは、即ち東亜連盟の基礎確立せる日である。しかし、東亜諸民族がこの信仰に到達すべき自然の心境を攪乱しているのは、日本民族の不当なる優越感であることを猛省し、速やかにこの大不忠の行為を改めねばならぬ。

天皇が連盟の天皇と仰がるるに至っても、日本国が盟主なりと自称することは固く慎しまねばならない。また諸民族より我等の道義を疑われ、且つ欧米帝国主義者の暴力を制する力不十分でありながら、強権的に自ら連盟の中核と主張するは、自信力のなき結果であって、甚だしき逆効果を生むことを反省すべきである」

これだけを読んで見ても、東亜連盟論者の主張は政府、軍部、官僚、財界、特に満州と支那現地における日本人の態度に対する激しい批判であることがわかる。出先の軍人、自称右翼浪人、金作り目当ての一旗組、東亜の盟主日本を高唱する大言壮語組に対する直接の攻撃になっている。

攻撃された者は反撃する。「断じて領土的野心を持つべきでない」とか、「日本は自ら抑制し、内省し、謙譲でなければならぬ」とか、「東亜諸民族の心境を攪乱しているのは、日本民族の不当なる優越感であり、これを猛省しないのは大不忠行為である。天皇が連盟の盟主と仰がれる時が来ても、日本国が盟主だと自称するのは固く慎まねばならない」などと坊主の説教みたいなことをならべていては戦争はできないという反論が当然起る。軍人の任務は敵の撃滅と征服であり、大蔵官僚の任務は税源の確保であり、内務官僚の任務は治安維持のための犯罪者の一掃である。そして、敵と税源と不逞分子と犯罪者はすべて満州人であり漢民族であるという確信または錯覚が体験的に軍人と官吏の頭の中に生まれていた。「五族協和などいっていては、せっかくつくった満州国もほろびてしまう、掃蕩と弾圧あるのみ」という考え方が、建国十周年を迎えたころの満州国の日系軍人と官吏の常識になって、東亜連盟の理想は消え、その主唱者と信奉者は追放され、「満人」は日に日に離反しつつある事実が私の目にも見えた。

そのころ満州に滞在していた私は数人の満州人作家とつきあったが、その中の一人は色紙に寄せ書きを求められると、いつも「我是黄帝之子孫」と書いた。日本人が「天孫民族」と自称することに対する抵抗であった。建国大学の満人学生と一週間あまり農村をまわって彼らの学生としての優秀さにおどろいたが、一夜、白酒の酔を借りて雑談した時、その中の一人が「大学は結構であるが、毎朝東京の方向を礼拝させられるのは我慢できない。自分たちは、夜ひそかに重慶の方向を拝している」と言った。私はこの話は誰にももらさなかったが、帰国して数カ月の後、建国大学の中の優等生のほとんど全部が重慶派であり、その秘密グループが検挙されたという報道を新聞の片隅で読んだ。それよりも、もっと驚いたのは、敗戦後のことだが、私が新京で丁重に握手され、御馳走もしてもらった張景恵総理をはじめ、閣僚の大部分が国民党の秘密党員として重慶と直結していたと知らされた時であった。
これが戦争と征服というものの実態であり、民族の抵抗の実相であろう。

石原はファッシストではない

満州国だけではない。最近発表された汪兆銘の遺書を見ると、南京政府もまた日本に抵抗していた。平時でも異民族の協和は至難の業だ。まして戦争をしながら、民族の協和を説いても、戦争を仕かけられ、武力によって征服されている民族の耳には鬼の念仏としか聞えまい。

私は東亜連盟の理想を嘲笑するために、この章を書いているのではない。私自身は戦争中も現在も「東亜連盟論」の基本原則には賛成である。理想は死滅するものではない。時勢が移れば、雨を得た不死の蘇苔類のように再び芽を吹き生命を取りかえす。

「東亜連盟論」の中の不滅の要素は何であるか。それは世界の被圧迫民族の解放、植民地主義と帝国主義の終焉《しゅうえん》、人類殲滅兵器の出現による戦争の消滅と、世界の統一による平和の到来を説いた部分である。「理想は実現されないから理想だ」と言ったのはトルストイであった。「キリストの理想は彼の生後二千年に近づいてもまだ実現されないが、いずれは必ず実現されるであろう」と書いたのは歴史家トインビーである。孔孟の「王道政治の理想」もマルクスの「地上楽園の理想」もまだ実現されない。だがすべて「予言者の書」は長い目で見なければならぬ。短期間の歴史の現実は予言者の予言を裏切ることが多い。なぜならこの予言は民族と時代の苦悩と悲願の表現であり図式化であるが故に、狂信者の白昼夢と希望的観測または大言壮語を内包しているからだ。しかも人間を行動に駆りたてるものは、予言の中の狂信的部分であり、その故に歴史のサイコロは常に裏目から裏目ばかり出て、災厄と災害、戦争と革命を生み、人間の大量犠牲を要求しつつ、七曲り九十九折《つづら》れの道をたどって、極めて徐々に予言者たちの理想の実現に近づいて行く。

石原莞爾の「東亜連盟論」は日本の内政の改革、即ち「昭和維新論」をともなっている。一見ソ連の共産主義とドイツのナチズムの影響をうけて、「全体主義」的傾向を有しているように見えるが、石原自身は次のように述べている。

「全体主義を人類文化の最高方式の如く思う人もすくなくないようであるが、私はそれには賛成できない。元来、全体主義はあまりに窮屈で過度の緊張を要求し、安全弁を欠く結果となる。ソ連における毎度の粛清工作は勿論、ドイツにおける突撃隊長の銃殺、副総理（ヘス）の脱走の事件も、その傾向を示すものと見るべきである。全体主義の時代は、決して永く継続すべきものではないと確信する。今日世界の大勢は、各国をしてその最高能率を発揮して戦争に備えるために、厭が応でも、また安全性を犠牲にしても、全体主義にならざるを得ざらしめるのである。だから、私は全体主義は武道選手の決勝戦前の合宿のようなものだと思う。

合宿生活は能率をあげる最良の方法であるけれども、年中合宿して緊張したら、うんざりせざるを得ない。決戦直前の短期間のみに行わるべきものである。

全体主義は、人類が本能的に世界最終戦争近しと無意識のうちに直観して、それに対する合宿生活に入るための産物である。最終戦争まで数十年の合宿生活が継続するであろう。この点からも最終戦争は我等の眼前近く迫りつつあるものと推断する」（昭和十五年五月の講演）

予言者の目は常に遠い地平線の彼方に向けられていて、自分の足元は見ないものだ。いかに王道政治を説き、日本人の反省と謙虚を強調しても、謀略と武力による「満州建国」、戦争による「東亜連盟」の強制は満州人と中国人にとっては、迷惑至極であるばかりでなく、生死の問題であり、砲弾と爆弾を見舞った上に、占領地域の住民を強制虐待し、食糧を略奪する日本軍は最も憎むべき外敵以外の何物でもない。

清朝の悪政と欧米の植民主義よりの脱出と打倒は孫文以来のシナ・ナショナリスト革命家の念願であり、その故に中国の革命家たちが日本の奮闘に好意と信頼をよせた一時期はたしかにあったが、「満州建国」と日本軍の中国本土侵入はこの信頼の最後の根を刈りとった形になってしまった。孫文の子弟である蔣介石も毛沢東もアジアの究極の仇敵が西洋列強の植民主義であることはもちろん知っていたが、「聖戦」と称して武力侵入を強行して来た日本に対しては敢然と抗戦するよりほかはない。すべて戦争においては、眼前の侵入軍が敵である。イギリス、アメリカ、フランス、ソ連が過去において敵であり、将来のある時期には再び敵になるにちがいないことを知っていたとしても、眼前の敵日本軍と戦うためには、欧米帝国主義者のさしのべる援助の手にすがらざるを得ない。背に腹はかえられないのだ。

日本軍の上海占領、北京入城、南京攻略のころから、「日中戦争」はその実質において、重慶政府と毛沢東の八路軍を媒介とする、日英、日米、日ソ戦争に変質してしまった。この変質を大東亜戦争の帝国主義性、植民地再分割戦争と見る進歩人学者の見解は早計である。「東亜百年戦争」は東亜解放戦争であったが、その終末において欧米列強の術中におちいり、「日中戦争」の泥沼に誘いこまれ、敗戦を招いたと見るのが正当な解釈である。

石原莞爾は「東亜連盟論の建設工作は欧米帝国主義者の実力圧迫を前にした敵前作業の性質をおびている」と言ったが、まさにそのとおりであって、シナ戦線の果てしない拡大、漢民族の抵抗の根強さ、欧米列強、特に米英の重慶援助の公然化は日本を底なし泥沼にひきずりこんだ形になり、「敵前作業」は不可能になってしまった。

戦局の激化と相互殺戮の継続はいかなる種類の理想の介入をも許さなくなる。「聖戦」「八紘一宇」「大東亜共栄圏」「アジアは一つ」などの理想は戦局の進展とともに、ただの戦略的スローガンと化し終り、相互殺戮のみが実体となり、戦線における勝敗のみが一切を支配し、戦争の指導は戦争専門家、戦争技術者の手に移らざるを得ない。

石原莞爾の敵として東条英機が登場したことは、さきにのべたとおり、前者を善玉にし、後者を悪玉扱いにしても、何の解決をもたらさない。戦争の進展そのものが理想家肌の軍人を排除し、戦争技術者としての軍人を指導者として登場させただけのことである。東条英機が戦争指導者及び戦争技術者として優秀な将軍であったかどうかは、私には判断できないが、ただ彼を登場させたものは戦争政治の究極の本質としての「憲兵政治」、即ち戦争それ自体の進行であったことだけはここに明言できる。

東亜連盟論は生きている

あとに残るものは交戦国の実力、その戦力の問題だけである。

この見地から見れば、大東亜戦争における緒戦の戦果はほとんど奇蹟的と言える。政府にとっても、海陸軍首脳部にとっても、できれば避けたかった戦争であり、言わば追いこまれ、誘いこまれた戦争であった。山本五十六元帥の言葉を借りるまでもなく「終局の勝利がもし日本側にあるとすれば、それは天祐神助によるほかはない、言い換えれば、最初から勝目のない戦争」であった。これを知りつつ全世界の五分の四を敵として敢えて立上がらなければならなかったところに「東亜百年戦争」の帰結があり、日本の宿命があった。ただの「無謀」と「誤算」であり、侵略主義者の暴走であったと笑うことのできる者は、東京裁判の検察官だけだ。

私はあの戦争が日本の完敗に終ったことは認めるが、その目的がレーニンとその弟子たちの言う「植民地再分割」であったという点は認めない。「日中戦争」と「大東亜戦争」はどこまでも「東亜百年戦争」の継続であって、東亜の植民地化への失敗せる反撃と解釈することの方が妥当である。

その証明の一つは石原莞爾の「東亜連盟論」であり、同じ理想は樽井藤吉、岡倉天心、北一輝、大川周明、笠木良明の理論の中にも存在する。これらの諸氏の東亜解放論は「日中戦争」と「大東亜戦争」の開始とともに回顧され想起されて、日本人を鼓舞したが、「百年戦争」が終局に近づき、政治の指導が戦争技術者の手にうつるにつれて、「有害な反軍思想」として無視され、弾圧され、棚上げされてしまった。理想の喪失は、すでに敗戦現象である。敵の反攻によって、輸送路を絶たれて、戦争物資の現地調達を余儀なくされた軍隊が、原住民の反抗と敵のゲリラ戦術に対抗するためには、戦争の末期症状としての「憲兵政治」が出現せざるを得ない。同じ憲兵政治は、日本内地に於ても強行されたのであるが、日本国民は歯をくいしばって我慢した。不満は鬱積し、士気は低下したが、通敵行為や反乱は起さなかった。だが、被占領地の住民はそんな我慢はしない。「東亜解放戦」を信じて日本軍に協力した者も急速に離反して行き、逆に連合軍を「解放軍」として歓迎する傾向を示しはじめた。これが敗戦というものである。戦勝国側は、この敗戦現象の中から日本側の「戦争犯罪」をいくらでも採集し蒐集して、自ら解放者と称し東京裁判を開くことができた。

「もし日本が大東亜戦争に勝利したら、植民主義は終止符を打たれたであろう」などと、そんなことは私は言わない。私がいいたいのは、日本の「東亜百年戦争」は、世界をおおった植民地主義にとどめを刺すための努力であり奮闘であったということだけである。後世の歴史家は日本民族の百年の奮闘を「偉大な行為」として必ず賞讃するであろう。日本人は「百年戦争」によく堪え得た誇りを、人類将来の歴史のために、心の中に秘めておいていいのである。

石原理論は適中しなかった予言として、すでに過去のものとなったように見えるが、その基本精神は、釈迦、孔子、キリスト、マホメット、さらにはマルクスの予言のごとく生きている。誰が地球の統一、戦争の絶滅、世界の平和、民族の協和と繁栄への希望と努力を嘲笑し無視することができようか。

第十六章　昭和維新——間にあわなかった「敵前作業」

磯部中尉の獄中遺書

「明治維新」は成功したが、「昭和維新」は失敗した。なぜであろうか。——この問いに答えるために「二・二六事件」の考察から始めよう。

この事件の指導者の一人、磯部浅一中尉の獄中遺書「行動記」に次のような一節がある。

「蹶起の目的は——重臣・元老、特にロンドン条約以来の統帥権干犯の賊を斬り、軍部を被帽して維新の第一段階に進むことであって、決して五・一五でも、血盟団でもなく、生野《いくの》（文久三年、平野国臣等の一挙）でも、十津川（同年、天忠組の一挙）でもない。鳥羽・伏見（慶応四年、薩長連合軍による討幕戦争開始）の覚悟である。ところが、表面あくまで軍部を被帽して進むのであるが、軍部が弾圧態度を示した場合には自爆して、被帽軍部と共に炸裂せねばならぬ。すこぶる微妙な鳥羽・伏見である。このために実行計画も甚しく立案困難なものであることになる。……私は二月二十三日、北一輝先生を訪ね、支那革命の武昌の一挙の時、錚々《そうそう》たる革命の志士が皆過失をおかしているのは何故かと尋ねたら、『何しろ革命という奴には計画がないのだからね、計画も何もなく、自然発火するのだから、どんな人だってあわてるよ』と言われた。成程と思った。革命は機運の熟した時、自然発火するものだから計画がない。予定表を作成しておくわけにゆかぬ。その発起より終末まで、ほとんど無計画状態に終始する。この哲理を理解せずに、二月義軍事件を評する勿れだ」

「また、一部の急進者が焦《あせ》りすぎて失敗したのだなどと言うな。決して然らず、機運の熟しない時は一部や軍部の急進同志が焦っても、決して発火するものではない。……日本の二月革命は計画ズサンのために破れたのではない。急進一部同志が焦りすぎたために破れたのでもない。兵力が少数なるためでもなく、弾丸が不足のためでもない。機運の熟成ようやく蛤御門（元治元年の禁門戦争、幕府・薩摩の連合軍の敗北）の時機にしか達していないのに、鳥羽・伏見を企図したが、収穫はやっぱり機の熟した程度にしか得られなかったというまでのことだ」

この遺書は長文の事件記録であり、獄外持出しを許される性質のものでなかったが、陸軍刑務所の看守平石光久（現善通寺市会議員）が託されてひそかに持出し、自宅に秘匿し、後に橘孝三郎氏の女婿塙三郎氏に託されて水戸愛郷塾に秘蔵され、昭和三十二年に日本週報社から出版されて、われわれの目にもふれることになった。珍しく、貴重な文献であって、特に北一輝、西田税に対する弁護論は重要である。

林少尉の遺書

林八郎少尉（二十三歳）の遺書は「一挙の失敗並に成功の真因」と題せられている。

「一挙の成敗是非の、跡をきわめ意義を尋ぬるはいやしくも天下を憂うる士の一大責任なるべし。その成《せい》とは何ぞや。

一挙発起し得たることなり。少くとも重臣ブロックに一大痛撃を与え得たることなり。その結果は、

一、陸軍首脳部の無智、無能、無節操、中央部の幕僚中心権力至上主義、現状維持方向を暴露し、以て紛々錯雑せる流派を、維新、否維新の二大陣営に分ち、遂に維新に統一さるべき段階を進めたり。

一、純真熱血の青年に自覚と鼓舞を与えたるを信ず。

一、一般国民に非常時の真底を自覚せしめたるを信ず。

失敗とは何ぞや。

天日をさえぎる黒雲を一掃するに到らざりしこと之《これ》なり。然れども、今日は一歩行けば一歩の忠、一里行けば一里の忠なれば、一挙の発起し得たること大成功なり。況《いわ》んや前人未踏の実戦の記録を残したるに於てをや」

成功の真因としては、まず「主唱者の熱烈なる革新精神」をあげ、栗原中尉、磯部中尉の熱意と活動を賞揚し、栗原中尉の「事発覚せば我一人自殺せん、すべてを我にかぶせよ、而

して卿等再起せよ」という言葉を特記している。

失敗の真因としては「押しの一手を弛《ゆる》めしこと」、奇襲につぐ攻撃により、敵を圧倒殲滅しなかったこと、恃《たの》むべからざる腰抜けの老人連・自家中心権力主義の権化たる中央幕僚を恃んだことを挙げ、彼らは結局、「吾人を踏台に蹂躙して幕僚ファッショ時代を現出するであろう。あらゆる権謀術策を、陛下の御名によって弄し、純忠無私、熱誠愛国の志士を虐殺す」と激怒している。

磯部中尉の手記の中にも、参謀本部の土井騎兵少佐が動乱中の官邸で、「皇族内閣くらい造って政治も経済も改革して、軍備充実せにゃならん、どうだ我々と一緒にやろう」と言った時、そばから村中孝次大尉が「おい磯部、そんな軍人がファッショだ、そ奴から先にやっつけねばならぬぞ」と叫んだことが記されている。二・二六事件の青年将校たちは独自の反ファッショ理論または感情を持っていた。

軍部ファッシズムという嘘

村中孝次大尉の遺書の中には次のような一節がある。

「第一、今回の決行目的はクーデターを敢行し、戒厳令を宣布し軍政樹立し昭和維新を断行し、以って北一輝著『日本改造法案大綱』を実現するに在りとなすは是れことごとく誤れり。群盲象を評するに非ざれば、自家の曲れる尺度を以って他を忖度《そんたく》量定するの類なり。

一、吾人は〝クーデター〟を企図するものに非ず、武力を以って政権を奪取せんとする野心私慾に基いて此の挙を為せるものに非ず、吾人の念頭するところは一に昭和維新招来のために大義を宣明するにあり。昭和維新の端緒を開かんとせしにあり」

橋本欣五郎中佐の十月事件は、皇族を奉じて軍政府を樹立する閣僚名簿まで作成していた。村中大尉はこれを陸軍一部幕僚のファッショ思想と見て、「是れ正に武家政治への逆進なり」と攻撃している。

「国民は軍部の傀儡《かいらい》となり、その頤使《いし》を甘受するものに非ず、軍権と戒厳令とが万事を決定すべしとは、中世封建の思想なり、今の国民は往時の町人のみに非ず、一路平等に大政を翼賛せんとする自負と欲求とを有す。剣を以って満州を解決せしが如く、国内改造を断行し得べしとする思想の愚劣にして危険なるに反対し、国民の一大覚醒運動による国家の飛躍を期待し、これを維新の根本基調と考うるものなり。吾人は国民運動の前衛戦を敢行したるに留る」

人間の遺書というものは複雑な心理のニュアンスをふくみ、そのまま受取っては歴史の真相を逸する場合もあるが、その逆に遺書にこそ真意のあらわれる場合もある。私は二十被告の死刑直前の遺書を通読して、それぞれ微妙なニュアンスと差異はあるが、その中に嘘や無用の自己弁護を発見することはできなかった。

『昭和史』（岩波新書）は「日本ファッシズム史上最大のクーデターである二・二六事件は、千四百余の兵力を動員しながらあっけなく終りを告げた。このことは日本におけるファッシズム支配をうち立てる上での天皇機構の強さ、有効さを示すものであった」と書いている。

またしても「天皇制ファッシズム」の詭弁である。「反乱部隊」は天皇の名において蹶起し、天皇の名に対して帰順したのではなかったか。

中村菊男教授の『昭和政治史』は、〝日本においてはドイツやイタリアにみられたような一党の幹部による長期にわたる権力の独占現象はなく、軍部の指導層も「明治憲法」の枠を破ることはできなかった。ヒットラーはワイマール憲法を停止し、これを乗越えて行動しているが、日本にはそのようなことは起こらなかった。「天皇制ファッシズム」と言っても、天皇自身ファッショを好まず、軍部の動向に批判的であった。また天皇制をささえるものとして、元老、重臣、財閥、軍部、官僚などがあげられているが、彼らもまた軍部や右翼国家主義者より敵視せられ、ファッショを好まなかった。従って日本にはファッシズムは存在せず、東京裁判でいうところの「共同謀議」なるものはあり得なかった〟と述べているが、私はこれにつけ加えて、「二・二六事件における青年将校もまたファッショを好まず、軍部内におけるファッシズム的要素の発生を天皇帰一の名において刈りとろうとしていた」と言っておきたい。

しかし、二・二六事件もまた失敗した。一時は混乱した軍首脳部はやがて陣容をたてなおし、巧みな誘導戦術によって、「義軍」は「反乱軍」に変えられて、鎮圧逮捕され、死刑十九人(北一輝、西田税をふくむ)、禁錮刑約五十名を出すことによって、事件は終った。

竹山道雄氏の正論

明治維新は成功したが、「昭和維新」は失敗した。三月事件、十月事件、血盟団事件、神兵隊事件、五・一五事件から、二・二六の反乱と石原莞爾の「東亜連盟と昭和維新」をもふくめて、すべて挫折して、所期の目的を達することなく終った。

その原因を軍部の暗闘、政治家の無能、右翼の暴走のみの中に求めることはできない。私はその真因を前回に引用した石原莞爾の「その建設工作は敵前作業の性質をおびている」という一句の中に発見する。

明治維新もまた「東亜百年戦争」の当初における「敵前作業」であった。だが、幸いに当時の「欧米帝国主義諸国」は一応日本の征服をあきらめ、アジア・アフリカの他の部分の侵略、内戦、「列強」同士の衝突等の理由によって、直接の「実力行使」の鉾《ほこ》をおさめていたので、明治維新（日本の統一と国内改革）は失敗をくりかえしながらも、成功の道をたどることができた。維新政府は弱体であり、しばしばよろめいたが、とにかく、文明開化、富国強兵の道を推し進めて、明治二十三年の憲法発布によって、近代国家の形式をととのえることができた。

もし、そこに至らぬ前に、「欧米帝国主義者の実力」が加えられたら、日本の「八月十五日」は明治中期を待たずに到来したかもしれない。だが、右にのべた事情によって、「実力圧迫」は加えられず、日本は日清、日露の両戦争をとにかく無事に通過することができた。

明治維新においては、その指導層が日清、日露戦の切迫と不可避を予感していたことが、激突する朝野の両勢力を常に「妥協」させて、致命的な爆発を回避しつつ、困難な「敵前作業」に成功したのだ。

しかし、「昭和維新」においては、そうはいかなかった。世界は狭くなり、「欧米帝国主義者の実力行使」は明治維新前後にくらべれば、数十倍の圧力となって日本を包囲していた。対米英及び対ソ連との衝突はさけられなかった。来るべき大戦争に対処する高度の戦時体制の確立を目標とする「昭和維新」の実行計画はいろいろな場所に発生したが、その間に必ずしも連絡と統一があったわけではなく、あたかも多火口性の火山の如く、しばしば小爆発をくりかえしたが、熔岩は同性質のものでありながら、その噴出の方向を異にしており、中には一般国民の目には全くふれない地下爆発に終ったものもあった。

その真相らしいものがわれわれの目にふれはじめたのは、敗戦後であり、それも秘密にされていた記録や文献や回想録が公開公刊されはじめただけであって、それらを読まなかった者の目には、今なお不可解な事件にみちた不可解な時代である。

私もまた何も知らなかった人間の一人だ。五・一五も、二・二六も全く突発事件に見え、その真相は知りたくとも知る方法がなかった。戦後出版のおびただしい文献を読みはじめたのはつい最近のことである。そして知り得た最初のことは、これらの事件を起した「青年将校」自身も、暗殺された重臣や将軍や財界人と同様、歴史の「真相」を知らずに行動したということだ。二・二六事件青年将校の遺書もくわしく読めば、その見解には、いろいろと矛盾がある。また例えば、「統制派」の巨頭と目された永田鉄山は、「皇道派」の相沢中佐によって斬殺されたが、これは「誤解」にもとづき、「国家改造意見」については永田鉄山の方が急進的な方策を持っていたという文献も出てきた。同じく、北一輝の盟友西田税は五・一五派の青年によって狙撃されたが、二・二六派の青年将校たちの多くは西田を北一輝とともに真の指導者として仰ぎ、西田の潔白を弁護している。しかも、彼らは同じ「昭和維新論者」である石原莞爾を暗殺リストにのせ、片倉衷少佐を狙撃した。

全くわからないことだらけだ。そのために「軍部ファッシストの反乱の失敗がかえって強力な軍部ファッシズム機構の完成をみちびき出した」という奇妙な見方も、一つの「常識」として記載され、受入れられる有様になっているのである。

この「敗戦常識」の独断性と非論理性に対する有力な反論としては、竹山道雄氏の『昭和の精神史』（新潮文庫）がある。昭和三十年に書かれたものだが、その動機は氏の「あとがき」によれば、「私がこれを書いたころには、回想記や秘話の類はすでにたくさん出ていたが、全体を通じて歴史の性格を明らかにしようとしたのはほとんどなかった。この問題についての関心はまだ薄かった。現代史をとりあつかっているのは左翼の歴史家だけだった。私はあの期間（いわゆる昭和の動乱期）のさまざまな現象がふしぎでならなかったから、解明をえたくて、そういう研究会の年報を読んだが、どうも納得できかねた。それをここに記したが、この気持はいまでも変らない」

竹山氏は歴史解釈における左翼学者の態度をくりかえし論難しつつ、「昭和十年前後の青年将校の運動」と「重臣、軍部、財閥、政党の動き」について、当時手に入るかぎりの文書と氏自身の体験と調査に即して、傾聴すべき多くの新解釈と判断をうち出している。例えば、「いま日本のファッシズムと呼ばれているものは、その大きな部分が戦時体制との混同であるように思われる」などは平凡に見えて、重要な指摘である。「青年将校は天皇によって『天皇制』を仆そうとした」。この場合の「天皇制」とは重臣、政党、財閥、官僚、軍閥をもって構成されたものであり、結局、日本人のどの階層にもドイツ・イタリア流のファッシストは存在せず、東京裁判の検察官と左翼学者たちの「日本の『天皇制ファッシスト』が共同謀議して、対米英戦争を実行した」というドグマは全くのドグマにすぎないことを説明する諸章は特にすぐれている。私はこの本も最近になって読み、多大な啓発をうけたが、「大東亜戦史」の正しい解釈に関心を持つ読者にはぜひ一読をおすすめしたい。

二・二六事件が私に与えた衝撃

私は二・二六事件の四日間も、その後もずっと鎌倉に孤立していて、事件についてはラジオと新聞による以外に何も知らなかったのであるが、同年七月、「反乱軍」の処刑とその判決理由書が発表され、「事件の真相」らしいものにふれたとき、私をとらえたものは異様な興奮であった。

判決発表と同時に、雑誌『改造』がいち早く特集した「二・二六事件」別冊付録に、私は次のような『感想一つ』という小文を書いている。

「この事件は、当今の陰鬱な時勢の曇天を裂く霹靂であったと思う。

この事件によって、時勢が一層陰鬱になったと感じる人も少くないらしいが、僕は全くその逆の感じを受取っている。理窟から来たのではない。おそらく、僕の中に眠っている『青年将校的』なるものが、この事件によって目覚まされたのであろうか？（このあと二行ほど伏字になっていて、今は思い出すことができない）。

日本は特殊な国である。これは、ロシヤが特殊な国であり、フランスが特殊な国であるというのと同じ意味であるが、しかし、この日本の特殊性を考慮の外においた改革意見は、如何にしても信用できない。維新前の桜田門事変、自由党の加波山事件等に代表される『やむにやまれぬ大和魂』的な改革運動を充分考慮の中において、今次の事件も考慮すべきである。

社会の進化には、あくまでも一定の鉄則がある。だから、明治維新は、桜田の志士たちが望んだとおりには発展せず、憲政日本は、加波山の志士たちの求めたとおりには発達しなかった。来るべき新日本も、おそらく『反乱軍』将校の望んだとおりの形はとらないであろう（伏字、約二十字）。

あまりに身近かに起った事件は、余計な『内状』が見えすぎて、却って真実な意義を見落とす。ことさらに人間行動の『裏面』をさぐって、人間性の弱点、その野心や権力欲を誇張するのは、現代の悪癖である。

判決理由書に曰く、『被告人中、将校、元将校及び重要なる常人等が国家非常の時局に当面して激発せる慨世憂国の事情と一部被告人がその進退を決するに免れる諸般の事情とについては之を諒とすべきものなきにあらざるも、云々』

また反乱軍将校の一人がかつて曰く、『軍人は日本の実情にうといといわれているが、そんなことは決してない。自分たち将校は、兵士と寝食を共にし、文字通り、山野に起臥《きが》を共にしている。農民と労働者、下層市民の実状を知るまいとしても知らざるを得ないのである。日本の実状を知らないものは財閥であり、重臣、軍閥であり、政党であり、学者と称し、知識階級と称する有閑人である』

これらの言葉はそのまま受取っていいのである。詮索は無用である。ただ、来るべき日本の社会形態の予想に関しては、各人の理想の自由が保留さるべきであろう」

同じ特集付録には阿部真之助氏をはじめ青野季吉、小汀利得、武田麟太郎、尾崎士郎、蠟山政道他数氏の感想がのっている。いずれも伏字だらけで、大切なところは判断しかねる文章にされてしまっていたが、その中では、私の感想が最も右翼的であったようだ。多くの論者は日本のファッショ化の到来を憂い、その危険を警告していた。ただ尾崎士郎だけが、「私の認識し得ることは、この容易ならざる事件がどこかで（全面的ではない）われわれの生活感情と結びついているということである」と言い、「雪の日の印象には浪漫的な昂奮があった。事件の勃発が奇跡的なかんじを残しているだけに、流れるように動いて行った情熱から名状しがたい美しさを描くのであった」と言い、最後に萩原朔太郎の詩「われの叛きて行かざる道にあたらしく樹木みな伐《き》られたり」を引用して、青年将校の死刑を惜しんでいるように見えた。当時は言いたいことを言えば伏字か発禁になり、文章家はすべて遠まわしの書き方を慣用している時代であった。

五・一五事件についてもまた、私の知っていたのは、「日本国民よ、刻下の祖国日本を直視せよ。政治、外交、経済、教育、思想、軍事……何処に皇国日本の姿ありや。

政権党利に盲《めし》いたる政党とこれに結托して民衆の膏血を搾る財閥と、更にこれを擁護して圧政日本に長ずる官憲と軟弱外交と堕落せる教育と腐敗せる軍部と悪化せる思想と塗炭に苦しむ農民労働者階級と而して群拠する口舌の徒……

今にして立たずんば日本は滅亡せんのみ。国民諸君！　武器を執って立て！……天皇の御名によって君側の奸を屠《ほふ》れ！　国民の敵たる既成政党と財閥を斃せ！　横暴極まる官憲を膺《よう》懲《ちょう》せよ！　奸賊、特権階級を打破せよ！　農民よ、労働者よ、全国民よ！　祖国日本を守れ」

というその檄文だけであった。

人間は——いわゆる知識人もまた——文献全部を読んでから行動するのではない。一枚の檄文、一冊のパンフレットによって、左翼にもなり右翼にもなる。行動の底に横たわっているものは「時勢」という魔的なるもの、また神的なるものである。

児玉誉士夫の自伝

現在、「右翼の巨頭」の第一人者と目されている児玉誉士夫氏の自伝『悪政・銃声・乱世——風雲四十年の記録』（弘文堂）はただ読物として読んでもおもしろい本だが、大正、昭和期の右翼の発生と成長を解明する文献としてたいへん貴重である。

大正十五——この年は私は左翼大学生の一人として京都未決監にいたが、児玉氏は十五歳の少年で、朝鮮京城の姉の家をとび出し、神戸の次兄のもとに行き、十円の旅費をもらって、さらに東京の長兄を訪ねて、向島のある鉄工場で日給一円二十銭の見習工として働いていた。不景気は深刻となり、米騒動が起り、つづいて、神戸では三菱、川崎二大造船所の大ストライキが起り、左翼の活動は活発となり、労働組合と農民組合は続々と結成されたが、不穏の世情をよそに、財閥や資本家は労働階級に背を向けたまま、不当でしかも苛酷な搾取を行いつつあった。

「かくいうわたしもまた、もちろん被搾取の側にたつ微力な労働者の一人だった。……長い一日をくたくたになるまで働かされて、なお、手にはいる賃金はわずかに一円二十銭なのである。職場にはもとより、なんの厚生施設も福利機関もできておらず、……われわれは、巨大な機械のなかの極小な部分というよりは、使えなくなれば、ゴミ箱の中へポイとほうりこまるべき哀れな消耗品にすぎなかった」

一日の作業を終え、ペコペコの空き腹をかかえ、重い足をひきずりながら渡る白鬚橋の橋ぎわには、子供の手のひらほどもある大福モチを売る屋台がならんでいた。

「〝どうにかなったら、あの大福を腹いっぱい食べてみたいなァ〟それがわたしの、せめてもの念願であった。しかし、現実にわたしには、とうていみたされるはずはなかった」

こんな生活が昭和三年までつづく。児玉少年はせめて夜学にでも通いたいと思い立ち、その学資をつくるために、工場の仕事のほかに、鉄管配達の夜なべ仕事をひきうける。かるく見ても、五、六十貫の鉄管を大八車に乗せ、夜の町を二里も三里もはこぶ。坂の途中で梶棒がはねあがってアゴをたたかれ、車といっしょにトンボがえりをうったこともあった。そんな苦労をしても、手に入る賃金はわずか四十銭。配達を終って寄宿室へ帰ってくるのは、夜のしらじら明けるころ。重労働だから、腹がへる。ひと晩に一ぱい十銭の支那そばを平均二つくらいは平らげる。手にのこるのは二十銭で、一カ月ぶっとおしで働いても、五円のこすことはむずかしい。

「当時すでに、われわれの職場でも、小単位の労働組合ができていた。最下級の見習工のわたしもまた一組合員として加入していたのである。じぶんたちの立場がみじめであればあるほど、そして労使の均衡があまりにも不釣合いであることを知りつくしているわたしだけに、労働組合の結成は賛成こそすれ、もちろんこれに反対するものではなかった」

だが、何かが児玉少年をひきとめ、左翼運動に対して批判的にさせた。

「その一つは、争議の場合など、なぜ赤旗を掲げ、〝われらの祖国ソビエト〟という奇怪なスローガンを使わねばならないのか——これがわたしにはどうしてもふしぎでならない。われわれ日本の祖国は、もちろんソビエトでもなければ、また他の外国でもないはずだ」

少年工の煩悶が始まる。せめて夜学にでも通って学問を身につけたいと、鉄管はこびの夜業をはじめたのも、おなじアルバイト仲間の学生といっしょに屋台の支那そばを食べている時、地まわりの連中から袋だたきにされ、おまけに生まれてはじめての留置場に入れられたのも、この煩悶と鬱憤の現れだったと言えよう。工場の行きかえりの道の両側には、「どぎつい太文字でかかれた左翼と右翼のアジビラが無数にベタベタとはってあった。それはまるで左右の両翼がわたしにむかっておいでおいでをしているように、鮮烈に感じられた」

昭和四年、児玉少年は十八歳になった。社会情勢はますます険悪となり、争議の数はますます増える。浜口内閣の政策は「パニックの犠牲を労働者農民におっかぶせるものだ」という声も起こった。児玉少年は考える。「いまから学校に通って、むりな勉強をして、いわゆる偉い人物になってもどうなるか。偉い人物とは大政治家にしろ、大実業家にしろ、けっきょく貧しい者、力なき者の上に君臨して、その人たちの汗とアブラを搾取して、自分だけがのうのうと肥ってゆくことではないか」「立身出世」とか「栄達」とかいうことがしだいにばかばかしく感じられはじめ、毎日のように工場の裏窓から隅田川の流れを見つめては、真剣に考えた。「左翼に走るべきか、右翼にすすむべきか？」

〽起て万国の労働者……という歌声には胸の血の高鳴りをおぼえるが、

〽高く立て、赤旗を、そのもとに生死せん……の革命歌には、どうしても共鳴できず、むしろ強い反発を感じる。

そのころの右翼には「大日本正義団」、「赤化防止団」などが生まれていたが、その闘争は共産主義と社会主義だけに向けられているように見えた。北一輝の「日本改造法案」は一部の陸海軍将校と民間右翼に影響しはじめていたようだが、その流れはまだ公然と世の表面には現れていない。「玄洋社」と「黒竜会」の流れもなお健在のようであったが、これは国内問題よりも大陸方面に眼を向けているようで、児玉少年にはその動向がよくわからない。

十八歳の児玉誉士夫をついに右翼にふみ切らせたのは、「建国会」の出現であった。その幹部に帝大教授上杉慎吉博士、元東京市長の永田秀次郎氏、国家社会主義者の津久井竜雄氏、赤尾敏氏などがいて、児玉青年の目には「非常に進歩的な考えをもった人びと」の集まりのように見えた。

「当時のほとんどの右翼団体が、左翼に対する攻撃のみに終始していたにもかかわらず、金権政治あるいは資本主義の横暴に反発し抵抗したということは、公平にみて革新的であったと思う」

「したがって、赤旗によらずして、金権政治や悪らつな資本を攻撃し反発しうる思想的結社があるとすれば、それにつよい関心をもって引きつけられざるを得なかった」

これが児玉氏の「右翼入門」である。「建国会」に入って間もなく、昭和四年十一月三日の明治節に、児玉青年は「天皇直訴事件」によって下獄した。六カ月の獄中生活で一番うれしかったことは、好きな本をかなりふんだんに読めたことで、空き腹にめしをかきこむように、時間を惜しみながらむさぼり読んだ、と児玉氏は書いている。

出獄したのは昭和五年八月の末で、「昭和動乱の前夜」であった。児玉青年の目にまず驚異であったのは、大川周明と北一輝の在来の国家主義とはぜんぜん異質の、革命を目ざしたあたらしい国家主義勢力が、突如として出現していたことであった。

「これまでの右翼思想の動きにたいして、日ごろあきたらぬものを感じていた多くの民間有志たち（とくに青年層）も、ちょうど〝渇者《かっしゃ》が水を求めるごとく〟この新思想の流れにとびこんで行った」と児玉氏は書き、「日本改造法案大綱」の要旨を引用している。当時の児玉青年もその「渇者」の一人であったのだ。

この年の十一月、児玉青年は建国会を去り、津久井竜雄氏の「急進愛国党」に入った。黒竜会の内田良平にはじめて会い、また翌昭和六年春には、大川周明博士の「行地社」を中心とする「全日本愛国者共同闘争協議会」に参加し、その「青年前衛隊」五十名の中に選ばれた。この前衛隊員の中から、後に「昭和の動乱」の中で活躍した多くの人物が出ている。

児玉青年は国会でのビラ撒き事件で留置場入りをしたが、時の蔵相井上準之助の倣岸な態度と政策に怒り、短刀一振りに「護身用たると、切腹用たると、御自由に使用されたく候」という手紙をそえて送った事件で捕えられ、再び入獄した。刑務所は共産党員で満員だった。彼らは、「終日よく書物を読み、モノを書き、熱心に勉強していることで、その真剣さにこころをうたれ、敬服させられたのであった。そのころの右翼は、世間の風あたりもさほどきびしくなかった。むしろわれわれに対する一般の目は、愛国者としてこれを迎え、同情的であり、それだけに多少は甘やかされていたようである」と児玉氏は反省し、同時に「いまにこの連中は、必ず強くなるにちがいない」「おれたちも、かれらに負けないよう、しっかり勉強しなくては」とある種の対抗意識を感じ、さらに一そうの警戒心をおこした。「満州事変」も「十月錦旗革命事件」もこの入獄中に起っている。昭和七年二月九日の早期に出獄して、「急進愛国党」本部にかえり、さて一眠りしていると、武装警官隊にふみこまれ、津久井竜雄とともに警視庁に連行された。その日の夕刻、井上準之助が血盟団員小沼正青年に暗殺されたのだ。

関係なしとわかって釈放はされたが、特高の尾行がつきはじめ、うるさくてならぬ。児玉青年は「雄峰会」の笠木良明をたよって満州にわたった。

児玉氏と「東亜連盟」

笠木氏が児玉青年に対して最初に発したのは、「満州を日本が侵略するようなやり方は、自分はぜったい賛成できぬ。むしろ、日本はおなじアジア民族としての観点から、この地に五族協和を目標に、いわゆる王道楽土を築きあげる考えでいなければだめである」という言葉であった。児玉青年は「勝ちいくさに乗じて、疾風のごとく満州の曠野に猛進撃をつづけつつある得意の軍部を前にして、『満州をうばう勿れ！』と苦言する先生の人がらと、その確固たる信念にこころを惹かれずにはおれなかった」

児玉青年は「東亜連盟」の思想とその系統の「昭和維新論」にはじめて接したのである。児玉青年は笠木にみちびかれて、「協和会」と「東亜連盟」のために働くことになった。だが、東亜連盟論者の努力にもかかわらず、戦火は長城を越えて拡大し、上海事件が起った。

児玉は昭和七年三月、血盟団事件勃発の後に、「満州より日本が大事だから早く帰って来い」という内地の同志から何度も督促され、笠木氏からも「日本の有志に満州建国のほんとうの意義を認識してもらうために、自分の書いたパンフレットを出版してくれ」と依頼をうけて、日本に帰ってきた。途端に、五・一五事件が突発した。

この事件が青年児玉に与えた印象は強烈なものであったにちがいない。特に、五・一五被告の青年将校が軍法会議の公判廷でのべた次の陳述を「自伝」の中に引用している。

「われわれの部下の中には、東北地方の農村出身の者もたくさんおります。……それらの兵隊の姉や妹たちは、冷害につづく大不作などのために、食うに食えず、おのれの体を犠牲にして女郎屋とか淫売屋に売られている有様です。自分たちは上官としての立場から、こうした兵隊たちの悲惨な家庭の事情が、手にとるように耳に入っており、またこの目でたしかめてもいます。……かれらがその背後にある家庭の不安と不幸におびえながら、ご奉公しているというはっきりした事実――それを承知していながら、これらの兵隊を指揮鞭撻しなければならぬ小官の立場――あれを思い、これを思うと、ただ残念というよりも、はらわたを断ちきられるような思いでいっぱいであります」

五・一五事件の関係者が目ざした「昭和維新」は失敗したが、検挙にもれた同志はその「国家改造」の志をつがなければならない。児玉誉士夫は「天行塾」の頭山秀三に呼ばれ、次の反乱計画の準備に参加した。それは、「政党の有力者二、三を襲撃してその邸に火をはなち、同時に送電線を爆破して帝都を暗黒化し、戒厳令をしかせて、あとの始末は北一輝、大川周明両氏が軍部の革新派を動かすことにより、昭和維新を成功させる」という計画である。

「後年に及んでふりかえってみると、いかにも幼稚杜撰《ずさん》であり、軍部が政権をとりさえすれば、日本が理想国家にきっとなるだろうというのは、空中楼閣的なあまい考えで、どう考えても浅慮というほかはない」と児玉氏は反省しているが、「すくなくとも当時は、このことをあくまでまじめに考え、可能性十分であると信じていた」とつけ加えている。果たしてこの計画もアジトであやまって手榴弾が爆発したことから、関係者は、一人のこらず検挙され、一挙は不発に終った。

児玉氏は追いつめられ、拳銃を自分の胸に発射した。気がついた時には、特高刑事に守られて、帝大塩田外科のベッドの上にいた。弾丸がわずかに心臓をはずれて死ななかったのだ。一カ月半の後に、傷がなおると、未決刑務所にうつされ、ここに三年いて、最後に三年六カ月の刑を言いわたされた。天野辰夫の「神兵隊事件」も「二・二六事件」も氏の入獄中に起った。

出獄は昭和十二年七月で、「支那事変」はすでに始まっていた。児玉誉士夫の真面目はこれより発揮されるのであるが、ここでは、自伝引用はここまでにとどめる。ただ「かくて革命は成らず」の章で、「大川、北、その他の諸氏によって指導された昭和維新の目的は、わが国を軍国主義の方向にもってゆくとか、軍閥勢力を助長させようとするものではなかった。いわんやまた、のちに見るがごとき軍閥政治をはびこらせるためのものでは断じてなかった」とくりかえし強調している点に注目すべきだ。陸軍上層部内には「皇道派」と「統制派」の両派閥が発生し、たがいにせり合い、政党政治にかわる軍閥政治を実現しようとしていたかもしれぬが、「五・一五および二・二六の両事件が、この二つの軍閥とあたかも直結していたかのごとく、現在も一部で思われているようだが、これは曲解もはなはだしい気がしてならぬ」

これは正論である。「錦旗革命」をはじめ、すべての「昭和維新」が失敗したのは、「軍隊という他力にたよろうとしたことがそもそもの誤りだ。たとえ軍の一部の協力を得ても、これは反対側の軍閥から、逆手をとられて、そのすきに乗ぜられる。青年将校たちは軍隊という特別な組織の中にいるから、同志間の団結も非常に強かった。しかし、民間側にはそれほどの団結も連絡もなかった。だから、客観的に見た場合、指導すべき立場の民間側が、軍側よりも実質的に劣勢で、そのために主客転倒の奇妙な現象がおこった。使う者が使われる立場に逆転しては、成功の見込みはない」

これが児玉氏の分析であるが、たしかにそのとおりだった。しかし、さらに大局に立ってみると、「昭和維新」の失敗の真因は、さきののべたとおり、石原莞爾のいわゆる「敵前作業」が間にあわなかったという点にあると私は考える。明治維新における「敵前作業」は多くの犠牲ははらったが、日清、日露戦にどうやら間にあった。日本海大海戦における全艦隊の「敵前旋回」が成功したようなものだ。だが、「昭和維新」では間にあわなかった。敵の包囲陣が強すぎ、したがって、「日中戦争」を解決できないうちに、対米英戦に突入せざるを得なかった。国内改革には時間がかかる。その時間がなかった。

第十七章　大東亜戦争開戦――破れて悔いなき戦争

十二月八日の感動

開戦の第一報を聞いた時、私は奉天にいた。堅い粉雪が降っていた。新京行の急行列車に間にあうように、旅館を出るその玄関先で聞いたのだと思う。ラジオであったか号外であったかはおぼえていない。

ただひとり洋車にのって奉天駅にいそいだのであるが、頬をうつ雪片も爽《そう》快であった。肩を圧していた重荷がふりとばされ、全身の血管に暗く重くよどんでいた何ものかが一瞬に吹きはらわれた気持であった。

洋車の車夫が満州人でなかったら、私は大声で話しかけたにちがいない。日本人たちといっしょにいたら、万才を三唱したことであろう。

それには特別な理由もあった。下関から大連にわたる汽船の中で、私は参謀肩章をつけた軍人、外交官、満鉄社員、代議士、実業家、軍医などと同船したが、食堂での議論は日米開戦すべきか否かに集中された。

参謀将校はだまっていた。外交官と実業家は開戦反対であった。日支戦争を解決せずに対米戦争に突入しては勝算はないと言うものもあった。若い満鉄社員は「それは川越大使と同じ意見ですな」と批評した。九州の田舎の町医者をしていたのを突然徴用されたという老軍医（中尉の軍服は着ていたが、いかにも町医者らしいおだやかな人物）は、自分は政治も国際状勢も知らぬが、どうして日支事変はこんなに長びくのか、何のためにわれわれ老人までが大陸の奥地の戦線までひき出されるのか理解できぬと小声で言った。若い満鉄社員は「たしかにこれ以上日支事変をつづけることは無意味だ、一刻も早く対米英開戦にふみきるべきだ」と力説した。私も彼の意見に賛成した。参謀将校は「いずれ時期が来たらやるだろう、だが政府と海軍は自重論だ」と言って議論から離れた。

食堂の中の客が集まって来て、議論に加わった。即時開戦論は七分三分の三分の方だった。しかし、自重派も開戦派も確実なデータと論拠を持っているわけではなかった。

私もただ気分としての開戦論をとなえただけで、自重派を論破する材料は全くもっていなかった。ただ、日支事変は無意味無用なまわり道であり、米英をたたかないかぎり、われわれの頭の中のもやもやと頭上を圧している重苦しい暗雲は晴れないとくりかえしているうちに、船は大連につき、対米英戦争の開始は遠い将来のことだなという印象だけがのこった。

それからわずか三日目の奉天で、開戦の報を聞いたのだ。

「十二月八日午前六時、帝国陸海軍は、今八日未明、西太平洋において米英と戦争状態に入れり」

真珠湾の奇襲を知ったのは、新京に着いた後であった。

最近、『人間の条件』の著者五味川純平氏をまじえた座談会で、その時の気持を話したら、五味川氏は私とは全く逆の印象をうけて、「これはたいへんなことになった。日本はこれからどうなるかと思った」と言い、「たぶん世代の差でしょう」と遠慮がちにつけ加えた。『日本百年の記録』の著者木下宗一氏はもっとはっきりと書いている。開戦の報をラジオで聞いた時、自分は新聞記者でありながら、何一つ情報をつかんでいなかったので衝撃もひとしお強かった。一瞬、「とんでもない暴挙だ」と思った。「負ける」という感じが背筋を走ったと書いている。

これも世代の差であろうか？

私は政界や軍部の上層部にも中層部にも接する機会がなかったので、開戦に至る事情は何一つ知らなかった。だが、開戦の報によってうけた感動は前に書いたとおり、五味川氏や木下氏とは全く逆のものであった。何が原因なのだろうか。五味川氏や木下氏が嘘を言ったはずはない。私もありのままを書いている。

私のはるかな先輩、詩人高村光太郎の「十二月八日の記」に次のような一節がある。高村氏は第二回中央協力会議の会場で、宣戦の詔勅の奉読を聞いたのであるが、

「聴き行くうちにおのずから身うちがしまり、いつのまにか眼鏡がくもって来た。私はそのままでいた。奉読が終ると、みな目がさめたようにして急に歩きはじめた。私も緊張して控室にもどり、もとの椅子に坐して、ゆっくり、しかし強くこの宣戦布告のみことのりを頭の

中で繰りかえした。頭の中が透きとおるような気がした。

世界は一新せられた。時代はたった今大きく区切られた。昨日は遠い昔のようである。現在そのものは高められ確然たる軌道に乗り、純一深遠な意味を帯び、光を発し、いくらでもゆけるものとなった。

この刻々の時間こそ、後の世から見れば歴史の急曲線を描いている時間だなと思った。……またアナウンスの声が聞える。急いで議場に行ってみると、ハワイ真珠湾襲撃の戦果が報ぜられていた。戦艦二隻轟沈というような思いもかけぬ捷報が、少し息をはずませたアナウンサーの声によって響きわたると、思わずなみ居る人達から拍手が起る。私は不覚にも落涙した」

明治と大正を生きて来た日本人の感慨であり、涙である。高村氏は西洋の文明と文化の価値を知っている詩人である。彫刻家としては間接ながらロダンの弟子である。にもかかわらず、政治的軍事的には、西洋が日本の圧迫者であることを、すべての明治人・大正人とともに知っていた。——果たしてこれは大正に生まれて昭和に育った世代にはわからない心情なのであろうか？

すでにのべたとおり、日本は安政の不平等条約のもとに一世紀近く苦しんできた。日清、日露の役も戦闘には勝ったが、戦争には勝てなかった「東亜百年戦争」の一環であった。不平等条約はこの両戦争によっても完全には改正されなかったのだ。

右の高村氏の文章ののっている『昭和戦争文学全集』（集英社）第四巻の解説者奥野健男

氏も書いている。大東亜戦争直前における西洋列強の日本に対する経済封鎖網は苛烈をきわめた。米国は石油輸出を禁止し、蘭印に石油を求めようとした日蘭会商も米英の圧力によって失敗した。ＡＢＣＤ経済封鎖網は日本を身動きならぬようにしばりあげた。日本人は最後の打開策として、日米交渉に期待をかけたが、これがだめなら生きるためには必要な資源を武力で獲得する以外にないように思えた。

「対中国戦争に対しては、漠然たるうしろめたさを感じていた大衆、侵略戦争としてはっきり批判的だった知識人も、米英に対しての戦争となるとその態度を急変した。……誰もがどえらいことを始めた、これは大変なことになるぞ、日本はどうなるかと戦争を身近に感じキュッとしめつけられるような緊張をおぼえたであろう。それと同時に、遂にやった、おごれる米英老大国、白人どもにパンチを加えた、という気も遠くなるような痛快感もあった。緒《しょ》戦の大戦果が次々に報ぜられるにしたがって、緊張感は解放感に、恐怖感は優越感に、よろこびに、誇りに転化した。有色人種、後進国民の、白人、先進国に対する劣等感が一挙に解放された。泥沼に入った中国戦争のうしろめいた暗澹《あんたん》たる気持が米英と戦うということで大義名分を得、暗雲の晴れたような気持にもなった。この時ほど日本人が民族的にもりあがったことは歴史上なかったと言ってもよい」

奥野氏は五味川氏や木下氏よりも若い世代に属しているが、これは敗戦萎縮性からまぬがれている公正な解釈と言えよう。

「生きているうちにまだこんな嬉しい、こんな痛快な、こんなめでたい日に遭えるとは思わなかった。この数カ月と言わず、この一、二年と言わず、我らの頭上に暗雲のごとくおおいかぶさっていた重苦しい憂鬱は、十二月八日の大詔渙発とともに雲散霧消した」

これは同じ『全集』に収められている故長与善郎氏の言葉であるが、若い奥野氏はこの気持も理解できるであろう。戦争末期から戦後に生まれて育った現在二十代から三十代までの若い人たちにまでわかってくれとは私は言わぬ。――だが、明治、大正を生きて来た日本人のほとんどすべてが、知識人も一般国民も、十二月八日をこのように受けとったという事実はお知らせしておきたい。私たちの同年代とすぐそれにつづく世代の人々で、その逆のことを感じたという者は、よほどの上層部にいて日本の軍備の薄弱さと劣勢を詳知していたものでなければ、いわゆる「戦後民主主義」の混乱の中で、開戦当日の感動を忘れ去り、記憶錯乱に陥った者だけであろう。

パール博士の「日本無罪論」

大東亜戦史については改めて語るまでもない。それは見事な敗戦であった。後世の史家は日本軍の勇戦と敢闘と壊滅を二十世紀の英雄譚として書きのこすであろう。しかし、世界戦史にも前例がないと言われている「緒戦の大戦果」はわずか一年以内に逆転され、その後三年間に百五十万の戦死者、爆撃による三十五万の銃後国民の犠牲者、全滅した連合艦隊、撃沈された商船二千隻、五十兆の戦費、焦土と化した都市（そのうち二つは原子爆弾の実験に供せられた）と完全栄養失調の国民を残して、昭和二十年八月十五日、日本は降伏した。

その後、占領の七年間がつづき、その間に「東京裁判」なるものが行われた。

ここで私は当然の順序として、パール判事の『日本無罪論』にふれなければならぬ。今は忘れている人も多いかもしれぬが、パール博士はインド代表として東京裁判にのぞみ、この裁判が裁判という名に価せず、「儀式化された復讐」にすぎないことを立証して、全員無罪を主張したただ一人の判事である。

田中正明氏によれば、この判決文は他の十一カ国の判事の判決文の全文を合せたよりもはるかに長大なものであったが、「当時、日本の新聞には、どうしたものかほんの数行をもって、〝インド判事のみが全員無罪を主張し、異色ある判定を下した〟ていどの記事しかのらなかった」

そのために、私たちはパール博士の『日本無罪論』があることは知っていたが、その内容を知ることはできなかった。全文の公刊はずっと後のことであった。幸いに、私の手元にはパール博士の友人であり理解者である田中正明氏の著書がある。田中氏は、

「〝日本は侵略戦争を行った〟という東京裁判の線が、そのまま無条件で容認され、いまだに小国民は、そのような教育をうけている。日本の行なった戦争が侵略戦争であったか、自衛戦争であったかは、後世史家の批判にまかせるべきものであって、戦勝国の判断や戦時宣伝を鵜呑みにする必要はない。〝日本は世界に顔向けのできない侵略戦争をやった張本人である〟という罪の意識を頭の中にたたき込まれている間は、真の日本の興隆はありえない」

という見地から、昭和二十七年に、その重要部分の抄訳を発表し、さらに三十八年八月に

『パール博士の日本無罪論』という著者自身の意見をも加えた新著をものしてくれたので、この両著により、私はパール博士の意見を読者に紹介することができる。

私は法律、特に国際法に関しては、ほとんど何も知らない。ただ「法の不遡及」という原則は大学で習った。「法はさかのぼらず」の原則である。ところが東京裁判では「カイロ宣言」と「ポツダム宣言」の条項を法的根拠として、さかのぼるべからざる法をさかのぼらせてしまった。

カイロ宣言は曰く、

「右同盟国ノ目的ハ、一九一四年ノ第一次世界戦争ノ開始以来、日本ガ奪取シマタハ占領シタル太平洋ニオケル一切ノ島嶼《とうしょ》ヲ日本ヨリ剝奪スルコト、並ビニ満州、台湾及ビ澎湖島ノゴトキ、日本ガ清国ヨリ盗取シタル一切ノ地域ヲ中華民国ニ返還スルコトニアリ、日本ハ暴力及ビ貪欲ニヨリ日本国ガ略取シタル他ノ一切ノ地域ヨリ駆逐セラルベシ。前記三大国（米、英、シナ）ハ朝鮮ノ人民ノ奴隷状態ニ留意シ、ヤガテ朝鮮ヲ自由カツ独立ノモノタラシムルノ決意ヲ有ス」

つづいて、ポツダム宣言の第八項は、

「カイロ宣言ノ条項ハ履行セラルベク、マタ日本国ノ主権ハ本州、北海道、九州及ビ四国並ビニワレラノ決定スル諸小島ニ局限セラルベシ」

東京裁判はとにかく裁判の形をとっていたので、東郷元帥や乃木大将までを戦犯にすることはできなかったが、十五年前の満州事変までさかのぼって多数の戦犯を製造した。パール博士の抗議も清瀬一郎弁護人の弁護も無視された。

しかも、カイロ・ポツダム宣言にもとづいて日本におしつけられた講和条約は百年以前までさかのぼった。「日本を明治維新以前の状態にまでおしもどす」と彼らは公言し、そのとおりに実行した。これは「大東亜戦争は東亜百年戦争の終曲であった」という私の仮説の真実性を裏づける。彼らは意識していなかったかもしれぬが、「太平洋戦争」が「薩英戦争」と「馬関戦争」の継続であったことをミズーリ号上で調印された降伏条約によって実証した。

東京オリンピックの旗

たしかに日本は四つの島の中におしもどされた。形は明治維新前そのままである。だが、いかなる力も歴史そのものをおしもどすことはできない。太平洋をとりまく島々と国々の姿は先に述べたとおり百年前とは全くちがっている。敗戦条約調印後二十年を経た日本もすでに決して明治維新前の日本ではない。

はなはだ唐突に聞えるかもしれぬが、この「おしもどし得ない歴史」の姿を、私は東京オリンピックの開会式と閉会式のテレビでまざまざと見た。ここにひるがえった国旗は九十余、その三分の一近くは「大東亜戦争」後の新興国であり、これに中共、インドネシア、北ベトナム、北鮮の国旗を加えて考えれば、私の言いたいことは理解していただけるであろう。

これらの新興国のすべてを「大東亜戦争」の生んだ息子であるとは言わぬ。それは後進諸民族のおのずからなるナショナリズムの成果であり、ソ連共産主義の反植民主義政策も大いにこれを助けたことであろう。ただ無用な自己卑下をすてて言えば、あの「民族の祭典」においておどろくべき増加を示した新国旗は帝国主義と植民主義への弔旗であり、このことのために日本百年の苦闘が何物をも貢献しなかったとは、いやしくも歴史を読む者には言えないことだ。民族の分化と独立、その再綜合はさらにつづいてくりかえされるであろうが、この過程を通じてのみ、地球国家は徐々に形成されるのである。

アメリカは罠をかけた

日米開戦に至る経過——日本の国内情勢と開戦までの外交史は『太平洋戦争への道』第七巻にくわしく描かれている。

開戦前（昭和十四年）に成立した米内内閣の首相米内海軍大将は、強硬な欧州戦争不介入論者であり、日独伊三国同盟にも反対し、特に対米不戦の方針を堅持しようと努めた。

米内首相は閣議において、海相の資格で「対米英海戦には勝てる見込みはありません、大体日本海軍は、米・英を向うにまわして戦争するようには建造されておりません」と断言した。

宮中筋と財界は米内の方針を支持し、天皇もこれを喜ばれて、「近来歴代内閣の総理が拝謁する場合には不機嫌なことが多かったけれども、最近、米内総理が拝謁した時は非常な御機嫌で、総理も珍しいことだと不思議がっておった」と「原田日記」に記されている。

天皇の信任厚かった、不戦方針の米内内閣を「直接打倒した者は——陸軍と木戸孝一内大臣であり、木戸は近衛、平沼の米内内閣白眼視に呼応し、陸軍は半ばは独逸の電撃作戦にみずからの心理の平衡を失い、半ばは仏印問題を餌とする独逸の外交的操縦の手中に躍って、共々に対米不戦の方針をこの内閣かぎりに葬り去って、結局対米戦争に行き当てる道を開いたのであったが、更に対米不戦的な内閣の最終的排除に間接に参加したのは実は米国自身なのであった」

米内内閣を倒したのはアメリカであったというのは、いわゆる春秋の筆法ではなく、現実の事実である。アメリカが政治的・経済的・軍事的のあらゆる手段を併用して、日本にいかなる形の親米的または対米不戦主義の政府が存立し得ないように、着々と工作を進めていたことを、パール博士の「日本無罪論」は論証している。

その一つは、日中戦争において、アメリカがイギリスと共に、中立国の義務を守らず、公然と蒋介石政権を援助したことである。

田中正明氏によれば東京裁判の検察側もこの事実をはっきり認めて、「アメリカ合衆国が中国にたいして、経済的にも、また、軍事材料の形においても、非交戦国としてはかつて見られなかった規模において援助し、かつアメリカ市民の若干の者は、日本の侵略にたいして、中国人とともに戦闘に参加した」とのべている。これは英国も同様であって、記録によれば米英の軍事顧問団だけでも数百名にのぼり、戦闘に参加した米英人は二千名を越えている。

日本政府はいくたびか抗議したが、援蒋行為はますます拡大し、アメリカ空軍は軍事物資を重慶に空輸しはじめた。これは明らかに戦争である。日本の世論は米英を敵性国とみとめ、これと戦わないかぎり、蔣介石を屈服させることはできないという意見が次第に支配的となってきた。

パール博士はこの点に関して「アメリカは自らの行為によって、真珠湾攻撃のはるか以前から日本に対する交戦国となっていたのである」と判定している。

その第二はいわゆるABCDラインの経済包囲である。

アメリカは一九三八年七月から、日本にたいして経済的な抑圧政策をとりはじめた。その翌年の七月に、対日通商条約を一方的に廃棄し、対日禁輸を実行した。「この禁輸品目の多くは、軍需品だけではなく、日本の民間人の生活にとって、絶対に必要であった」

ハル長官はその翌年の一九四〇年六月、次のように演説した。

「合衆国は過去一年間、日本に対して経済的圧迫を加えてきた。その効果はあらわれてきた。合衆国艦隊を太平洋に配備し、そして日米問題を安定させるために、実際の軍事的敵対行為を冒さない範囲で、できるだけ、あらゆる措置を講じている」

相手の食糧を奪い相手の首をしめることによる「安定」などというものがあり得るであろうか。

日本は活路を開くため、特に石油に関して交渉するため、小林一三商工大臣を蘭印(インドネシア)に派遣した。バタビアに到着したのが一九四〇年九月、交渉は翌年の六月までつづけられたが、もちろんオランダはすでにABCDラインの中のDであった。巧妙な外交術策で小林商相を九カ月にわたってひきずりまわし、日本ではカミソリの鋭さをもつと言われた実業家小林一三も何の得るところなく帰国し、ついに「大臣落第記」を書かざるをえなかった。要するに時を稼がれたのである。アメリカは四一年七月、日本との一切の貿易を政府の統制下におき、ついに日本人の在米資産を凍結してしまった。

パール博士は「これは経済戦の宣戦布告であり、たしかに中立行為ではなかった。これと同時に、オーストラリア、オランダ、イギリスによってとられた経済的、軍事的措置と相俟って、日本人が名づけたように、まさに〝対日包囲〟政策であった」と言っている。

真珠湾のオトリ

アメリカ政府はあの手この手で時間をかせぎながら戦争体制をととのえ、ほぼその準備がととのったと見た時、石油の禁輸を実行した。

このことについて、島田元海軍大臣は東京裁判の被告席で次のようにのべている。「海軍の手持ち石油量は二カ年分で、それ以上の入手の見込みは断たれてしまった。このままの状態で推移せんか、石油補給力の漸減のため、日本海軍はたとえ政府の要請を受けるとも、海戦を賭することは不可能におちいることは明らかである」

アメリカ政府はそのことをよく知っていた。石油の禁輸と同時に日本は追いつめられ、坐して死を待つかわりに蘭印に武力進出すること、ルーズベルト大統領の言葉によれば、「南太平洋水域における戦争の勃発」が必至であることを見抜いていた。しかも敢えて禁輸を実行したのは、開戦の準備がすでにととのったことを確信したからであった。

パール博士は「終局的に起った太平洋戦争については、日本ははじめからなんらこれを企図していなかったことは明瞭である」と言っている。

日本は野村全権大使を任命して、戦争回避のための「日米会談」を実に八カ月以上もつづけた。この「欺瞞的」交渉のかげにかくれて日本は時をかせぎ開戦準備と真珠湾攻撃その他の「共同謀議」を行ったというのが検察官側の見解であるが、パール博士によれば真実は全くその逆である。

「交渉は決裂した。決裂したことはもっとも遺憾である。しかし、少なくとも、日本側において、すべてのことは誠意をもってなされたことであり、本官はそのいずれのところにおいても欺瞞の形跡を発見せず」

たしかに、交渉の過程において、日本の戦争準備も行われたであろう。だが、戦争準備は双方ともに進めていた。交渉の最中に大西洋会議が開かれたことは周知の事実である。その会議でルーズベルト大統領とチャーチル首相が到達した四つの基本的協定の一つは、日本に対する終局的行動に関する協定であった。すなわち、交渉が不成功に終ったばあいは、米英共同して戦争に訴えるという協定である。

葦津珍彦氏の『明治維新と東洋の解放』によれば「ルーズベルトもチャーチルも日本会談によって日本との話をひきのばし、その間に経済圧迫によって日本の戦争物資（石油、鉄等々）を枯渇させることの有利なことを認めているが、日本との間に対等の妥協的平和解決をもとめるような平和への熱意は全くないのである。何時、いかにして降伏させるかだけが問題なのである。それにくらべると近衛内閣の外交は、悲痛なものだった、とも言いうるが、間が抜けていたとの批判もまぬかれないであろう。交渉は捗らず、緊張は強まる。そこで日本は、仏印からの撤兵を約し、その代わりに米国に経済圧迫の解除をもとめ、とにかく七月以前の状態にもどることを申し出た。このとき米国政府の中には、いささか妥協的なゼスチェアを示して、さらに二、三カ月でも交渉を引きのばしたほうが有利ではないかとの意見があった。そこで対日回答の案文が作られ、十一月二十五日各国の首脳に内示し相談したが、蔣介石はいささかの対日妥協にも猛反対の意を示した。チャーチルはその時の蔣介石の通電を見て、それを回顧録の中で自ら『乱心的抗議書』と評しながらも、敢えて蔣介石の主張を支持すると通告した。このチャーチル・蔣の通電によって、ルーズベルトは今こそ日本を討つべき秋が来たと決心した」――昭和十六年十一月二十六日のことである。

さらに田中正明氏によれば、「米国は主力艦隊を太平洋のハワイに集結し、英国も極東艦隊を増強して、シンガポールを根拠に、戦争配備についていた。それどころか、戦後アメリカの軍法会議及び上下両院の合同査問委員会で明らかにされたところによれば、日本の真珠湾攻撃よりも前にルーズベルト大統領は秘密命令を発して、戦争指令を発していたことが判明し、アメリカの世論を愕然たらしめた。開戦当時の太平洋艦隊司令官セオポルト少将は、その著『真珠湾の最後の秘密』の中で『真珠湾は日本に最初の一発を放たせるためのオトリであった』と証拠をあげてはっきり告白している。いずれにせよ、日本を窮地に追い込み、日本を挑発することにより、日本に戦争を仕掛けさせ、これによってルーズベルト大統領は第二次世界大戦参加のキッカケをつくったという見解は、ビアード博士、タンネル教授、グルー大使、キンメル前司令官、ウェデマイヤー陸軍大将など、有力な当時のアメリカの責任者たちによってつぎつぎと明らかにされ、これに関する証拠もあげられている。

ただし、これらの重要な証拠はなに一つ東京裁判に提出されず、また当時はアメリカ側もこれの秘匿にやっきとなっていた」

誤訳された暗号電報

日米会議の進行中に、日本の野村大使に対する暗号電報がアメリカ諜報部によって解読され、しかも重大な部分が誤訳されて首脳部に報告されたという事件があった。

例えば、原文「本案は修正せる最後的譲歩案にして左記の通り緩和せるものなり」が「本案は修正せる最後の通牒なり。左記の通りわが方の要求を手加減した」と訳され、また原文「所要期間について米国より質問あったる場合は、概ね二十五年を目途とする旨を考えるものとす。……この際あくまで〝所要期間〟をある抽象的字句によって折衝せられて無期限駐兵にあらざる旨を印象づくるように努力相成りたし」が「適当期間につき米側より質問ありたる場合には、漠然とかかる期間は二十五年にわたるものと答えられたし。……わが方は従来つねに曖昧なる言辞をもって現し来りたるところ、貴官においてはできるかぎり不徹底にして、しかも、耳ざわりよき言辞をなし、これを婉曲に述べ、無期限占領が永久占領にあらざる旨を印象づくるよう努力相成りたし」と誤訳された。

パール博士はこれを「日米戦争の悲劇である」と言っているが、たとえこれが正確に反訳されていたとしても、結果に大差はなかったであろう。ルーズベルトとチャーチルの戦意はゆるがず、すでに実質上の戦争は開始されていたのだ。

ハル・ノート

アメリカ側の「最後の通牒」は昭和十六年十一月二十六日の「ハル・ノート」であった。この十箇条よりなる覚え書きの全文は、すでに多くの「太平洋戦史」の中に引用されているが、その中の重要な二項目は、「三、日本ハ中国及ビ仏印ヨリ、全陸海空軍及ビ警察力ヲ撤退ス。四、両国政府ハ、重慶政府以外ノ中国ニオケル如何ナル政府モシクハ政権ヲモ支持セズ」である。

アメリカ国務省に呼びつけられて、ハル長官からこのノートを手交された野村大使らは「ただ呆然たるばかり、悲痛の面持ちで引きさがった」とチャーチルはその回想録の中に書いている。

中国及び仏印からの撤兵はまだよい。だが第四項は汪政権はもちろん満州国放棄を強制している。第五項では中国における一切の既得権の無条件放棄を命じ、第九項では日独伊三国同盟の廃棄を要求している。「もし日本がハル・ノートを受諾すれば、日本は日清戦争以前の状態にまで後退することを意味する」という田中正明氏の解釈は正しい。パール博士の言葉によれば、「それはもはや交渉ではなくして、日本にたいし全面降伏を迫る最後通牒を意味するもの」であった。

東京裁判における被告の全部がこれと同じ感懐をのべている。日本側の指導者がそう受取ったばかりでなく、後日、アメリカにおいても、セオポルト海軍少将は「まさしくハル・ノートは日本を鉄棒でなぐりつけた挑発であった」と言い、グルー大使も「この時、開戦のボタンは押されたのである」と回想録の中に書いているそうだ。事実上の日米開戦は十二月八日ではなく十一月二十六日であった。

パール博士はこのノートに関する東京裁判の被告たちの陳述を肯定し、日本の指導者たちが愛国者であるかぎり、この苛酷な最後の通牒をしりぞけて起ちあがったのは当然であり、それは日本にとって生存のため、自衛のため、やむを得ない措置であったと言っている。「現在の歴史家でさえも次のように考えることができる。すなわち、今次戦争についていえば、真珠湾攻撃の直前に、アメリカ政府が日本政府に送ったものと同じ通牒を受けとった場合、モナコ王国、ルクセンブルグ大公国のような国でさえもアメリカに対して武器をとって立ちあがったであろう。アメリカ政府もまた、このような苛酷な一方的通牒は最後通牒であり、宣戦布告にも等しいものであり、日本政府は当然これを拒否して、実力行使に出るであろう、ということをはっきり予測し、計算していたのである。

ルーズベルト大統領とハル国務長官とは、右のノートに含まれた提案を日本側が受諾しないものと信じていたので、日本側の回答をまつことなく、右の文書が日本側代表に手交されたその翌日、アメリカの前哨地帯の諸指揮官にたいして、戦争の警告を発し、戦争体制に入ることを命令した。ロバート報告書は、アメリカ前哨指揮官たちが十一月二十七日に、すでに開戦の日が迫っているという警告を入手したと明言している」

これが真相である。歴史の真相は時勢というものの中に埋没し終るものもあるが、時間がたつにつれて、自然に現れることもあり、また学者たちの努力によって発掘され万人の目にふれるようになることもある。日米開戦の裏面には、まだ私たちの知らぬ多くの「真相」が埋没されているであろう。

ただ私は第九章でホーマー・リー氏の『日米必戦論』を本章でパール博士の『日本無罪論』を紹介したことによって、読者は、なぜあの戦争がアメリカによって「太平洋戦争」と名付けられ、日本によって「大東亜戦争」と呼ばれたか、その理由を理解し得たことと信じる。

アメリカは「白い太平洋」のために戦い、日本は「黄色い大東亜共栄圏」のために戦った。だから、アメリカにとっては「太平洋戦争」であり、日本にとってはどこまでも「大東亜戦争」であった。共に百年の歳月を通じて戦い、アメリカは勝利し日本は敗北したが、両者の「理想」は共に実現されず、太平洋もアジアもそれぞれの民族の手に返却された奇妙な戦争であった。

詩人の心情

ここで、すこし視角を変えて同じ問題を考えて見よう。

竹内好氏「アジア主義の展望」の中に次のようなエピソードが書きこまれている。岩波書店の先代岩波茂雄氏のことだ。「岩波茂雄氏も心情としての非侵略的なアジア主義者である。彼は日華事変の最中は軍への献金を拒否して、軍からにらまれるのを意に介しなかった。しかし太平洋戦争になると、会合の席で、『米英をやっつけるなら僕も賛成だ』と口に出して言ったと、岩波書店の後継者小林勇氏の著書の中にあるそうだ」

岩波茂雄氏型の日本人は他の場所にも数多くいた。政治と軍事の機密や日米交渉の真相を知っていたわけではない。しかし日中戦争の無意味と有害無益を認めつつも、米英を相手の戦争ならたとえ敗れても国運を賭してもやらねばと心情的に直感していた。

政治と軍事の中枢部に近かった人々は決して日米開戦を喜ばなかった。日本必敗を信じて、この戦争を避けようとした。正確に言えば、日米もし戦うにしてもまず日中戦争を終結させ、対米英戦は可能なかぎり将来に延期することを努力していた。近衛内閣のブレーンであった「昭和研究会」の主流もそれを考え、石原莞爾の「東亜連盟」のメンバーもそれを考えていた。だが、その努力は実らなかった。日本自身がシナ大陸にまいた種は毒の実を結んでいた。ABCD包囲陣の中のCである蔣介石自身が最も頑強な敵となり、日本はついにルーズベルトとチャーチルのしかけた罠の中にとびこまざるを得なかった。

愛国的評論家として活躍していた武藤貞一氏は「対米英宣戦の報を聞くと、日本の前途への憂いのために、十日以上、夜もほとんど眠れなかった」という意味のことを書いている。これは山本五十六元帥や島田海相の憂いと通じるものであろう。

しかし、開戦の真相を知らぬ私たち文学者の多くは、岩波茂雄と同じ心情の中にいた。「日中戦争は無意味だ。しかし、米英をやっつけるなら、賛成だ！」と感じた。

『昭和戦争文学全集』第四巻の中に開戦当時の詩人たちの詩が集められているが、これらは必ずしも緒戦の勝利に酔った者の放歌ではなかった。いずれはここに至らざるを得ないことを心情的に直感していた日本人の必死の声である。

高村光太郎氏は、

『必死にあり。
その時人きよくして、つよく、
その時こころ洋々としてゆたかなのは
われら民族のならいである。
人は死をいそがねど
死は前方より迫る。
死を滅すの道はただ必死あるのみ。』

と歌い、「沈思せよ　先生」と言い、

『わが日本は先生の国を滅すにあらず、
ただ抗日の思想を滅すのみだ。
抗日に執すれば先生も亦滅ぶ。
わが日本はいま英米を撃つ。

英米は東亜の天地に否定された。
彼等の爪牙は破摧される。』
と歌った。
室生犀星氏は「マニラ陥落」を喜び、
『思うても見よ
我々の祖母が秋の夜の賃取仕事に
ほそい悲しいマニラ麻の緒《お》をつなぎ
それら凡てを搾取したあのマニラ、
死んだ多くの祖母よ、母だちよ
あなた方を賃仕事でくるしめた
マニラに日本の旗が翻った
祖母よ母よ姉よ……
あなた方の孫達が戦ったのだ』
と感慨している。
三好達治氏は真珠湾奇襲の成功を祝し、
『ああその恫喝、ああその示威
ああその経済封鎖
ああそのＡＢＣＤ線

笑うべし　脂肪過多デモクラシー大統領が
飴よりもなお甘かりけん　昨夜の魂胆のこと
ごとくは
アメリカ太平洋艦隊は全滅せり！』
と歌っている。
伊東静雄は、開戦一周年に、
『千早振《ぶる》神代にぞきく
かの天の岩戸びらきを
さながらに　大詔《みことのり》すがしさに得堪《えた》えで泣きて
いただきし朝《あした》をいかで　忘れ得む』
と述懐している。
大木惇夫氏は、ジャワの戦線に立って、
『アジヤの民よ今ぞ起《た》て、
起ちて、日の、曙の子とよみがえれ、
爾らのアンコルワット
爾らのボルブドール
爾らの聖なる典《ふみ》
爾らのものを爾らに返らしめよ、

……アシヤ・ラヤ、アシヤ・ラヤ
アジヤのアジヤのためにこそ
アジヤの民よ、挙《こぞ》り起て。
われは日なり、夜を明しむる炬火《たいまつ》なり
曙なり』

とインドネシヤとアジヤの民を鼓舞している。

これらの詩人たちは、大木氏をのぞき、すでに故人である。敗戦に直面して高村光太郎氏は東北の山中に自己を追放し、三好達治氏は『捷報いたる』の全詩篇を恥じてその埋没を試みた。

何を恥じること、何を悔ゆることがあろうか。「大東亜戦争」とはこれらの詩人の詩魂が直感したとおりの戦争であったのだ。日本人は必死に戦い雄々しく敗れた。そしてアシヤ・ラヤ（大いなるアジア）は今や自らの足で起ちはじめている。

この巻の解説者奥野健男氏は、さらに吉植庄亮、加藤順三、斎藤茂吉、会津八一、土屋文明、釈迢空諸氏の短歌を引用し、これらは「単に宣戦の大詔に感激し、天皇のため祖国のため戦いの決意を新たにするというような皇国御用歌人的な受身の発想でないことがわかる。茂吉、文明、八一などの作品が示しているように、白人種の東洋支配に対する積年の恨みを今こそはらすのだという積極的主体的な興奮がみられる。このような発想は明治時代に育った文学者に特に強い。若い頃から培われて来た民族主義の血が、米英との戦争によって再びたぎりはじめたのだ」と書いている。
「時しもあれ大みことのりは降りたり肉《しし》むらゆらぎ命の激《たぎ》つ」（吉植庄亮）
「何なれや心おごれる老大の耄碌《もうろく》国を撃ちてしやまん」（斎藤茂吉）
「ますらをやひとたびたてばイギリスのしこのくろふねみづきはてつも」（会津八一）
「ボルネオに迫ると聞けば心をどる白人よこしまにここを占めにき」（土屋文明）
「こころざし伴の隼雄におとらめやきびしく生きむ年の来向う」（折口信夫）

この民族心情は明治以前の父祖の時代から培われたものだ。百年前の「東亜百年戦争」開始の時にも、それは「攘夷熱」として、「神州の正気」として、多くのはげしい詩歌を生んでいる。同じ心情が「百年戦争」の終曲として「大東亜戦争開戦」にあたって、文人、詩人、歌人の詩魂を通じて流露し、爆発したのだ。誰に命じられたのでもない。

たしかに戦争には敗れたが、百年の運命に堪え、歴史の使命を果した日本国民に何の恥があろうか！

第十八章　ナショナリズムには牙がある——ネールの警告

「安全な思想家たち」

はじめ、私は終りの一章を諸家の反論に対する反論にあてようと予定していた。だが、それはやめる。反論の数は多く、その切抜きも集まっているが、集めているうちに、私はそれに答える興味と義務感を失ってしまった。どれも似たような反論である。アカハタ屋日本代理店の店員諸君の反論は聞きあきた公式論であり、その他の諸氏はたいてい大学教授または助教授の肩書をお持ちだが、全く教授らしからぬお脳の弱さを露呈しているばかりで、よくもこれで大学教授になれたものだとあきれかえった。

その一例をあげれば、最近『思想の科学』という進歩的雑誌の編集者をしていた山田宗睦という若い哲学者が『危険な思想家——戦後民主主義を否定する人びと』という本を出し、武者小路実篤、安倍能成、大熊信行、竹山道雄、福田恆存、林健太郎、高坂正堯、三島由紀夫、石原慎太郎、江藤淳その他の諸氏から私に至る思想家と作家たちを「恐るべき危険な指導者たち」として「告発」した。出版元から送りつけられて、一読したが、いかにもジャーナリストらしい文章で中傷記事をならべただけのつまらない本であった。ただおどろいたのは、この本の推薦者たちで、「ここには彼の血がほとばしっている」と外科医的讃辞を書いている久野収氏が学習院大学講師、「この本は成功した第一号だ」と人工衛星的ほめ方をしている日高六郎氏が東京大学教授、「熱情をかたむけたこの告発に声援を送る」と応援団長を買って出ている家永三郎氏が東京教育大学教授、「私も微力ながら、彼の戦列にはせ参じたい」と興奮している長洲一二氏が横浜国立大学教授、「この本はあくまで今の時代に肉薄し、重大な警告を発している」と警告している鶴見俊輔氏が同志社大学教授であったことだ。教授、教授、教授！　彼らはいったいこの二十年間、書斎と研究所で何を勉強し、教室で学生たちに何を教えてきたのであろうか？

私は教授というものを尊敬している。日本でも西洋でも、なみたいていの勉強では教授になれないことを知っているからだ。だが、ここに「戦後民主主義を死守する」と気負い立っている久野、日高、家永、長洲、鶴見の諸教授は、いったい何の教授なのか。

私は彼らをただのジャーナリスト・グループだと思っていた。彼らがときどき新聞雑誌にこまぎれ論文を発表すること、また彼らのうち何人かが共同研究の名において、例えば「転向」という大著述を共同製作したことは知っていた。私も転向者の一人だから、この本は読んでみたが、日本でなぜ世界に例のない多量の共産主義からの転向者が生まれ、それぞれ社会復帰をとげたかという、この異例現象の根本には、何の解明をも与え得ない非学問的な「研究」にすぎなかった。全く頭の弱い御連中だと思っていたら、それらがいつのまにか大学教授に「転向」してしまった。日本の大学はよほど人手不足らしい。ジャーナリストまで教授にする。

これが戦後派教授というものであろう。敗戦と占領が学問的実力とは別の道によって彼らに教授への門を開いてくれたことだけは事実らしい。家永三郎教授は最近の新聞紙上で、自分の編纂した教科書が文部省によって三百数十カ所改訂を命じられたと怒っていた。どんな教科書のどんな個所を抹殺されたのかは知らぬが、きっととんでもない教科書であったにちがいない。でなければ、いくら「頑迷固陋」な文部省でもそこまで朱筆を入れうるはずはない。そんな無学教授とデタラメ教科書によって「教育」された戦後の学生こそ災難である。

軍事占領下に民主主義があるはずがなく、国の平和も、自由も独立も、外国の党の指令によって実現されるものではない。日本の歴史は敗戦後の二十年間のみではないのだ。さらに百年、千年の昔にさかのぼってはじめて理解される。「民主化」も「近代化」も徳川時代と明治時代にその萌芽があり、敗戦と占領によるアメリカ化は、この萌芽の成長を促進したが、逆に停止させ異化させる作用も持っていた。戦後は虚妄であった。たしかに幻影であった。戦後には「民主主義」も「自由」もなかった。そこにあったものは「東京裁判」であり、日本弱化政策であり、民主主義と称する強引なアメリカ化にすぎなかった。

右にあげた諸教授は「敗戦民主主義の幻想」を信仰する残党にすぎない。「戦争を否定した戦後に一切を賭ける」と久野講師はいうが、いったい本気なのか？　マッカーサー憲法の前文と第九条を守ることによって、果たして戦争が避けられると思っているのか。

信教は自由である。お信じなさい。以後、私は彼らを敬虔無二、信仰厚き「安全な思想家」と呼ぶことにしよう。まことの思想とは危険なものだ。せいぜい「思想を科学して」骨抜きにすることによって、大学教授の「平和で安全な椅子」をお守りになるがよい。

占領の尻っぽ

占領下に民主主義などというものが存在しなかったことの手近な一例をあげよう。

奥野健男氏が『昭和戦争文学全集』第十巻の解説で、阿川弘之氏の作品について書いた文章がある。

「阿川氏の作品には学徒兵としてたたかった作者の戦死した友人たちへの無限の感慨がこめられている。しかし、このような抑制されたさりげない表現で描かれた小説は、敗戦直後のどぎついまでの問題意識と、これでもかこれでもかと泥絵具を重ねるような強烈な表現の小説のみがもてはやされた時代には、もの足りぬものとして忘れさられて行った」

これは普通の作品評であり、文学史的考察だが、私を驚かせたのはそれにつづく一節であった。「また昭和二十五年頃までは日本兵の勇敢さを、少しでも描いた文章はGHQによって検閲された。戦争を書くならば主人公は戦争反抗者、戦争批判者に、あるいは徹底的な被害者、犠牲者として描く。特攻隊員は犬死したバカ者であり、街のぐれん隊と同じであるとさえ見なされていた。そういう中で、戦争を信じ、日本の勝利を願い、死んで行った学徒兵の純粋さ美しさを内側から描くことは至難であった。たとえ全体としては戦争否定、戦争批判の志によってつくられていても、戦争を肯定した人物の心情を救い出すことは極めて困難であった。ぼくは当時の戦争小説を読み、戦争中ぼくたちのまわりにみちみちていた愛国者、軍国主義者、戦争を信じてはげんでいた人々がほとんど登場せず、当時お目にかかったこともない戦争批判者、傍観者だけが登場するのに奇異の感を抱いた。ぼくは当時の戦争文学に対して不満と不審を抱かざるを得なかった」

いろいろと思いあたる節がある。たしかに占領というものはそんなものであり、占領下で生まれた小説には多少とも、または、はなはだしく、そんな傾向があった。当時流行した文芸・政治・社会・歴史評論もまた、全く同様であった。

私はそのころ「新夕刊」という「世にも不思議な新聞社」（これは吉田健一君の命名）の編集を手伝っていた。その吉田君の回想によれば、

「占領軍が新聞その他、すべての出版物を厳重に検閲していたことについては、我々は当時固く口止めされていた。これは検閲が言論の自由の圧迫であって、占領軍も、日本政府に一切の検閲を禁じていたからであるが、……それで検閲にひっかかった部分は、そこだけ白くしておくことが許されず、他のもので埋めて組みなおされなければならないので」私たち編集部員、特に「渉外部長」吉田君はＧＨＱさんを相手にいろいろと苦労しなければならなかった。

幸いその社にはまだ若かった横山兄弟、清水崑などの優秀活発な漫画家がいたので、空白埋めに大いに役立ったわけだが、今からふりかえれば、占領下の小説や評論の大多数はこの

「空白埋めの漫画文章」ではなかったのか？　意識して便乗した御連中は論外だが、空白にされないために苦労しているうちに、習慣性となり、同時にそんなものだけを書いておれば、結構食えるし、流行作家・流行学者顔ができるので、「空白用文章」を文章の正道のように思いこんでしまった一世代ができ上がって、それが現在にもまだシッポをひいている。

占領下の小説、評論の大多数は当時読んでも何か信用できず、おもしろくもなかった。というのは、日本人にとって決定的に重要な何物かが書きおとされ、「空白」にされていたからだ。いま読んでみると、さらにばかばかしく、別に「マッカーサー万歳」とは書いていないのに、ただ腹だけが立つ文章が少なくない。

当時知らぬまにはやしたシッポや、自発的にかむった赤毛のカツラを切りすて、ぬぎすてる作業が敗戦二十年目にやっと開始され、それが現在の文壇、論壇の大混乱の原因となっている――と私は思う。

残党諸教授は、かつてはこの種の空白用文章の名手であり、いまは占領下で自らかぶった赤毛のカツラを「死守」しようとしている無害無益の「安全な思想家」たちである。

ナショナリズム論議はまだ早すぎる

学者と編集者たちが、「新ナショナリズム」についてさわいでいる。すこし早すぎる、と私は思う。A・A諸国と中南米ではナショナリズムの猛火がもえあがっている。日本にもそれに似た動きがいくらかあるように見えるが、すこしちがう。

国民と民族の血管の中から燃えあがり、これを動かし、熱狂させ、革命と戦争のための死におもむかせるナショナリズムは今日の日本には実在していない。昔のある時期には存在したが、今は鎮火し、鎮静している。

失われた日本人の自信と誇りと自主独立の精神を取りかえせという議論なら理解できる。が、日本に「新ナショナリズム」がすでに発生し形成されたと喜んだり、それが「ネオ・ファッシズム」を用意しつつあるなどと「先憂」する論議は、どちらもあわてすぎている。

たしかに「明治の逆襲」（木村毅氏の用語）「日の丸の売れ行きの急増」というような傾向または現象はおこっているが、これは七年間の占領とGHQの日本弱化、骨抜き政策によって生まれ、その後十年以上も尾をひいた精神の真空状態に対する自然な反動である。「敗戦っ子」も成年式を終わり、いわゆる「戦中派」の青年たちも四十代に近づいたが、「社会科」という名の黒い布によって自国の歴史と伝統に目かくしされ、精神の最も重要な支柱を奪われた世代が存在する。そして空気は真空を満たす。最近の歴史熱、古典への関心、幕末、維新、明治ものの流行、日本のみを罪人あつかいにした左翼史論への反撃などは、この真空充塡の自然作用である。

さらにもう一つの原因がある。それは日本の左翼、特に共産党がその政策の中にナショナリズムを組み入れたことである。日本共産党はここ数年来「正義と愛国の党」というスローガンを採用している。これは竹内好氏にしたがえば、革命伝統としてのナショナリズムを「右翼に先取された左翼」の失地回復の努力である。この新指令は最初はソ連から来たようだが、最近では中共の強力な影響が見られる。中共の共産主義はせいぜい革命と政治の方法論であって、これを採用せしめたものは約一世紀以上半植民地化されていた民族の強烈なナショナリズムである。この点ではソ連も同様であって、ヨーロッパの最後進国としてその半アジア的状態から脱出するためには、革命方法論としてのマルクス・レーニン主義を採用せざるを得なかった。その根底に横たわるロシア・ナショナリズムが中共ナショナリズムと激突するのは、これも歴史の中の「自然現象」である。そのほかにA・A（アジア・アフリカ）会議というものもある。インド、アフリカ、南北ベトナム、インドネシア、さらにカストロのキューバを先頭とする中南米諸国の革命的ナショナリズムの大多数は共産主義への明らかな傾斜を示して、日共の立遅れを刺激する。

最近のナショナリズム論議の隆盛の底には、右の二潮流の衝突による混乱と渦巻きが存在していることを見落としてはならぬ。

「文化フォーラム」グループの思想

もう一つ見落とせないのは「日本文化フォーラム」のナショナリズム観である。左側から「ライシャワー・ライン」などと攻撃されているが、そんな政治的中傷は問題ではない。優秀な学者論客を集めて、このグループの発言は常に新鮮だ。たとえば福田恆存氏などは、はっきり「反共親米派」を自称して『日本共産党礼讃』という戯文を書く大胆な逆説的正論家だが、その福田氏に平林たい子、林健太郎氏などの同人を加えて、雑誌『自由』最近号で座談会を行っているが、ここではナショナリズムの代わりに「ナショナル・インタレスト」（国家的利益）という言葉が用いられている。佐藤首相も施政演説で同じ言葉をつかったし、原産地はアメリカあたりかもしれぬが、賢明な用語法または表現転換だ、と私は思った。

ナショナリズムは長い歴史をもちすぎ、さまざまな混合物をふくみすぎているが、元来国家エゴイズムの発現なのだ。それが愛国心というものによって美化されたり、侵略主義というものによって悪党化されたりして、用いる人により、そのニュアンスがちがう。

それを「ナショナル・インタレスト」と自認し公言すれば、あまりお上品ではないが、少なくとも偽善からまぬかれて、熱狂性を抽象した、いわばプラグマティックで実際的な率直さを印象づけることができる。国家は常に自国の利害を計算し計量しつつ理性的に行動すれば、暴走や失敗をおかすことが少なくなり、国際関係においては、自国の利益になる方に味方し、損害を加える方を敵とすれば安全だということになる。

だが、果たしてナショナル・インタレストが実際に発動する場合、常に理性的で実際的でありうるかどうか、これが問題である。現在のアメリカは、実利的なイギリスと同じく、ナショナリズムよりもナショナル・インタレストを重視し、これを公言しつつ行動しているようだが、その対中共、南北朝鮮、南北ベトナム政策等を果たして理性的行動であると言えるかどうか。台湾と沖縄とフィリピンの基地化には成功しているように見えるが、対中共政策のサイコロは裏目ばかり出ている。朝鮮戦争では太平洋戦争以上の戦死者を出した。南ベトナム「防衛」は今後どれだけの犠牲を要求するか予想できない。「ナショナル・インタレスティズム」もその根底にナショナリズムの熱狂と冒険性をふくんでおり、国家は必ずしも常に理性的計算のみによっては行動し得ない証明ではないか。

日本のナショナリズムは極端化することによって、いわゆる超国家主義（ウルトラ・ナショナリズム）化したために、大敗戦の断罪をうけたということになっている。以後注意して慎重に国家的利益を計量しつつ行動せよ、という忠告ならわかる。わかるというよりも、現在の時点では、この忠告に従いやすい。なぜなら、今の瞬間の日本には明確な「外敵」が存在しないからだ。アメリカもソ連も中共も、その対日政策を転換し、目下のところ、日本は三方からの「友好外交」の対象になっているかのように見える。国内の右から左までの政党と党派は、それぞれ異なる方向に仮想敵を設定しているようだが、果たしてどれが現実の敵国であるかは、われら一般国民には——おそらく政治家諸君にもわからない。だから、目下のところ、日本は冷静に、プラグマティカルに自国の利益を計量しつつ行動する余裕と可能性があるように見えるが、そもそもナショナリズムは現実の外敵が現われた時にのみ発動する。そして戦争の危機が近づけば、どの国のナショナリズムもウルトラ化する。「ナショナル・インタレスト」の冷静な計算を忘れた冒険主義を敢行するのは、何も日本のみとはかぎらない。——ナショナリズムには牙と爪があるのだ。

ナショナリズムには新も旧もない

もちろん、政治家や指導者は、ナショナリズムの牙をかくそうとする。「正義」「人道」

「文明」「民主主義」「解放」「共産主義」などの美辞が、この牙かくしに常用されてきた。

　日本人は昔から「王道政治」という麗句を使いたがった。必ずしも儒教の影響だけはない。大川周明はプラトンの「国家論」の中に王道主義を発見し、これと儒学と仏教を総合してその「昭和維新論」と「アジア解放戦争理論」を構成した。だが、現実の政治と戦争の中には王道はない。政治は常に覇道であり、戦争においても覇道の実践者が覇者となり勝利者となる。大東亜戦争における日本の王道イデオロギーの破綻と崩壊は、その最近の実例であった。

　ナショナル・インタレストは他国のそれと対立する時、牙を持ったナショナリズムとなる。その牙が大きくなると、侵略主義、超国家主義、帝国主義などとよばれる怪物に成長するという事実を、私は指摘しておきたいだけである。

「ナショナリズムには新も旧もない」――最近アメリカから帰って来た江藤淳氏はそのような意味の発言をした。この言葉をここに引く理由は、マルクス主義歴史家の一部に、最近のアジア、アフリカ諸国のナショナリズムをヨーロッパ「先進国」のそれとは、どこか何かちがった「新ナショナリズム」のごとくにあつかい、しかも日本のそれだけを除外してヨーロッパの「旧ナショナリズム」の仲間に編入しようとする努力が存在しているからである。

　たとえば東大東洋文化研究所教授飯塚浩二氏の「アジアのナショナリズム」がその一例だ。これは竹内好氏編『アジア主義』に収録されている飯塚氏の著書『アジアの中の日本』の第三章であるから、そこだけを読んで論評することは非礼であるかもしれぬが、この章だけでも右の私の指摘（アジアよりの日本ナショナリズム除外）を実証する発言をふくみすぎている。教授曰く、「一九五五年のアジア・アフリカ会議に、ついこの間まで、ほかでもない侵略的な帝国主義的列強の一員だった日本を、どういう意味で招いてくれたのか」

日本を招いたのはA・A諸国であって飯塚教授ではなかった。理由はただA・A諸国の日本観が飯塚氏の帝国主義公式論と相違していただけのことではないのか。

「日本㊣のナショナリズムは、誰かの家来であることから民族を解放する拠りどころだったアジアの民族主義と、少しは似たところがあるのか、似ても似つかぬものなのか。……あの家来ナショナリズムは、従属している原理とはなり得ても、誰かを、自分自身をさえ、解放する原動力になり得ないものだったのではなかったのか」

と飯塚教授は言っているが、しかし、日本の「大東亜戦争」がそのようなものでなかったことは、飯塚氏自身が引用しているアメリカの左翼人オーエン・ラティモアの、次の言葉が証明している。

「日本が立派にやりとげたことは、アジアにおける植民地帝国の十九世紀的構造を破壊することであった」

「戦時中日本人によって占領されていた土地のうち、ただの一つも（旧主人のヨーロッパ人によって）満足に取りもどされたものはなかった」

「日本が敗れる前に、全極東にわたる古い均衡とヨーロッパ帝国主義支配の構造を破壊したという事実こそ、日本が最後に敗退したという事実に劣らず、重要なものである」

ネールのナショナリズム論――ナショナリズムの牙はぬけない

　飯塚氏はこれは軍国主義日本のけがの功名みたいなものであり、日本は結果においてアジア諸民族の鉄鎖を断つという歴史的な役割を果たしたことになったが、「だからと言ってこちらから恩を着せることのできる筋合のものではない」と、どこまでも日本をアジアに対する一方的加害者あつかいにしているが、歴史はもっとすなおにながめるがよい。インドのネール首相が独立後来日して、心から感謝の意を表したいと言った相手は大川周明氏と黒竜会の（頭山満翁はすでに死去していたので）葛生能久氏であった。アジアの解放において日本人の果たした重要な役割とアジア人の心情を知らぬ者は、どうやら飯塚教授の方らしい。

　氏の論文の底に横たわっているのは、終始、レーニンのパンフレット「資本主義最高の段階としての帝国主義」の公式である。「植民地再分割のための世界大戦」その他のおきまり文句がいたる所に出てくる。だが、氏がしばしば引用しているインドのネール首相はそんなことは言わなかった。アジアを解放するものはアジア諸国のナショナリズムだと言い、しかもこのナショナリズムが牙をもった危険な猛獣であることをよく知っていた。飯塚氏の引用にしたがえば、ネールは言ったという。

「たしかにそれ（ナショナリズム）は積極的なものであります。といっても、それを構成する一つの大きな要素は、やはり否定的なあるいは反対的なものであると思います。ですから、本来は一国における健全で進歩的な解放勢力であるナショナリズムが時に――おそらく解放後に——不健全な、逆行的、反動的、あるいは膨張的勢力となり、かつてその国が自由を得ようとして闘った相手の国と同様に、貪欲な目で他国をうかがうことがあるのであります」しかも「すべてこれは〝ナショナリズム〟なのです」

これを日本に対する批判と見ることは飯塚氏の自由である。たしかにそれもふくまれているであろう。だが、ネールがこの演説をした時には、日本は敗戦し、牙をぬきとられると同時にナショナリズムそのものをも喪失していたのだから、これは学者ネール博士のナショナリズム本質論であり、新興A・A諸国、特に中共の膨張政策に対する警告と見るのが正しかろう。ネールの予言はチベット高原と中印国境において適中した。

「ナショナリズムには新も旧もない」という江藤氏の発言はここに生きてくる。どうしたらナショナリズムから牙をぬくことができるか？——これはすべての善意の平和主義者の念願であり、問題であろう。

だが、それは不可能だ、と私はまず答えよう。地球上に多数の民族国家が存在し、それぞれ独立の道を歩きつづけて「ナショナル・インタレスト」を追及するかぎり、ナショナリズムは存在し、その国の力が充実し上昇するにつれて、牙をはやし、爪の鋭さを増す。平和運動も軍縮会議も国連も、目下のところ、この傾向をくいとめることはできない。悲しむべき現実である。

マルクス主義者は資本主義の絶滅と世界の共産化によって、ナショナリズムの牙をぬけるだけでなく、ナショナリズムそのものも撲滅できると信じている。たいへん結構なインター・ナショナリズムの夢である。

飯塚教授はアジア（ただし日本をのぞく）諸国の「新ナショナリズム」が近代ヨーロッパ原産の「旧ナショナリズム」に「国家的エゴイズムの慎みを教え、徐々にもせよ」その牙をぬいてくれるだろうと楽観している。そうなってくれればありがたいが、ナショナリズムと帝国主義は資本主義だけの属性ではない。飯塚氏は、もちろん御存じだろうが、レーニンは「帝国主義は資本主義最高の段階」においても現われると書いたが、資本主義以前には帝国主義がなかったとは書いていない。ギリシャにもローマにもインカ帝国にもあったのだ。レーニンのパンフレットを誤読して、帝国主義は資本主義のみの属性だと言ったのが有名な志賀義雄氏で、「同志」神山茂夫氏と論争になり、「僕がまちがっていました」と最後に志賀氏があやまったのは、有名な党内論争史の一コマであった。

私の見るところでは、たとえ共産革命後でも、「一国社会主義」が存続するかぎり、ナショナリズムと帝国主義は存続し発現する。現在のソ連と中共の征服的膨張政策、また半共産主義共和国、インドネシア、キューバなどの特攻青年的ともいうべき猪突ぶりが、その実例である。レーニンの弟子たちは、彼の「帝国主義」の続編として「共産主義最低の段階としての帝国主義」を書くべきだ。もし書かねば、学問と歴史に対する怠業である。

第十九章　日本・アジア・世界――未来へのかすかな見通し

親日派の必要

私が日本に対して言いたいのは、ここしばらく、軽挙妄動を絶対につつしむべしということだ。日本はまだ動ける状態には達していない。まずアメリカにしばられて半身不随である。次にソ連に狙われている。ソ連の直接の敵はアメリカであるが、もし日本をアメリカの支配から切りはなすことができれば、ソ連にとってこれほどありがたいことはない。

第三は中共である。この新興帝国は勃興期ナショナリズムの活力の頂点に立っているように見える。ネールの指摘したとおり、ナショナリズムは自己解放と国内改革に一応成功すると、膨張主義に転化するおそれがある。国民をナショナリズムで鼓舞煽動しすぎると、膨張主義の猛火は指導者の手におえない規模と方向にもえひろがる。中共はアメリカを紙の虎と呼び、ソ連を修正主義と呼ぶ。これはナショナリズムの牙《きば》と爪《つめ》である。アジア唯一の工業国日本を「勢力圏」に入れることができたら、これに増す成功はなかろう。

これに対して、現在の日本の思想界と政界は四分五裂の状態だ。最も強力なのは親米派であるが、親ソ派もまた多く、親中共派も最近急速に勢力を増しはじめた。非武装中立派という空想派もあり、世界連邦派という理想派もあり、最も微力なのが親日派であるかのような奇観を呈している。

この四分五裂の現状は、いかに諸外国の圧力が日本に強くのしかかっているかということの証明である。日本の国力の回復が著しいために、アメリカもソ連も中共も、時に「友好外交」の媚態を示すが、その根本に横たわっているものは、武力による威嚇であることを見落してはならぬ。

外国との和親友好はもちろん日本の生存のために必要である。だが、友好を強調するのあまり、外国の手先になってしまったのでは、お話にならぬ。親米、親ソ、親中共派であることは各人の自由であるとはいえ、その前にまず親日派であることが日本人の資格であることを忘れては、たいへんなことになる。

これからの日本はアジアと世界に対していかなる態度をとるべきか？

これは政治問題であって、歴史の問題ではない。未来は人間の行動と闘争によって作られる。政治家は人間を組織し指導し、闘争せしめて未来をつくる。

現在という現実の中には、未来に向かってのびる多くの可能性がふくまれている。政治家はそれらの多くの可能性の中の一つを選んで、おのれを賭ける。Aにかけ、Bにかけ、Cにかけるものがある。ここから、政治意見の分裂と政党の対立が生まれる。その中の最も可能的な可能性を選びあてて、最も友好な指導と闘争を行ったものが勝利した政治家となり、未来の創造者となる。

ただ、日本の百年にわたる孤軍奮闘は、これを歴史としてふりかえる時、決して無意味ではなかった。無謀とも言えない。西洋列強の植民主義と侵略主義の重囲の中にあっては、いかなる名将、大政治家といえども他に対策はなかったはずだ。秘密裡ではあったが、当時の政府と軍部の首脳者によって、日支戦争不拡大、対米英戦争回避のあらゆる努力が行われたことは、現在発表されている多くの文献が証明している。だが、罠《わな》にかけられ、追いつめられた最後の関頭においては、山本五十六元帥ならずとも、玉砕を覚悟の決戦にふみきらざるを得なかった。これが日本の運命であった。慰めは、ただささきに引用したオーエン・ラチモアの言葉である。

「日本が立派にやりとげたことは、アジアにおける植民地帝国の十九世紀的構造を破壊することであった」

「戦時中、日本人によって占領された土地のうち、ただ一つも（旧主人のヨーロッパ人によって）満足にとりもどされたものはなかった」

「百年戦争」をみごとに遂行した日本の犠牲者たちを、誰が「犬死」と笑うことができるか！　日本の戦死者たちは歴史の定めた運命に黙々と従い、最も悲劇的で英雄的な死を遂げた。散華である。アジア大陸と南と北の海に散った花々のために靖国の宮はすみやかに復興されねばならぬ。

進歩的文化人の加害妄想

「一億総懺悔」という標語を案出した政治家が誰であったか思い出せないが、彼が戦争中には「一億総蹶起《けっき》」を高唱した政治家と同一系統の人物であったことだけはまちがいない。「世界各国に対して謝罪使を送れ」という痴呆論も同じところに出ている。「特に中国に対して」いう一派は今なお余勢をふるっているようである。

この型の親中共派の代表的評論家が北京に行き「凄惨な廃墟を見せられて、案内の中国青年から、これが日本帝国主義者の破壊の跡だと言われ、恥じて顔をあげられなかった」というリポートを読んだことがある。どうも奇妙な話だと思った。日本軍の北京占領はほとんど無血入城で、鉄砲の十発や二十発はうったかもしれぬが、「凄惨な廃墟」を残すような戦闘も破壊行為もなかったはずだ。私は戦争中二度ほど北京に行ったが、日本軍は当時の北京政府と協力して中南海、北海、万寿山宮殿の古ぼけて腐朽した部分の修理や塗りかえをやっていた。凄惨な廃墟のまま残っていたのは、円明園宮殿で、これは一八六〇年に英仏連合軍が破壊し略奪し焼きはらったものである。通訳の中国青年はたぶん「列強帝国主義者の所為だ」と説明したのを、この「良心的評論家」は日本帝国主義者のせいだと理解して、まっ赤になり顔をあげられなかったのかもしれぬ。もしそうだとすれば、これも敗戦痴呆現象の一つであって、正確な歴史観とは遠いものである。

原爆被災地の広島には「あやまりは二度とくりかえしません」と刻んだ有名な記念碑が立

っている。もし、それをアメリカ人が建てたのなら、論理的であり倫理的であるが、被爆者の日本人自身がつくったのだから、今から思えば、奇妙な心理だ。だが、これも簡単には笑いとばせない。日本人の罪人意識と敗戦痴呆症状はそれほど深かった。だが、この逆論理逆倫理の文字が記念碑に刻まれた時には、だれもそれを怪しむものがなかったのだ。いちいち例はあげないが、同じ罪人意識から発した逆倒論理が、敗戦後の「良心的進歩的」学者諸氏によって書かれた「太平洋戦争解釈」の底に横たわっている。その種の「懺悔録」は歴史とは言えない。

戦争はどの国がどのような名義で行っても犯罪行為だ。殺戮と破壊と略奪と占領をともなわぬ戦争はない。だが、右の学者諸氏に従えば「太平洋戦争」の犯罪性はすべて日本におしつけられ、日本だけが背負わされる。これは戦争中の「聖戦意識」の裏がえしであり、加害妄想にすぎない。戦争犯罪の十字架は日本人だけが背負うべきものではなく、人類全体がこれを自己責任として背負わなければ、戦争絶滅の日は永遠に到来しない。

「百年戦争」は終わった

犯罪と呼ぶならば、すべての戦争はことごとく犯罪的である。「満州事変」や「日支事変」だけが犯罪的なのではない。アレクサンダーの戦争もジンギスカンの戦争もナポレオンの戦争も、犯罪の点では数倍も大規模であった。「太平洋戦争」における戦争犯罪者としては、トルーマンもアイゼンハワーもチャーチルもマッカーサーもスターリンも蔣介石も、東京裁判の被告たちとなんら異るところはない。「戦争は文明と共に発生し、文明は戦争によって発展しまたは崩壊した」という意味のことを言ったのは、文明の歴史を約七千年と見るトインビー教授だった。戦争を「聖戦」と「侵略」に区別しうる者は勝ちほこった時の勝利者のみである。勝った側は自己の戦争を「正義の戦争」とよび、敗者に「侵略者」の名をおしつける。だが戦争には正義はない。戦争とは文明とともに人類が背負いつづけて来た巨大な重荷なのだ。いかにこの重荷を投げ捨てるかが、今日以後の人類の問題である。

すべて戦争を回顧する者には、精神の強靭さが必要である。「あやまちは二度とくりかえしません」のくりかえしや、敗戦後になって「聞けわだつみの声」を詠嘆する大学教授の声は何事をも解決しない。

東京裁判の論理に従えば、戦犯は敗戦国のみにいる。だが、より高い理論に従えば、戦争を遂行したものはすべて戦争犯罪者である。故に「戦犯裁判」なるものは歴史のあらゆる時代、あらゆる国の戦死者を墓場から呼びおこさなければ成立しえない全くのナンセンスである。

「雄藩」と脱藩者

ナショナリズムには牙がある。牙も爪もない「新ナショナリズム」などというクラゲのお化けみたいなものは、どこの国の水産試験場でもつくり出せない。現に中共ナショナリズムは原爆という恐るべき牙をはやした。これがナショナリズムの成長形態だ。ナショナリズムには新も旧もない。

産業的、貿易的、道路的、税金的復興だけが日本の復興ではない。首相をトランジスタ・ラジオのセールスマンと呼ばれ、しかもその首相がこわれたラジオみたいに沈黙していたというような現状にはがまんできない。国民精神の柱をうち立て、魂の旗をひるがえすべき時が来ている。

ただし、日本のナショナリズムの復興を考える場合、自らはやす牙と爪のことを考えなければならぬ。マッカーサー元帥給与の「平和憲法」なるものが、日本弱化政策の遺物にすぎないことを見抜けず、自国の軍隊を「自衛隊」という名で日蔭者あつかいにし、原子力潜水艦や核兵器におじけをふるう「国民」には、ナショナリズムを語る資格はない。ナショナリズムを口にする以上は、いずれは原子爆弾の牙をはやすことも今から覚悟しておかねばならぬ。

だから私は日本はまだ動くな、軽挙妄動をつつしめと警告する。私はある座談会で「日本隠居論」と「日本雄藩説」をとなえて、多くの学者、評論家の誤解を買った。私は本気で言ったのだが、座談会の発言であったために説明が欠けていた。

隠居と言っては老人くさい。隠退してしばらく休養静観すべしと言ったらわかるかもしれぬ。「百年戦争」を戦いつづけて破れ傷ついた武士が、再び歴史をつくるためには、休養が必要だ。そのあいだの歴史の推移は他の戦士たちにまかせておくよりほかはない。傷ついたまま、病気のまま、あわてて飛び出して行ったのでは、歴史の進展に何一つ貢献できない。

仏教には「入山」と「出山」という言葉がある。人に道を説くためには、まず山に入って仏に問い、おのれ自身に問う時間と修業が必要である。シャカもツァラトゥストラも「出山」して教えを説くまでには、長い「入山」の期間をもった。民族にも「入山」が必要なのだ。日本民族はいましばらく歴史の舞台から退き、「入山」して天に問い、おのれ自身と対話する資格と権利がある。あわてることはない。再び山を下る時が十年後であるか二十年後であるか、それは知らぬ。今は熟慮の時だ。自己充実の時だ。傷ついた、内容空虚の人間が、いくら世界をとびまわっても、何の役にもたたぬ。

「まず雄藩になれ」と言ったことについて、軽率な教授、批評家諸氏は、明治維新の薩藩、長州藩になれと言ったのだと誤解し、これは軍国主義復活につながると非難した。彼らはなんでもつなぎたがる「つなぎ屋さん」で、それを学問だと心得ている。風が吹けば桶屋がもうかるか。落語にもならない。

「雄藩」といえば、薩長だと思うことがまずおかしい。この教授諸氏は維新史もろくに読んでいないようだ。維新前には「雄藩会議」が勝海舟や西郷隆盛によってとなえられた。この場合の雄藩は薩長だけではなく、水戸も尾張も越前も土佐も広島も佐賀も宇和島も加わっている。つまり賢明な藩主と有能な藩士を有する実力ある藩という意味だ。無力無方針の小藩を集めてもガヤガヤ会議になってしまう。まず雄藩を集めて国論を定め、方針を立てろという主張であった。

雄藩の中には水戸のように内訌によって自壊したものもあり、長州のように猪突猛進して崩壊の一歩手前でふみとどまり、藩政を改革し、薩藩と連合することによって維新の大業に参加した藩もある。また佐賀の鍋島藩のように、自重して政争の圏外に立ち、もっぱら国力を充実して、維新政府に副島種臣、江藤新平、大隈重信等の人材を送りこみ、陸海軍の将星を輩出させた雄藩もある。

私が「雄藩論」を口にした時には、鍋島藩や越前藩のことを考えていた。アジア、アフリカには国が多い。日本は「アジアの盟主」を自称して、薩長のごとく肩をいからせてはいけない。長州のごとく猪突して自滅の一歩手前までいってはいけない。水戸藩のごとく内訌によって自壊してはなおいけない。

まず「入山」して熟慮し、内に実力と思想をたくわえ、しかる後にアジアと世界に対して発言しても、十分に間に合う。十年や二十年は歴史においては瞬間にすぎない。「入山」は民族のマイナスにならぬ。徳川二百年の鎖国もそのマイナス面においてのみ評価さるべきではない。

ただし、維新における雄藩にも小藩にも脱藩者というものがいた。この短気で勇敢な志士の演じた役割も決して小さくない。維新の道はまず彼らによって開かれたといってもよい。

朝鮮独立、シナ革命、フィリピン、安南、インド独立運動のために挺身した日本のアジア主義者たちも脱藩者の一種であった。脱藩者であるが故に、彼らの意図の大部分は日本政府自身によって無視され、時には弾圧され、裏切られたが、その功績は今日においては大きく評価されている。

現在のアジア・アフリカの復興は急務である。だが、日本はまだ国としては動けないので、目下の情勢では、脱藩者の続出をおさえることはできない。むしろ歓迎さるべき歴史の必然であろう。

ただ永遠の脱藩者は役に立たない。いつの日にか帰藩して藩論を転換し得た時に、彼は始めて維新者、革命家として生きることができる。

戦争という愚行

戦争とは何か？　一言でいえば、愚行である。人類が原始生活から脱出して、「文明」という名の一つの「階級」にたどりついて以来七千年間、全地球の表面で絶えずくりかえしてきた愚行である。「文明」には平和はなかった。不断の戦争のくりかえしが「文明」であった。都市国家と都市文明の発生以来の戦争を研究して、戦争九五パーセントに対して平和の期間は五パーセントもなかったと論証した学者もいる。

カントは「恒久平和論」を空想し、マルクスは階級戦争（Klassen-Kampf）による戦争の絶滅を夢想したが、共に遠い将来の夢である。特に後者は「赤色帝国主義」という新しい戦争勢力を呼び出しただけで終っている。平和主義とインターナショナリズムは貴重な理想であるが、第二、第三のインターナショナルも、かつての国際連盟も現在の国際連合も、まだ平和の機構ではない。世界連邦と地球国家は人類の理想の議事日程に上って来たが、これもまたすべての理想の如くはるかな未来の美しい夢である。

すべての人が戦争を最も非人間的な動物的行為として憎悪している。にもかかわらず、戦争は再々発する。人間は神に似るよりも前にまず動物であるが故に、戦争もまたセックスの如く永遠の人間現象なのであろうか。それとも「文明という名の野蛮状態」に人間がまだとどまっているが故であろうか。

日本の「東亜百年戦争」は一応終ったが、アジア、アフリカの傷は深い。勝ちほこったアメリカは太平洋を越えて進撃をつづけ、反植民地主義を呼号するソ連もナショナル・エゴイズムを露呈しはじめた。

「アジアの一員にかえれ！」「A・A諸国の友となれ！」と叫ぶことは易い。それがただ「友好」や「通商貿易」を意味するのなら、多少の抵抗はあっても実現できないことはない。しかし、アジアに起っているものは現実の戦争である。戦争の準備と覚悟なしに「アジアにかえる」ことは無意味である。ただの「友好」と「通商」では役に立たぬ。役に立つためには、武装が必要である。

しかし、日本の国論は四分五裂している。日本をしばりあげている鎖は強力である。この鎖を自ら断ち切る力は、まだ養われていない。今ただちにアジア・アフリカの側に立って戦えと叫ぶことは、日本の亡国を招きよせる暴論となる。私たちに許されていることは、アジアの歴史をふりかえり、世界の歴史の将来を考えて、日本はアジアの一員としてその方向に進むよりほかに道はないと予言することだけである。

この苦痛を日本人はかみしめなければならぬ。自ら掘った大敗戦の壕を一挙にとび越えることはできぬ。私は日本に休養をすすめる。百年戦争の戦士が休養して傷をいやすことは当然のことであり、歴史に対する義務でもある。世界情勢の推移を静観することは卑怯でも恥辱でもない。

いつの日か、歴史は「東亜百年戦争」の戦士の息子たちを再び歴史の舞台の正面に呼び出すことであろう。

息子たちの世代

私は日本の息子たちに期待している。息子たちは決してグレン隊とフーテン族ばかりではない。ふやけても崩れてもいない。

最近、私は若い二人の評論家の文章を読んで、新鮮な衝撃をうけた。一つは西尾幹二氏『私の「戦後」観』(『自由』二月号)、一つは江藤淳氏『日本文学と「私」』(『新潮』三月号)である。

江藤氏は私の長男と中学の同級生であり、西尾氏もほとんど同年齢である。私にとってまちがいなく息子の「世代」であるから、どちらも「よく勉強しているな」という感慨と同時に、彼らの知的羅針盤の正確さ、「旧世代」の混迷ぶりに対する鋭い斬りこみ、それを裏づける学問的自信と決意を発見して、「逆襲された愚父」の衝撃と喜びを感じたのかもしれぬ。

「現在の立場から過去を眺めて、別様に歩まなかったことで歴史を非難するものは、過去が、現在とはちがった必然性のもとに動いていたことを無視するばかりでなく、現在の眼であっさり過去を割切る誤謬をおかすことになる」

西尾幹二氏はそのような立場から、丸山真男氏、堀田善衛氏などの「親父または叔父」の世代にはげしく楯をつく。親父と叔父さんたちは、そんな単純なことは百も承知だというであろうが、その単純自明な誤りを「旧世代の代表者」諸氏が平気でおかしていることを、この息子は輝く目で見破るのだ。

「私たちが戦ってきた戦争が『帝国主義戦争』であり、中国や隣邦諸国に対する侵略行為とよばざるを得ないものだとしても——私自身はそう単純には考えていないのだが——かりに私たちは自分の過去を『悪』とよばなければならないと仮定したところで、私たちはこの過去の『悪』を肯定しないわけにはいかないのである。……第一、否定したところで、歴史に繰返しは効かない。過去を『悪』として清算しようとする動機の女々しさは、できれば過去から眼をそらしていたい現在のエゴイズムにほかなるまい。過去は、裁いてしまえばもう死んだのか。誤りは、正してしまえばもう幻か。まことにたあいない話だが、堀田氏にかぎらず戦争終結後まるで手のひらをかえすように『自己批判』した日本の知識人の『良心』は、反省や、後悔をくりかえしているばかりで、いま現に生きているのと同じ生命感で自分は過去もまたたしかに生きていた、そういう単純な常識、歴史にかんするある大切な感覚をどうしても理解することができないらしい。……過去の自分の愚かさは、反省さえすればもう愚かではなくなるというのか。それほど安易に否定できる自分なら、いつか将来、現在の自分もふたたび安易に否定されることになるだけであろう」

「過去は、裁いたところで幻とはならない。必要なことは過去の『悪』を肯定する勇気であり、軍部や強権に責任を転嫁するようなつまらぬ根性で現在の自己の弱さから眼をそらそうとする、そういう女々しさを捨てることだ」

新鮮で強烈な発言である。

「国のための文学」

江藤淳氏の論文はアメリカの話から始まっているが、氏の若い眼光は私の知らなかった「アメリカ社会と政治の問題点」の所在を見抜き、それを明治精神史の問題に発展させる。柳田泉氏の明治文学観を紹介して、

「これは要するに、明治の作家は『国のために』書いたということになり、その『国』とは、この場合、『東洋と西洋の文化を調和』して新文明を創り出そうという『理想』に生きていた国であったということである。明治の日本人は、この使命感とこの理想によって決定されるある共通の感情に生きていた」

江藤氏の照明の角度は新鮮だ。明治大正から昭和の現代に至る日本精神史は、西洋という巨大な「他人」との対決であり、その改良主義的摂取（例えば坪内逍遥の場合）による敗北の歴史であったという見解もおもしろい。また「文学の公的役割を信じていた漱石にとっては、『公』あるいは『国』につくす上で文学・政治の別はなかった。これを功利主義的文学観というのはたやすい。……だが、私は、それが功利的であるが故に低級だとする議論をとらず、

『公』とは『国家』ではなくて『国民』だとするような歪曲にくみしない。……このような漢学的な機軸が失われたとき日本の近代文学はもうひとつの貴重なものを失った」という見方も注目にあたいする。

西尾幹二氏と江藤淳氏に思想上の共通点があるか否か、そこまでさぐる必要はなかろう。ただここに、敗戦二十年を経て、「息子の世代」がそれぞれ正しく勉強して、確実に成長し、自主独立の思想を自信をもって主張しはじめたという事実がある。「若い世代」は攻撃する。攻撃しつつ成長する。これを喜ぶのは、「愚父の感傷」のみではない。文学はどこまでも「公」のものであり、「国」の精神史の問題である。この健康で堅牢な世代の出現と成長を喜ぶのは感傷とは無関係であろう。

日本の息子たちは「歴史の呼び声」を待っている。正確に勉強し、健康に成長しつつ、静かに待っている。息子たちは決して日本民族の歴史と父祖の理想と苦闘をうらぎらないであろう。

あとがき

初版上巻のあとがき

日本人はまだまだ長い未来と豊かな可能性を内にひめている民族である。

私は歴史が好きだから、いろいろな国の興亡盛衰の物語も読み、いろいろな民族が祖先の栄光を歌った讃歌も知っている。もちろん、その中には民族の悲劇を悲しむ悲歌もふくまれている。数年前、メキシコを訪れた時、革命家で画家ディエゴ・リベラがメキシコ民族の歴史を描いた大壁画を見た。リベラがマルクス主義の強い影響をうけていた若いころの作品であったが、メキシコの古代民族マヤ族とアステック族のうちたてた帝国の繁栄と壮麗を再現した部分は、どこの国の神話よりも美しかった。メキシコ独立戦争を描いた部分はどの戦争絵巻よりも勇ましく壮烈であり、現代の工業化と労働者農民の解放を描いた終曲には、今は衰えているメキシコ民族への愛情と洋々とした未来への希望が鳴りひびいていた。

リベラは革命家で芸術家であったが、同時に熱烈な愛国者であり、この三つの資格のあいだに毛筋ほどの隙間もなかった。どんなに現代を批判し、悪政に反抗しても、メキシコ民族の歴史そのものを醜化し嘲笑し、これを汚すようなことはしていなかった。むしろ歴史を美化しすぎていると外国人の私には感じられたほどの美と力にみちた壁画であった。

私は日本の現代史としての「東亜百年戦争史」を書き進んでいるが、画家ではないから、リベラのような美しい絵はかけない。また、美術家でない文学者としては、美しすぎる画をかいてはいけないと信じている。

ただ、敗戦後の日本の「進歩的」歴史家たちによって野放図に醜化され歪曲された日本歴史の解釈には断乎として抵抗する。あったがまま、あるがままを書けばいいのだ。日本という国の歴史はそのままで他の国々の歴史におとらず美しいのだ。同時に多くの美しくない面をふくんでいるが、それはまたそのままで、私たち日本人にとっては貴重である。日本民族が万邦無比の美しい歴史と伝統を持っているとは、私は決して言わぬ。そのような思いあがりは、日本民族の未来にも世界の将来にも何物をも寄与し得ない。

同じことが私たちの最近の歴史である「大東亜戦争」の解釈についても言える。私はこの「大東亜戦争肯定論」でも誇張された醜化と誇張された美化を避け、あったがままに書きしるす。文学者はおのれをいつわることができないように、対象をいつわることができない。私は画家でも革命家でもないが、ただ文学者・歴史家・愛国者の三つの資格の完全な一致をねがう点で、メキシコ史におけるディエゴ・リベラの態度を学びたい。（昭和三十九年七月）

初版下巻のあとがき

一国の復興は、経済の繁栄だけではかることはできない。精神の確立――国民的自信の復活が肝要である。

日本は繁栄している。だが、魂の旗はまだひるがえっていない。強制された歴史の断絶と戦争犯罪者意識が、日本人の大多数をいまだ無気力と泰平ムードの暗い谷間にさまよわせている。

苦難にみちた「東亜百年戦争」を雄々しく戦いぬいた日本人の誇りと自信をとりかえすために、私は本書をここに書き終えた。

（昭和四十年四月）

解説

保阪正康

林房雄の『大東亜戦争肯定論』は、戦後社会にあって特異な存在とされてきた。昭和二十年代、三十年代にあって、唯物史観的解釈に基づく太平洋戦争史観は、きわめて明確にこの戦争を定義づけていた。帝国主義間の市場争奪戦争であり、民主主義とファシズムの戦いであり、そしてブルジョワ階級に対してソ連が参戦することでプロレタリア階級の抵抗運動であり……という具合に各様の見方がされていた。

その中でいわば太平洋戦争を肯定する論は、右翼論壇や戦友会などの従軍体験者の集まりで密かに叫ばれているだけだった。私はこうした現象を捉えて、戦前・戦時下の〈オモテの言論（聖戦鼓吹派の論理）〉が地下に潜り、戦前・戦時下の〈ウラの言論（戦争批判の各様の論理）〉がオモテに表出してきたと捉えてきた。昭和二十年、八月十五日以後の日本は軍事的敗北によってそういう逆転現象を抱えこんでしまったのである。

思えば昭和三十年代はその風潮がピークに達していたのだが、月刊誌の『中央公論』が林氏のこの論を紹介した。その後何回か書き、それをまとめたのが本書の原本のようである。私はこのころに二十代初めの年齢であり、いってみれば帝国主義間の市場争奪戦争や民主主義体制へのファシズムの側の挑戦という見方をとっていた。そんなときに林氏の原稿を読み、それをまとめた書籍を手にとったことになる。一言でいえば、右翼的体質のおぞましさや自省なき歴史観の集積といった威を受けた。むろんそれは私だけではなく、そのころの主流派になる歴史観にふれていた者は、筆調が感覚に合わず、全体的に弁明に満ちているように思えて、とても最後までは読み進むことはできなかったのである。

しかしこの書に目を通していて多くの示唆を受けたのも事実であった。たとえば、「百年間戦われて終結した戦争」という指摘である。林氏流の言い方では、「東亜百年戦争」といった表現になるが、明治維新の二十年前、つまり弘化の時代に日本周辺に出没するアメリカやロシアの艦船に対して、「日本沿岸各地の砲台もこのころから次々に製造」といった事態になり、東亜百年戦争はこのころからという論は確かに目新しかった。

さらに「天皇制の変容」についての記述もまた私には興味深かった。この部分は本書でいえば、119頁にあたるのだが、マッカーサーがその回想記の中で明かした次の部分をまずは引用する。戦争に敗れることで道義的、肉体的な真空状態に陥ったところへ、アメリカの民主的な考え方が導入されてすぐにそれを受けいれたとしたうえで、次のように書く。

「続いて起った日本人の精神の革命は、二千年の歴史と伝統と伝説の上に築かれた生活の論理と慣習を、ほとんど一夜のうちにぶち砕いた。封建的な支配者と軍人階級へ向けていた偶像的な崇拝の情は憎しみとさげすみに変り、自分の敵に対して抱いていた憎しみとさげすみはやがて敬意の念へ変って行った」

林氏はマッカーサーのこの自賛をきわめて適切と認める。日本人にはそういう性格はあるとする。ところがこれをよく読むと、マッカーサーの自賛はたかが占領の七年間にすぎないことに気づかされるし、内容的には「まことにお粗末なもの」ではないかと指摘するのである。

林氏は、天皇制に限って問題を見つめてみよう、という。昭和二十一年一月一日の天皇の「人間宣言」は、「天皇を無害な象徴」に変えて日本に残したのは「自分たちだ」と誇っていると分析する。しかし「占領軍によって変形されたが、天皇制として残った」と書く。そしてこのことについて日本人は「左翼も右翼も何も言わない」のは、実はこのことに日本人の大半は満足しているからではないか、つまり「日本人は天皇制の変形を気にしない」のである。中大兄皇子と藤原鎌足、さらに聖徳太子などによって変形された。しかし日本人は問わない。

この「変形を厭わない日本人」という見方もまた私には興味深い。明治維新期に大久保利通や山県有朋、伊藤博文らにより変形された。しかしそんなことにかまわず「天皇と国民の紐帯」は切れることがない、といった表現なども私には興味がもたれた。

今回改めて林氏のこの書を通読して、私が理解したこと、あるいは感得したことをわかりやすく箇条書きにしておきたい。むろんここには今から五十年近く前、つまり二十代の前半から半ばにこの書に目を通した「一読者」がどのような変遷を辿ったかを明かすことにもなるが、それは単に私だけの問題ではなく、日本社会の変化とも関わりがあるのではないかと思って、記しておきたいのである。

（一）大東亜戦争肯定論の中には多くの視点、論点があるが、それらの書の中で本書を抜き去る書はない。
（二）肯定論の一部についてはむしろ今の時代に積極的に検証されなければならない論点があるように思う。
（三）本書の指摘する肯定論は著者の文化論とも重なっているが、否定論より肯定論の論理構築のほうが難しく、本書はその任を果たしている。
（四）戦争体験を持つだけでなく、積極的に肯定する側にいたから、その論理が明確である。同時に戦時指導者の姿勢の問題点にも言及している。
（五）昭和三十年代半ばまでの左翼・右翼、そして中立系の作家、評論家の論も手際よく紹介しているので、その時代の様相がはっきりとわかってくる。

さしあたり本書の持つ意味をこの五点にしぼっておくことが必要になるだろう。歴史的な価値もここにあるといっていいだろう。ただ私は本書の視点をすべて容認、理解しているわけではないことも付記しておかなければならない。その一点だけを挙げておけば、林氏は論理や見解を重視するあまり、現実そのものの検証にはこだわっていない。近代軍隊の成立、そしてその展開には、各国それぞれ固有の歴史や伝統を持っている。日本とてその例に洩れず、戦争を目的とする「軍隊」には、それゆえ多くの自制と見識が必要である。

ところが近代日本の軍隊はどうだったか。フランス、ドイツの軍事学を皮相的に学び、それにたとえば「葉隠」の武士道精神（「武士道とは死ぬことと見つけたり」などがそうなのだが）を便宜的に上乗せして、著しく日本の伝統文化に屈辱を与えたのではなかったか。この方向にまで筆を及ぼして、なぜ近代日本は日本的な軍事組織を創造できなかったのか、そのことを林氏の論理と倫理で具体的に説いていったなら、本書の意味はさらに枠組みが広がったように思える。

前述の五点を説いていったなかで、林氏は日本の未来をどのように見つめたのだろうか。いわば大東亜戦争の肯定論の延長線上に、日本社会はどのような姿を伴って存在するのであろうか。

本書の後半でも、林氏はそのことは「ナショナリズムの復興」と関わりあうと説いている。そのうえで、〈原子力潜水艦や核兵器におじけをふるう「国民」には、ナショナリズムを語る資格はない。ナショナリズムを口にする以上は、いずれは原子爆弾の牙をはやすことも今から覚悟しておかねばならぬ〉（491頁）と恐るべきことを書いている。この期（一九六〇年代後半から七〇年にかけてということになるが）にナショナリズムを口にすることは、つまりアメリカやソ連、そして中国などと軍事的対決に至るといっている。むろんここでいう日本的「ナショナリズムの復権」そのものが認められるわけはないとの見方に端を発しているのはいうまでもないことだ。そこで日本はどうすべきなのか。

林氏は、軽挙妄動を慎しめと説いて、「日本隠居論」と「日本雄藩説」を提案している。前者は、百年戦争を戦って傷ついた兵士には、なにより休養が必要だという意味であり、「日本民族はいましばらく歴史の舞台から退き、『入山』して天に問い、おのれ自身と対話する資格と権利がある」と説く。後者については、雄藩とは薩長だけと考える軽率な者も多いが、そうではなく、「水戸も尾張も越前も土佐も広島も佐賀も宇和島」などを含め賢明な藩主と有能な藩士を有する実力ある藩のことだと指摘する。こういう有能な藩を統合していくことの大切さを自覚しろということにもなるのだが、日本は国際社会の中で有能な藩を目ざせともいう。「内に実力と思想をたくわえ、しかる後にアジアと世界に対して発言しても、十分に間に合う」と結論づけている。

この論はきわめて象徴的である。戦後七十年を経る中で、この論を考えたときに日本は果してそれだけの「実力と思想」を持ったであろうか。「大東亜戦争」を肯定することは――しかも身心ともに疲労困憊の状況に達したあとから再起するにはそれに伴う辛苦と覚悟が必要だと説いているように私には思える。林氏の筆調の背景には、むろん林氏の年代からくる近代日本の価値体系の随伴者という同時代者の発想が至るところにある。それが敗戦という時代も崩れずに持続している点に、私は興味を持っているのだが、この点は改めて教示することが多いように思う。

同時に本書には、作家としての文章の運びに誘われて独自の歴史観にふれる妙もある。なにしろ本書が編まれてから五十年近くの時日を経て、本書で語る歴史的史実には若干の変更を余儀なくする点も少なくない。新資料、新証言などが相次いで発見されている。それを承知の上で、本書を読み進むうちにわかってくるのは、ひとつの言論は、頭の中でつくられるのではなく、時代と共に生き、その呼吸と相和した者によって生みだされるとの実感である。

その点でこの書は、今の私にとってもさまざまな意味で反面教師だとつぶやき続けるのである。

編集付記

一、本書は二〇〇六年八月に夏目書房から刊行された『大東亜戦争肯定論　普及版』を底本とし、本作品部分を収録した。本作品は、『中央公論』誌上に一九六三年から六五年にかけて一六回にわたり連載、六四年には正編、六五年には続編として番町書房から刊行された。その後、六八年、翼書院から著作集第1巻にまとめて所収され、七四年、浪曼から評論集第六巻、新訂版として刊行された。六頁の序はその際に原著作者により掲載されたものである。

二、明らかな誤字脱字は訂正した。原著作者の慣用と思われる字句〔始めて（初めて）、押える（抑える）、表れ（現れ）など〕や書名の略称、国名・地名に関する当時の呼称はそのまま倣った。

三、今日の人権意識または社会通念に照らして、差別的な用語・表現及び国名・民族・地域に関する呼称（略称を含む）があるが、時代背景と原著作者が故人であることを鑑み、そのままとした。

中公文庫

大東《だいとう》亜《あ》戦争《せんそう》肯定《こうてい》論《ろん》

2014年11月25日　初版発行
2025年 5 月30日　5 刷発行

著　者　林《はやし》　房《ふさ》　雄《お》

発行者　安 部 順 一

発行所　中央公論新社
〒100-8152　東京都千代田区大手町1-7-1
電話　販売 03-5299-1730　編集 03-5299-1890
URL https://www.chuko.co.jp/

ＤＴＰ　嵐下英治
印　刷　三晃印刷
製　本　フォーネット社

Published by CHUOKORON-SHINSHA, INC.
Printed in Japan　ISBN978-4-12-206040-1 C1121

各書目の下段の数字はＩＳＢＮコードです。978－4－12が省略してあります。

中公文庫既刊より

い-61-2　最終戦争論　石原莞爾

戦争術発達の極点に絶対平和が到来する。戦史研究と日蓮信仰を背景にした石原莞爾の特異な予見は、日本を満州事変へと駆り立てた。〈解説〉松本健一

203898-1

い-61-3　戦争史大観　石原莞爾

使命感過多なナショナリストの魂と冷徹なリアリストの眼をもつ石原莞爾。真骨頂を示す軍事学論・戦争史観・思索史的自叙伝を収録。〈解説〉佐高　信

204013-7

き-42-1　日本改造法案大綱　北　一輝

軍部のクーデター、そして戒厳令下での国家改造シナリオを提示し、二・二六事件を起こした青年将校たちの理論的支柱となった危険な書。〈解説〉嘉戸一将

206044-9

と-32-1　最後の帝国海軍　軍令部総長の証言　豊田副《そえ》武《む》

山本五十六戦死後に連合艦隊司令長官をつとめ、最後の軍令部総長として沖縄作戦を命令した海軍大将が残した手記、67年ぶりの復刊。〈解説〉戸高一成

206436-2

の-16-1　慟哭の海　戦艦大和死闘の記録　能村次郎

世界最強を誇った帝国海軍の軍艦は、太平洋戦争を通じてわずか二度目の出撃で轟沈した。生還した大和副長が生々しく綴った手記。〈解説〉戸高一成

206400-3

ほ-1-1　陸軍省軍務局と日米開戦　保阪正康

選択は一つ――大陸撤兵か対米英戦争か。東条内閣成立から開戦に至る二カ月間を、陸軍の政治的中枢である軍務局首脳の動向を通して克明に追求する。

201625-5

ほ-1-18　昭和史の大河を往く5　最強師団の宿命　保阪正康

屯田兵を母体とし、日露戦争から太平洋戦争まで、常に危険な地域へ派兵されてきた旭川第七師団の歴史を俯瞰し、大本営参謀本部の戦略の欠如を明らかにする。

205994-8